刻陽明先生傳習録序

學以盡性也性著存發而無内外故博文約禮集義養氣之訓孔孟之所以教萬世學之者而或少異焉是外性也斯異端矣應奎不敏弱冠始知有所謂聖賢之學時先生倡道東南因獲師事焉憶是時先生獨引之天泉樓口授大學首章至致知格物曰知者良知也天然

《传习录》上下卷，明代王阳明著，蔡汝楠校，明嘉靖三十年衡湘书院刊本

王阳明传习录详注集评

陈荣捷 著

重庆出版集团
重庆出版社

版贸核渝字（2016）第173号

图书在版编目（CIP）数据

王阳明传习录详注集评 / 陈荣捷著. 一 重庆：重庆出版社，2022.1

ISBN 978-7-229-16219-1

Ⅰ. ①王… Ⅱ. ①陈… Ⅲ. ①心学－中国－明代②《传习录》－译文③《传习录》－注释 Ⅳ. ①B248.25

中国版本图书馆CIP数据核字（2021）第245345号

王阳明传习录详注集评

陈荣捷 著

出　　品：华章同人

出版监制：徐宪江　秦　琥

特约策划：卓文天语

责任编辑：陈　丽

责任印制：杨　宁

营销编辑：史青苗　刘晓艳

书籍设计：潘振宇 774038217@qq.com

重庆出版集团
重庆出版社 出版

（重庆市南岸区南滨路162号1幢）

天津旭丰源印刷有限公司　印刷

重庆出版集团图书发行有限公司　发行

邮购电话：010-85869375

全国新华书店经销

开本：880mm×1230mm　1/32　印张：13.5　字数：370千

2022年3月第1版　2023年2月第4次印刷

定价：70.00元

如有印装质量问题，请致电023-61520678

王陽明傳習錄

目录

概说

有明王学展播全国，支配国人精神思想百有余年。其致良知与知行合一之旨，至今仍为我国哲学一擎天高峰，而四句之教，聚讼数百载，火尚未阑。东渡而异地开花，于明治维新，给大生力。此强健思想之源泉，乃《传习录》也。钱穆尝谓我国有关修养人人所必读者为《论》《孟》《老》《庄》《六祖坛经》《近思录》与《传习录》。比录于经，岂奢语哉？1963年哥伦比亚大学有东方记录（名著）编译之举，来商于予。予遂译《传习录》以应。搜集中、日注译，务求详尽。英译题为*Instructions for Practical Living*。由该大学出版部刊行，迄今将二十年矣。兹整理旧稿，增益注疏，远出英译之上。第一三九条注，割股达一千七百余字，为最详尽。注中有词必释，有名必究。引据典故，悉溯其源。不特解释，且每录经典原文，以达全意。注家有所引者，皆检查原书，备举卷页。英译无评语，今则广择中、日评论二十余家。以前诸家从来未采冯柯，亦不用日人东正纯与国人但衡今富有哲学性之精到案语。后者或未之闻，前者则必其以冯氏攻击阳明而避之也。今则纯以学术立场为主，赞毁在所不论。其于阳明之言有所发明或修正，如刘宗周与佐藤一斋等人之语，则宁多毋少；其徒事表扬或止重述阳明之意，如孙奇逢、东敬治等人之语，则宁少毋多。间或敢自下评语，如关于“主一”（十五）、《中庸》著者（四十二）、收敛（五十四）、许衡（五十六）、明镜（六十二）、朱子诗（六十八）、天泉证道（一〇一）、上智下愚不移（一〇九）、居敬穷理（一一七）、陆子之粗（二〇五）是也。注释中亦有多少考证，如关于冲漠无朕（二十一）、虚灵不昧（三十二）、猫捕鼠（三十九）、先儒（四十三）、操存（四十八）、个个圆成（一〇七）、栾惠（一一一）、萧惠（一二二）、舆庵（中卷序）、割股（一三九）、《答周道通书》（一四八）、体用一源（一五六）、寺刹（三一五条后钱德洪序）、余干（三一七）、禹穴（二四四）等。此外又于《传习录》三百四十二条与佐藤一斋增补三十七条之上，从《王文成公全书》卷目抄出四条。又从《年谱》抄出十条。此《拾遗》五十一条，均未见我国诸本《传习录》与评注。今之增补，不特志求完璧，而亦因《拾遗》诸条有新义也。如《拾遗》第三条言“工夫本体”，诚为《传习录》第二〇四、三一五、三三七等条所未及。《拾遗》第四“乡愿、狂者之辨”，比《传习录》三一二条更为精微。《拾遗》第五条言“尊德性”、第二十三条伊川言“觉”、第二十四条言“戒惧”与“慎独”之关系，皆有新见解。凡此于王学研究，不无小补也。此外略述《传习录》历史、版本与评注。末附《从〈朱子晚年定论〉看阳明之于朱子》，希于此数百年之公案，微有贡献焉。曾春海博士教研忙中，代为校对，仅此志谢。

甲　《传习录》略史

（一）《传习录》卷上（《初刻传习录》）

此卷语录共一百二十九条。其中徐爱所录十四条，陆澄所录八十条（第十五至九十四条），薛侃所录三十五条（第九十五至一二九条）。徐爱，正德二年（一五〇七）受业，正德七年（一五一二）十二月与阳明同舟归越，论《大学》宗旨。其所录有序云：“门人有私录阳明先生之言者。先生闻之谓之曰：‘圣贤教人如医用药，皆因病立方。若拘执一方，鲜不杀人矣。……若遂守为成训，他日误己误人，某之罪过，可复追赎乎？’……爱既备录先生之教，同门之友有以是相规者。爱因谓之曰：‘如子之言，即又拘执一方，复失先生之意矣。……今备录先生之语，固非先生之所欲。使吾侪尝在先生之门，亦何事于此？……使能得之言意之表，而诚诸践履之实，则斯录也，固先生终日言之之心也。'”全书载此序于卷首为旧序。单本《传习录》则或载或不载。

徐录十四条又有引言略云：“先生于《大学》格物诸说，悉以旧本为正。……世之君子，或与先生仅交一面，或犹未闻其謦欬，……传闻之说，臆断悬度。如之何其可得也？从游之士，闻先生之教，往往得一而遗二。……故爱备录平日之所闻，私以示夫同志，相与考而正之。……”十四条后，有短跋略云：“如说格物是诚意的工夫，明善是诚身的工夫，穷理是尽性的工夫，道问学是尊德性的工夫，博文是约礼的工夫，惟精是惟一的工夫。诸如此类，始皆落落难合。其后思之既久，不觉手舞足蹈。”

徐爱所录，决不止十四条。可有两证：一则上举道问学与尊德性一题，不在该录之内；二则《续刻传习录》，徐爱序后有云：“此徐子曰仁（爱）之自序其录者。不幸曰仁亡矣。录亦散失。今之录，虽全非其笔，然其全不可得云。”可知徐爱所录，已散失若干矣。

徐爱之序，全重保存阳明教言，以为实践之范。引言则注重维护阳明学说，尤其是《大学》格物诸说。跋亦有此意。两者比称，则知引言必在正德七年（一五一二）同舟归越与闻《大学》宗旨之后，而序则在引言与跋之前。同行互相传抄，护教为重，故引言与跋成为语录之首尾，而序则或竟不载矣。

正德十三年（一五一八），阳明四十七岁。是年八月，门人薛侃得徐爱所录与其序、跋、引言，又得陆澄所录。乃并其本人所录共一二九条，刻于江西虔州（赣州）为三卷。是为《初刻传习录》，即今之《传习录》上卷。徐序实践云云，已示传习之意。传习一词出自《论语 · 学而第一》第四章“传不习乎”。朱子《论语集注》注此章曰:“传谓受之于师，习谓熟之于己。”大概薛侃首用此词。然徐爱先用，亦有可能。

(二)《传习录》卷中(《续刻传习录》)

嘉靖三年(一五二四)，阳明五十三岁。是年十月，门人南大吉以《初刻传习录》为上册，阳明《论学书》九篇为下册，命弟逢吉校对而刻于越(今浙江绍兴)为《续刻传习录》。其中《论学书》九篇为《答徐成之》二篇,《答人(顾东桥)论学书》《答周道通书》《答陆原静二书》《答欧阳崇一书》《答罗整庵少宰书》与《答聂文蔚书》。卷首有十月八日南大吉序。南序有云:“是录也，门弟子录阳明先生问为之辞，讨论之书，而刻以示诸天下者也。”观此，可知不特薛侃已刻问答之辞，而其他门人亦已刻论学之书。所谓《续刻传习录》者，乃南大吉并合已刻之语录与另刻之《论学书》为《传习录》二册也。《王文成公全书》卷二十一(页三十七上)《答王亹庵中丞》[甲申(一五二四)]谓“谨以新刻小书二册，奉求教正”，即指此也。《年谱》，嘉靖三年，载大吉取阳明论学书复增五卷。今查南刻本上册卷一为徐爱所录，卷二为陆澄所录，卷三为薛侃所录。下册卷一至卷四为论学书，卷五为示弟立志说与训蒙大意。佐藤一斋谓薛刻于虔为四卷，南刻于越亦四卷，未知何所据而云然。南大吉序全书及他本并不载。只关东刻本《传习录》载之。

嘉靖丙辰年(嘉靖三十五年，一五五六)，即阳明死后二十八年，亦即南刻《续刻传习录》之后之三十二年，钱德洪编《传习录》上、中、下三卷。序中卷云："先师手书凡八篇（实九篇。德洪以答陆原静二书为一书）。其答徐成之二书。吾师自谓天下是朱非陆。论定既久，一旦反之为难。二书姑为调停两可之说。……今朱、陆之辨明于天下久矣。洪刻先师文录[嘉靖十四年（一五三五）]，置二书于外集卷二十一（页九上至十七下）者，示未全也。故今不复录。……而揭必有事焉，即致良知工夫。明白简切，使人言下即得入手。此又莫详于答文蔚之第二书。故增录之。"德洪又增《训蒙大意示教读刘伯颂等》。结果为《答顾东桥书》（第一三〇至一四三条）、《答周道通书》（第一四四至一五〇条）、《答陆原静书》（第一五一至一五四条）、又一书（第一五五至一六七条）、《答欧阳崇一书》（第一六八至一七一条）、《答罗整庵少宰书》（第一七二至一七七条）、《答聂文蔚书》（第一七八至一八四条）、《答聂文蔚第二书》（第一八五至一九四条）、《训蒙大意示教读刘伯颂等》（第一九五至二〇〇条）。德洪并易《论学书》为问答体。此即今之《传习录》中卷。

南刻之《续刻传习录》曾于嘉靖二十三年（一五四四）重刻于德安府。上册分四卷。以徐爱录为卷一、陆澄录为卷二、薛侃录为卷三、《答欧阳崇一》一篇与《答聂文蔚书》三篇为卷四。下册亦分四卷。以《答徐成之书》二篇、《答储柴墟书》二篇、《答何子元书》一篇与《答罗整庵书》一篇为卷一，以《答友人论学书》为卷二，以《答周道通书》一篇与《答陆原静书》二篇为卷三，以《示弟立志说与训蒙大意》为卷四。《续刻传习录》又有日本内阁记录课所藏一本，分六卷。以徐爱所录十二条为卷一，陆澄所录四十二条为卷二，薛侃所录二十五条为卷三，以《示弟立志说与训蒙大意》为卷四，以《答罗整庵书》为卷五，以《答友人论学书》为卷六。卷首有南大吉《续刻传习录》"序"与《初刻传习录》"徐爱序"与引言。

（三）《传习录》卷下（《传习续录》）

卷末钱德洪跋云："嘉靖戊子[七年（一五二八）]冬，德洪与王汝中（畿）奔师丧至广信（今浙江上饶）。讣告同门，约三年收录遗言。……合所私录，得若干条。居吴（苏州，一五三五年）时将与《文录》并刻矣。适以忧去未遂。……去年[嘉靖三十四年（一五五五）]同门曾子才汉，得洪手抄，复傍为采辑，名曰《遗言》，以刻行于荆。洪读之，觉当时采录未精。乃为删其重复，削去芜蔓，存其三之一，名曰《传习续录》。复刻于宁国（安徽）之水西精舍。今年（一五五六）夏，洪来游蕲（今湖北蕲春）。沈君思畏……请裒其所逸者增刻之。……乃复取逸稿，采其语之不背者得一卷。其余影响不真，于《文录》既载者，皆削之。"是即为今《传习录》之卷下。共一四二条。内陈九川录二十一条（第二〇一至二二一条）、黄以方录十五条（第二二二至二三六条）、黄勉叔录十一条（第二三七至二四七条）、黄勉之录六十八条（第二四八至三一五条）、黄以方录二十七条（第三一六至三四二条）。其中，第二六〇、二九七、三一三、三一五、三三七、三三八、三四二，皆用德洪之名，则为德洪本人所录无疑。第二六〇至三一五条，或全为德洪所录，亦未可知。

（四）《传习录》三卷

是年[嘉靖丙辰年（嘉靖三十五年，一五五六）]，德洪既成下卷，又易中卷为问答语，乃并上、中、下三卷付黄梅（湖北）尹张君增刻之。四月，乃序其始末于蕲之崇正书院。隆庆壬申[六年（一五七二）]，谢廷杰刻《阳明全书》，约钱德洪附录阳明之《朱子晚年定论》于语录之后（即卷下之末）。于是《传习录》卷下又有德洪之附录《定论》之引言、阳明之《朱子晚年定论》与袁庆麟于正德十三年（一五一八）所写之《晚年定论跋》。如上所述,《传习录》之演变与编就,凡历五十五年。

乙 《传习录》版本

《传习录》版本甚多。现择其要者以年代先后为序,冠以本书所用简称。缮录如下。

1.虔刻。《初刻传习录》。正德十三年(一五一八),薛侃刻于江西虔州,为三卷。参看上述《传习录》略史(一)。

2.南本。《续刻传习录》。嘉靖三年(一五二四),南大吉刻于越,二册。参看上述《传习录》略史(二)。

3.闾东本。《续刻传习录》。有闾东刻本,载南大吉序,并于黄省曾所录第三一五条后增多一条。今录于卷末为《拾遗》第五条。

4.《遗言》。嘉靖三十四年(一五五五),曾才汉刻于荆。参看上述《传习录》略史(三)。

5.续录。《传习续录》。同年,钱德洪刻于宁国之水西精舍。参看上述《传习录》略史(三)。

6.《传习录》三卷。嘉靖三十五年(一五五六),钱德洪编成上、中、下三卷。刻于蕲之崇正书院。至隆庆六年(一五七二),谢廷杰编《王文成公全书》,德洪复加《朱子晚年定论》。参看上述《传习录》略史(四)。

7.宋本。宋仪望[字望之,嘉靖丁未(一五四七)进士]校,河东重刻《阳明先生文录》二十册。《文录》五卷、外集九卷、别录十卷。卷首有嘉靖癸丑年[嘉靖三十二年(一五五三)]序。是年刻于河东。

8.《王文成公全书》。谢廷杰(字宗圣,号虬峰,壮年一五七二)编,三十八卷。隆庆六年（一五七二），徐阶序。以《传习录》上卷为第一卷，中卷为第二卷，下卷为第三卷。学者以此《全书》为最完备而可靠。版本若干。今所用者为《四部丛刊》影印隆庆六年（一五七二）刊本。《四部备要》本名《阳明全书》。

9.朱本。明人朱文启、朱文教同编《王阳明先生传习录》，四卷。万历二十一年（一五九三），陈九叙序。同年校刊，四卷。卷一为《传习录》上，卷二为《传习录》下，卷三为《论学九书》，卷四为《示弟立志说》《〈大学〉问》《修道说》《训蒙大意》与《朱子晚年定论》。

10.杨刻。嘉靖三十年（一六〇二），杨荆山（字嘉猷）刻钱德洪原本，并附录《咏学诗》《示徐曰仁应试》《论俗四条》《客坐私祝》诸篇，总名《传习录》。

11.陈本。陈龙正[字惕龙，号几亭，崇祯四年（一六三七）进士]、叶绍颙同编《阳明要书》。崇祯五年（一六三二）序。《传习录》下卷，黄省曾录中，分何廷仁条（第二一六条）以下五十一条，为钱德洪所录，以其用德洪之名也。

12.施本。施邦曜（字尔韬，一五八五至一六四四）编，《阳明先生集要》三编。施序，无年月。唯有崇祯八年（一六三五），王志道序。分《理学编》四卷，《经济集》七卷，《文章集》四卷。全书各处加以评语。《理学集》卷一为《传习录》，即今之上卷。共一百一十六条，内徐爱录十四条。卷二为《语录》，共八十一条，选自今之下卷。末有数条为《全书》下卷所无者。中卷之《论学书》六篇，则入卷三书札。

13.俞本。俞嶙（字嵩庵）编，《阳明全集》二十二卷，内《传习录》一卷，《语录》一卷。康熙十二年（一六七三），刻于江州（今江西九江）匡山书院。《传习录》一卷，即今之上卷。内徐爱录十四条，序、跋各一，陆澄录八十一条，薛侃录三十五条。《语录》一卷即《传习录》下卷。内陈九川录十九条，黄以方录五十三条，黄修易录十一条，钱德洪录六十七条。其《传习录》中卷之《论学书》，则载卷一至卷四书札。

14.王本。王贻乐（壮年一六八〇）编《王阳明先生全集》。康熙十九年（一六八〇）序。贻乐为阳明五世孙。是年，得《阳明集要》三编，互参正讹，分别类序，合为一部，共十六卷。卷二为《传习录》。内徐爱录十五条，陆澄录八十条，薛侃录三十六条，钱德洪录六十条，《语录》四十七条，包括黄以方录二十三条与《〈大学〉问》。卷三至五为《论学书》。后清人陶浔霍（字春田）加以批注。

15.张本。张问达（字天民，壮年一六七九）编《阳明文钞》。康熙二十八年（一六八九）序，二十卷。第一卷为《传习录》上，其中徐爱录九条、序二，陆澄录六十七条，薛侃录三十二条。卷二为《传习录》下，其中陈九川录十八条，黄以方录六十二条，黄修易录十三条，黄省曾录十二条，钱德洪录五十三条、跋二篇。第三卷为《传习录》之“论学书”七篇，钱德洪序一。黄以方前后二录（即第二二二条以后及三一六条以后）合并为一，其中四条以为钱德洪所记，故附入钱录。重复者删之，前后分见者并之。

16.《标注传习录》。三轮执斋（名希贤，字善藏，号执斋，一六六九至一七四四）日本正德三年（一七一三）编。上、中、下三卷，又附录，共四册。上卷徐爱录十四条、序二、跋一，陆澄录八十条，薛侃录三十五条。中卷八书，即南本下卷。执斋又从一本加《示弟立志说与训蒙大意》。下卷陈九川所辑凡一一五条，其中二十一条为陈所自记，十五条为黄以方录，十一条为黄修易录，六十八条为黄省曾录。钱德洪跋，原在卷末，执斋则移在第三一六条之前，不解何故。最后为《朱子晚年定论》。附录载《〈大学〉问》《示徐曰仁应试》《谕俗四条》《客坐私祝》。四者皆从杨荆山刻，惟不取杨刻之《咏学诗》一卷。又加《略年谱》。此《标注传习录》乃日本二三百年以来之基本版本。标注颇详。参看下面《传习录》注评。

17.《传习录栏外书》。佐藤一斋（名坦，字大道，号一斋，一七七二至一八五九）日本天保元年（一八三〇）编。因读《标注传习录》而改抄为三卷。考证诸本异同，至为详尽。内容与次序依《标注传习录》上、中、下三卷，惟删去《朱子晚年定论》。亦无附录。上卷补录南大吉序，中卷依南本增录《答徐成之》等五书。卷下卷首有闾刻钱德洪序。又附录各本所载而三卷《传习录》所无者三十余条（今皆入本书《拾遗》）。评注甚精。参看下面《传习录》注评。一斋以上卷为阳明中年语，下卷为钱德洪所选之遗言，中卷乃阳明晚年亲笔。《标注》与《栏外书》在日本影响甚大。

18.《传习则言》一卷。收入《学海类编》（子类，页一上至八下）、《百陵学山》（第三册，页一上至七下）、《丛书集成》《明世学山》《丘陵学山》五丛书。《提要》（页一九七〇）云："《传习录略》一卷。取《传习录》删存大略。曹溶（一六一三至一六八五）收入《学海类编》者。……末有邹元标（一五五一至一六二四）跋语。然亦但云尝读《传习录》，不云有所删辑。盖以《传习录》跋移缀之。均非其旧也。"所谓《传习录略》，实即《传习则言》。今《学海类编》，无跋。日本内阁文库藏有《阳明则言》，乃薛侃与王畿由《传习录》《文录》《别录》中选萃编为二帙者。上卷摘录语录及遗编一百六十五条，下卷采《训蒙大意》《立志说》《大学古本序》《〈大学〉问》等十七篇。卷首有嘉靖十六年薛侃序。庆安五年（一六五二）刊行。此与《传习则言》虽同名《则言》，然是全集之缩本，非《传习录》之版本也。

19.英译。*Instructions for Practical Living and other Neo-Confucian Writings by Wang Yang-ming*（《王阳明之〈传习录〉及其他理学文章》），Wing-tsit Chan（陈荣捷）译。一九六三年，纽约，哥伦比亚大学出版部出版。为东方文化伟大记录之一。《传习录》外，另选《〈大学〉问》与有关社会政治文章八篇。注颇详。并有《传习录》略史与中、日、西文参考书表。

丙 《传习录》注评

《传习录》评注，不下二十种。中、日各半。以注释论，则日本方面较胜。以评论言，则中国方面为优。兹以年期先后为序，罗列如下。

1.冯柯（号贞白，壮年一五六二），《求是编》（《四明丛书》中《贞白五书》之一）。四卷。万历癸酉（一五七三）序。共六十八章。或取《传习录》全条，或摘取要语而批评之。长者达二三千言。专意护朱攻王。等己于孟子之辟杨、墨。然亦有其是处。其同邑王黎，于冯柯评议又下断语，无非赞助之词。然间亦谓各有一理。冯柯之子熿，亦附品评数语。冯柯固是门户之见，而诸集评从未有采冯柯者，则直以门户对门户耳。

2.刘宗周（字起东，号念台，称蕺山先生，一五七八至一六四五），《〈刘子全书〉遗编》。二十四卷。道光三十年（一八五〇）刻本。光绪二十五年（一八九九）

重修。崇祯十二年（一六三九）序。卷十一至十三为《阳明传信录》。卷十一摘录阳明论学书若干。卷十二与卷十三选录《传习录》上卷与下卷约一百一十条。书札与语录大多加以评语。评语虽短，而针针见血。后之评家，未有出其上者。《明儒学案》卷十之《姚江学案》几全部复述《阳明传信录》。本书所用为道光三十年（一八五〇）版本。

3.孙奇逢（字启泰，又字钟元，称夏峰先生，一五八四至一六七五），《理学宗传》。二十六卷。康熙五年（一六六六）序。卷九王子选录《传习录》六十六条，另《答顾东桥书》之“拔本塞源论”（第一四二至一四三条），并加以简短评论。不在发明而在证实阳明教言之旨。本书用粤东芸香堂藏版本。

4.施邦曜，《阳明先生集要》。见上，乙，《传习录》版本，12。

5.黄宗羲（字太冲，号梨洲，一六一〇至一六九五），《明儒学案》。六十二卷。康熙三十二年（一六九三）序。卷十《姚江学案》“语录”之部，摘录阳明论学书与刘宗周之评语。《传习录》之部，则几全录《阳明传信录》与刘氏评语。日本注家不知评语出自宗周，几皆误以为黄宗羲语。《姚江学案》黄氏之叙述，语多精警，其精切处非后之学者所能及。本书用《四部备要》版本。

6.王应昌（字亮之），《王阳明先生传习录论》。顺治丙戌年（一六四六）序。依《传习录》分上、中、下三卷，惟中、下卷次序倒置。卷上之前有《宗谱纂要》与《年谱纂要》。卷下之末附《朱子晚年定论》。每条王氏有评，大都发表其本人哲学。王氏又请唐九经（字敏一）于若干条书眉上加甚简短之评语若干。此书为美国哈佛大学图书馆所藏。不知是否孤本。

7.陶浔霍（字春田，清初人，惟生卒年不详）。陶氏于王贻乐所编《王阳明先生全集》加以批注。评语甚略。大都赞美之词。于阳明学说与学术史无大贡献。

8.三轮执斋，《标注传习录》。日本正德二年（一七一二），四册。版本已如上述。其注解为以后日本训释之典型。字句出处、典故颇详。训诂据《集韵》等书。并采用五经之注、佛典《祖庭事苑》、朝鲜《李退溪集》等。义理说明虽简少而短，然皆根据《论》《孟》与程、朱之书。其徒河田琴卿（一六八四至一七六〇）据执斋之注而加以解释，为《传习录》笔记。

9.佐藤一斋，《传习录栏外书》。三册。日本天保元年（一八三〇）。版本已如上述。一斋勘校十余版本异同，详尽无比。自加评语，均从理学要理出发。又引施邦曜、陈龙正、彭定求、顾宪成等人之语。以版本言，以评注言，此为研究《传习录》所万不可少之书。

10.吉村秋阳（名晋，字丽明，号秋阳，又称六卿史氏，一七九七至一八六六），《王学提纲》。日本文久元年（一八六一）序，日本元治元年（一八六四）刊。二册。二册以《答顾东桥书》之"拔本塞源论"（第一四二至一四三条）为主，次以《论学书》。依俞本次序摘萃。下册以《传习录》上卷为主，下卷次之，后为各种摘萃。若干条加以简短评语，阐明阳明宗旨。又引施邦曜、刘宗周等人之语。和刻影印《近世汉籍丛书》，此书为东京二松学舍大学阳明研究所所藏。别处未见。

11.东正纯（号泽泻，一八三二至一八九一），《传习录参考》。日本明治二十四年（一八九一）著，载大正八年（一九一九）刊之《泽泻先生全集》上册（页六二三至六八六）。选录《传习录》之半而每条有所评议，皆从性理之论。并引刘宗周、周汝登、邓以赞、陶望龄、李颙等十余人。可谓《传习录》评注中之最为纯粹哲学者。

12.东敬治(字正堂),《传习录讲义》。第一、第二、第三编,各分上、下。日本明治三十八年(一九〇五)序。东京松山堂发行。《传习录》三卷后附录《大学古本序》、《〈大学〉问》、《示徐日仁应试》、《谕俗四条》、《客座私祝》、《传习拾遗》三十二条、《答徐成之二书》、《答储柴墟二书》、《答何子元书》与《简略年谱》。而《传习录》每条有摘解(注释)、通释(即译日文)、发明(东敬治之发挥)。其实铺张为多,学术发明较少。每述其父东正纯。

13.山川早水,《训注传习录》。日本明治四十三年(一九一〇)序。东京山本镣藏发行。以三轮执斋之《标注传习录》为据。注解甚略。附《大学古本序》《〈大学〉问》《示徐日仁应试》《谕俗四条》《客坐私祝》与《年谱节略》。

14.安井小太郎,《注传习录》。见《汉文大系》第十六卷。日本大正二年(一九一三)安井自序。东京富山房发行。此乃三轮执斋之《标注传习录》,而安井加以简单小注,并无特别出色之处。

15.孙锵,《传习录集评》。三卷,附录一卷,年谱一卷。民国三年(一九一四)孙自序。民国四年再版。上海新学会社发行。序云:“余将余姚施公邦曜、山阴刘公宗周、容城孙公奇逢、余姚黄公宗羲、浏阳陶公浔霍。……以及近人新会梁启超等各家总评散评,汇录书内。”是为集评之始。

16.小柳司气太,《注传习录》。见《汉文丛书》第十七卷。日本大正八年(一九一九),东京友朋重刊行。小柳氏参考三轮执斋之《标注传习录》与佐藤一斋之《传习录栏外书》而以为注释。又译各条为日文。惟无评语。

17.梁启超(字卓如，又字任甫，号任公，一八七三至一九二九)，《节本明儒学案》。二册(《饮冰室丛书》第六种)。民国五年(一九一六)，上海商务印书馆发行。上册(页一〇一至一四九)采刘宗周之《阳明传信录》。梁氏云："此篇是为蕺山之所录。蕺山于王学又一转手。其去取别有尺度。未可谓尽得其真也。然所录固一无流弊矣。今全抄，不删一字。"于是，于书眉作三十许简单评语，未见精彩。

18.小野机太郎，《现代语译传习录》。日本大正十二年(一九二三)序。东京新光社刊行。日本昭和五年(一九三〇)编入支那哲学大系，为第十二卷。无汉文原文。皆译日文。注甚少，即在译文之内。

19.叶绍钧，《传习录点注》。民国十六年(一九二七)，上海商务印书馆印行。一九六六年，台湾商务印书馆再版，名《叶绍钧传习录》。标点及注，注颇少，不解字义。引典大多不指明出处。不见精彩。

20.山田准，《王阳明传习录讲本》。上、中、下三卷，一册。日本昭和二年(一九二七)，东京二松学舍出版部刊行。采《传习录》约三分之二，略加简单之注，为课本用。

21.倪锡恩，《详注王阳明全集》。民国十七年(一九二八)，上海扫叶山房刊行。全书注解颇详，但错误甚多。如解第四十八条"腔子"为歌曲腔调，解第一六二条"惺惺"为了悟，第一六七条误以佛家故事为出于《左传》，第二〇一条以龙江(南京)为广东之龙江是也。

22.许舜屏，《评注传习录》。三册。上册为《传习录》上卷及中卷，下册为下卷。此乃《评注王阳明先生全集》之一部。民国十八年(一九二九)，徐绍桢、吴衍慈、王震、陈树人序。是年，上海中原书局刊行。注甚详备明澈，皆阐明阳明之旨与发挥其理。不采批评态度，亦不事学术史上之发明。此书为东京二松学舍大学阳明学研究所与九州大学中哲研究所所藏。别处未见。承该两处赐复印本，谨此致谢。

23.安冈正笃讲抄，**龟井一雄**译，《传习录》。日本昭和六年（一九三一），《圣贤遗书新释丛刊》第一号。安冈选《传习录》约二十条，龟井译为日文。每节加三数注。为学生用。

24.杉原夷山（杉原幸），《王阳明》。烈士云井龙雄[日本明治三年（一八七〇）卒，年二十七]手抄《传习录》九十六条为二卷。昭和八年（一九三三）杉原氏略为注释字句。由大坂近代文艺社发行。

25.山田准、铃木直，《译注传习录》。译为日文，并加号数。注颇详备。昭和十一年（一九三六），东京岩波文库刊行。

26.但衡今，《王阳明传习录札记》。一九五七年手写影印。约取《传习录》之半。台北商务印书馆发行。评语集中阳明学术与每节意旨。或赞或难，惟妙惟肖。刘宗周而后能深入阳明妙谛，而专从性理学评论者，只但氏一人。研究《传习录》者非毕读此书不可。

27.于清远，《王阳明传习录注释》。四卷。一九五八年，台湾凤山黄埔出版社印行。注释文言语体并用。所引四书、五经之解释多采朱子之注。然引句有多处未指出处。间下评语。卷四附录《〈大学〉问》《朱子晚年书信三章》、湛若水撰《阳明先生墓志铭》。

28.山本正，《译注传习录》。日本昭和四十一年（一九六六），东京法政大学出版局刊行。译作日文，注释甚略。

29.近藤康信，《释传习录》。见《新释汉文大系》第十三卷。日本昭和三十六年（一九六一），东京明治书院发行。以《王文成公全书》为底本，而参考三轮执斋之《标注传习录》。亦参考佐藤一斋、东敬治、山田准等注。卷首解说有《阳明略传》《学说》《年谱》与《门人表》。下卷删《朱子晚年定论》。附录有《〈大学〉问》《示弟立志说》。每条或段均有中文、日译、通释（大意）、语释（注）、余说（申说）。集日本诸注之大成。然于引宋儒及佛典处，多未指明出处。

30.中田胜注释，**柳町达也**补注，《王阳明》（上）。《阳明学大系》第二卷。日本昭和四十七年（一九七二），东京明德出版社刊行。以佐藤一斋之《传习录栏外书》为本，而参以三轮执斋之《标注传习录》。无汉文原文，皆日译。每条有简短申论。上卷为中田胜述大意及采众说。中、下卷则中田胜自说。并用别家讨论与评语，头注甚详。皆中田胜所备而由柳町达也选录而加以修补者。总比东敬治与近藤康信为较详。卷末附三轮执斋之《四言教讲议》与三重松庵[名贞亮，元禄壬午年（一七〇二）卒]之《王学名义》。

31.安冈正笃、中田胜，编《传习录诸注集成》。见《阳明学大系》别卷。日本昭和四十七年（一九七二），东京明德出版社发行。每条之下引三轮执斋、佐藤一斋、吉村秋阳、刘宗周、孙锵（误以为施邦曜）、许舜屏六书之注与评语。而东正纯与但衡今不与焉。卷首有此六书中田胜之解说及译六书之序为日文。所引评语均有注释。卷末附佐藤一斋《栏外书》附录三十条。

32.安冈正笃，《编注传习录》。日本昭和四十八年（一九七三），东京明德出版社发行。每条中文原文后译日文，并加简单说明与注。专为青年学生之用。又田结庄《增订评注传习录》三册。大阪府藏手写本。未见。年月未考。

丁 引用书简称与版本(他书版本均于文内指明)

1.《史记》。司马迁(公元前一四五至前八六?)著。百衲本。

2.《二程全书》。程颢(字伯淳,称明道先生,一〇三二至一〇八五)、程颐(字正叔,称伊川先生,一〇三三至一一〇七)著。《四部备要》本。

3.《二程遗书》。程颢、程颐语录。收入《二程全书》。

4.《二程外书》。收入《二程全书》。

5.《明道文集》。程颢著。收入《二程全书》。

6.《伊川文集》。程颐著。收入《二程全书》。

7.《伊川易传》。程颐著。收入《二程全书》。

8.《二程粹言》。收入《二程全书》。

9.《朱子文集》。朱熹(字仲晦,称晦庵先生,一一三〇至一二〇〇)撰。《四部备要》本,名《朱子大全》。

10.《语类》。即《朱子语类》,黎靖德编。咸淳庚午(一二七〇)年,再序。台北正中书局,一九七〇年,影印咸淳六年(一二七〇)导江黎氏本。

11.《大学或问》。朱熹著。《四库全书珍本》六集,《四书大全》本。

12.《宋史》。脱脱(一三五八年卒)编,百衲本。

13.《全书》。即《王文成公全书》,谢廷杰编。见上,乙,《传习录》版本,8。

14.《传习录》。即《全书》卷一至卷三。

15.《求是编》。冯柯著。见上,丙,《传习录注评》,1。

16.《遗编》。即《〈刘子全书〉遗编》,刘宗周著。见上,丙,《传习录注评》,2。

17.《明儒学案》。黄宗羲著。见上,丙,《传习录注评》,5。

18.《宋元学案》。黄宗羲著。黄百家(壮年一六九五)续编,全祖望(号谢山,一七〇五至一七五五)修补,王梓材(一七九二至一八五一)、冯云濠[道光十四年(一八三四)举人]增补。《四部备要》本。

19.《王文成传本》。毛奇龄(一六二三至一七一六)著。《西河合集》本。

20.《阳明弟子传纂》。附入《阳明先生传纂》。余重耀著。上海中华书局,一九二三年刊。

初刻传习录

卷上

徐爱引言

先生于《大学》[①]格物诸说，悉以旧本[②]为正，盖先儒[③]所谓误本者也。爱[④]始闻而骇，既而疑，已而殚精竭思。参互错综，以质于先生，然后知先生之说，若水之寒，若火之热，断断乎百世以俟圣人而不惑[⑤]者也。先生明睿天授，然和乐坦易，不事边幅[⑥]。人见其少时豪迈不羁，又尝泛滥于词章，出入二氏[⑦]之学。骤闻是说，皆目以为立异好奇，漫不省究。不知先生居夷三载[⑧]，处困养静，精一[⑨]之功，固已超入圣域，粹然大中至正之归矣。爱朝夕炙[⑩]门下，但见先生之道，即之若易，而仰之愈高；见之若粗，而探之愈精；就之若近，而造之愈益无穷。十余年[⑪]来，竟未能窥其藩篱。世之君子，或与先生仅交一面，或犹未闻其謦欬，或先怀忽易愤激之心，而遽欲于立谈之间，传闻之说，臆断悬度。如之何其可得也？从游之士，闻先生之教，往往得一而遗二。见其牝牡骊黄，而弃其所谓千里者[⑫]。故爱备录平日之所闻，私以示夫同志，相与考而正之。庶无负先生之教云。门人徐爱书。

① 《大学》：为《礼记》第四十二篇。经一章，传十章。程颐（字正叔，世称伊川先生，一〇三三至一一〇七）以为“入德之门”（《二程遗书》卷二二上，页一七），朱子以为“修身治人的规模”（《朱子语类》卷十四，页三九九）与“定世立教之大典”（朱

子《大学或问》页二七上)。绍熙元年(一一九〇),朱子以《大学》《论语》《孟子》与《中庸》为四书,为以后儒学之基本典籍。朱子以为,是孔子之言,而曾子(参看第一一二条,注二)述之。其传十章,则曾子之意而门人记之(朱子《大学章句》经文注)。亦有以为子思(参看第四十二条,注一)所作者。朱子格物之说,见第六条,注一。阳明格物之说,见第七条。②旧本:即“十三经”中《礼记》之《大学》。程颐、程颢(字伯淳,世称明道先生,一〇三二至一〇八五)与朱子均改《易》章句。参看第一二九条,注四。③先儒:指程、朱。④爱:指徐爱,字曰仁,号横山(一四八七至一五一八)。浙江余杭马堰人。任南京工部郎中。徐爱为阳明妹婿。阳明出狱将赴谪贵州(一五〇七),徐爱即北面称弟子。及门莫有先之者。正德七年(一五一二)与阳明同舟由南京归越(今浙江绍兴),论《大学》宗旨。阳明尝曰:“曰仁,吾之颜渊也。”颜渊死年三十二(一说四十),参看第七十七条,注一。徐爱死年三十一,参看《明儒学案》卷十一(页一上至四下)。⑤俟圣人而不惑:《中庸》第二十九章语。⑥边幅:修饰布帛之边沿。⑦二氏:指佛、老。⑧居夷三载:正德元年(一五〇六)二月,太监刘瑾柄政。南京科道戴铣、薄彦徽等以谏忤旨下狱。阳明上疏抗救,亦下诏狱。已而廷杖四十,谪贵州龙场驿驿丞。三年春,至龙场。五年(一五一〇),升江西庐陵县知县。前后在贵州三年。龙场在贵州西北万山丛棘中,居民尚未开化。阳明始教之筑土架木以居,故称曰夷。⑨精一:参看第二条,注四。⑩炙:近也。“亲受教”曰“亲炙”。⑪十余年:由阳明赴龙场(一五〇六)至徐爱死(一五一八),前后十三年。⑫骊黄、千里:见《淮南子》(《四部备要》本)卷十二《道应训》(页九上),又见《列子》第八篇《说符》(页四下至五上),秦穆王使伯乐求马,使者报以牝而黄。使人取之,则牡而骊,穆公不悦。伯乐叹谓人只见其外而不见其内,见其粗而不见其精。及马至,果千里之马。

徐爱录

1 **爱问：“‘在亲民’[①]，朱子谓当作‘新民’[②]。后章[③]‘作新民’之文，似亦有据。先生以为宜从旧本‘作亲民’[④]，亦有所据否？”先生曰：“‘作新民’之‘新’，是自新之民，与‘在新民’之‘新’不同。此岂足为据？‘作’字却与‘亲’字相对。然非‘亲’字义。下面治国平天下处，皆于‘新’字无发明。如云‘君子贤其贤而亲其亲，小人乐其乐而利其利’‘如保赤子’‘民之所好好之，民之所恶恶之，此之谓民之父母之类’[⑤]。皆是‘亲’字意。‘亲民’犹《孟子》‘亲亲仁民’[⑥]之谓。亲之，即仁之也。百姓不亲，舜使契为司徒，敬敷五教[⑦]，所以亲之也。《尧典》‘克明峻德’便是‘明明德’；而‘以亲九族[⑧]’，至‘平章协和[⑨]’，便是‘亲民’，便是‘明明德于天下’。又如孔子言‘修己以安百姓[⑩]’，‘修己’便是‘明明德’，‘安百姓’便是‘亲民’。说‘亲民’便是兼教养意，说‘新民’便觉偏了。”**

但衡今云：“二说正可相资也。徒亲民而昧于新民，此鲁之所以寖衰。当时宋仁宗（一〇二三至一〇六三在位）之政近之。徒新民而昧于亲民，此齐之所以多故。当时宋神宗（一〇六八至一〇八五在位）之政近之。”

①在亲民:《大学》经文，古本作“在亲民”，明道改正《大学》(《程氏经说》卷五，页一上至三上)，不改“亲民”。伊川改正《大学》(《程氏经说》卷五，页三上至五下)，则于“亲”字下注“当作新”。②新民:朱子曰:“今亲民云者，以文义推之则无理。新民云者，以传文考之则有据。程子于此，其所以处之者亦已审矣。矧未尝去其本文，而但曰某当作某。是乃汉儒释经不得已之变例，而亦何害于传疑耶?”(《大学或问》页十五下) ③后章:《大学》第二章。古本(“十三经”本)章句与朱子章句(《四书》及《四书章句集注》)不同。今从朱子。④亲民:古本第五章，朱子章句第二章。⑤“君子贤其贤……民之父母之类”:古本第三、九、十章。⑥亲亲仁民:见《孟子·尽心第七上》第四十五章。⑦五教:《书经·舜典》第四节云:“帝(舜)曰:‘契(帝喾之子，舜之贤臣)，汝作司徒(掌礼教之官)，敬(慎)敷(布施)五教。’”《孟子·滕文公第三上》第四章云:“使契为司徒。父子有亲，君臣有义，夫妇有别，长幼有序，朋友有信。”⑧九族:《书经·尧典》第一节云:“克(能)明俊(大)德，以亲九族。”《诗经·王风·葛藟篇序》毛氏传云:“自高祖至玄孙。”《尚书》欧阳(欧阳修，一〇〇七至一〇七二)《毛诗本义》云:“父族四、母族三、妻族二。”⑨协和:《书经·尧典》第一节云:“九族既睦，平(辨)章(明)百姓。百姓(百官)昭明，协(合)和万邦(诸侯之国)。”⑩安百姓:《论语·宪问第十四》第四十五章。

2 爱问:“‘知止而后有定[①]’，朱子以为‘事事物物皆有定理[②]’，似与先生之说相戾。”先生曰:“于事事物物上求至善，却是义外[③]也。至善是心之本体，只是明明德到至精至一[④]处便是。然亦未尝离却事物，本注所谓‘尽夫天理之极，而无一毫人欲之私[⑤]’者，得之。”

刘宗周云:“‘天理人欲’四字，是朱、王印合处，何必晚年定论？[《遗编》卷十三（页一上）"何必晚年定论"。又黄宗羲引，见《明儒学案》卷十《姚江学案》（页十二下）]《晚年定论》附见《传习录》下卷之末。黄宗羲《姚江学案》所载《语录》，采宗周之《阳明传信录》，并其评语。"

孙奇逢云："不专在事物上，却亦不离却事物，便活。"

施邦曜云："学问到精而一，万事毕矣。夫子所谓一贯，即此。"

①定：《大学》经文。②定理：朱子《大学或问》（页十五下）云："能知所止，则方寸之间，事事物物皆有定理。"《大学章句》注云："止者所当止之地，即至善之所在也。知之，则志有定向。"《朱子语类》卷十四（页四四八）"子升问曰"注与《或问》曰："语似不同。何也？"曰："也只一般。"③义外：《孟子·告子第六上》第四章云："仁，内也，非外也；义，外也，非内也。"④精、一：《书经·大禹谟》第十五节云："人心惟危（易私故险），道心（依道之心）惟微（细微）。惟精（不杂形气之私）惟一（专一依据义理），允执厥中。"⑤人欲之私：朱子《大学章句》注此句云："言明明德、新民，皆当至于至善之地而不迁。盖必其有以尽于天理之极，而无一毫人欲之私也。"《语类》卷十四，讨论此章甚多。

3 **爱问："至善只求诸心，恐于天下事理，有不能尽。"先生曰："心即理也。天下又有心外之事，心外之理乎？"爱曰："如事父之孝，事君之忠，交友之信，治民之仁，其间有许多理在，恐亦不可不察。"先生叹曰："此说之蔽久矣，岂一语所能悟？今姑就所问者言之。且如事父不成去父上求个孝的理，事君不成去君上求个忠的理，交友、治民不成去友上、民上求个信与仁的理。都只在此心，心即理也。此心无私欲之蔽，即是天理，不须外面添一分。以此纯乎天理之心，发之事父便是孝，发之事君便是忠，发之交友、**

治民便是信与仁。只在此心去人欲存天理上用功便是。”爱曰：“闻先生如此说，爱已觉有省悟处。但旧说缠于胸中，尚有未脱然者。如事父一事，其间温凊定省[①]之类，有许多节目，不亦须讲求否？”先生曰：“如何不讲求？只是有个头脑，只是就此心去人欲、存天理上讲求。就如讲求冬温，也只是要尽此心之孝，恐怕有一毫人欲间杂；讲求夏凊，也只是要尽此心之孝，恐怕有一毫人欲间杂。只是讲求得此心。此心若无人欲，纯是天理，是个诚于孝亲的心，冬时自然思量父母的寒，便自要求个温的道理；夏时自然思量父母的热，便自要求个凊的道理。这都是那诚孝的心发出来的条件。却是须有这诚孝的心，然后有这条件发出来。譬之树木，这诚孝的心便是根，许多条件便是枝叶。须先有根，然后有枝叶。不是先寻了枝叶，然后去种根。《礼记》言：‘孝子之有深爱者，必有和气；有和气者，必有愉色；有愉色者，必有婉容。’[②]须是有个深爱做根，便自然如此。”

刘宗周云：“至善本在吾心，赖先生恢复。”（《遗编》卷十三《阳明传信录》卷三，页二上。又见《明儒学案》卷十，页十三上）

三轮执斋云：“天下又有心外之事，心外之理乎？是等言皆陆象山语。”

捷案：日本学者多沿三轮语。象山《与李宰书（二）》[《象山全集》（《四部备要》本）卷十一，页六上]云：“人皆有是心，心皆具是理。心即理也。”然心外之事云云，查不见《象山全集》。象山《与曾宅之书》云：“此心此理，实不容有二。”（卷一，页三上）《杂说》云：“宇宙便是吾心，吾心即是宇宙。”“宇宙内事，是己分内事。己分内事，是宇宙内事。”“人皆有是心，心皆有是理。”(均卷二十二，页五上)《语录》云：“道外无事，事外无道。”(卷三十四，页一上)“此心此理，万世一揆。”(卷三十四，页八上)下面第三十二条云：“心外无理，心外无事。”又阳明《书诸阳伯卷(甲申)》云：“心之体，性也。性即理也。天下宁有心外之性，宁有性外之理乎？宁有理外之心乎？”(《全书》卷八，页十一上。《全书》指《王文成公全书》，下同)

①定省：《礼记·曲礼》卷上，第十节云：“凡为人子之礼，冬温而夏凊(凉)，昏定(安)而朝省(视)。”②“孝子之有深爱者，……必有婉容”：语出《礼记·祭义篇》第十四节。

4 郑朝朔[①]问曰：“至善亦须有从事物上求者？”先生曰：“至善只是此心纯乎天理之极便是，更于事物上怎生[②]求？且试说几件看。”朝朔曰：“且如事亲，如何而为温凊之节，如何而为奉养之宜？须求个是当[③]，方是至善。所以有学问思辨[④]之功。”先生曰：“若只是温凊之节，奉养之宜，可一日二日讲之而尽，用得甚[⑤]学问思辨？惟于温凊时，也只要此心纯乎天理之极；奉养时，也只要此心纯乎天理之极。此则非有学问思辨之功，将不免于毫厘千里之缪[⑥]。所以虽在圣人，犹加精一之训。若只是那些仪节求得是当，便谓至善，即如今扮戏子，扮得许多温凊奉养的仪节是当，亦可谓之至善矣。”爱于是日又有省。

吉村秋阳引刘宗周云：“万善在吾心，赖先生恢复。”

①郑朝朔：名一初，广东揭阳人，弘治乙丑(一五〇五)进士。官至监察御史。阳明为

吏部时（一五一一），朝朔为御史，因陈世杰请受学。《全书》卷二十五（页二十九上至三十上）有正德九年（一五一四）祭郑朝朔文。②怎生：洛阳方言，即“如何”。③求个是当：朱子《大学或问》（页五十上下）引程颐云：“程子曰：‘如欲为孝，则当知所以为孝之道，如何而为奉养之宜，如何而为温凊之节？莫不穷究，然后能之。非独守孝之一字而可得也。’”（《二程遗书》卷十八，页十九上）④学问思辨：《中庸》第二十章云：“博学之，审问之，慎思之，明辨之，笃行之。”⑤甚：即什么。⑥千里之缪：《易纬通卦验》（一九六三年，台北新兴书局《四部集要·易纬八种》本，卷上，页五上）云：“差以毫厘，缪（同谬）以千里。”语又见《礼记·哀公问篇》与《史记·太史公自序》。

5 爱因未会先生知行合一之训，与宗贤[①]、惟贤[②]往复辩论，未能决，以问于先生。先生曰：“试举看。”爱曰：“如今人尽有知得父当孝、兄当悌者，却不能孝、不能悌，便是知与行分明是两件。”先生曰：“此已被私欲隔断，不是知行的本体了。未有知而不行者。知而不行，只是未知。圣贤教人知行，正是要复那本体，不是着你只恁[③]的便罢。故《大学》指个真知行与人看，说‘如好好色’‘如恶恶臭’[④]。见好色属知，好好色属行。只见那好色时已自好了，不是见了后又立个心去好。闻恶臭属知，恶恶臭属行。只闻那恶臭时已自恶了，不是闻了后别立个心去恶。如鼻塞人虽见恶臭在前，鼻中不曾闻得，便亦不甚恶，亦只是不曾知臭。就如称某人知孝，某人知悌，必是其人已曾行孝、行悌，方可称他知孝、知悌。不成只是晓得说些孝悌的话，便可称为知孝悌。又如知痛，必已自痛了方知痛；知寒，必已自寒了；知饥，必已自饥了。知行如何分得开？此便是知行的本体，不曾有私意隔断的。圣人教人，必要是如此，方可谓之知。不然，只是不曾知。此却是何等紧切着实的工夫。

如今苦苦定要说知行做两个，是什么意？某要说做一个，是什么意？若不知立言宗旨[⑤]，只管说一个两个，亦有甚用？”爱曰：“古人说知行做两个，亦是要人见个分晓。一行做知的工夫，一行做行的工夫，即[⑥]工夫始有下落。”先生曰：“此却失了古人宗旨也。某尝说知是行的主意，行是知的工夫；知是行之始，行是知之成。若会得时，只说一个知，已自有行在。只说一个行，已自有知在。古人所以既说一个知，又说一个行者，只为世间有一种人，懵懵懂懂地任意去做，全不解思惟[⑦]省察，也只是个冥行妄作。所以必说个知[⑧]，方才行得是。又有一种人，茫茫荡荡，悬空去思索，全不肯着实躬行，也只是个揣摸影响。所以必说一个行，方才知得真。此是古人不得已，补偏救弊的说话。若见得这个意时，即一言而足。今人却就将知行分作两件去做，以为必先知了，然后能行。我如今且去讲习讨论做知的工夫。待知得真了，方去做行的工夫。故遂终身不行，亦遂终身不知。此不是小病痛，其来已非一日矣。某今说个知行合一，正是对病的药。又不是某凿空杜撰。知行本体，原是如此。今若知得宗旨时，即说两个亦不妨，亦只是一个。若不会宗旨，便说一个，亦济得甚事？只是闲说话。”[⑨]

捷案：《全书》卷三十二，《年谱》正德四年（一五〇九），先生三十八岁，云：“是年，先生始论知行合一。始席元山书提督学政，问朱、陆同异之辨。先生不语朱、陆之学，而告之以其所悟。书怀疑而去。明日复来……豁然大悟。遂与毛宪副修葺书院，身率贵阳诸生以所事师礼事之。”

刘宗周云：“只见那好色时，已是好了，不是见了后又立个心去好；只闻那恶臭时，已是恶了，不是闻了后又立个心去恶。此是先生洞见心体处。既不是又立一个心去好恶，则决不是起个意去好恶可知。因知意不可以起灭言也。”(《遗编》卷十三《阳明传信录》卷三，页三下。又见《明儒学案》卷十，页十三下。或误以为黄宗羲语)

唐九经见王应昌云：“此喻又是行在知先了。故陈发交欲以知能一代知行一亦是。”又云：“有良知，又有致良知，岂不是两？故分别则知行不妨有二，合并则百行依然归一。”

东正纯云：“据此刘蕺山(宗周)之说诚意，亦何不与王子同其义哉？”

捷案：宗周评二〇六条(《遗编》卷十三《阳明传信录》卷三，页十八上。又见《明儒学案》卷十，页十八上)云：“先生每以念字与意字合说。恐念与意终有别。”是则宗周非全依阳明者也。

梁启超云：“后此天泉四句之争辩，先生所谓是闲话也。”

捷案：《传习录》三一五条，四有四无两诀，乃分别对上根、下根之人而言。原是彻上、彻下，二者相资为用。梁氏所谓争辩，乃后世一偏之争也。

①宗贤：即黄绾（一四八〇至一五五四），字宗贤，又字叔贤，号久庵，浙江黄岩人，礼部尚书。初师谢文肃，及官都事，闻阳明讲学，请见。阳明归越，宗贤过之，闻致良知之教。曰：“先生真吾师也，尚可自处于友乎？”乃称门弟子。参看《明史》卷一九七及《明儒学案》卷十三（页五下至六下）。②惟贤：即顾应祥，字惟贤，号箬溪（一四八三至一五六五），浙江长兴人。历任按察使、兵部侍郎。少受业于阳明。阳明殁，作《传习录疑》。黄宗羲谓“其视知行终判两样，非师门之旨。”参看《明儒学案》卷十四。③恁：如此。④如恶恶臭：《大学》第六章云：“所谓诚其意者，毋自欺也。如恶恶臭，如

好好色。”⑤立言宗旨：又见第二二六、三二一条。⑥即：朱文启校本作“则”。⑦惟：通“维”。⑧说个知：三轮执斋云：“‘说个知’，据上下文当作‘说一个知’。”佐藤一斋云：“执斋谓‘个’上脱‘一’字，可从。然检诸本，无异同。”捷案：“一”字可有可无，不必固执。⑨此条载于《年谱》正德四年（一五〇九）四月，词句稍异，而意旨全同。但明谓“后”徐爱因未会知行合一之训，请决于阳明。非谓此对语为是年是月之事也。

6 爱问：“昨闻先生止至善之教，已觉工夫有用力处。但与朱子格物①之训，思之终不能合。”先生曰：“格物是止至善之功。既知至善，即知格物矣。”爱曰：“昨以先生之教，推之格物之说，似亦见得大略。但朱子之训，其于《书》之‘精一’②，《论语》之‘博约’③，《孟子》之‘尽心知性’④，皆有所证据。以是未能释然。”先生曰：“子夏笃信圣人，曾子反求诸己⑤。笃信固亦是，然不如反求之切。今既不得于心，安可狃于旧闻，不求是当？就如朱子亦尊信程子，至其不得于心处，亦何尝苟从⑥？精一、博约、尽心，本自与吾说吻合，但未之思耳。朱子格物之训，未免牵合附会，非其本旨。精是一之功，博是约之功。曰仁⑦既明知行合一之说，此可一言而喻。尽心知性、知天，是生知安行事；存心养性、事天，是学知利行事。‘夭寿不贰，修身以俟’，是困知勉行⑧事。朱子错训格物。只为倒看了此意，以尽心知性为物格知至，要初学便去做生知安行事。如何做得？”爱问：“尽心知性，何以为生知安行？”先生曰：“性是心之体，天是性之原，尽心即是尽性。‘惟天下至诚为能尽其性，知天地之化育’。⑨存心者，心有未尽也。知天如知州、知县之知，是自己分上事。已与天为一，事天如子之事父、臣之事君，须是恭敬奉承，然后能无失。尚与天为二，此便是圣贤之别。至于夭

寿不贰其心，乃是教学者一心为善。不可以穷通夭寿之故，便把为善的心变动了。只去修身以俟命，见得穷通寿夭，有个命在。我亦不必以此动心。事天虽与天为二，已自见得个天在面前。俟命，便是未曾见面，在此等候相似。此便是初学立心之始，有个困勉的意在。今却倒做了，所以使学者无下手处。”爱曰：“昨闻先生之教，亦影影见得工夫须是如此。今闻此说，益无可疑。爱昨晓思格物的‘物’字即是‘事’字，皆从心上说。”先生曰：“然。身之主宰便是心，心之所发便是意，意之本体便是知，意之所在便是物。如意在于事亲，即事亲便是一物；意在于事君，即事君便是一物；意在于仁民爱物，即仁民爱物便是一物；意在于视、听、言、动，即视、听、言、动便是一物。所以某说无心外之理，无心外之物。[⑩]《中庸》言‘不诚无物’[⑪]，《大学》‘明明德’[⑫]之功，只是个诚意。诚意之功，只是个格物。”

东正纯云：“以心之所发为意，意之所发在物，则格物诚意已在发用上。于未发里面殆难着功也。殊不知意之所在为物。‘所在’二字，即在未发上看来，未发已发，毕竟一物矣。”

施邦曜云：“人看物字是死的，先生看物字是活的。”

刘宗周云：“以心之所发言意，意之所在言物，则心有未发之时。却如何格物耶？请以前好恶之说参之。”（《遗编》卷十三《阳明传信录》卷三，页二上下。又见《明儒学案》卷十，页十三下。吉村秋阳误以为黄宗羲语。参看第八八条，刘评语）

唐九经见王应昌云：“以事天为初学工夫，恐未然。窃谓天在人中，事天在事人中。”

但衡今云：“《传习录》上卷，横山（徐爱）所记。横山卒年三十一，阳明先生时（一五一八）犹在赣（江西）也。当非定稿。亦或后人为之蛇足。并及之以备治《传习录》者之一助云。”

捷案：是年已刻《大学》古本及《朱子晚年定论》，但尚未教致良知与知行合一。

①朱子格物：朱子补注《大学》第五《知本章》云：“是以《大学》始教，必使学者即凡天下之物，莫不因其已知之理，而益穷之，以求至乎其极。至于用力之久，而一旦豁然贯通焉，则众物之表里精粗无不到，而吾心之全体大用，无不明矣。此谓物格，此谓知之至也。”②精一：见第二条，注四。③博约：《论语·雍也第六》第二十五章云：“君子博学于文，约之以礼。”④尽心知性：《孟子·尽心第七上》第一章云：“尽其心者，知其性也。知其性，则知天矣。存其心，养其性，所以事天也。夭寿不贰，修身以俟之，所以立命也。”⑤反求诸己：朱子《孟子集注》注《公孙丑篇》第二上，第二章云：“子夏笃信圣人，曾子反求诸己。”《论语·子张第十九》第四章至第十二等章载子夏言论，如博学笃思、君子有三变、学而优则仕等，皆反映孔子思想，故谓笃信圣人。曾子云：“吾日三省吾身。”（《论语·学而第一》第四章）子夏，见第一一〇条，注一。曾子，见第一一二条，注二。⑥苟从：如《语类》卷六十九（页二七五八）云：“程子曰：‘天专言之则道也。天且弗违（《易经·乾卦》）是也。’程子此语，某亦未敢以为然。天且弗违。此只是上天。”程子语见《伊川易传》卷一（页一上）。⑦曰仁：徐爱之字。⑧困知勉行：《中庸》第二十章云：“或生而知之，或学而知之，或困而知之。及其知之，一也。或安而行之，或利而行之，或勉强而行之。及其成功，一也。”⑨“惟天下……化育”：语出《中庸》第二十二章。⑩无心外之理，见第三条。无心外之物，见第八十三条。⑪不诚无物：语见《中庸》第二十五章。⑫明明德：《大学》经文首句。

7 先生又曰：“‘格物’如《孟子》‘大人格君心’①之‘格’。是去

其心之不正，以全其本体之正。但意念所在，即要去其不正，以全其正。即无时无处不是存天理，即是穷理。天理即是明德，穷理[2]即是明明德。”

王应昌云：“格有两义，元应并存。”

三轮执斋云：“格物字义，中卷《答友人论学书》详言之。”

捷案：此指《答顾东桥书》（第一三五、一三七、一四〇条）、《答周道通书》（第一四八条）、《答罗整庵少宰书》（第一七四条）。

三轮又案云：“《近思录》：刘安礼问御史，明道先生曰，‘正己以格物。’是亦以为正物之义。”

捷案：此出《二程遗书》附录（页二上下）。采入《近思录》卷十，第五十九条。刘安礼，名立之（壮年一〇八五）。少孤，养于程颐之家，旋为弟子。（参看《宋元学案》卷三十，页二上下）

①大人格君心：《离娄篇》第四上，第二十章云：“惟大人惟能格君心之非。君仁，莫不仁；君义，莫不义；君正，莫不正。一正君，而国定矣。”参看第八五与第一三七条。

②穷理：孙锵云：“末句‘穷理’二字，他本多脱。”

8 又曰：“知是心之本体，心自然会知。见父自然知孝，见兄自然知悌，见孺子入井[1]，自然知恻隐，此便是良知[2]，不假外求。若良知之发，更无私意障碍，即所谓‘充其恻隐之心，而仁不可胜用[3]矣’。然在常人不能无私意障碍，所以须用致知格物之功，胜私复理。即心之良知更无障碍，得以充塞流行，便是致其知。知致则意诚。”

刘宗周云："既云至善是心之本体，又云知是心之本体，盖知只是知善知恶。知善知恶，正是心之至善处。"又云："既谓之良知，决然私意障碍不得，常人与圣人同。"(《遗编》卷十三《阳明传信录》卷三，页三下。又见《明儒学案》卷十，页十四上)

佐藤一斋引彭定求曰："程子曰：'知者吾之所固有，然不致则不能得之。'(《二程遗书》卷二十五，页一上)先生致知之说本此。"[《南畇全集》，光绪七年(一八八一)本，页一上。]

捷案：彭定求，字勤止，又字南畇(一六四五至一七一九)。长洲(今江苏吴县)人。(参看《清儒学案》卷四十二)

东正纯云："会知之知即真知，决然私意不障碍，最看(见)手势。盖王子致良知之说，始于正德辛巳(一五二一)。此录属壬申(一五一二)。已足以知宗旨焉，但未为主张耳。"

①入井：《孟子·公孙丑第二上》第六章云："今人乍见孺子将入于井，皆有怵惕恻隐之心。"②良知：《孟子·尽心第七上》第十五章云："人之所不学而能者，其良能也；所不虑而知者，其良知也。"③胜用：《孟子·尽心第七下》第三十一章云："人能充无欲害人之心，而仁不可胜用也。"

9 爱问："先生以博文为约礼[①]工夫，深思之未能得略，请开示。"先生曰："'礼'字即是'理'字。理之发见，可见者谓之文；文之隐微，不可见者谓之理。只是一物。约礼只是要此心纯是一个天理。要此心纯是天理，须就理之发见处用功。如发见于事亲时，就在事亲上学存此天理；发见于事君时，就在事君上学存此天理；发见于处富贵贫贱时，就在处富贵贫贱上学存此天理；发见于处患难夷

狄时，就在处患难夷狄[2]上学存此天理。至于作止语默，无处不然。随他发见处，即就那上面学个存天理。这便是博学之于文，便是约礼的工夫。博文即是惟精，约礼即是惟一[3]。"

许舜屏云："以'精一'二字释博约之道，是直随时随地无一而非，即无一而非知之所存也。"

①博文、约礼：见第六条，注三。②夷狄：《中庸》第十四章云："素富贵，行乎富贵。素贫贱，行乎贫贱。素夷狄，行乎夷狄。素患难，行乎患难。君子无入而不自得也。"③精、一：见第二条，注四。

10 爱问："'道心常为一身之主，而人心每听命。'[1]以先生精一之训推之，此语似有弊。"先生曰："然。心一也，未杂于人，谓之道心；杂以人伪，谓之人心[2]。人心之得其正者，即道心；道心之失其正者，即人心。初非有二心也。程子谓人心即人欲，道心即天理[3]。语若分析，而意实得之。今曰'道心为主，而人心听命'，是二心也。天理、人欲不并立，安有天理为主，人欲又从而听命者？"

冯柯云："人心之人，非杂以人伪而谓之人也。孟子所谓耳、目、口、体之欲，小体也。道心之道，非以未杂于人而谓之道也。孟子所谓仁义礼智之心，大体也。'从其大体为大人，从其小体为小人。'(《告子篇》第六下，第十五章)道心为主，而人心听命，从其大体者也。道心不能为主，而反见役于人心，从其小体者也。朱子之言，分明出于《孟子》，岂有弊哉？"(《求是编》卷一，页十五上下)

刘宗周云："先生说，人道只是一心，极是。然细看来依旧只是程、朱之见，恐尚有剩义。《孟子》曰：'仁，人心也。'（《告子篇》第六上，第十一章）人心便只'人心也'之人心。道心即是'仁'字。以此思之，是一是二。人心本只是人之心。如何说他是伪心、欲心？敢以质之先生。"（《遗编》卷十三《阳明传信录》卷三，页四上）

捷案：黄宗羲采用刘宗周《阳明传信录》之《阳明语录》，全录于《明儒学案》之《姚江学案》，并采用宗周评语。今于此条则不录刘之评语。想宗羲不以其师宗周之语为然。

施邦曜云："此即孔子'道二，仁与不仁'（《孟子·离娄第四》第二章）之说。出此入彼。只有一个，更无两个。可不慎哉？"

三轮一斋云："朱子亦尝以人心为人欲，然非本说。载《朱书节要》，而李退溪论之。"

捷案：李氏，名滉（号退溪，一五〇一至一五七〇），朝鲜数一数二之儒者。所著《朱子书节要》二十七卷。朱子疑人心私欲之说为过，见《朱子文集》卷三十二《致张敬夫第三十七书》。其说来自《二程遗书》，故"非本说"。李滉采此书入《朱子书节要》卷三，题下评语云："人心私欲，与今《中庸》序说不同。所以收此，欲见先生入道本末。"

佐藤一斋云："文成本意，在不歧道人为二，非直认人为欲。虽在朱子，未尝谓有二心。而其语过于分析，则遂启错认为二之弊。故兹引程子，明人心为人欲之原耳。'今曰'以下，故本程子辩之。"

东正纯云："程子人心即人欲之说，殆似不可解者。岂以气禀之欲为人欲欤？要之此条似泥乎辞矣。删之可也。"

但衡今云："阳明颇从程说，是以一心而具理欲的两面。朱子之一实一虚，程子之一理一欲。理欲未必尽是，虚实未必尽非也。

盖以心之本体，虚实理欲为一也。”

① “道心常为一身……听命”：语见朱子《中庸章句序》。②道心、人心：见第二条，注四。③人心、道心：伊川云：“人心，私欲也。道心，正心也。”（《二程遗书》卷十九，页七上。倪锡恩误以为程明道语）

11 爱问文中子[①]、韩退之[②]。先生曰：“退之，文人之雄耳；文中子，贤儒也。后人徒以文词之故，推尊退之。其实退之去文中子远甚。”爱问：“何以有拟经[③]之失？”先生曰：“拟经恐未可尽非，且说后世儒者著述之意与拟经如何？”爱曰：“世儒著述，近名[④]之意不无，然期以明道。拟经纯若为名。”先生曰：“著述以明道，亦何所效法？”曰：“孔子删述六经[⑤]，以明道也。”先生曰：“然则拟经独非效法孔子乎？”爱曰：“著述即于道有所发明，拟经似徒拟其迹，恐于道无补。”先生曰：“子以明道者使其反朴还淳，而见诸行事之实乎？抑将美其言辞，而徒以哓哓于世也？天下之大乱，由虚文胜而实行衰也。使道明于天下，则六经不必述。删述六经，孔子不得已也。自伏羲画卦，至于文王、周公，[⑥]其间言《易》，如《连山》《归藏》[⑦]之属，纷纷籍籍，不知其几，易道大乱。孔子以天下好文之风日盛，知其说之将无纪极，于是取文王、周公之说而赞[⑧]之，以为惟此为得其宗。于是纷纷之说尽废，而天下之言《易》者始一。《书》《诗》《礼》《乐》《春秋》皆然。《书》自典谟[⑨]以后，《诗》自二南[⑩]以降，如《九丘》《八索》[⑪]，一切淫哇逸荡之词，盖不知其几千百篇。礼乐之名物度数，至是亦不可胜穷。孔子皆删削而述[⑫]正之，然后其说始废。如《书》《诗》《礼》《乐》中，孔子何尝加一语？今之《礼记》诸说，皆后儒附会而成，已非孔子之旧。至于《春秋》，虽称孔子作之[13]，其实皆鲁史旧文。所谓笔者，笔其旧；所谓削者，削其繁[14]，是有减无增。孔子述六经，惧繁文之乱天下，惟简之[15]而不得。使天下务去其文，以求其实，非以文教之也。春秋以后，繁文益盛，天下益乱。始皇焚书[16]得罪，是出于私意，又不合焚六经。若当时志在明道，其诸反经[17]叛理之说，悉取而焚之，亦正暗合删述之意。自秦汉以降，文又日盛，若欲尽去之，断不能去。只宜取法孔子，录其近是者而表章之。则其诸怪[18]悖之说，亦宜渐渐自废。不知文中子当时拟经之意如何。某切深有取于其事，以为圣人复起，不能易也。天下所以不治，只因文盛实衰，人出己见，新奇相高，以眩俗取誉。徒以乱天下之聪明，涂天下之耳目。使天下靡然争务修饰文词，以求知于世，而不复知有敦本尚实、反朴还淳之行。是皆著述者有以启之。”爱曰：“著述亦有不可缺者。如《春秋》一经，若无《左传》[19]，恐亦难晓。”先生曰：“《春秋》必待传而后明，是歇后谜语[20]矣。圣人何苦为此艰深隐晦之词？《左传》多是鲁史旧文。若《春秋》须此而后明，孔子何必削之？”爱曰：“伊川亦云：‘传是案，经是断[21]。’如书弑某君，伐某国，若不明其事，恐亦难断。”先生曰：“伊川此言，恐亦是相沿世儒之说，未得圣人作经之意。如书弑君，即弑君便是罪。何必更问其弑君之详。征伐当自天子出[22]。书伐国，即伐国便是罪。何必更问其伐国之详？圣人述六经，只是要正人心，只是要存天理、去人欲。于存天理去人欲之事，则尝言之。或因人请问，各随分量而说。亦不肯多道。恐人专求之言语，故曰‘予欲无言[23]’。若是一切纵人欲、灭天理的事，又安肯详以示人？是长乱导奸也。故孟子云：‘仲

尼之门，无道桓文之事者，是以后世无传[24]焉'，此便是孔门家法。世儒只讲得一个伯者的学问，所以要知得许多阴谋诡计，纯是一片功利的心，与圣人作经的意思正相反。如何思量得通？"因叹曰："此非达天德[25]者未易与言此也。"又曰："孔子云：'吾犹及史之阙文[26]也。'孟子云：'尽信书，不如无书。吾于《武成》[27]取二三策[28]而已。'孔子删《书》，于唐、虞、夏四五百年间，不过数篇。岂更无一事，而所述止此，圣人之意可知矣。圣人只是要删去繁文，后儒却只要添上。"爱曰："圣人作经，只是要去人欲，存天理。如五伯[29]以下事，圣人不欲详以示人，则诚然矣。至如尧、舜以前事，如何略不少见？"先生曰："羲、黄[30]之世，其事阔疏[31]，传之者鲜矣。此亦可以想见，其时全是淳庞朴素，略无文采的气象。此便是太古之治。非后世可及。"爱曰："如《三坟》[32]之类，亦有传者，孔子何以删之？"先生曰："纵有传者，亦于世变渐非所宜。风气益开，文采日胜。至于周末，虽欲变以夏、商之俗，已不可挽。况唐、虞乎？又况羲、黄之世乎？然其治不同，其道则一。孔子于尧、舜，则祖述之，于文武，则宪章[33]之。文、武之法，即是尧、舜之道。但因时致治，其设施政令，已自不同。即夏、商事业，施之于周，已有不合。故周公思兼三王[34]，其有不合，仰而思之，夜以继日。况太古之治，岂复能行？斯固圣人之所可略也。"又曰："专事无为，不能如三王之因时致治，而必欲行以太古之俗，即是佛、老的学术。因时致治，不能如三王之一本于道，而以功利之心行之，即是伯者以下事业。后世儒者，许多讲来讲去，只是讲得个伯术。"

佐藤一斋云："夫子虽崇《诗》《书》《礼》《乐》，而务在躬行，不仅凭诵读而已也，则吾窃疑其所谓删述，亦或无是事也。至于文中子，其事出于子弟门人之手，真伪固难定，古人亦尝言之。文成今不过姑用沿袭之说以论之。而至于此学不求繁文之意，则真能同见千古圣贤心事。要取其意而略其语，可也。”

施邦曜云：“此是先生感慨文胜之意。学者不得因是便谓读书不必究其详。”

①文中子：即王通。字仲淹（五八四至六一七），隋龙门（今山西河津）人。游长安，奏《太平十二策》。知谋不用，退居教学。受业者千数。后屡征不出。卒后门人谥曰文中子。参看《陈书》卷十七，并参看第五十五条。②韩退之：即韩愈，字退之（七六八至八二四）。唐邓州南阳（河南）人。由进士累官吏部侍郎。卒谥文，故称文公。因其先居昌黎（今河北易县），追封为昌黎伯，故称韩昌黎。精通六经百家，文章尤著名。排斥佛、老。儒者以为道统之传，至孟子而经韩子下至宋儒。参看《旧唐书》卷一六〇、《新唐书》卷一七六。③拟经：仿效《春秋》作《元经》，又为《中说》以拟《论语》。朱彝尊（一六二九至一七〇九）《经义考》引司马光（一〇一九至一〇八六）《补传》曰：“《礼论》二十二篇、《乐论》二十篇、《续书》百有五十篇、《续诗》三百六十篇、《元经》五十篇、《赞易》七十篇。谓之《王氏六经》。”今皆佚。《中说》尚存，可略见其规模。论者多讥其好名自大。《朱子文集》卷六十七《王氏续经说》（页二十一下至二十三下）云：“不胜其好名欲速之心，依仿六经。”（页二十二下）④近名：求名也。⑤删述六经：《史记》卷四十七《孔子世家》（页二十三上至二十四下）云：鲁终不能用孔子，孔子亦不求仕，乃叙《书》、传《礼》、删《诗》、正《乐》、序《易》《彖》《系辞》《说卦》《文言》。（页二十六下至二十七下）又云：十四年庚申，鲁西狩获麟，孔子作《春秋》。而《乐经》亡于秦，只存五经。⑥伏羲、文王、周公：传说伏羲画八卦。文王叠八卦而成六十四卦，又系《彖辞》。周公系《爻辞》。⑦《连山》《归藏》：见《周礼·春官·宗伯》第三篇

云:“太卜掌三易之法, 一曰《连山》, 二曰《归藏》, 三曰《周易》。其经卦皆八, 其别皆六十有四。”郑玄(一二七至二〇〇)《易》注云:“《连山》夏易。始于艮, 象山之出云。连连不绝。《归藏》殷易。先坤后乾, 万物莫不归藏于其中。《周易》始乾。文王衍易于羑里。题周以别商也。”《周易》即《易经》。而《连山》《归藏》, 即有其书, 亦已佚矣。⑧赞: 明也。传说孔子作《彖传》上下、《象传》上下、《系辞传》上下、《文言传》《说卦传》《序卦传》《杂卦传》。共称“十翼”。⑨典谟:《书经》之《尧典》《舜典》《大禹谟》《皋陶谟》。或加《益稷篇》, 作二典三谟。⑩二南: 即《周南》(南方之国, 周公封邑)与《召南》(召公封邑)。⑪《九丘》《八索》: 孔安国(壮年公元前一三〇年)《古文尚书序》曰:“八卦之说, 谓之《八索》, 求其义也。九州之志, 谓之《九丘》。丘, 聚也。言九州所有, 土地所生, 风气所宜, 皆聚此书也。”⑫孔子删、述:《古文尚书序》云:“先君孔子生于周末。睹史籍之烦文, 惧览者之不一, 遂乃定礼乐, 明旧章。删《诗》为三百篇, 约史记而修《春秋》, 赞易道以黜《八索》, 述职方以除《九丘》。”参看上注十一。⑬作之: 即作《春秋》。见《孟子·滕文公第三下》第九章云:“世衰道微, 邪说暴行有作。臣弑其君者有之, 子弑其父者有之。孔子惧, 作《春秋》。《春秋》, 天子之事也。”⑭笔、削:《史记》卷四十七《孔子世家》(页二十八上)云:“笔则笔, 削则削, 子夏之徒不能赞(助)一辞。”⑮惟简之: 佐藤一斋云:“执斋(三轮希贤)训‘惟’为‘思’, 非是。不得字, 宜连下文。”捷案: 一斋上说是也, 下说欠解。⑯焚书:《史记》卷六《始皇本纪》三十四年曰:“史官非秦纪皆烧之。……《诗》《书》、百家语者, 悉……烧之……所不去者, 医药、卜筮、种树之书。”⑰反经: 反背经常之道。⑱恠: 怪也。⑲《左传》: 传《春秋》者有《公羊》《谷梁》《左氏》三家。所传事实, 有所不同。《左传》相传为孔子同时人鲁国史官左丘明所作, 述事甚详, 故说《春秋》必以之为根据。⑳歇后谜语: 即删去最后之字句。如云“孝悌、忠信、礼义、廉耻”, 即无耻之谓。㉑传、经: 语出《二程遗书》卷十五(页十六上)。采入《近思录》卷三, 第六十五条。㉒自天子出:《论语·季氏第十六》第二章, 孔子曰:“天下有道, 则礼乐征伐自天子出。”㉓无言: 语见《论语·阳货第十七》第十九章。[24]无传：《孟子·梁惠王第一上》第七章。原文“门”作“徒”。桓，齐桓公（前六八五至前六四三在位）。文，晋文公（前六三六至前六二八在位）。[25]天德：《中庸》第三十二章云：“唯天下至诚，为能经纶天下之大经。……苟不固聪明圣知，达天德者，其孰能知之？”[26]阙文：《论语·卫灵公第十五》第二十五章。[27]《武成》：为《书经·周书》篇名。武王伐纣归，议其政事。[28]二三策：《孟子·尽心第七下》第三章。[29]五伯：即五霸：齐桓公、晋文公、秦穆公（前六五九至前六一九在位）、楚庄王（前六一三至前五八九在位）、宋襄公（前六五〇至前六三五在位）是也。[30]羲、黄：伏羲与黄帝。[31]阔疏：宋本作“疏阔”。[32]《三坟》：孔安国《古文尚书序》曰：“伏羲、神农、黄帝之书，谓之《三坟》。坟，言大道也。”[33]宪章：《中庸》第三十章云：“仲尼祖述尧、舜，宪章文、武。”朱子《中庸章句》注云：“祖述者，远宗其道。宪章者，近守其法。”[34]思兼三王：《孟子·离娄第四下》第二十章云：“周公思兼三王，以施四事。其有不合者。仰而思之，夜以继日。幸而得之，坐以待旦。”三王：禹、汤、文武。

12 又曰：“唐虞以上之治，后世不可复也，略之可也。三代[1]以下之治，后世不可法也，削之可也。惟三代之治可行。然而世之论三代者，不明其本，而徒事其末，则亦不可复矣。”

三轮执斋云：“案：伊川先生《春秋传序》云：‘后王知《春秋》之义，则虽德非禹、汤，尚可以法三代之治。’是不明其本而徒事其末者，以开后世羁功之心，如孔、孟无此议论。伊川盖忧世之切，而不觉其抑扬之过甚耳。”

捷案：既法三王，何以又开羁功之心？殊不可解。且三轮以阳明暗评伊川。阳明直言，无暗射之理，恐三轮不以君子待阳明也。伊川语见《伊川经说》卷四（页三下）。

佐藤一斋云："明经亲民是本，制度器数是末。"

捷案：阳明，泛言之尔。本末岂只此一端而已耶？

许舜屏云："三代以下之治亦有可法者，如汉文帝、唐太宗时之治，亦何可厚非耶？"

①三代：即夏、商、周。

13 爱曰："先儒论六经，以《春秋》为史。史专记事，恐与五经[①]事体终或稍异。"先生曰："以事言谓之史，以道言谓之经。事即道，道即事。《春秋》亦经，五经亦史。《易》是包牺[②]氏之史，《书》是尧、舜以下史，《礼》《乐》是三代史。其事同，其道同，安有所谓异？"

施邦曜云："先生此论甚快。然'二十一史'记事与《春秋》无异，何以不并称经？盖《春秋》之称经者，非因记事也，因经圣人之笔削也，否则仍与诸史无异。孔子曰：'其义则丘窃取之。'(《孟子·离娄第四下》第二十一章)大义通而道存乎其间。如止以事言，则五经皆史矣。"

王应昌云："以《易》为庖牺之史。史以记事，吾未见一画之涉何事也。"

许舜屏云："以事言之谓之史，以道言之谓之经，是明明分而为两。下文言事即道，道即事，似乎自相矛盾。不若言事之中亦有道，道之中亦有事，较为含混。"

佐藤一斋云："陈几亭(名龙正，字惕龙，一五八五年生，浙江嘉善人)谓《易》

不涉一事，未可称史。愚则谓道外无事，事外无道。圣人之心，天地同体。其动静语默，与二气而消息。其理一。发之于《易》，则《易》何曾无事？虽曰庖牺氏起居注可也。几亭之言，泥矣云云。东正纯从之，并云，凡纪事、纪言，皆可谓之史也。"

东敬治云："朱子《文语纂编·致知篇》论《春秋》曰'孔子取而笔削之，而其义大明。孔子亦何尝有意说明某字使人知劝，用某字使知惧？不过如今之史书，直书其事。善者、恶者了然在目'云云。则所谓先儒必指朱子。"

捷案：日本学者注《传习录》，如小柳司气太、安井小太郎，多如此说，惟近藤康信则谓先儒不知指谁。近藤是也。《朱子语类》卷八三（页三四〇四）问《春秋》当如何看，曰："只如看史样看。"然此非谓《春秋》只为记事之书。朱子所谓未尝以某字使人知劝、知惧，乃朱子反对一字褒贬等所谓凡例。朱子又云："圣人据鲁史以书其事，使人自观之以为鉴戒。"（同卷，页三三九九）所谓如看史者，盖谓看《春秋》看史，皆观其得失。经史同理。东敬治等只见"直书其事"，而忽略"善者、恶者了然在目"。不识朱子，亦不识阳明也。《语类》卷八十三论《春秋》甚明，可参看。

①五经：《诗》《书》《易》《礼》《春秋》。六经原包《乐经》，但《乐经》早佚，宋儒以《周礼》代之，以足六经。②包牺：即伏羲。据神话，彼教民佃渔畜牧，养牺牲以足庖厨，故又有是称。

14 又曰："五经亦只是史。史以明善恶，示训戒。善可为训者，时存其迹，以示法。恶可为戒者，存其戒而削其事，以杜奸。"爱曰：

"存其迹以示法，亦是存天理之本然。削其事以杜奸，亦是遏人欲于将萌否？"先生曰："圣人作经，固无非是此意。然又不必泥着文句。"爱又问："恶可为戒者，存其戒而削其事，以杜奸。何独于诗而不删郑、卫[①]？先儒谓'恶者可以惩创人之逸志[②]'，然否？"先生曰："诗非孔门之旧本矣。孔子云：'放郑声，郑声[③]淫。'又曰：'恶郑声之乱雅乐[④]也。'又曰：'郑、卫之音，亡国之音[⑤]也。'此是孔门家法。孔子所定三百篇，皆所谓雅乐。皆可奏之郊庙，奏之乡党。皆所以资畅和平，涵泳德性。移风易俗，安得有此？是长淫导奸矣。此必秦火[⑥]之后，世儒附会，以足三百篇之数。盖淫泆之词，世俗多所喜传。如今闾巷皆然。恶者可以惩创人之逸志。是求其说而不得，从而为之辞[⑦]。"

施邦曜云："此说虽无考据，以理揆之，应如是。愚以为心存天理，即淫泆之词，足为炯戒。以私欲之心读之，适为长淫导奸之藉。惩创之说，与先生之旨并存，可也。"

东正纯曰："以郑、卫之诗为淫辞，似为集传所误。以古序论之，不必以为淫辞。王子之说，虽于义正，未悉其实也。"

①郑、卫：《诗经·郑风》与《诗经·卫风》。②逸志：朱子语，见《论语集注·为政第二》第二章注。③郑声：《论语·卫灵公第十五》第十章。④雅乐：《论语·阳货第十七》第十八章。雅，正也。⑤亡国之音：语出《礼记·乐记篇》第六节云："郑、卫之音，乱世之音也。比于慢矣。桑间、濮上之音，亡国之音也。"⑥秦火：参看第十一条，注十六。⑦为之辞：《孟子·公孙丑第二下》第二章云："今之君子，岂徒顺之？又从为之辞。"

徐爱跋

爱因旧说汩没[1]，始闻先生之教，实是骇愕不定，无入头处。其后闻之既久，渐知反身实践。然后始信先生之学，为孔门嫡传。舍是皆傍蹊小径，断港绝河矣。如说格物是诚意的工夫，明善是诚身的工夫，穷理是尽性的工夫，道问学是尊德性的工夫，博文是约礼的工夫，惟精是惟一[2]的工夫。诸如此类，始皆落落难合。其后思之既久，不觉手舞足蹈。[3]

刘宗周云："曰仁（徐爱）为先生入室首座。所记先生语录，其言去人欲存天理者不一而足。又曰至善是心之本体，然未尝离事物。又曰即尽乎天理之极处。则先生心宗教法，居然只是守儒文钵。但先生提得头脑清楚耳。"（《遗编》卷十三，页五下。又见《明儒学案》卷十，页十四下。吉村秋阳误作黄宗羲语）

三轮执斋云："此一段本与上文列书。今案：徐氏所编《传习录》者，至此止焉。是其跋文耳。故据例低书之。"

捷案：《传习录》皆载阳明言论，此段只徐爱复述，非阳明自言，亦无新义，乃徐爱之感。《年谱》正德八年（一五一三）录此段称为徐爱《自序》。而《明儒学案》卷十，引此亦低一格。故此处不另作一条。亦不加号数。

①旧说汨没：即沉没于旧说。有谓指程、朱之学。②博约、精一：此等语见第二十五条。③此语自序载自《年谱》正德七年（一五一二）十二月。南本此序后有跋云："曰仁所记，凡三卷。侃近得此数条，并两小序。其余俟求其家附录之。正德戊寅（一五一八）春，薛侃识。"黄宗羲曰："阳明自居夷以后，其教再变。南中之时（一五〇五至一五一七），大率以收敛为主。发散是不得已。故以默坐澄心为学的。江右（一五一七）以后，则专提'致良知'三字。"捷案：据《年谱》正德十六年（一五二一），始揭致良知之教。先生（徐爱）记《传习录》初卷，皆是南中所闻。其于致良知之说，固未之知也。然录中有云："知是心之本体，心自然会知。见父自然知孝，见兄自然知悌，见孺子入井自然知恻隐，此便是致良知。使此心之良知充塞流行，便是致其知。"（第八节）则三字之提，不始于江右明矣。但江右以后，以此为宗旨耳。是故，阳明之学，先生为得其真。

陆澄录

15 陆澄[1]问："主一之功，如读书则一心在读书上，接客则一心在接客上，可以为主一乎？"先生曰："好色则一心在好色上，好货[2]则一心在好货上，可以为主一乎？是所谓逐物，非主一也。主一是专主一个天理。"[3]

刘宗周云："又抬出天理。"(《遗编》卷十三《阳明传信录》卷三，页五上。《明儒学案》卷十，页十四下，删此评语)

三轮执斋云："所谓逐物，陆象山集多言之。程、朱亦尝有此言。"

东正纯云："伊川语录曰：'心无出入矣。逐物是欲。'(《二程遗书》卷二十二上，页十四下)逐物之语始见于此。"

但衡今云："好色、好货，未可与读书接事并提。一心在好色、好货上，此好之不得其正，而非主一之过也。阳明所云，盖用以破陆澄意在逐外之惑。语有偏全者是也，学者幸勿以辞害意。"

捷案：主一，程、朱之说。伊川云："主一之谓敬，无适之谓一。"(《二程遗书》卷十五，页二十上)阳明主一之说本此。

[1]陆澄：字原静，又作元静，又字清伯。湖州归安（今浙江吴兴）人。正德九

年（一五一四）就学阳明。十二年（一五一七）进士，授刑部主事。议大礼不合，罢归。后悔前议之非，上言。上恶其反复，不用。黄宗羲曰："《传习录》自曰仁（徐爱）发端，其次即为先生所记。朋友见之，因此多有省悟。盖数条皆切问，非先生莫肯如此吐露，就吐露亦不能如此曲折详尽也。故阳明谓'曰仁后吾道益孤，致望原静者不浅。'"（《全书》卷四，页三十三上《与陆原静书》）宗羲又云："先生初锢于世论，已而理明障落，知非改过，使人皆仰。"（《明儒学案》卷十四，页三上下）参看《明史》卷一九七。②好色、好货：出《孟子·梁惠王第一下》第五章。③据佐藤一斋指出，此条之前南本、施本，尚有一条云："先生曰：'持志如心痛。一心在痛上。岂有工夫说闲话，管闲事？'"朱本、陈本载在"问上达"条，即第二十四条之后。捷案：此语重见上卷第九十五"侃问"条。又第一一七条较详，可参看。

16 问立志。先生曰："只念念要存天理，即是立志。能不忘乎此，久则自然心中凝聚，犹道家所谓结圣胎[①]也。此天理之念常存，驯至于美大圣神[②]，亦只从此一念存养扩充去耳。"

但衡今云："阳明此意，犹是主一之义也。凝聚二字，则是工夫。与宗门之一心参话头疑情，净土门之一心念佛，道家之一心注守丹田，一也。但释、道两家，俱有所指实。故'天理'二字，在此当作人心看。仁者人也，人之心也。否则不免落于虚空。质之阳明先生，然与否与？"

捷案：天理之念，即此心常念天理耳。无虚空也。

①结圣胎：犹言精神凝聚处，如胎中下圣种。查铎[字子警，号毅斋，嘉靖乙丑（一五六五）进士]曰："仙家所谓结胎，岂真有形？亦只精神凝聚，即谓之圣胎。"

(《明儒学案》卷二十五，页十四上)《金丹四百字》，张紫阳《自序》云：“圣胎结成。”参看大西晴隆《对于〈传习录〉的若干补注》，中村英一博士颂寿纪念事业会编《中西哲学的展望》(东京创文社，一九七六，页七二九)。②美大圣神：《孟子·尽心第七下》第二十五章云：“可欲之谓善，有诸己之谓信，充实之谓美，充实而有光辉之谓大，大而化之之谓圣，圣而不可知之之谓神。”

17 日间工夫①觉纷扰则静坐，觉懒看书则且看书，是亦因病而药。

①日间工夫：佐藤一斋云：“日间工夫，句绝。已下就工夫举两事。”捷案：恐不然。工夫纷扰为一事也，否则何自纷扰？

18 处朋友，务相下，则得益，相上则损。

捷案：孔子云：“益者三友，损者三友。友直，友谅，友多闻，益矣。友便辟，友善柔，友便佞，损矣。”(《论语·季氏第十六》第四章。)

19 孟源①有自是好名之病，先生屡责之。一日，警责方已，一友自陈日来工夫请正。源从傍曰：“此方是寻着源旧时家当②。”先生曰：“尔病又发。”源色变，议拟欲有所辩。先生曰：“尔病又发。”因喻之曰：“此是汝一生大病根。譬如方丈地内，种此一大树。雨露之滋，土脉之力，只滋养得这个大根。四傍纵要种些嘉谷，上面被此树叶遮覆，下面被此树根盘结，如何生长得成？须用伐去此树，纤根勿留，方可种植嘉种。不然，任汝耕耘培壅，只是滋养得

此根。”③

①孟源：字伯生，滁州（今安徽滁州）人。余不详。《明儒学案》无传。此条为陆澄所记。普通应用字，今用名，或是孟源为后辈也。②家当：财产，器具也。③佐藤一斋云：“此条施本、南本、宋本在第一二九条之后。”

20 问：“后世①著述之多，恐亦有乱正学。”先生曰：“人心天理浑然。圣贤笔之书，如写真传神，不过示人以形状大略，使之因此而讨求其真耳。其精神意气，言笑动止，固有所不能传也。后世著述，是又将圣人所画，摹仿誊写，而妄自分析加增，以逞其技，其失真愈远矣。”

①后世：孔、孟以后之世。

21 问：“圣人应变不穷，莫亦是预先讲求否？”先生曰：“如何讲求得许多？圣人之心如明镜，只是一个明，则随感而应，无物不照。未有已往之形尚在，未照之形先具者。若后世①所讲，却是如此，是以与圣人之学大背。周公制礼作乐②，以文天下，皆圣人所能为。尧、舜何不尽为之，而待于周公？孔子删述六经③，以诏万世，亦圣人所能为。周公何不先为之，而有待于孔子？是知圣人遇此时，方有此事。只怕镜不明，不怕物来不能照。讲求事变，亦是照时事。然学者却须先有个明的工夫。学者惟患此心之未能明，不患事变之不能尽。”曰：“然则所谓‘冲漠无朕，而万象森然已具’④者，其言何如？”曰：“是说本自好。只不善看，亦便有病痛。”

佐藤一斋引陈龙正云："无朕中须有个明的工夫，便无病。只守冲漠，便是养成騃汉（无知之人）。"

吉村秋阳云："此问答俱以中和为前后二时，犹是旧说。"

陶浔霍云："王学大旨。"

但衡今云："故曰：'自诚明，谓之性。自明诚，谓之教。'（《中庸》第二十一章）诚者内圣事，明者外王事，有一不足，皆非圣人之道也。阳明本节，只提出一明字，似嫌不足。"

①后世：近藤康信以为是指朱子之学。②周公制礼作乐：《礼记·明堂位篇》云："周公践天子之位，以治天下。六年，朝诸侯于明堂，制礼作乐。"③孔子删述六经：参看第十一条，注十二。④"冲漠无朕，而万象森然已具"：程伊川语（《二程遗书》卷十五，页八上。采入《近思录》卷一，第三十二条）。太田锦城（一七六五至一八二五）《疑问录》[天保二年（一八三一）本，页二十下]列举老子"冲""泊""未兆"等字，与庄子"淡""漠""冲""无朕""恬淡""寂漠"等句，及永嘉（七一三年卒）《证道歌》"万象森罗"之语。[《景德传灯录》（《四部丛刊》本）卷三十，页十一上]以为伊川之语出自佛典。查"万象森罗"亦见《坛经》第二十节。然山崎暗斋（一六一八至一六八二）曾罗列宋、明学者引用此语。[《续山崎暗斋全集》下，页七十八至八十六。东京，昭和二年（一九二七）本]日本古典学会，并未言其出自佛典。宋儒每用禅家字句，然语则伊川之语也。亦可参看第八十二条。

22 "义理，无定在，无穷尽。吾与子言，不可以少有所得，而遂谓止此也。再言之十年、二十年、五十年，未有止也。"他日又曰："圣如尧、舜，然尧、舜之上，善无尽。恶如桀、纣，然桀、纣之下，恶无尽。使桀、纣未死，恶宁止此乎？使善有尽时，文王何以望道[①]

而未之见？”

佐藤一斋云："前一段，言善无穷。后一段，言善恶两无穷。毕竟见物理与天地同一无穷之意。"

①望道：《孟子·离娄第四下》第二十章云："文王视民如伤。望道而未之见。"朱子《孟子集注》云："'而'，读为'如'。古字通用。"

23 问："静时亦觉意思好，才遇事，便不同。如何？"先生曰："是徒知养静，而不用克己工夫也。如此临事便要倾倒。人须在事上磨，方立得住，方能静亦定，动亦定①。"

刘宗周云："先生又说个克己，即存理去欲之别名。"（《遗编》卷十三《阳明传信录》卷三，页五下。又见《明儒学案》卷十，页十四下）

王应昌云："须在事上磨，似与答徐之说相反。此正是应病与药，如颜之勿、曾之唯。"（《论语·颜渊第十二》第一章："颜渊问仁……子曰：'非礼勿视……'"《论语·里仁第四》第十五章："子曰：'吾道一以贯之。'曾子曰：'唯。'"）

三轮执斋云："原静工夫每好静，故先生教以事上磨。第二卷《答陆原静书》（第一五一条至一六七条）可以见。而事上磨，固先生之家法。"

捷案：事上磨练，又见第一四七、二〇四、二六二条。

①"静亦定，动亦定"：《明道文集》卷三（页一下）《答横渠先生定性书》曰："所谓定者，动亦定，静亦定。无将迎，无内外。"又见《近思录》卷二，第四条。

24 问上达工夫。先生曰：“后儒教人，才涉精微，便谓上达，未当学，且说下学。是分下学、上达为二也。夫目可得见，耳可得闻，口可得言，心可得思者，皆下学也。目不可得见，耳不可得闻，口不可得言，心不可得思者，上达也。如木之栽培灌溉，是下学也。至于日夜之所息[①]，条达畅茂，乃是上达。人安能预其力哉？故凡可用功，可告语者，皆下学。上达只在下学里。凡圣人所说，虽极精微，俱是下学。学者只从下学里用功，自然上达去。不必别寻个上达的工夫。”[②]

王应昌云：“有气力可用便是助手，如何唤得是达？达者自此而通彼，不用气力而气力自到，所谓即此用离此用者。请以质诸先生。”

佐藤一斋云：“此条之后，南本、施本、俞本并有一条，全书诸本皆脱，今录于下。”（今移载于附录为《拾遗》第一条）

但衡今云：“本节原文‘便谓上达未当学，且说下学’，与下文意旨相同，而与上文‘才涉精微’句相左。若谓无误，正与阳明之见合。予意上句‘上达’二字，系‘下学’二字之误。下句‘下学’二字，系‘上达’二字之误。相易，应为便。谓下学未当学，且说上达，方与全文辞旨相符。”

捷案：原文无误。盖程、朱之教，重下学也。此与阳明之旨相同。阳明并非评其先上达而后下学。阳明误以其分下学、上达为二而评之耳。

于清远云：“《论语 · 宪问第十四》第三七章，子曰：‘下学而上达。’（朱注《论语集注》）‘但知下学，而自然上达。此但自言其反己自修，循序渐进耳。无以甚异于人而致其知也。’（朱注《论语集注》）程子曰：‘学者须守下学、上达之语，乃学之要。盖凡下学人事，便是上达天理。然而习而不察，则亦不能上达矣。’（《二程遗书》外书卷二，页一上）阳明以能见闻言思为下学，不能见闻言思为上达。与程、朱所说不同。”

①日夜之所息：语出《孟子·告子第六上》第八章。②此条之后南本、施本、俞本均增一条，今移载于附录为《拾遗》第一条。

持志如心痛，一心在痛上，岂有工夫说闲语，管闲事？[①]

①此条全文见第九十五条，显是衍文。

25 问：“惟精惟一[①]，是如何用功？”先生曰：“惟一是惟精主意，惟精是惟一工夫，非惟精之外复有惟一也。‘精’字从‘米’，姑以米譬之。要得此‘米’纯然洁白，便是惟一意。然非加舂簸筛拣惟精之功，则不能纯然洁白也。舂簸筛拣，是惟精之功，然亦不过要此‘米’到纯然洁白而已。博学[②]、审问、慎思、明辨、笃行者，皆所以为惟精而求惟一也。他如博文者即约礼[③]之功，格物致知者即诚意[④]之功，道问学[⑤]即尊德性之功，明善即诚身[⑥]之功，无二说也。”

唐九经见王应昌云：“至论也。晦庵、象山两人同首肯矣。”

但衡今云：“考亭（朱子）之博文，何尝不求约礼？道问学，何尝不尊德性？格物明善，何尝非诚意、诚身之功？由此可知程、朱之治学法，实即阳明学术入德之门也。”

①惟精惟一：参看第二条，注四。②博学：参看第四条，注四。③博文、约礼：参看第六条，注三。④格、致、诚：见《大学》经文。⑤道问学：《中庸》第二十七章云：“故君子尊德性而道问学，致广大而尽精微。”⑥明善、诚身：《中庸》第二十章云：“诚身有道。不明乎善，不诚乎身矣。”

26 知者行之始，行者知之成。圣学只一个工夫，知行不可分作两事。

佐藤一斋云：“‘始’字，‘成’字，诠出于徐录。”

捷案：此指第五条徐爱所录也。该处较详。此处并录陆澄所说，不避重复，盖以示王门宗旨也。

27 漆雕开①曰：“吾斯之未能信②。”夫子说之。子路③使子羔④为费⑤宰。子曰：“贼夫人之子⑥”。曾点⑦言志，夫子许之⑧。圣人之意可见矣。

①漆雕开：据阎若璩（一六三六至一七〇四）《四书释地》三续（《皇清经解》卷二十三）漆雕开条（页三十六下）。汉人避景帝讳改“启”为“开”。字子开，又作子若。蔡人，孔子弟子。②未能信：《论语·卫灵公第十五》第五章。③子路：姓仲，名由，又字季路，又称季子（约前五四二至前四八〇）。鲁之卞邑人。孔子弟子。孔子为鲁国司寇时，子路任季康子宰。定公十二年（前四九八）助孔子隳三都。后任蒲邑宰三年。④子羔：姓高，名柴（约前五二一生）。注家以为齐人。或云卫人。孔子弟子。仕鲁国。

孔子曰："柴也愚。"（《论语·先进第十一》第十七章）⑤费：鲁之邑名，在今山东临沂。⑥人之子：《论语·先进第十一》第二十四章。⑦曾点：即曾蒧。字皙，或作子皙。鲁国武城人。孔子弟子，曾参之父。⑧许之：《论语·先进第十一》第二十五章云："子路、曾皙、冉有、公西华侍坐。……子路率尔而对曰：'千乘之国……比及三年，可使有勇，且知方也。'夫子哂之。'求！尔如何？'对曰：'……比及三年，可使足民。'……（公西华）对曰：'……宗庙之事……愿为小相焉。'……（曾皙）曰：'莫（暮）春者，春服既成，冠者五六人，童子六七人。浴乎沂（山东河名），风乎舞雩（求雨之祭坛），咏而归。'夫子喟然叹曰：'吾与点也。'"孔门言志，又见第二十九与二五七条。

28 问："宁静存心时，可为未发之中[①]否？"先生曰："今人存心，只定得气。当其宁静时，亦只是气宁静，不可以为未发之中。"曰："未便是中，莫亦是求中工夫？"曰："只要去人欲，存天理，方是工夫。静时念念去人欲、存天理；动时念念去人欲、存天理，不管宁静不宁静。若靠那宁静，不惟渐有喜静厌动之弊，中间许多病痛，只是潜伏在，终不能绝去，遇事依旧滋长。以循理为主，何尝不宁静；以宁静为主，未必能循理。"

刘宗周云："此所谓念，是无念之念，莫错会。不然，才起一念已是欲也。故曰：'凡有所向，便是欲。'然先生之教，自是真切。"（《遗编》卷十三《阳明传信录》卷三，页六下。黄宗羲采用《阳明传信录》，《明儒学案》卷十，页十五上。此处又删宗周评语）

但衡今云："必心得宁静，始得谓为未发之中。阳明未着此一语者，用以破陆澄徒知宁静之失。故教以循天理去人欲，则宁静工夫，方有着落，有发用，非以宁静为病也。本节所云，语有偏全。学者待到工夫熟处，豁然贯通时，则必恍然而悟。是者是，非者亦是。”

①未发之中：《中庸》首章云：“喜怒哀乐之未发，谓之中。发而皆中节，谓之和。”

29 问：“孔门言志[1]，由求任政事，公西赤任礼陈，多少实用？及曾皙说来却似要[2]的事，圣人却许他，是意何如？”曰：“三子是有意必。有意必[3]，便偏着一边，能此未必能彼。曾点这意思却无意必，便是‘素其位[4]而行，不愿乎其外。素夷狄，行乎夷狄，素患难，行乎患难，无入而不自得矣’。三子所谓‘汝器[5]也’。曾点便有不器[6]意。然三子之才，各卓然成章，非若世之空言无实者。故夫子亦皆许之。”

①孔门言志：见第二十七条，注八。②似：宋本作“是”。耍，戏也。③意必：《论语·子罕第九》第四章云：“子绝四：毋意，毋必，毋固，毋我。”④素其位：《中庸》语，参看第九条，注二。⑤器：《论语·公冶长第五》第三章。⑥不器：《论语·为政第二》第十二章云：“君子不器。”

30 问：“知识不长进如何？”先生曰：“为学须有本原，须从本原上用力，渐渐盈科[1]而进。仙家说婴儿[2]亦善。譬婴儿在母腹时，只是纯气，有何知识？出胎后，方始能啼，既而后能笑，又既而后能认识其父母兄弟，又既而后能立、能行、能持、能负。卒乃天下之事，无不可能。皆是精气日足，则筋力日强，聪明日开，不是出胎日便讲求推寻得来，故须有个本原。圣人到，位天地，育[3]万物，也

只从喜怒哀乐未发之中[4]上养来。后儒不明格物之说，见圣人无不知，无不能，便欲于初下手时讲求得尽，岂有此理？”又曰：“立志用功，如种树然。方其根芽，犹未有干。及其有干，尚未有枝。枝而后叶，叶而后花实。初种根时，只管栽培灌溉。勿作枝想，勿作叶想，勿作花想，勿作实想。悬想何益？但不忘栽培之功，怕[5]没有枝叶花实？”

王应昌云：“此篇学问全从养气上，看来是良知的发展。后面几个勿作，想俱是必有事而勿正。”

唐九经云：“能拟先生学问之变化处。”

①盈科：《孟子·离娄第四下》第十八章云：“原泉混混，不舍昼夜。盈科而后进，放乎四海。”朱子《孟子集注》云：“盈，满也。科，坎也。言其进以渐也。”②婴儿：即第十六条“结圣胎”。源出《老子》第十章云：“专气致柔，能婴儿乎？”③位、育：《中庸》第一章云：“致中和，天地位焉，万物育焉。”④未发之中：《中庸》第一章云：“喜怒哀乐之未发，谓之中。”⑤怕：吉村秋阳云：“‘怕’，作反语看。”

31 问：“看书不能明如何？”先生曰：“此只是在文义上穿求，故不明。如此，又不如为旧时学问。他到[1]看得多，解得去。只是他为学虽极解得明晓，亦终身无得。须于心体[2]上用功。凡[3]明不得，行不去，须[4]反在自心上体当[5]，即可通。盖四书、五经[6]，不过说这心体。这心体即所谓道心，体明即是道明，更无二。此是为学头脑处。”

①到：南本、陈本、施本、宋本、俞本均作“倒”。②心体：心之本体。③凡：陈本作“有”。④须：南本、施本、宋本、俞本皆作“便须”。⑤体当：本体省察承当。⑥四书：《大学》《中庸》《论语》《孟子》；五经：《诗》《书》《易》《礼》《春秋》。

32 “虚灵不昧①，众理具而万事出”，心外无理，心外无事②。

佐藤一斋云：“心外无理，故众理具；心外无事，故万事出。晦庵（朱子）旧语，点铁成金。”

①虚灵不昧：朱子《大学章句》注“明明德”曰：“明德者，人之所得乎天，而虚灵不昧，以具众理而应万事者也。”太田锦城[《疑问录》，天保二年（一八三一）本，卷上，页十五上]谓“虚灵不昧”之语出《大智度论》。日本注《传习录》者多从之，然未举品数。查此语又见澄观（约七六〇至八三八）《答皇太子问心要》[《景德传灯录》（《四部丛刊》本）卷三十，页八下]。“灵知”“不昧”两辞，又见宗密（七八〇至八四一）《禅源诸诠集都序》（《大正大藏经》卷四八，页四〇四至四〇五）。朱子不满禅语，故加“具众理而万事出”。《朱子语类》卷十四（页四二四）云：“明德者，人之所得乎天，而虚灵不昧，以具众理而应万事者也。禅家则但以虚灵不昧者为性，而无以具众理以下之事。”②“心外无理，心外无事”：见上，第三条评语。

33 或问：“晦庵①先生曰：‘人之所以为学者，心与理②而已。’此语如何？”曰：“心即性，性即理。下一‘与’字，恐未免为二。此在学者善观之。”

冯柯云：“盖以人而言，则心即性，性即理。若下‘与’字，是二之也。以人对事物而言，则在人为心，在物为理。不下‘与’字，又无别也。朱子此言为格致而发。致知者，致吾心之知也。格物者，格事物之理也。不无内外精粗之别。故下一‘与’字，非专指人心而言也。……况朱子此言之下，明继之曰：‘心虽主乎一身，而其体之虚灵，足以管乎天下之理。理虽散在万事，而其用之微妙，实不外乎一人之心。初不可以内外精粗论也。’则是晦庵于心物理，且知其不可以内外精粗论。况心中所具之理，而反不知其不可以二之乎？然则是言也，信非朱子下字之误，乃阳明看书之误尔。”(《求是编》卷二，页七上至九下)

王应昌云：“下一‘与’字，心理为二。如先生下一‘性’字，将如何？莫不成三段去否？也须善观始得。”

佐藤一斋引彭定求曰：“心即性，性即理。与程子‘性者，心之理’之说无异也。”[《南畇全集》，光绪七年（一八八一）本，附《姚江释毁录》页七上]

捷案：程伊川云：“性即理也。”(《二程遗书》卷二十二上，页十一上。采入《近思录》卷一，第三十八条。又见朱子《孟子集注》注《滕文公篇》第三上，第一章)彭定求见第八条，佐藤评语下。

①**晦庵：朱子之号。**②**心与理：语见朱子《大学或问》（页六十上下），论第五《格物章》。**

34 或曰：“人皆有是心，心即理。何以有为善有为不善？”先生曰：“恶人之心失其本体。”

东敬治云：“此即孟子‘乃若其情，即可以为善，乃所谓善也’

之意。”（孟子语见《孟子·告子第六上》第六章）

许舜屏云：“孟子之性善，即是此义。”

35 问：“‘析之有以极其精而不乱，然后合之[①]有以尽其大而无余。’此言如何？”先生曰：“恐亦未尽。此理岂容分析？又何须凑合得？圣人说精一[②]，自是尽。”

①析之、合之：朱子《大学或问》论八目（页二十四下）。②精一：参看第二条，注四。

36 省察是有事时存养，存养是无事时省察。

但衡今云：“有事时省察不得力，多由无事时失于存养。故有事时省察，即存养。无事时存养不得力，多由有事时，罔知省察。故无事时存养，即省察。”

于清远云：“省察存养，念念在去欲存理而不间断。”

37 澄尝问象山[①]在人情事变[②]上做工夫之说。先生曰：“除了人情事变，则无事矣。喜怒哀乐非人情乎？自视听言动以至富贵贫贱、患难死生，皆事变也，事变亦只在人情里。其要只在致中和[③]，致中和只在谨独[④]。”

刘宗周云：“千圣相传，只‘慎独’二字为要诀。先生言致良知，正指此。但此‘独’字换‘良’字，觉于学者好易下手耳。”（《遗编》卷十三《阳明传信录》卷三，页六下）

施邦曜云："君子非除了人情事变，又有谨独工夫也。沉沉默默之中，所戒慎恐惧者，惟此人情事变之理。即纷应杂役之时，而沉默之地，主张自在。此动静合一之学。"

王应昌云："谨独只在明善。愚欲于此再加一语。"

佐藤一斋引彭定求云："《大学》于诚意，既两言慎独；《中庸》于'戒慎不睹，恐惧不闻'之下，亦言慎独。明乎曾子、子思授受心传，在慎独也。邹东廓（名守益，字谦之，江西安福人）问于阳明先生曰：'子思受学曾子者，《大学》先格致，《中庸》首揭慎独。何也？'阳明先生曰：'独即所谓良知也。慎独者，所以致其良知也。戒慎恐惧，所以慎其独也。《大学》《中庸》之旨一也。'于是言下了然。"[《南畇全集》，光绪七年（一八八一）本，附《密证录》页二上]一斋附语云："所引邹东廓问答，出处未考。"

①象山：陆九渊，字子静，世称象山先生（一一三九至一一九三），金溪（江西）人。参看《宋元学案》卷五十八及《宋史》卷四三四。②人情事变：《象山全集》（《四部备要》本）卷三十四（页五下）曰："复斋兄（名九龄，字子寿）一日见问云：'吾弟今在何处做工夫？'某答云：'在人情事势物理上做些工夫。'复斋应而已。若知物价之低昂，与夫辨物之真恶、真伪，则吾不可不谓之能。然吾之所谓做工夫，非此之谓也。'"③致中和：《中庸》第一章云："致中和，天地位焉，万物育焉。"④谨独：《中庸》第一章云："是故，君子戒慎乎其所不睹，恐惧乎其所不闻。莫见乎隐，莫显乎微，故君子慎其独也。"《大学》第五章云："所谓诚其意者，毋自欺也。如恶恶臭，如好好色。此之谓自谦。故君子必慎其独也。"

38 澄问："仁义礼智之名，因已发而有。"曰："然。"他日，澄

曰："恻隐[①]、羞恶、辞让、是非，是性之表德邪？"曰："仁、义、礼、智，也是表德。性一而已，自其形体也，谓之天；主宰也，谓之帝；流行也，谓之命；赋于人也，谓之性；主于身也，谓之心。心之发也，遇父便谓之孝，遇君便谓之忠。自此以往，名至于无穷，只一性而已。犹人一而已，对父谓之子，对子谓之父。自此以往，至于无穷，只一人而已。人只要在性上用功，看得一性字分明，即万理灿然。"

孙奇逢云："一性字分明，万理灿然。"

佐藤一斋云："以仁义礼智为表德，前人所未发。此意最宜体察而自得之。盖知此则知未发之中矣。"

东正纯云："以仁义礼智为表德，前儒所未有。可谓千古卓见矣。程、朱以仁义礼智为性，块然乎未发中。于是性分本然气质，心分道心人心。云理、云气，支离纷淆，至不可收拾。盖其病坐不知仁义礼智为表德也。虽然，表德亦可谓之性。故先下'亦是'字而决之。'性一而已'一句，辞义完全无遗憾矣。"

①恻隐：《孟子·公孙丑第二上》第六章云："恻隐之心，仁之端也；羞恶之心，义之端也；辞让之心，礼之端也；是非之心，智之端也。"

39 一日论为学工夫。先生曰："教人为学不可执一偏。初学时心猿意马[①]，拴缚不定，其所思虑多是人欲一边，故且教之静坐息思虑。久之，俟其心意稍定，只悬空静守，如槁木死灰[②]，亦无用，须教他省察克治。省察克治之功，则无时而可间。如去盗贼，须有个

扫除廓清之意。无事时，将好色、好货、好名等私，逐一追究搜寻出来，定要拔去病根，永不复起，方始为快。常如猫之捕鼠[③]，一眼看着，一耳听着。才有一念萌动，即与克去。斩钉截铁[④]，不可姑容与[⑤]他方便，不可窝藏，不可放他出路，方是真实用功，方能扫除廓清。到得无私可克，自有端拱[⑥]时在。虽曰'何思何虑'[⑦]，非[⑧]初学时事。初学必须思[⑨]省察克治，即是思诚。只思一个天理，到得天理纯全，便是何思何虑[⑩]矣。"

佐藤一斋云："到得天理纯全，是所谓'不勉而中，不思而得，从容中道'(《中庸》第二十章)者。故曰：'何思何虑。'"

三轮执斋云："今案：以何思何虑为自然的地头。故曰：'非初学时事。'是盖先生前说乎？《答周道通书》第一四五节曰：'《系》言'何思何虑'，是言所思所虑，只是一个天理，更无别思别虑耳。'可交考。"

东正纯云："何思何虑，王子亦初年以效验说之。"

但衡今云："不云无思无虑，所思所虑，而云何思何虑者，盖以无思无虑，则堕断灭。所思所虑，则沦执着。阳明只思一个天理，犹嫌沾滞。"

①心猿意马：佛语。②槁木死灰：《庄子》(《四部丛刊》本，名《南华真经》)卷一《齐物论第二》(页十八下)云："形固可使如槁木，而心固可使如死灰乎？"③猫之捕鼠：《朱子文集》卷七十一《偶读漫记》(页六下)云："释氏有清草堂者(宋之善清禅师)，有名丛林间。其始学时，若无所入。有(黄龙禅师)告之曰：'子不见猫之捕鼠乎？四足踞地，首尾一直，目睛不瞬，心无它念。唯其不动，动则鼠无逃矣。'清用其言，乃有所

入。”此系黄龙祖心禅师答宝峰善清禅师语。(见《五灯会元》卷十七《黄龙心禅师法嗣》章之《续藏经》一辑，贰编乙，十一套，页三三五。又《联灯会要》卷十五《宝峰善清禅师》章之《续藏经》一辑，贰编乙，九套，页三三九）黄龙祖心[黄龙慧南（一〇〇二至一〇六九）之弟子]语其弟子善清云：“子见猫儿捕鼠乎？目睛不瞬，四足踞地，诸根顺向，首尾一直。拟无不中。子能如是，心无异缘。六根自根，默然而究。万无一失也。”④斩钉截铁：《景德传灯录》卷十七（页四下）云居道膺禅师（八五三至九〇二）谓众云：“学佛法底人，如斩钉截铁始得。”⑤姑容与：张本“姑容”断句。“与”作“为”。⑥端拱：端坐拱手。⑦何思何虑：《易经·系辞》下传第五章云：“天下何思何虑！天下同归而殊途，一致而百虑。天下何思何虑！”⑧非：陈本“非”上有“要”字。⑨必须思：陈本“必须思”绝句。⑩何思何虑：参看第一四六条。

40 澄问：“有人夜怕鬼者奈何？”先生曰：“只是平日不能集义[①]而心有所慊，故怕。若素行合于神明，何怕之有？”子莘[②]曰：“正直之鬼不须怕。恐邪鬼不管人善恶，故未免怕。”先生曰：“岂有邪鬼能迷正人乎？只此一怕即是心邪。故有迷之者，非鬼迷也，心自迷耳。如人好色，即是色鬼迷；好货，即是货鬼迷；怒所不当怒，是怒鬼迷；惧所不当惧，是惧鬼迷也。”

①集义：见《孟子·公孙丑第二上》第二章。朱子《孟子集注》云：“集义，犹言积善。盖欲事事皆合于义也。”②子莘：马明衡之字，莆田（福建）人。官监察御史。嘉靖三年（一五二四）以上谏得罪，下狱削籍归。闽中有王氏学，自明衡始。参看《明儒学案》卷三十，页一下，《粤闽王门学案序》，及《明史》卷二〇七。

41 定者心之本体，天理也，动静所遇之时也。

佐藤一斋云："此条诠定性书之旨。时有动静，理无动静。故睹闻思为，常一于理。则所遇动静，亦常定也。"

捷案：程明道《答横渠先生定性书》（《明道文集》卷三，页一上下）云："所谓定者，动亦定，静亦定。无将迎，无内外。……夫天地之常，以其心普万物而无心。圣人之常，以其性顺万事而无情。故君子之学，廓然而大公，物来而顺应。"阳明之旨，与明道同。明道发明其用，如普物顺应。阳明则特重其体，如本体天理。然非谓明道较阳明为显，或阳明较明道为正。实则两人均体用一源，动静无间也。然则王氏此说，本诸明道。宋明理学之分，未有如若干学者所谓水火不容也。

42 澄问《学》《庸》同异。先生曰："子思[①]括《大学》[②]一书之义为《中庸》[③]首章。"

于清远云："《大学》所谓明德、亲民、至善，即《中庸》的天命、率性、修道。《大学》所谓诚意、正心、修身，即《中庸》的不睹、不闻、慎独。《大学》所谓齐家、治国、平天下，即《中庸》致中和、天地位、万物育。是《大学》全书之义，《中庸》的首章，都概括了。"

捷案：如《大学》修身不比《中庸》不睹不闻，而以《中庸》致中和比《大学》诚正，则更善。

捷案：从字面上看，阳明似信子思先著《大学》，然后括其全书之义为《中庸》首章。然阳明只论思想，与著者著书之先后无关也。其谓《中庸》首章包括《大学》全书思想，则为创见。论者多谓

《学》《庸》思想相同。如朱子谓："盖《中庸》之所谓明善，即(《大学》)格物致知之功。其曰诚身，即诚意立心修身之效也。"(《大学或问》页九下)此可谓括《中庸》一书之义为《大学》首章，正与阳明相反也。

①子思：名伋（约前四八三至前四〇二），伯鱼（孔鲤）之子，孔子之孙。②《大学》：乃《礼记》第四十二篇。朱子以为孔子之言，而曾子述之（《大学章句》经文注）。宋儒王柏（一一九七至一二七四）与清儒胡渭（一六三三至一七一四）以为子思所作。参看拙文《初期儒家》[《'中研院'史语所集刊》（一九七六年）第四十七本，第四分，页三十至三十一]。③《中庸》：即《礼记》第三十一篇。相传为子思所作。《史记》卷五十七《孔子世家》谓："年六十二。尝困于宋。子思作《中庸》。"宋儒欧阳修疑之。叶酉（一七三九进士）断为汉人所作。多数学者仍以是子思传述孔子之意。参看拙著《初期儒家》（页三十九至四十）。

43 **问："孔子正名[①]。先儒[②]说上告天子，下告方伯，废辄立郢。此意如何？"先生曰："恐难如此。岂有一人致敬尽礼，待我而为政，我就先去废他，岂人情天理？孔子既肯与辄为政，必已是他能倾心委国而听。圣人盛德至诚，必已感化卫辄。使知无父之不可以为人，必将痛哭奔走，往迎其父。父子之爱本于天性，辄能悔痛真切如此，蒯聩岂不感动底豫[③]？蒯聩既还，辄乃致国请戮。聩已见化于子，又有夫子至诚调和其间，当亦决不肯受，仍以命辄。群臣、百姓又必欲得辄为君，辄乃自暴其罪恶，请于天子，告于方伯[④]诸侯，而必欲致国于父。聩与群臣百姓，亦皆表辄悔悟仁孝之美，请于天子，告于方伯诸侯，必欲得辄而为之君。于是集命[⑤]于辄，使之复君卫国。辄不得已，乃如后世上皇[⑥]故事，率群臣百姓**

尊聩为太公，备物致养，而始退复其位焉。则君君臣臣父父子子[7]，名正言顺，一举而可为政于天下矣。孔子正名或是如此。”

佐藤一斋云：“正名之说，与苏子由《古史》所论更类，而此为理更精矣。又引苏氏（苏辙，字子由，号颍滨遗老，一〇三九至一一一二。四川眉山人）之《古史论》曰：‘灵公黜其子而子其孙，出公不父其父而称其祖，人道极矣。孔子于是焉而正之，何为而可？灵公之死也，卫人立公子郢。郢不可，则卫人立辄。使辄而知礼，必辞。辞而不获，必逃。辄逃而郢立，则名正矣。虽以拒蒯聩可也。虽然，孔子为政，岂将废辄而立郢耶？其亦将教辄避位而纳蒯聩耳。蒯聩得罪于父，生不养，死不丧。然于其人也，《春秋》书曰：‘晋赵鞅帅纳卫世子。’蒯聩干戚，非世子而以世子名之，以其子得立于卫，成其为世子也。若辄避位而纳其父，是世子为君也，而名有不正乎！名正而卫定矣。’”

①正名：《论语 · 子路第十三》第三章云：“子路曰：‘卫君待子而为政，子将奚先？’子曰：‘必也正名乎！’‘名不正，则言不顺；言不顺，则事不成。’”②先儒：指胡氏与朱子。朱子《论语集注》注上章，引胡氏云：“卫世子蒯聩，耻其母南子之淫乱，欲杀之不果而出奔。灵公欲立公子郢，郢辞。公卒，夫人立之，又辞。乃立蒯聩之子辄，以拒蒯聩。夫蒯聩欲杀母，得罪于父，而辄据国以拒父，皆无父之人也，其不可有国也明矣。夫子为政，而以正名为先。必将具其事之本末，告诸天王，请于方伯，命公子郢而立之。则人伦正，天理得。名正言顺，而事成矣。”此事载《左传》定公十四年经传、哀公二年与十六年《传》。胡氏：大槻信良《朱子四书集注典据考》（台北学生书局，一九七六，页二〇四）以为胡安国（字康侯，学者称武夷先生，谥文定，一〇七四至一一三八。福建崇安人）；东敬治以为胡寅（字明仲，胡安国弟子，学者称致堂先

生，一〇九八至一一五六)，误以其号为五峰；安井小太郎与近藤康信以为胡宏（字仁仲，安国次子，学者称五峰先生，一一〇二至一一六一)；叶绍钧以为胡瑗（字翼之，称安定先生，九九三至一〇五九)，必误。诸注家并不指语出自何书，无从对检。查《朱子语类》卷四十三（页一七五三）谓：“胡文定说辄事极看得好。”接着即“问胡氏之说，只是论孔子为政正名，事理合如此”。似胡氏即指胡安国。然安国之《春秋胡氏传》哀公二年论辄事，不论孔子为政。所言辄事约二百字与此处所引不同。《语类》卷十九（页七〇五）云：“问语解胡氏为谁？曰：‘胡明仲也。’”则此处胡氏指胡寅可知。唯查其《读史管见》不见论辄事。《五峰集》(《四库全书》珍本）卷五《论语指南》(页四十四）评《子路篇》第十三，第三章“必也正名”云：“蒯聩无父出奔，失世子者，罪其轻。佻谋非常，至于出奔，失世子之道也。赵鞅纳之而称世子者，罪大。臣辅辄而拒父也。蒯聩无父，辄亦无父。天下岂有无父之人尚可以事宗庙社稷，为人上者哉？故孔子为政于卫，则必具灵公父子祖孙本末。上告于天王，下告于方伯，乞立公子郢。然后人伦明，天理顺。无父之人不得之，名正而国家矣。”此段下截与朱子所引大致相同。岂朱子述其意耶？然朱子云，论解为胡寅。朱彝尊《经义考》谓胡寅有《论语解说》，但不见。想已佚矣。岂所引果出于胡寅之《论语解说》耶？待考。③底豫：底，至也。豫，悦乐也。④方伯：天子千里之外设方伯，为一方之主，得掌征伐。如文王西伯是也。⑤集命：集中命令。⑥上皇：《前汉书》卷一云：“高祖六年（前二〇一年）尊太公为太上皇。”⑦君君臣臣父父子子：《论语·颜渊第十二》第十一章云：“齐景公问政于孔子。孔子对曰：‘君君，臣臣，父父，子子。’”即君臣父子各得其所以为君臣父子之道。

44 **澄在鸿胪寺[①]仓居[②]。忽家信至，言儿病危。澄心甚忧闷不能堪。先生曰：“此时正宜用功。若此时放过，闲时讲学何用？人正要在此时磨炼。父之爱子，自是至情。然天理亦自有个中和处，过**

即是私意。人于此处多认做天理当忧[3]，则一向忧苦，不知已，是‘有所忧患，不得其正’[4]。大抵七情[5]所感，多只是过，少不及者。才过便非心之本体，必须调停适中始得。就如父母之丧，人子岂不欲一哭便死，方快于心？然却曰‘毁不灭性’[6]。非圣人强制之也，天理本体，自有分限，不可过也。人但要识得心体，自然增减分毫不得。”

[1]鸿胪寺：七寺之一，掌宾客、凶仪之事。阳明于正德九年（一五一四）四月升任南京鸿胪寺卿。[2]仓居：暂时所居。一云衙舍。[3]忧：三轮执斋本作“爱”。[4]“有所忧患，不得其正”：语出《大学》第七章。[5]七情：《礼记·礼运篇》第二十三节云：“何谓人情？喜怒哀惧爱恶欲，七者弗学而能。”普通以“乐”代“惧”。[6]毁不灭性：语见《孝经》末章。又见《礼记·丧服四制篇》第五节。

45 不可谓未发之中[1]常人俱有。盖体用一源[2]，有是体，即有是用。有未发之中，即有发而皆中节之和。今人未能有发而皆中节之和，须知是他未发之中亦未能全得。

施邦曜云：“此是就后来养成工夫论。若论天命赋予，常人都是有的。”

三轮执斋云：“此条及下文四十九版（即第七十六条）疟疾之喻，《求是编》讥之（参看第七十六条）。然朱子亦尝有此论及此譬。何其无稽之甚？”

但衡今云：“本节与‘澄问操存舍亡章’（第四十八条）云云，不似阳明所以为学，与其教人之旨。其为门弟子之言，可断言也。体用一源是也，但体用不可以有无论。谓未发之中有未全犹可，谓非常人俱有则不可。斯言也，足以绝天下后世之心。常人非不具也，有所蔽也；非不全也，有所偏也。”

①未发之中：《中庸》第一章云：“喜怒哀乐之未发，谓之中。发而皆中节，谓之和。”②体用一源：语出《伊川易传序》。参看第一五六条，注五。

46 《易》之辞是“初九潜龙勿用”[①]六字，《易》之象是初画，《易》之变是值其画，《易》之占是用其辞[②]。

东正纯云：“辞变象占，说归一处。从来说易，无是直径。以此推六十四卦，触处豁然，应无全牛。”

捷案：“全牛”语出《庄子》（《四部丛刊》本，名《南华真经》）卷二《养生主》第三。庖丁为文惠君解牛，初见无非牛者，三年之后，未尝见全牛。即但见其理也。

①初九潜龙勿用：《易经·乾卦》初九爻辞之语。气从下生，故卦画从下始。初有生意，九为阳之极数。龙性属阳，今居下，故曰潜龙。龙潜于渊，待时而用可也。②用其辞：《易经·系辞上传》第十章云：“易有圣人之道四焉：以言者尚其辞，以动者尚其变，以制器尚其象，以卜筮尚其占。”兹只举《乾卦》一爻辞为例。其象为初画，即初九之阳爻。爻画遇动则变，变为阴爻。故曰值其画，占用其辞。今占未应动，故用其“勿用”之辞。

47 夜气[①]是就常人说，学者能用功，则日间有事无事，皆是此气

翕聚发生处。圣人则不消说夜气[②]。

吉村秋阳引刘宗周云："皆先生之论。"

[①]夜气：《孟子·告子第六上》第八章云："牛山之木尝美矣。……旦旦而伐之，可以为美乎？……有梏亡之矣。梏之反复，则其夜气不足以存。夜气不足以存，则其违禽兽不远矣。"夜气以存，乃得平旦时清明之气。[②]说夜气：圣人不自伐，其气时时清明。

48 澄问"操存舍亡"章。曰："'出入无时，莫知其乡。'[①]此虽就常人心说。学者亦须是知得心之本体，亦元是如此，则操存工夫，始没病痛。不可便谓出为亡入为存。若论本体，元是无出无入的。若论出入，则其思虑运用是出。然主宰常昭昭在此，何出之有？既无所出，何入之有？程子所谓腔子[②]，亦只是天理而已。虽终日应酬，而不出天理，即是在腔子里。若出天理，斯谓之放，斯谓之亡。"又曰："出入亦只是动静。动静无端[③]，岂有乡邪？"

三轮执斋云："'腔子即是天理。'今案：腔子谓躯壳，是语活说耳，亦只是三字可见。然人是天地之心，则实以天为躯壳者，岂虚语乎？"

东正纯引高忠宪（高攀龙，字存之，号景逸，一五六二至一六二六，江苏无锡人）云："心要在腔子里，是在中之义。不放外于外，便是在中，非有所着也。"又曰："天地之心充塞于人身者，为恻隐之心。人心充塞天地者，即天地之心。人身一小腔子，天地即大腔子也。"[《高子遗书》，光绪二

年（一八七六）本，卷一，页八上下]

但衡今云："心之本体，不可直言无出入也。'出入无时，莫知其乡'，言其心之乱也，非言其心之体。心出入形容存亡，非以出入言操存也。程子所谓腔子，是以肉团心，形容非肉团心，亦即存之之意。存则何思何虑，亦思亦虑。此儒家惟一心法，舍此别无入手之方。吾不知本节所云不出天理，与孟子之言操存，究何所异也。"

捷案：朱子《孟子集注》注此章曰："孔子言心，操之则在此，舍之则失去。其出入无定时，亦无定处如此。孟子引之，以明心之神明不测，得失之易，而保守之难。"与但氏言心乱之说异。朱子又引程子曰："心岂有出入？亦以操舍而言也。"亦与但说异。程伊川语见《二程遗书》卷十八（页二十上）。

①"出入无时，莫知其乡"：《孟子·告子第六上》第八章："孔子曰：'操则存，舍则亡。出入无时，莫知其乡。惟心之谓与。'"乡，即向。②腔子：《二程遗书》卷七（页一上）云："心要在腔子里。"不指明为明道语抑伊川语。采入《近思录》卷四，第三十四条，作伊川语。③无端：《伊川经说》卷一（页二上）云："动静无端，阴阳无始。"又见《近思录》卷一，第十六条。

49 王嘉秀[1]问："佛以出离生死诱人入道，仙以长生久视[2]诱人入道，其心亦不是要人做不好。究其极至，亦是见得圣人上一截，然非入道正路。如今仕者，有由科，有由贡，有由传奉[3]，一般做到大官，毕竟非入仕正路，君子不由也。仙、佛到极处，与儒者略同。但有了上一截，遗了下一截[4]，终不似圣人之全。然其上一截同者，不可诬也。后世儒者又只得圣人下一截，分裂失真，流而为记诵、

词章、功利、训诂，亦卒不免为异端。是四家者，终身劳苦于身心，无分毫益。视彼仙、佛之徒，清心寡欲，超然于世累之外者，反若有所不及矣。今学者不必先排仙、佛，且当笃志为圣人之学。圣人之学明，则仙、佛自泯。不然，则此之所学，恐彼或有不屑，而反欲其俯就，不亦难乎？鄙见如此。先生以为何如？”先生曰：“所论大略亦是。但谓上一截，下一截，亦是人见偏了如此。若论圣人大中至正之道，彻上彻下，只是一贯，更有甚上一截，下一截？‘一阴一阳之谓道’，但仁者见之便谓之仁，智者见之便谓之智，百姓又日用而不知，故君子之道鲜⑤矣。仁智岂可不谓之道？但见得偏了，便有弊病。”

施邦曜云：“儒与佛俱向心上问消息。但佛只说个明心，不知穷理，便归空寂。儒者只是能穷理，不越一心，而万物皆备。参赞事业，俱本于一心。大《易》云：‘穷理尽性以至于命。’（《说卦传》第一章）学者舍穷理亦何哉？”

孙锵云：“施公此条评语，缘其所选刻《集要三种》本于‘与儒者略同’句下，误接答梁日孚问穷理尽性一条（第一一七条）之半（‘若只知主一’下，至条末三百二十余字），不知校正。而评语亦遂含混而不可晓矣。”

①王嘉秀：字实夫，里籍不详。阳明由贵州龙场归后（一五一〇）受业。好谈仙、佛。②长生久视：见《老子》第五十九章。“视”有云当作“立”字解。久立，即长生之意。③科，由分科考试以入官。贡，由乡党推荐。传奉，由内官之安排入官。④上一截指上达，下一截指下学。《论语·宪问第十四》第三十七章云“下学而上达”，谓由切近而至高远也。⑤道鲜：语见《易经·系辞上传》第五章。鲜，尽也。

50 **蓍固是易，龟[1]亦是易。**

冯柯云："蓍出于羲，龟出于禹；蓍数用偶，龟数用奇；蓍所以筮，龟所以卜；蓍繇以易，龟繇以畤。较然不同，审矣。阳明何所见而谓龟亦是易哉？"（《求是编》卷二，页十六上。）

三轮执斋云："《求是编》讥之。然是不知'固''亦'二字之意者。先生岂言蓍、龟无别乎？是言决嫌疑，定犹豫，则为龟易无异耳。盖为固滞蓍、龟之殊者破之也。"

佐藤一斋云："朱子《启蒙》（即《易学启蒙》，台北艺文印书馆影印吕氏宝诰堂《朱子遗书》本，卷一，页四上）曰：'以卜筮者尚其占，莫大于蓍、龟。易之书，岂有龟与卜之法乎？言其理无二而已。'则朱子之意既与此条同，冯柯《求是编》驳之。何邪？"

①蓍、龟：蓍筮以五十蓍竹而计其数，以数为本。龟卜则烧龟壳而观其象，以象为基。

51 **问："孔子谓武王未尽善[1]，恐亦有不满意。"先生曰："在武王自合如此。"曰："使文王未殁，毕竟如何？"曰："文王在时，天下三分已有其二[2]。若到武王伐商之时，文王若在，或者不致兴兵。必然这一分亦来归了文王。只善处纣，使不得纵恶而已。"**

①尽善：《论语·八佾第三》第二十五章云："子谓《韶》，尽美矣，又尽善也。谓《武》，尽美矣，未尽善也。"《韶》，帝舜之乐。《武》，武王之乐。②有其二：见《论语·泰伯第八》第二十章。

52 问[①]："孟子言'执中无权犹执一[②]'。"先生曰："中只有天理，只是易。随时变易，如何执得？须是因时制宜，难预先定一个规矩在。如后世儒者要将道理一一说得无罅漏，立定个格式，此正是执一。"

①问：施本与俞本作惟乾问。惟乾即冀元亨，参看第一一八条。②执一：《孟子·尽心第七上》第二十六章。

53 唐诩[①]问："立志是常存个善念，要为善去恶否？"曰："善念存时，即是天理。此念即善，更思何善？此念非恶，更去何恶？此念如树之根芽，立志者长立此善念而已。'从心所欲，不逾矩'[②]，只是志到熟处。"

刘宗周云："又举天理。"又曰："念本无念，故是天理。有念可存，即非天理。"（《遗编》卷十三《阳明传信录》卷三，页七上。《明儒学案》卷十，页十五上。删此评语）

①唐诩：新淦（江西）人。据《王文成传本》卷二（页十六下）用诩。号里不详。②不逾矩：《论语·为政第二》第四章，孔子自云。

54 精神、道德、言动，大率收敛为主，发散是不得已，天地人物皆然。

捷案：明道云："乾阳也，不动则不刚。其静也专，其动也直。

不专一则不能直遂。坤阴也，不静则不柔。其静也翕，其动也辟。不翕聚则不能发散。”(《二程遗书》卷十一，页九上)阳明所得于程子多矣。(参看附录《从〈朱子晚年定论〉看阳明之于朱子》文内讨论此点，附注一四八至一六一)然程子内外一致。阳明则似倾于内。

55 问：“文中子[①]是如何人？”先生曰：“文中子庶几‘具体[②]而微’。惜其蚤死[③]。”问：“如何却有续经之非？”曰：“续经亦未可尽非。”请问。良久，曰：“更觉良工心独苦。”[④]

①文中子：详第十一条，注一。②具体：语出《孟子·公孙丑第二上》第二章。言有圣人之全体，但欠广大。③蚤死：文中子三十四岁死。④“更觉良工心独苦”：语出《杜工部诗集》卷四《题李尊师松树障子歌》，意谓其苦自知，难为他人言。

56 许鲁斋[①]谓儒者以治生为先之说，亦误人。

佐藤一斋云：“鲁斋本意在治家，不在货殖。然谓以治生为先，则语有弊，不免误人。”

于清远云：“治生，即营生计。阳明以其不主力学，故罪之。”

捷案：《许文正公遗书》[乾隆五十五年（一七九〇）本，卷末，页五上下]云：“为学者，治生最为先务。苟生理不足，则于为学之道有所妨。彼旁求妄进，及作官嗜利者，殆亦窘于生理所致也。士子多以务农为生。商贾虽为逐末，亦有可为者。果处之不义理，或以姑济一时，亦无不可。”是鲁斋未尝忘为学之道与义理。阳明断章取义，未可谓平。许衡家业农，又因元初经济环境所需要，故重实在。读其

《语录》(卷一、卷二)，固知其谨守程、朱之教，在在不忘道义也。

①许鲁斋：即许衡，字仲平，号鲁斋，一二〇九至一二八一。怀州河内（今河南沁阳）人。为元国子监祭酒。力倡程、朱之学，为一代大儒，死谥文正。参看《宋元学案》卷九十，页一上至六下。

57 问仙家元气、元神、元精[①]。先生曰："只是一件。流行为气，凝聚为精，妙用为神。"

捷案：阳明此处所言，乃良知也。参看第一五四条。

①元气、元神、元精：道家炼丹工夫，以人未有此身，先有三元。一气之妙用为元神，一气之流行为元气，一气之凝聚为元精。所谓气，非呼吸之气。精，非交感之精。神，非思虑之神。而乃元始要素，谓之三元，亦称三华。连元性、元情，谓之五元。

58 喜怒哀乐，本体自是中和的。才自家着些意思，便过不及，便是私。

59 问"哭则不歌"[①]。先生曰："圣人心体自然如此。"

①不歌：《论语·述而第七》第九章云："子于是日哭，则不歌。"

60 克己须要扫除廓清，一毫不存方是。有一毫在，则众恶相引而来。

施邦曜云："着一毫意思，便不是率性。"

捷案：《中庸》第一章云："率性之谓道。"

61 问《律吕[①]新书》[②]。先生曰："学者当务为急，算得此数熟，亦恐未有用，必须心中先具礼乐之本方可。且如其书说，冬用管以候气[③]。然至冬至那一刻时，管灰之飞，或有先后须臾之间。焉知那管正值冬至之刻，须自心中先晓得冬至之刻始得。此便有不通处。学者须先从礼乐本原上用功。"

陶浔霍云："尽守此说，或恐废学之病。然照《新书》用心，真是逐物，可以耽误一生。如天文历法皆然。"

许舜屏云："此说似乎不确，盖心中如能先晓得冬至之刻，何必再用管以候气？正惟其不晓得，故须用管来试验耳。殆亦徒成为上艺成而下。不欲以术数之学误其学问耶？"

捷案：我国科学足以其他文化比美者千数百年，然明后落后。论者归咎理学。理学重格物，正合科学精神。今以《律吕新书》为逐物，则诚科学落后之一因也。

①律吕：律有十二，阳六为律，阴六为吕。②《律吕新书》：共二卷，蔡元定作。蔡元定，字季通，号西山（一一三五至一一九八）。建阳（福建）人。朱子视为老友。《四库全书总目提要》卷三十八，经部乐类（一九三三年本，页七九二〇）校本书序文语气，疑师友相与共成之。③候气：法以葭莩之灰，置于律管。至冬至子时，一阳复生。与律中黄钟之宫相应，黄钟管之灰自然飞动。

62 **曰仁[①]云："心犹镜也。圣人心如明镜，常人心如昏镜。近世格物之说[②]，如以镜照物，照上用功。不知镜尚昏在，何能照？先生之格物，如磨镜而使之明。磨上用功，明了后亦未尝废照。"**

佐藤一斋引《两浙名贤集》曰："徐爱性警敏，闻言即悟。时四方同志云集，文成公至不能答，每令爱分接之，咸得所欲而去。此条恐曰仁接时语也。"

捷案：《传习录》只此一条为门人之言。然其畅述阳明思想，无可疑问。阳明以圣人之心比明镜，已见第二十一条。徐爱以明镜与格物相连，似是新义。然谓照物不在照上用功而在磨镜上用功，即阳明格物之不在格外物而在格心（第一三七、一七四、三一九条）之意耳。

黄宗羲曰："'阳明之学，先生为得其真。'（《明儒学案》卷十一，页三下）诚非虚语。"

①曰仁：徐爱之字。参看本卷"徐爱序"，注四。②格物之说：指程、朱学派之格物说。

63 **问道之精粗。先生曰："道无精粗，人之所见有精粗。如这一间房，人初进来，只见一个大规模如此。处久便柱壁之类，一一看得明白。再久，如柱上有些文藻，细细都看出来，然只是一间房。"**

东正纯云："学术之分，概坐所是之精粗。不独儒家，虽禅佛老伯，皆非无所是。比之圣人，不免为粗耳。"

捷案：阳明尝以象山（陆九渊）之学为粗（第二〇五条），但总未明言。其或以象山见道尚浅欤？参看下面附录《从〈朱子晚年定论〉看阳明之于朱子》文内讨论此点，附注八〇。

64 先生曰："诸公近见时，少疑问，何也？人不用功，莫不自以为已知，为学只循而行之是矣。殊不知私欲日生，如地上尘，一日不扫，便又有一层。着实用功，便见道无终穷，愈探愈深。必使精白[①]无一毫不彻[②]方可。"

①精白：如米之磨至最纯洁处。②彻：通也，明白也。

65 问："知至然后可以言诚意[①]。今天理人欲知之未尽，如何用得克己工夫？"先生曰："人若真实切己用功不已，则于此心天理之精微，日见一日。私欲之细微，亦日见一日。若不用克己工夫，终日只是说话而已，天理终不自见，私欲亦终不自见。如人走路一般，走得一段，方认得一段。走到歧路处，有疑便问，问了又走，方渐能到得欲到之处。今人于已知之天理不肯存，已知之人欲不肯去，且只管愁不能尽知，只管闲讲，何益之有？且待克得自己无私可克，方愁不能尽知，亦未迟在[②]。"

梁启超云："此正是发挥知行合一，语语直抉学病言。"
陶浔霍云："知行合一之妙。"又云："此条是王学宗旨。"

①诚意：《大学》经文曰："知至而后意诚。"②在：俗语，助辞，有指定之意。施本、俞

本均改“耳”，固所不必，亦属未当。

66 问：“道一[①]而已。古人论道往往不同，求之亦有要乎？”先生曰：“道无方体[②]，不可执着，却拘滞于文义上求道，远矣。如今人只说天，其实何尝见天？谓日月风雷即天，不可。谓人物草木不是天，亦不可。道即是天，若识得时，何莫[③]而非道？人但各以其一隅之见，认定以为道止如此，所以不同。若解向里寻求，见得自己心体，即无时无处不是此道。亘古亘今，无终无始，更有甚同异？心即道，道即天，知心则知道、知天。”又曰：“诸君要实见此道，须从自己心上体认，不假外求始得。”

王应昌云：“直告以求道于心，岂不捷？便类象山之尊德性。遍告以风云草木上求，甚实际，又类晦庵之道问学。故惟致吾良知于物，而天下之物，无一不与我良知相符。才是先生囊括朱、陆之平。”

①道一：《孟子 · 滕文公第三上》第一章云：“夫道，一而已矣。”②方体：《易经 · 系辞上传》第四章云：“故神无方而易无体。”无方向，无形体。即无时空之限制。③莫：三轮执斋本与佐藤一斋本均作“适”，意同。

67 问：“名物度数[①]，亦须先讲求否？”先生曰：“人只要成就自家心体，则用在其中。如养得心体果有未发之中，自然有发而中节之和[②]，自然无施不可。苟无是心，虽预先讲得世上许多名物度数，与已原不相干，只是装缀临时，自行不去。亦不是将名物度数全

然不理，只要‘知所先后，则近道’。[3]”又曰：“人要随才成就，才是其所能为。如夔之乐，稷[4]之种，是他资性合下[5]便如此。成就之者，亦只是要他心体纯乎天理。其运用处，皆从天理上发来，然后谓之才。到得纯乎天理处，亦能不器[6]。使夔、稷易艺而为，当亦能之。”又曰：“如‘素富贵，行乎富贵；素患难，行乎患难’[7]，皆是不器。此惟养得心体正者能之。”

东正纯云：“不器之说，但纯天理。富贵患难，养得心体尽之。夔、稷易艺，不必说之，却将启学人纷纭之议焉。删之可也。”

但衡今云：“阳明学术，主心外无物，心外无理，心外无事，何有乎名物度数？而名物度数在其中。何容乎预先讲求？而预先讲求在其中，在学理上有其独特之见，亦自有其胜义。若必以即物穷理为支离，则心与凡物，了不相涉。安能免于物自为物，我自为我之失？若谓一了百了，佛氏有此说法。不知犹有不了者在。此之谓‘执中无权，犹执一也’。”(《孟子·尽心第七上》第二十六章)

①名物度数：鸟兽草木之物皆有名，礼乐刑政之度皆有数。②中、和：《中庸》第一章云：“喜怒哀乐之未发，谓之中；发而皆中节，谓之和。”③知所先后，则近道：《大学》经文。④夔、稷：《书经·舜典》第十八节云：“帝曰：‘汝后稷，播时百谷。’”第二十四节云：“夔，命汝典乐，教胄子（长子）。”⑤合下：现在之意。⑥器：器具可适用，但不相通。不器，不偏也。⑦富贵、患难：《中庸》第十四章语。

68 “与其为数顷无源之塘水，不若为数尺有源之井水，生意不穷。”时先生在塘边坐。傍有井，故以之喻学云。

三轮执斋引《孟子·离娄第四下》第十八章曰："原源混混，不舍昼夜，盈科(坎)而后进，放乎四海。有本者如是。"

许舜屏云："此所谓随地皆学问也。"

于清远引朱子诗云："'问渠哪得清如许？惟有源头活水来。'谓此为朱子见道之诗。又引《论语·子罕第九》第十六章，子在川上曰：'逝者如斯夫！不舍昼夜。'又引朱子注(《论语集注》)曰：'天地之化，往者过，来者续，无一息之停，乃道体之本然也。然其可指而易见者，莫如川流。故于此发以示人，欲学者时时省察，而无毫发之间断也。'"

捷案：朱诗名《观书有感》，载《朱子文集》卷二(页十下)前二句云："半亩方塘一鉴开，天光云影共徘徊。"意谓人心如镜，而天理人欲交战。为有源头活水，乃得全清。孟子之本、朱子之活水、阳明之生意，其实一也。观书是学，即时时省察。阳明以之喻学，亦即此意。许氏所谓学问，切勿以狭义言之。

69 问："世道日降，太古①时气象，如何复见得？"先生曰："一日便是一元②。人平旦③时起坐，未与物接，此心清明景象，便如在伏羲④时游一般。"

①太古：指神话伏羲以前时代。②一元：十二万九千六百年。据邵雍（字尧夫，世称康节先生，一〇一一至一〇七七）说，一世三十年，一运十二世，一会三十运，一元十二会，共十二万九千六百年。[《皇极经世书》（《四部备要》本）卷六，页十四下。]③平旦：天平明之时。语出《孟子·告子第六上》第八章。④伏羲：神话中的三皇之一，画八卦，教人畜牧。

70 问："心要逐物，如何则可？"先生曰："人君端拱[①]清穆，六卿[②]分职，天下乃治。心统五官[③]，亦要如此。今眼要视时，心便逐在色上。耳要听时，心便逐在声上。如人君要选官时，便自去坐在吏部。要调军时，便自去坐在兵部。如此，岂惟失却君体，六卿亦皆不得其职。"

①端拱：端坐拱手。②六卿：明时六部为吏部、户部、礼部、兵部、刑部、工部。部设尚书。③五官：耳、目、鼻、口、心。另有二说：一为两手及口、耳、目，一为视、听、嗅、味、触之五官。

71 善念发而知之，而充[①]之；恶念发而知之，而遏之。知与充与遏者，志也，天聪明[②]也。圣人只有此，学者当存此。

三轮执斋云："天聪明，即良知也。圣人自然，故曰有。学者用功，故曰存。"

①充：扩充也。或解作充实。②聪明：三轮执斋又释作自然。

72 澄曰："好色、好利、好名等心，固是私欲。如闲思杂虑，如何亦谓之私欲？"先生曰："毕竟从好色、好利、好名等根上起，自寻其根便见。如汝心中决知是无有做劫盗的思虑，何也？以汝元无是心也。汝若于货[①]色名利等心，一切皆如不做劫盗之心一般，都消灭了，光光只是心之本体，看[②]有甚闲思虑？此便是'寂然不动'，便是'未发之中'，便是'廓然大公'；自然'感而遂通'[③]，自然‘发而中节[④]’，自然‘物来顺应’[⑤]。”

①货：施本、俞本作“好”。②看：佐藤一斋本作“着”。③感、通：《易经·系辞上传》第十章云：“寂然不动，感而遂通天下之故。”④中节：《中庸》第一章云：“喜怒哀乐之未发，谓之中。发而皆中节，谓之和。”⑤物来顺应：明道《答横渠先生定性书》（《明道文集》卷三，页一上）曰：“君子之学，莫若廓然而大公，物来而顺应。”

73 问“志至气次”[①]。先生曰：“‘志之所至，气亦至焉’之谓，非‘极至次贰’[②]之谓。‘持其志’，则养气在其中。‘无暴其气’，则亦持其志矣。孟子救告子[③]之偏，故如此夹持[④]说。”

①志至气次：参看第八十一条，注二。②极至次贰：极至，非至于极之谓。气次，非气居第贰位之谓。反对朱子之说。③告子：名不害，孟子时人。主性无善恶，生之谓性；又主仁内义外。孟子痛辩之。（《孟子·告子第六》第一至第六章）④夹持：左右扶持，使其不偏。

74 问：“先儒曰：‘圣人之道，必降而自卑；贤人之言，则引而自高。’[①]如何？”先生曰：“不然。如此却乃[②]伪也。圣人如天，无往而非天。三光[③]之上，天也。九地[④]之下，亦天也。天何尝有降而自卑？此所谓大而化之[⑤]也。贤人如山岳，守其高而已。然百仞者不能引而为千仞。千仞者不能引而为万仞。是贤人未尝引而自高也。引而自高，则伪矣。”

①自高：程颐《二程外书》卷三（页二下）曰：“圣人之教人，俯就之若此。犹恐众人以

为高远而不亲也。圣人之言，必降而自卑。不如此则人不亲。贤人之言，必引而自高。不如此则道不尊。”朱子（《论语集注》）注《子罕篇》第九，第七章引之。②乃：三轮执斋本作“是”。③三光：日、月、星。④九地：九，乃数之终。九地，地之终极，即地底也。⑤大而化之：《孟子·尽心第七下》第二十五章云：“充实而有光辉之谓大，大而化之之谓圣。”

75 问：“伊川谓：‘不当于喜怒哀乐未发之前求中。’[1]延平[2]却教学者看未发之前气象[3]。何如？”先生曰：“皆是也。伊川恐人于未发前讨个中，把中做一物看。如吾向所谓[4]认气定时做中，故令只于涵养省察上用功。延平恐人未便有下手处，故令人时时刻刻求未发前气象，使人[5]正目而视惟此，倾耳而听惟此。即是‘戒慎不睹、恐惧不闻’[6]的工夫。皆古人不得已诱人之言也。”

刘宗周云：“只为本无前后际故也。先生颇主程子说。”（《遗编》卷十三《阳明传信录》卷三，页八上。又黄宗羲引见《明儒学案》卷十，页十五上）

孙奇逢云：“古人不得已诱人之心，原各有是处。执之又成聚讼矣。”

许舜屏云：“人谓先生与朱子恒相抵触。观此段评论，于朱子之学初无贬辞。然则先生固非与朱子有所不慊也。延平即朱子。”

①求中：见《二程遗书》卷十八（页十四下）。②延平：李侗，字愿中，世称延平先生，一〇九三至一一六三。南剑（福建）人。二程之学，经杨时（字中立，世称龟山先生，一〇五三至一一三五）、罗从彦（字仲素，世称豫章先生，一〇七二至一一三五）、李侗而传之朱子。参看《宋元学案》卷三十九、《宋史》卷四二八。亦可参看第九十四条。

③气象：见《延平答问》（台北艺文印书馆影印吕氏宝诰堂《朱子遗书》本）卷上（页十七下至十八上）。④向所谓：见第二十八条。⑤人：三轮执斋本与佐藤一斋本均作“之”。⑥不睹、不闻：《中庸》第一章经文。

76 澄问：“喜怒哀乐之中和，其全体常人固不能有。如一件小事当喜怒者，平时无有喜怒之心。至其临时，亦能中节，亦可谓之中和乎？”先生曰：“在一时之事，固亦可谓之中和，然未可谓之大本达道。人性皆善，中和是人人原有的，岂可谓无？但常人之心既有所昏蔽，则其本体虽亦时时发见，终是暂明暂灭，非其全体大用①矣。无所不中，然后谓之大本②；无所不和，然后谓之达道。惟天下之至诚，然后能立天下之大本。”曰：“澄于中字之义尚未明。”曰：“此须自心体认出来，非言语所能喻。中只是天理。”曰：“何者为天理？”曰：“去得人欲，便识天理。”曰：“天理何以谓之中？”曰：“无所偏倚。”曰：“无所偏倚，是何等气象？”曰：“如明镜然，全体莹彻③，略无纤尘染着。”曰：“偏倚是有所染着。如着在好色、好利、好名等项上，方见得偏倚。若未发时，美色名利皆未相着④。何以便知其有所偏倚？”曰：“虽未相着，然平日好色、好利、好名之心，原未尝无。既未尝无，即谓之有。既谓之有，则亦不可谓无偏倚。譬之病疟之人，虽有时不发，而病根原不曾除，则亦不得谓之无病之人矣。须是平日好色、好利、好名等项一应⑤私心，扫除荡涤，无复纤毫留滞。而此心全体廓然，纯是天理，方可谓之喜怒哀乐未发之中，方是天下之大本。”

刘宗周云：“此即朱子至静之中，无少偏倚之说。先生则直以良知二字贯之。终不着静时一项工夫。平日二字，亦约略言之耳。”（《遗编》卷十三《阳明传信录》卷三，页八下。黄宗羲引见《明儒学案》卷十，页十五下。采刘此语，但不采此评）

冯柯云：“今乃以不发之疟，况未发之中。是未发之中，特其好色好利好名之心未形见者耳。何以为天下之大本耶？何其与明镜之言自相戾耶？”（《求是编》卷二，页二十六上）

吉村秋阳云：“此问答，俱以中和为前后二时，犹是旧说。尝谓，盖自性言之，即中，即和。固一时事，下条万象森然是也。自心言之，则中主无事，和主有事。分属为二，亦无不可。古语往往有如此者，然即中而和在，即和而中存，毕竟非二时。在善体会之。”

①全体大用：词出《大学》第五章朱子《补传》。②大本：《中庸》第一章云：“中也者，天下之大本也；和也者，天下之达道也。”③莹彻：三轮执斋本与佐藤一斋本均作“大用”。④相着：施本、俞本作“尝着”。下“相着”亦然。⑤一应：一切也。

77 问：“‘颜子[①]殁而圣学亡’[②]，此语不能无疑。”先生曰：“见圣道之全者惟颜子，观喟然一叹可见。其谓‘夫子循循然善诱人。博我以文，约我以礼’[③]，是见破后如此说。博文约礼，如何是善诱人，学者须思之。道之全体，圣人亦难以语人，须是学者自修自悟。颜子‘虽欲从之，末由也已’，即文王望道[④]未见意。望道未见，乃是真见。颜子殁，而圣学之正派，遂不尽传矣。”

①颜子：姓颜，名回，字子渊，亦称颜渊，鲁人。少孔子三十岁（或云二十八岁）。孔子弟子中之最贤者，不幸三十二岁（一说四十岁）短命死矣。②圣学亡：《全书》卷七（页

七上)《送甘泉序》曰:“颜子殁,而圣人之学亡。”③博、约:《论语·子罕第九》第十章,颜渊喟然叹曰:“夫子循循然善诱人。博我以文,约我以礼。欲罢不能。既竭吾才,如有所立卓尔。虽欲从之,末由也已。”④望道:参看第二十二条,注一。

78 问:“身之主为心,心之灵明是知,知之发动是意,意之所着为物。是如此否?”先生曰:“亦是。”

陶浔霍云:“‘亦是’云者,盖先生之意,谓心之发为意,意之本体为知,意之所着为物也,方与《大学》之序合。”

79 只存得此心常见在[①],便是学。过去未来事,思之何益?徒放心耳。

施邦曜云:“心之官为思。存得此心,只是思一个理也。常见在,谓动静一贯也。过去未来事,思之何益?盖就原静受病处之。”

东正纯云:“过去亦此心之过去,未来亦此心之未来。一齐贯串了。此意在言外。学者须体会之。”

①见在:即现在。

80 言语无序[①],亦足以见心之不存。

①言语无序:胡言乱语。

81 尚谦[①]问："孟子之不动心[②]与告子[③]异。"先生曰："告子是硬把捉着此心，要他不动。孟子却是集义[④]到自然不动。"又曰："心之本体原自不动。心之本体即是性，性即是理。性元不动，理元不动，集义是复其心之本体。"

①尚谦：薛侃之字，薛侃号中离（一五四五卒），揭阳（广东）人。正德九年（一五一四）从学阳明于赣（江西），四年而后归。正德十二年（一五一七）进士。上疏得罪于上，因以下狱。后归田，从游者百余人。为阳明之教，辩护甚力。第九五至一二九条，是其所录。参看《明儒学案》卷三十，页一上至八下，及《明史》卷二〇七。②不动心：《孟子·告子第六上》第二章云："'敢问夫子（孟子）之不动心与告子之不动心，可得闻与？'告子曰：'不得于言，勿求于心；不得于心，勿求于气。'不得于心，勿求于气，可；不得于言，勿求于心，不可。夫志，气之帅也；气，体之充也。夫志至焉，气次焉。故曰：'持其志，无暴（害）其气。'"朱子《孟子集注》注曰："告子谓于言有所不达，则当舍置其言，而不必反求其理于心。于心有所不安，则当力制其心，而不必更求其助于气。此所以固守其心而不动之速也。孟子既论其言而断之曰：'彼谓不得于心而勿求诸气者，急于本而缓其末，犹之可也。谓不得于言而不求诸心，则既失其外，而遂遗其内，其不可也必矣。然凡可者，亦仅可而有所未尽之辞耳。若论其极，则志固心之所之，而为气之将帅。然气亦人之所以充满于身而为志之卒徒者也。故志固为至极，而气即次之。人固当敬守其志，然亦不可不致养其气。盖其内外本末，交相培养。'此则孟子之心所以未尝必其不动，而自然不动之大略也。"③告子：参看第七十三条，注三。④集义：见第四十条，注一。

82 万象森然时亦冲漠[①]无朕。冲漠无朕，即万象森然。冲漠无朕者，一之父；万象森然者，精之母。一中有精，精中有一[②]。

佐藤一斋云："心之本体，寂然不动，即冲漠无朕也。心之大用，感而遂通，即万物森然也。一中有精，本体（之）工夫也。精中有一，工夫（之）本体也。"

吉村秋阳云："'道亦器，器亦道。'正如体用合一之本意。"

捷案："道亦器，器亦道。"语出《二程遗书》卷一（页三上）。采入《近思录》卷一，第十九条，以为程明道语。

东正纯云："万象森然，即冲漠无朕。下'时亦'二字似不莹。岂在合心境，而与下句不同邪？一中有精，精即一；精中有一，一即精。于是本体工夫合焉。"

于清远云："是说万事万物之象，森然呈现于外，其中必有自然之理，故亦为冲漠无朕。无声无迹之体，已具万事万物自然之理，故亦若万象森然。因有这事，则有这理；有这理，则有这事。感寂合一，感中有寂，寂中有感也。由无极而太极，则无极可谓太极之父母（阳称父，阴称母）。是太极中之阳，（即一，即理）乃秉无极中之阳根（冲漠无朕）而生，故曰冲漠无朕之父；太极中之阴，（即精，即事）乃秉无极中之阴根（万象森然）而生，故曰万象森然精之母。冲漠无朕时，仍万象森然，即理中有事，故曰一中有精；万象森然时，仍冲漠无朕，即事中有理，故曰精中有一。"

①冲漠：见第二十一条，注四。②精、一：见第二条，注四。

83 心外无物[1]。如吾心发一念孝亲，即孝亲便是物。

①心外无物：即无心外之物。见第六条。

84 先生曰："今为吾所谓格物之学者，尚多流于口耳。况为口耳之学者，能反于此乎？天理人欲，其精微必时时用力省察克治，方日渐有见。如今一说话之间，虽只[①]讲天理，不知心中倏忽之间，已有多少私欲。盖有窃发而不知者，虽用力察之，尚不易见，况徒口讲而可得尽知乎？今只管讲天理来顿放着不循，讲人欲来顿放着不去，岂格物致知之学？后世之学，其极至，只做得个义袭而取[②]的工夫。"

①只：三轮执斋本、佐藤一斋本均作"口"。②义袭而取：出《孟子·公孙丑第二上》第二章。朱子《孟子集注》云："由只行一事偶合于义，便可掩袭于外而得之。"

85 问："知止者，知至善只在吾心，元不在外也，而后志定[①]。"曰："然。"

①志定：《大学》经文曰："知止而后有定。"

86 问格物。先生曰："格者，正也。正其不正，以归于正也。"[①]

①格、正：又见第七与一三七条。

87 问："格物于动处，用功否？"先生曰："格物无间[①]动静，静亦物也。孟子谓'必有事焉'[②]，是动静皆有事。"

刘宗周与但衡今评语，均见下条。

佐藤一斋云："静时格物，戒惧慎独即此。"

①无间：无间隔，即不分之意。②必有事焉：《孟子·公孙丑第二上》第二章云："必有事焉而勿正（预期）。心勿忘，勿助长也。"助长，见第九十七条，注五。

88 工夫难处，全在格物致知上，此即诚意之事。意既诚，大段心亦自正，身亦自修。但正心修身工夫，亦各有用力处。修身是已发边，正心是未发边。心正则中，身修则和。

刘宗周云："此是先生定论。先生他日每言意在于事亲，即事亲为一物等云云（如第六条）。予窃转一语曰：'意不在事亲时，是恁物？千载而下，每欲起先生于九原质之而无从也。'先生又曰'工夫难处，全在格物致知上。此即诚意之事。意既诚，大段心自正，身亦自修。但正心修身工夫，亦各有用力处。修身是已发边，正心是未发边。心正则中，身修则和'云云。先生既以良知二字冒天下之道，安得又另有正修工夫？止因将意字看作已发了，故工夫不尽，又要正心，又要修身。意是已发，心是未发，身又是已发，先生每讥宋学支离而躬自蹈之。千载而下，每欲起先生于九原质之而无从也。噫。"（《遗编》卷十三《阳明传信录》卷三，页十上下。又黄宗羲引见《明儒学案》卷十，页十六上。注家或误以为黄宗羲语）

但衡今云："阳明学术主一，训格为正，故格物无间动静。正其不正，以归于正。一心之外，动静皆物也。静犹等物。故已发皆物，未发无物也。未发着重诚正，已发着重修省，诚正犹修省也。阳明治学之严，约理之精，于此可见。"又云："阳明此节分身、心为二，且各有用力处，似有自语相违之嫌。治王学者，当作次第看，莫作分别解。”

89 自格物致知至平天下，只是一个明明德，虽亲民亦明德[1]事也。明德是此心之德，即是仁。“仁者以天地万物为一体”[2]，使有一物失所，便是吾仁有未尽处。

①明德：《大学》经文，明明德、亲民、止于至善，为三纲领。格物、致知、诚意、正心、修身、齐家、治国、平天下，为八条目。②“仁者以天地万物为一体”：程明道语，见《二程遗书》卷二上（页二上），采入《近思录》卷一，第二十条。

90 只说明明德而不说亲民，便似老、佛。

三轮执斋云：“朱子《大学或问》既有此说。然与先生所说，意自别。”

捷案：《大学或问》无相似之语。然朱子此种意见，可于《朱子语类》关于《大学》“明明德”与“新民”之问答见之。据东敬治解释，朱子以明德新民，无分轻重，二者不可一废。阳明则以亲民为明德之实效，明德之外，无亲民可言。其重点在明德。

91 至善者，性也。性元无一毫之恶，故曰至善。止之[1]，是复其本然而已。

许舜屏云：“本然者，良知也。”

[1]止之：即止于至善。参看第八十九条，注一。

92 问："知至善即吾性，吾性具吾心。吾心乃至善所止之地，则不为向时之纷然外求，而志定矣。定则不扰，不扰而静。静而不妄动则安，安则一心一意只在此处。千思万想，务求必得此至善，是能虑[1]而得矣。如此说是否？"先生曰："大略亦是。"

[1]能虑：《大学》经文云："知止，而后有定；定，而后能静；静，而后能安；安，而后能虑；虑，而后能得。"

93 问："程子云：'仁者以天地万物为一体。'[1]何墨氏兼爱[2]，反不得谓之仁？"先生曰："此亦甚难言，须是诸君自体认出来始得。仁是造化生生不息之理，虽弥漫周遍，无处不是，然其流行发生，亦只有个渐，所以生生不息。如冬至一阳生，必自一阳生，而后渐渐至于六阳[3]。若无一阳之生，岂有六阳？阴亦然。惟有渐，所以便有个发端处。惟其有个发端处，所以生。惟其生，所以不息。譬之木，其始抽芽，便是木之生意发端处。抽芽然后发干，发干然后生枝、生叶，然后是生生不息。若无芽，何以有干、有枝叶？能抽芽，必是下面有个根在。有根方生，无根便死。无根何从抽芽？父子兄弟之爱，便是人心生意发端处。如木之抽芽。自此而仁民，而爱物，便是发干、生枝、生叶。墨氏兼爱无差等[4]，将自家父子兄弟与途人一般看，便自没了发端处。不抽芽，便知得他无根，便不是生生不息，安得谓之仁？孝悌为仁之本[5]，却是仁理从里面发生出来。"

①天地万物为一体：参看第八十九条，注二。②兼爱：兼爱说，见《墨子》第十四至十六章。③六阳：五月夏至一阴初生，渐长而于六月之间为六阴。十一月冬至阳渐长，亦于六个月期间至于六阳。④无差等：《孟子・滕文公第三下》第九章云："杨氏（杨朱，约前四五〇至前三七〇）为我，是无君也。墨氏（墨翟，约前四七六至前三九〇）兼爱，是无父也。无父、无君，是禽兽也。"孟子又攻击墨者夷之"爱无差等，施由亲始"之说为二本。（《孟子・滕文公第三上》第五章。）⑤孝悌为仁之本：《论语・学而第一》第二章语。

94 问："延平[1]云：'当理而无私心[2]。'当理与无私心如何分别？"先生曰："心即理也。无私心，即是当理。未当理，便是私心。若析

心与理言之，恐亦未善。”又曰：“释氏于世间一切情欲之私，都不染着，似无私心。但外弃人伦，却是[3]未当理。”曰：“亦只是一统事。都只是成就他一个私己的心。”

冯柯云：“当理以事言。无私心以心言。此当理与无私心之别也。”（《求是编》卷二，页三十下。）

①延平：即李侗。见第七十五条，注二。②无私心：语见《延平答问》（页二十上）。③是：三轮执斋本作“似”。

薛侃录

95 侃[①]问："持志如心痛。一心在痛上，安有工夫说闲语，管闲事[②]？"先生曰："初学工夫如此用亦好。但要使知'出入无时，莫知其乡'[③]。心之神明，原是如此，工夫方有着落。若只死死守着，恐于工夫上又发病。"[④]

佐藤一斋云："几亭（陈龙正）谓心痛时岂但闲事？即要紧事亦管不来。持志若果如之，岂不是死工夫？安得物来顺应？所以先生亦自救其说。愚案：先生诲人，随人不同。如持志条（第二十四条之后），其语原静（陆澄）者如是。盖亦对症药方尔。在尚谦（薛侃）则工夫又不可如此用。故有此言。恐非自救之谓也。"

①侃：即薛侃。见第八十一条，注一。②闲事：以上又见第八十一、八十二两条。③"出入无时，莫知其乡"：参看第四十八条，注一。④南本、宋本并无此条。佐藤一斋疑为钱绪山所补。

96 侃问："专涵养而不务讲求，将认欲作理，则如之何？"先生曰："人须是知学讲求，亦只是涵养。不讲求，只是涵养之志不切。"曰："何谓知学？"曰："且道为何而学？学个甚？"曰："尝闻先生

教，学是学存天理。心之本体，即是天理。体认天理，只要自心地无私意。”曰：“如此则只须克去私意便是，又愁甚理欲不明？”曰：“正恐这些私意认不真。”曰：“总是志未切。志切，目视、耳听皆在此，安有认不真的道理？是非之心，人皆有之[①]，不假外求。讲求亦只是体当[②]自心所见，不成去心外别有个见。”

冯柯云：“使果以讲求为只是涵养，则朱子即物穷理，正讲求之事也。何独不以为涵养，而谓之玩物丧志哉？吾闻佛氏善遁……阳明学于佛氏，故得其邪遁之法，以为周遮之说。”（《求是编》卷三，页二上）

捷案：冯柯护朱为正理，讥王则是意气。

佐藤一斋云：“涵养讲求一也。体认天理，克去私意，求之于身心，即是讲求，即是涵养。至于询诸父兄，质诸师友，稽诸古圣贤遗训，亦涵养之志。切至处自能如是，则不可谓之心外事。就如今日侃问而先生答，便是多少讲求，多少涵养，并不出于心外。此等处学者亦须要认得不误。”

①“是非之心，人皆有之”：语出《孟子·告子第六上》第六章。②体当：体认承当。

97 先生问在坐之友：“比来工夫何似？”一友举虚明意思。先生曰：“此是说光景[①]。”一友叙今昔异同。先生曰：“此是说效验。”二友惘然，请是[②]。先生曰：“吾辈今日用功，只是要为善之心真切[③]。此心真切，见善即迁，有过即改[④]，方是真切工夫。如此则人欲日消，天理日明。若只管求光景，说效验，却是助长[⑤]外驰病痛，

不是工夫。”

刘宗周云：“依旧只是去人欲，存天理。”（《遗编》卷十三《阳明传信录》卷三，页十下）

①光景：情状、气象。②是：施本、宋本、俞本作“问”。③真切：王本作“切实”。④即迁、即改：《易经·益卦·大象》曰：“君子以见善则迁，有过则改。”⑤助长：《孟子·公孙丑第二上》第二章云：“宋人有闵其苗之不长而揠（拔）之者，芒芒（无知）然归。谓其人（家人）曰：‘今日病（倦）矣！予助苗长矣！’其子趋而往视之，苗则槁矣。”

98 朋友观书，多有摘议晦庵[①]者。先生曰：“是有心求异，即不是。吾说与晦庵时有不同者，为入门下手处有毫厘千里[②]之分，不得不辩。然吾之心与晦庵之心，未尝异也。若其余文义解得明当处，如何动得一字？”

许舜屏云：“后人动即谓先生毁谤晦庵，殆未见集中此等语也。”

但衡今云：“阳明所云入门处，于周、程之主敬存诚近，与宗门之修禅定同。晦庵则以格物穷理为入门，道问学而尊德性，毫厘千里者以此。”

①晦庵：朱子之号。②毫厘千里：参看第四条，注六。

99 希渊[①]问：“圣人可学而至。然伯夷[②]、伊尹[③]于孔子，才力终不

同。其同谓之圣者[4]安在？”先生曰：“圣人之所以为圣，只是其心纯乎天理，而无人欲之杂。犹精金之所以为精，但以其成色足而无铜铅之杂也。人到纯乎天理方是圣，金到足色方是精。然圣人之才力，亦有大小不同，犹金之分两有轻重。尧、舜犹万镒[5]，文王、孔子犹九千镒，禹、汤、武王犹七八千镒，伯夷、伊尹犹四五千镒。才力不同，而纯乎天理则同，皆可谓之圣人。犹分两虽不同，而足色则同，皆可谓之精金。以五千镒者而入于万镒之中，其足色同也。以夷、尹而厕[6]之尧、孔之间，其纯乎天理同也。盖所以为精金者，在足色而不在分两。所以为圣者，在纯乎天理，而不在才力也。故虽凡人，而肯为学，使此心纯乎天理，则亦可为圣人。犹一两之金，比之万镒，分两虽悬绝，而其到足色处，可以无愧。故曰‘人皆可以为尧、舜’[7]者以此。学者学圣人，不过是去人欲而存天理耳。犹炼金而求其足色。金之成色，所争不多，而煅炼之工省，而功易成。成色愈下，则煅炼愈难。人之气质，清浊粹驳，有中人以上、中人以下。其于道，有生知安行，学知利行[8]。其下者，必须人一己百，人十己千[9]，及其成功则一。后世不知作圣之本是纯乎天理，却专去知识才能上求圣人。以为圣人无所不知，无所不能，我须是将圣人许多知识才能，逐一理会始得。故不务去天理上着工夫，徒弊精竭力，从册子上钻研，名物上考索，形迹上比拟。知识愈广而人欲愈滋，才力愈多而天理愈蔽。正如见人有万镒精金，不务煅炼成色，求无愧于彼之精纯，而乃妄希分两，务同彼之万镒。锡、铅、铜、铁，杂然而投，分两愈增，而成色愈下。既其梢末，无复有金矣。”时曰仁[10]在傍曰：“先生此喻[11]足以破世儒支离之惑，大有功于后学。”先生又曰：“吾辈用功，只求日减，

不求日增。减得一分人欲，便是复得一分天理。何等轻快脱洒？何等简易？” 1

刘宗周云：“又只举天理比勘，真是旷古眼孔。”（《遗编》卷十三《阳明传信录》卷三，页十一下）

施邦曜云：“才力限于气禀，必求才力之间，便见圣人非人所能为。只求乎天理而不论才力，所以人皆可以为尧、舜。”

东正纯曰：“此即王子之本旨矣。”

王应昌云：“论工夫故曰日益，论本体故曰日损。此为学为道之别，须根上章看来。”

佐藤一斋云：“精金分量之喻，卷内德章条（第一〇七条）可参。朱得之（朱本思，参看第二七四条）之《稽山家语》亦有一条，尤为详尽。录于下。”（今移载于附录，为《拾遗》第三十七条）

①希渊：即蔡宗兖，字希渊，号我斋。山阴（今浙江绍兴）人。徐爱为阳明弟子之首，而希渊次之。正德七年（一五一二）受业。以教授奉母，孤介不为当局所喜，后任四川督学。参看《明儒学案》卷十一，页五上。②伯夷：同叔齐为孤竹君之二子。传说商灭，耻食周粟，饿死于首阳山。③伊尹：名挚。商之贤相。助汤伐桀，遂王天下。汤之孙太甲无道，伊尹放之。参看《孟子·万章第五上》第六章。④圣者：《孟子·万章第五下》第一章云：“伯夷，圣之清者也。伊尹，圣之任者也。孔子，圣之时者也。”⑤万镒：一镒为二十两，或云四十两。⑥厕：排列。⑦“人皆可以为尧、舜”：语见《孟子·告子第六下》第二章。⑧知、行：参看第六条，注八。⑨百、千：《孟子·告子第六下》第二章续云：“人一能之，己百之；人十能之，己千之。”⑩曰仁：徐爱之字。参看“徐爱序”，注四。⑪喻：即以金喻圣。参看第一〇七条。此条佐藤一斋得诸朱得之（参看第二七四

条，注一）之《稽山家语》，录作本条之注。今载卷下之末，附录为《拾遗》第三十七条。

100 士德[①]问曰：“格物之说，如先生所教，明白简易，人人见得。文公[②]聪明绝世，于此反有未审，何也？”先生曰：“文公精神气魄大，是他早年合下[③]便要继往开来[④]，故一向只就考索著述上用功。若先切己自修，自然不暇及此。到得德盛后，果忧道之不明。如孔子退修六籍[⑤]，删繁就简，开示来学，亦大段[⑥]不费甚考索。文公早岁便著许多书，晚年方悔[⑦]是倒做了。”士德曰：“晚年之悔，如谓‘向来定本[⑧]之悟’，又谓‘虽读得书，何益[⑨]于吾事？’又谓‘此与守书籍，泥言语，全无交涉[⑩]’。是他到此方悔从前用功之错，方去切己自修矣。”曰：“然。此是文公不可及处。他力量大，一悔便转，可惜不久即去世。平日许多错处皆不及改正。”

冯柯云：“孔子赞《易》，韦编三绝。（参看《拾遗》第三十七条，注七）谓其不费考索，诬矣。”（《求是编》卷三，页四下）

捷案：朱子《答黄直卿书》在《朱子文集》正集卷四十六（页三十下），为“此是向来差误”。此书又见《朱子文集》续集卷一（页三下），改为“此是向来定本之误”。陈建（一四九七至一五六七）谓阳明不采正集而采续集为“乖”。（《学蔀通辨》卷二，页五下）阳明又改“定”字为“旧”字。罗钦顺（一四六五至一五四七）谓为“欠当”。（《困知记》卷五，页六上）朱子云：“圣人教人有定本。……教人须先立定本。”（《朱子文集》卷三四《答吕伯恭第九十三书》，页三四上）则定本乃确定本旨之意，与版本无关也。

①士德：杨骥，字士德。初从湛若水（一四六六至一五六〇）游。卒业于阳明，为粤中

王学之优秀者。参看《明儒学案》卷三十，《序》。②文公：朱子，谥曰文。③合下：直也。④继往开来：朱子《中庸章句序》曰："继往圣，开来学。"⑤修六籍：参看第十一条，注五。⑥大段：大略也。⑦晚年方悔：《传习录》卷下附录《朱子晚年定论》（今在卷下后《拾遗》之下），全是朱子晚年方悔之意。阳明因此大受明、清儒之攻击。⑧定本：《朱子晚年定论》采录第一书《答黄直卿》"为学直是先要立本。文义却可且与说出正意，令其宽心玩味，未可便令考校同异，研究纤密。恐其意思促迫，难得长进。……此是向来定本之误。"⑨何益：语见《朱子晚年定论》采录第六书《与吕子约书》。⑩交涉：《朱子晚年定论》采录第三书《答何叔京》之语。

101 侃去花间草，因曰："天地间何善难培，恶难去？"先生曰："未培未去耳。"少间，曰："此等看善恶，皆从躯壳①起念，便会错。"侃未达，曰："天地生意，花草一般，何曾有善恶之分？子欲观花，则以花为善，以草为恶。如欲用草时，复以草为善矣。此等善恶，皆由汝心好恶所生，故知是错。"曰："然则无善无恶乎？"曰："无善无恶者理之静，有善有恶者气之动。不动于气，即无善无恶，是谓至善。"曰："佛氏亦无善无恶②，何以异？"曰："佛氏着在无善无恶上，便一切都不管，不可以治天下。圣人无善无恶，只是无有作好，无有作恶，不动于气。然遵王之道，会其有极③。便自一循天理，便有个裁成辅相④。"曰："草既非恶，即草不宜去矣？"曰："如此却是佛、老⑤意见。草若是碍，何妨汝去？"曰："如此又是作好作恶。"曰："不作好恶，非是全无好恶，却是无知觉的人。谓之不作者，只是好恶一循于理。不去，又着一分意思。如此即是不曾好恶一般。"曰："去草如何是一循于理，不着意思？"曰："草有妨碍，理亦宜去，去之而已。偶未即去，亦不累心。若着了一分意思，即

心体便有贻累，便有许多动气处。”曰：“然则善恶全不在物。”曰：“只在汝心。循理便是善，动气便是恶。”曰：“毕竟物无善恶。”曰：“在心如此，在物亦然[6]，世儒惟不知此，舍心逐物，将格物之学错看了。终日驰求于外，只做得个义袭[7]而取。终身行不着，习不察[8]。”曰：“如好好色，如恶恶臭[9]，则如何？”曰：“此正是一循于理，是天理合如此，本无私意作好作恶。”曰：“如好好色，如恶恶臭，安得非意？”曰：“却是诚意，不是私意。诚意只是循天理。虽是循天理，亦着不得一分意。故有所忿懥好乐，则不得其正[10]。须是廓然大公[11]，方是心之本体。知此即知未发之中[12]。”伯生[13]曰：“先生云：‘草有妨碍，理亦宜去。’缘何又是躯壳起念？”曰：“此须汝心自体当。汝要去草，是什么心？周茂叔[14]窗前草不除[15]，是什么心？”

刘宗周云：“先生之言，自是端的。与天泉证道之说迥异。”（《遗编》卷十三《阳明传信录》卷三，页十三上）

捷案：吉村秋阳谓理静即心体，气动即意动。不知何以与天泉证道之说迥异。是则不识阳明，亦不识宗周者也。《天泉证道记》（第三一五条）之“四言教”云：“无善无恶心之体，有善有恶意之动，知善知恶是良知，为善去恶是格物。”宗周评之曰：“先生每言至善是心之本体，有时说无善无恶理之静，亦未曾径说无善无恶是心体。若心体果是无善无恶，则有善有恶之意又从何处来？”（《遗编》卷十三《阳明传信录》卷三，页三十四上下）此条谓善恶生于气。如好恶得其正，即是心之本体。是本体至善，非无善无恶也。宗周以此条与《证道记》之不同在此。

施邦曜云："好恶一动于气便是恶。真发先儒所未发。"

但衡今云："花草一般生意，此正天地之心。阳明学术，心外无物者，渊源在此。又曰：'好恶生于善恶？抑善恶生于好恶，而好恶有以左右之？非善恶之为病，而实好恶之为病也，故曰"心有所好恶，则不得其正"矣。儒家虽不明言善恶无自性，其见解亦与佛氏同。'又曰：'本节云云，辞不达意，当为门下记言之失。无善无恶（本注：善恶不生于心），是谓至善。又当为阳明作一转语，有善有恶（本注：好恶不生于心），是谓至善，与天泉证道合矣。'"

①躯壳：身体，即私心之意。②佛氏亦无善无恶：即不思善，不思恶。《六祖大师法宝坛经·行由品第一》，《大正新修大藏经》第四十八册（页三四九），惠能云："不思善，不思恶，正与应时，那个是明上座本来面目。"③会其有极：《书经·洪范》曰："无有作好，遵王之道；无有作恶，遵王之路。无偏无党，王道荡荡；无党无偏，王道平平；无反无侧，王道正直。会其有极，归其有极。"④辅相：《易经·泰卦·象辞传》曰："后以裁成（成就）天地之道，辅相（扶助）天地之宜。"⑤老：王本作"氏"。⑥亦然：此下王本有"本无内外，本无彼此"八字。⑦义袭：见第八十四条，注二。⑧习不察：《孟子·尽心第七上》第五章，孟子曰："行之而不著焉，习矣而不察焉，终身由之而不知其道者，众矣。"⑨"如好好色，如恶恶臭"：《大学》第六章之语。⑩不得其正：《大学》第七章云："身有所忿懥，则不得其正；有所恐惧，则不得其正；有所好乐，则不得其正；有所忧患，则不得其正。"⑪廓然大公：参看第七十二条，注五。⑫未发之中：见《中庸》第一章。⑬伯生：姓孟，名源。据毛奇龄（一六二三至一七一六）《王文成传本》卷二（页十七下），孟源为助教。余不详。⑭周茂叔：周敦颐（一〇一七至一〇七三），字茂叔，世称濂溪先生，道州营道（湖南道县）人。著《太极图说》。朱子以为理学之基础。参看《宋元学案》卷十一、《宋史》卷四二七。⑮草不除：《二程遗书》卷三（页二上）

曰:“周茂叔窗前草不除,问之。云:‘与自家意思一般。’”即好生之意,与天地生意如一。

102 先生谓学者曰:“为学须得个头脑工夫,方有着落。纵未能无间,如舟之有舵,一提便醒。不然,虽从事于学,只做个义袭[1]而取。只是行不著,习不察[2],非大本达道[3]也。”又曰:“见得时,横说竖说皆是。若于此处通,彼处不通,只是未见得。”

①义袭:见第八十四条,注二。②习不察:参看上条,注八。③大本达道:语出《中庸》第一章。

103 或问:“为学以亲故,不免业举之累。”先生曰:“以亲之故而业举为累于学,则治田以养其亲者,亦有累于学乎?先正云:‘惟患夺志[1]。’但恐为学之志不真切耳。”

①夺志:《二程外书》卷十一(页五上)曰:“故科举之事,不患妨功,惟患夺志。”采入《近思录》卷七,第三十五条。朱子以为程伊川语。

104 崇一[1]问:“寻常意思多忙。有事固忙,无事亦忙,何也?”先生曰:“天地气机,元无一息之停,然有个主宰。故不先不后,不急不缓。虽千变万化,而主宰常定,人得此而生。若主宰定时,与天运一般不息。虽酬酢万变,常是从容自在。所谓‘天君[2]泰然,百体从令’[3]。若无主宰,便只是这气奔放,如何不忙?”

①崇一:欧阳德(一四九五至一五五四),字崇一,号南野,江西泰和人。礼部尚书,谥

文庄。阳明高弟。称南野门人者半天下。癸丑甲寅间（一五五三至一五五四）京师灵济宫之会，崇一为主盟之一。学徒云集者五千人，其盛为数百年所未有。参看《明儒学案》卷十七，页一上至八下，与《明史》卷二八三。[2]天君：心也。[3]从令：朱子《孟子集注·告子第六上》第十五章，注引范浚（字茂明，号香溪，壮年一一四六）《心箴》之语。

105 先生曰："为学大病在好名。"侃曰："从前岁，自谓此病已轻。比来精察，乃知全未。岂必务外为人？只闻誉而喜，闻毁而闷，即是此病发来。"曰："最是。名与实对，务实之心重一分，则务名之心轻一分。全是务实之心，即全无务名之心。若务实之心，如饥之求食，渴之求饮，安得更有工夫好名？"又曰[1]："'疾没世而名不称[2]。'称字去声读，亦'声闻过情，君子耻之'[3]之意。实不称名，生犹可补，没则无及矣。'四十、五十而无闻'[4]，是不闻道，非无声闻也。孔子云：'是闻也，非达也。'[5]安肯以此望人？"

[1]又曰：施本、俞本作"君子"。[2]疾没世而名不称：《论语·卫灵公第十五》第十九章："君子疾没世而名不称。"[3]耻之：《孟子·离娄第四下》第十八章。[4]"四十、五十而无闻"：《论语·子罕第九》第二十二章。[5]"是闻也，非达"：《论语·颜渊第十二》第二十章。

106 侃多悔。先生曰："悔悟是去病之药，以改之为贵[1]。若留滞于中，则又因药发病。"

[1]改之为贵：《论语·子罕第九》第二十三章："法语之言，能无从乎？改之为贵。"

107 德章[1]曰：“闻先生以精金喻圣[2]，以分两喻圣人之分量，以煅炼喻学者之工夫，最为深切。惟谓尧、舜为万镒，孔子为九千镒，疑未安。”先生曰：“此又是躯壳[3]上起念，故替圣人争分两。若不从躯壳上起念，即尧、舜万镒不为多，孔子九千镒不为少。尧、舜万镒，只是孔子的。孔子九千镒，只是尧、舜的，原无彼我。所以谓之圣，只论精一[4]，不论多寡。只要此心纯乎天理处同，便同谓之圣。若是力量气魄，如何尽同得？后儒只在分两上较量，所以流入功利。若除去了比较分两的心，各人尽着自己力量精神，只在此心纯天理上用功，即人人自有，个个圆成[5]，便能大以成大，小以成小，不假外慕，无不具足。此便是实实落落，明善诚身[6]的事。后儒不明圣学，不知就自己心的良知良能上体认扩充，却去求知其所不知，求能其所不能。一味只是希高慕大，不知自己是桀、纣心地，动辄要做尧、舜事业，如何做得？终年碌碌，至于老死。竟不知成就了个什么，可哀也已。”

冯柯云：“使果以替圣人争分两为躯壳起念，则阳明前日以分量喻圣人分量者，独非躯壳起念乎？使前日之喻非躯壳起念，何独以今日之疑为躯壳起念乎？既自以为不从躯壳起念，不替圣人争分两，何不以孔子为万镒，尧、舜为九千镒乎？”（《求是编》卷三，页九上）

[1]德章：姓刘，余不详。其名不见《王文成传本》《王文成公全书》之《年谱》与书札及《儒林宗派》。[2]以精金喻圣：见第九十九条。[3]躯壳：即身体，私心之意。[4]精一：参看第二条，注四。[5]圆成：三轮执斋谓语出菩提达摩（四六〇至五三四？）之《六门集》，日本注家从之。《六门集》著者为谁尚是悬案。《大正新修大藏经》第四十八册（页

三六七至三七六）《六门集》全文无此语。《续藏经》第一辑，乙部，第八函，第五册之节本《六门集》亦无此语。东敬治谓《六明集》载达摩之语曰：“人人具足，个个圆成。”为此语之所本。“六明”恐为“六门”之误，盖无《六明集》之书也。“人人具足，个个圆成”，据柳田圣山教授所示，乃出于《楚石梵琦禅师语录》卷七（《续藏经》第一辑，乙部，第二十九函，册一，页六六下）。梵琦禅师一二九六年生，一三七〇年卒。铃木大拙先生来函疑《六门集》非达摩所作，语亦不限于禅宗。然彼不忆首次用此语者为谁。《碧岩录》第六十二卷，则圆悟克勤禅师（一〇六三至一一三五）评唱云：“乾坤之内，宇宙之间，中有一宝秘在，形山大意明，人人具足，个个圆成。”“人人具足，个个圆成”之语，又见《圆悟语录》卷九、《圆悟语录》卷十一，《圆悟心要》卷下亦云：“人人具足，各各圆成。”⑥明善诚身：见第二十五条，注六。

108 侃问：“先儒以心之静为体，心之动为用，如何？”先生曰：“心不可以动静为体用①，动静时也。即体而言用在体，即用而言体在用，是谓‘体用一源’②。若说静可以见其体，动可以见其用，却不妨。”

刘宗周云：“心并无动静可言。必不得已，可说动可以见体，静可以见用。”（《遗编》卷十三《阳明传信录》卷三，页十三上。又见《明儒学案》卷十，页十七上。吉村秋阳、东正纯、东敬治与中田胜均误以为黄宗羲语）

三轮执斋云：“先儒谓程、朱共有此说。然《文录》第四卷（《全书》卷五，页六上）《答伦彦式书》曰：‘心无动静者也。其静也者，以言其体也。其动也者，以言其用也。’又曰：‘心一而已。静，其体也；动，其用也。’是似与此条相反。然不泥言语而善观其意者，就全文求其义于自己心上，则实见其不相反。”

东正纯云："黄黎洲（实是刘宗周，黎为梨之误）曰云云。按王子《答伦彦式书》，以存主流行言。今则就动静之时言，各有所当。要黎洲之言，可以发王子之意矣。"

[1]体用：《伊川文集》卷五（页十二上）《与吕大临论中书》曰："心一也。有指体而言者（本注：寂然不动是也），有指用而言者（本注：感而遂通天下之故是也）。"[2]体用一源：语出伊川《易传序》。序云："体用一源，显微无间。"

109 问："上智下愚，如何不可移[1]？"先生曰："不是不可移，只是不肯移。"

捷案：程子伊川曰："然亦有可移之理，惟自暴自弃者，则不移也。不肯去学，故移不得。"（《二程遗书》卷十八，页十七下）又曰："惟上智与下愚不移，非谓不可移也，而有不移之理。所以不移者，只有两般。为自暴自弃，不肯学也。使其肯学，不自暴自弃，安不可移哉？"（《二程遗书》卷十九，页四下）是阳明本伊川之说。所异者程子重学，阳明重志。

[1]不可移：《论语·阳货第十七》第三章："唯上知与下愚不移。"

110 问"子夏[1]门人问交[2]"章。先生曰："子夏是言小子之交，子张[3]是言成人之交。若善用之，亦俱是。"

于清远云："阳明所谓小子之交，成人之交，未经前人道过。"

①子夏：姓卜，名商，约前五〇七至前四二〇，卫人（另有魏人、晋人二说）。孔子弟子，约少孔子四十四岁。孔子卒后，子夏居西河（今山西河津县）教授。为魏文侯师，学徒甚众。②问交：《论语·子张第十九》第三章云："子夏之门人问交于子张。子张曰：'子夏云何？'对曰：'子夏曰：可者与之，其不可者拒之。'子张曰：'异乎吾所闻。君子尊贤而容众，嘉善而矜不能。'"③子张：姓颛孙，名师，约前五〇三至前四五〇，鲁人。先世从陈奔鲁。孔子弟子，约少孔子四十八岁。

111 子仁[1]问："'学而[2]时习之，不亦说乎'，先儒以学为效先觉[3]之所为，如何？"先生曰："学是学去人欲，存天理。从事于去人欲存天理，则自正诸先觉，考诸古训，自下许多问辨、思索、存省、克治工夫。然不过欲去此心之人欲，存吾心之天理耳。若曰效先觉之所为，则只说得学中一件事，亦似专求诸外了。'时习'者，'坐如尸'[4]，非专习坐也，坐时习此心也；'立如斋'，非专习立也，立时习此心也。'说'是'理义[5]之说我心'之'说'。人心本自说理义，如目本说色，耳本说声，惟为人欲所蔽、所累，始有不说。今人欲日去，则理义日治浃，安得不说？"

但衡今云："考亭（朱子）《集注》'学之为言效也'云云，与阳明云学去人欲，存天理，并无二致。阳明乃揭其'所为'二字，只说得学中一事。且专事诸求，而置其人性本善，明善复初而不论。迹近周纳，当为门下作意为之，未可尽信也。"

①子仁：佐藤一斋谓子仁，栾氏，名惠，浙江人。孙锵则谓子仁，姓冯，名恩，号尚江，华亭人（见《儒林宗派》），并谓不知一斋何据。按栾惠姓名见于《阳明年谱》。正德九

年（一五一四）五月，阳明至南京，栾惠、陆澄等二十余人同聚师门，但未言栾惠之字为子仁。《明儒学案》字子仁者，又有林春，字东城，泰州（江苏）人（《学案》卷三二），师阳明弟子王心斋（王艮，一四八三至一五四〇），非事阳明。东敬治谓不知此子仁指栾惠抑指林春。叶绍钧谓子仁乃栾惠字，浙江西安人，郡守请往施行乡约，四方学者云集，不知叶氏何所本。《学案》无栾惠传。余重耀《阳明弟子传纂》目录（页十八）有栾惠，谓见于《阳明年谱》，无字里，《传纂》亦无传。综上所论，则孙锵是也。《明儒学案》卷二十五《南中王门学案序》云："冯恩，字子仁，号南江（孙作尚江，盖印误），华亭（今江苏松江）人。嘉靖丙辰（一五五六）进士。阳明征思、田（一五二七至一五二八），南江以行人使其军。因束修为弟子。"②学而：语出《论语·学而第一》第一章。③效先觉：朱子《论语集注》注上章云："学之为言效也。人性皆善，而觉有先后。后觉者，必效先觉之所为，乃可以明善而复其初也。"④坐如尸：谢良佐（一〇五〇至约一一〇三）论此章而引《礼记·曲礼》"坐如尸""立如斋"之言。朱子引谢氏以申其说。⑤义理之说我心。《孟子·告子第六上》第七章。说，即悦。

112 **国英①问："曾子②三省③虽切，恐是未闻一贯④时工夫。"先生曰："一贯是夫子见曾子未得用功之要，故告之。学者果能忠恕上用功，岂不是一贯？一如树之根本，贯如树之枝叶。未种根，何枝叶之可得？体用一源⑤，体未立，用安从生？谓'曾子于其用处，盖已随事精察而力行之。但未知其体之一'⑥，此恐未尽。"**

①国英：姓陈，名杰，莆田（福建）人。此据万斯同《儒林宗派》卷十五（页十下）。《明儒学案》与毛奇龄《王文成传本》均无陈杰或国英。余重耀《阳明弟子传纂》目录（页十八）谓陈杰之名见于《年谱》，但不言其字为国英。查《年谱》正德九年（一五一四），陈杰与陆澄等二十余人受业，亦不提国英。②曾子：姓曾，名参，字子舆，约前五〇五

至前四三六，鲁人，约少孔子四十六岁。《论语·先进第十一》第十七章，孔子曰：“参也鲁。”传说曾参至孝。③三省：《论语·学而第一》第四章，曾子曰：“吾日三省吾身。为人谋而不忠乎？与朋友交而不信乎？传不习乎？”④一贯：《论语·里仁第四》第十五章云：“子曰：‘参乎！吾道一以贯之。’曾子曰：‘唯。’子出，门人问曰：‘何谓也？’曾子曰：‘夫子之道，忠恕而已矣。’”⑤体用一源：伊川《易传序》语。参看第一〇八条，注二。⑥“曾子……未知其体之一”：朱子《论语集注·里仁篇》第四篇，第十五章注。

113 黄诚甫[①]问“汝与回[②]也孰愈[③]”章。先生曰：“子贡[④]多学而识，在闻见上用功，颜子在心地上用功，故圣人问以启之。而子贡所对，又只在知见上，故圣人叹惜之，非许之也。”

①黄诚甫：名宗明，号致斋（一五三六卒），宁波鄞县（浙江）人。佐藤一斋谓绍兴人，误。正德甲戌（一五一四）进士。以南京兵部员外郎谏上南巡，免职告归。壬辰（一五三二）任兵部右侍郎。又以争名臣无罪，忤上，出为福建参政。阳明于诚甫深致厚望。参看《明儒学案》卷十四，页四上至五下，及《明史》卷一九七。②回：即颜子。参看第七十七条，注一。③孰愈：《论语·公冶长第五》第八章云：“子谓子贡曰：‘女与回也孰愈？’对曰：‘赐也何敢望回？回也，闻一以知十。赐也，闻一以知二。’子曰：‘弗如也。吾与女弗如也。’”④子贡：姓端木，名赐，约前五二〇至前四五〇，卫人，约少孔子三十一岁。贮货致富，家累千金。尝相鲁卫。孔子死，庐墓六年。

114 颜子[①]不迁怒，不贰过[②]，亦是有未发之中[③]始能。

①颜子：参看第七十七条，注一。②不贰过：《论语·雍也第六》第二章，孔子曰：“有

颜回者好学，不迁怒，不贰过。不幸短命死矣。”朱子《论语集注》释之云：“迁，移也。贰，复也。怒于甲者，不移于乙。过于前者，不复于后。”③未发之中：《中庸》第一章云：“喜怒哀乐之未发，谓之中。”

115种树者必培其根，种德者必养其心。欲树之长，必于始生时删其繁枝；欲德之盛，必于始学时去夫外好。如外好诗文，则精神日渐漏泄在诗文上去，凡百外好皆然。又曰：“我此论学，是无中生有的工夫，诸公须要信得及。只是立志，学者一念为善之志，如树之种[1]，但勿助勿忘[2]，只管培植将去，自然日夜滋长，生气日完[3]，枝叶日茂。树初生时，便抽繁枝，亦须刊落，然后根干[4]能大。初学时亦然，故立志贵专一。”

①种：王本作“根”。②勿助勿忘：《孟子·公孙丑第二》第二章云：“必有事焉而勿正（预期）。心勿忘，勿助长也。”助长，见第九十七条，注五。③完：王本作“充”。④干：繁体字作“幹”：日本各本作“榦”，二字通用。

116因论[1]先生之门。某人在涵养上用功，某人在识见上用功。先生曰：“专涵养者，日见其不足；专识见者，日见其有余。日不足者，日有余矣；日有余者，日不足矣。”

三轮执斋云：“是条卷内上文希渊问条（第九十九条）‘求日减，不求日增’之意。”

于清远云：“专涵养而觉日不足者，德行日有余矣；专识见而觉日有余者，德行日不足矣。”

①因论：适因论及他事而顺便讨论。

117 梁日孚[①]问："居敬穷理是两事，先生以为一事，何如？"先生曰："天地间只有此一事，安有两事？若论万殊，礼仪三百，威仪三千[②]，又何止两？公且道居敬是如何？穷理是如何？"曰："居敬是存养工夫，穷理是穷事物之理。"曰："存养个甚？"曰："是存养此心之天理。"曰："如此亦只是穷理矣。"曰："且道如何穷事物之理？"曰："如事亲，便要穷孝之理；事君，便要穷忠之理。"曰："忠与孝之理，在君亲身上？在自己心上？若在自己心上，亦只是穷此心之理矣。且道如何是敬？"曰："只是主一[③]。""如何是主一？"曰："如读书，便一心在读书上；接事，便一心在接事上。"曰："如此则饮酒便一心在饮酒上，好色便一心在好色[④]上。却是逐物[⑤]，成甚居敬工夫？"日孚请问。曰："一者，天理。主一是一心在天理上。[⑥]若只知主一，不知一即是理，有事时便是逐物，无事时便是着空。惟其有事无事，一心皆在天理上用功，所以居敬亦即是穷理。就穷理专一处说，便谓之居敬；就居敬精密处说，便谓之穷理。却不是居敬了，别有个心穷理。穷理时，别有个心居敬。名虽不同，工夫只是一事。就如《易》言'敬以直内，养以方外'[⑦]。敬即是无事时义，义即是有事时敬，两句合说一件。如孔子言'修己以敬[⑧]'，即不须言义。孟子言'集义'[⑨]，即不须言敬。会得时，横说竖说，工夫总是一般。若泥文逐句，不识本领，即支离决裂，工夫都无下落。"问："穷理何以即是尽性？"[⑩]曰："心之体，性也。性即理也。穷仁之理，真[⑪]要仁极仁；穷义之理，真要义极义。仁义只是吾性，故穷理即是尽性。如孟子说'充其恻隐之心，至[⑫]仁不

可胜用[13]'，这便是穷理工夫。"日孚曰："先儒谓'一草一木亦皆有理[14]，不可不察'，如何？"先生曰："夫我则不暇[15]。公且先去理会自己性情。须能尽人之性，然后能尽物之性[16]。"日孚悚然有悟。

但衡今云："本节在传习问答中，最为亲切。字字精审，句句圆融。于王学心外无物，心外无理，心外无事，可以得到分晓。治王学者，取《〈大学〉问》编互相印摄，则胸次豁达，物我无间矣。"又云："事、理、物三者，分殊无极，而以居敬穷理合于一。自是王学第一胜义。"

捷案：穷理、居敬是两事，是指程、朱之说。程伊川谓："涵养须用敬，进学则在致知。"(《二程遗书》，卷十八，页五下)朱子因之，云："学者工夫，唯有居敬穷理。"(《朱子语类》卷九，页二三八)似是两事。然朱子继之曰："此二事互相发，能穷理则居敬工夫日益进，能居敬则穷理工夫日益密。譬如人之两足，左足行则右足止，右足行则左足止。又如一物悬空中，右抑则左昂，左抑则右昂。其实只是一事。"又曰："主敬穷理虽二端，其实一本。"(《朱子语类》卷九，页二三九)敬以直内，义以方外，二程子所尝言。阳明与程、朱并无大别。

①梁日孚：名焯，南海（广东）人。正德九年（一五一四）进士。官至职方主事。以谏南巡被杖。王学之传播于粤，以日孚之功为大。参看《明儒学案》卷三十序。但衡今云："旧本刊日孚，今流行本刊日孚。"或为之取"巳日乃孚"（《易经·革卦》辞）之义。②威仪三千：《中庸》第二十七章之语。③主一：专心于一事，不适他事。④好色：参看第十五条。⑤逐物：参看第十五条。⑥孙锵案："此句下三百二十余字，《集要》本（施本）误移前王嘉秀同仙、佛条（第四十九条）下。各本亦相沿致误。"⑦直内、方

外：语出《易经·坤卦·文言》。[8]修己以敬：《论语·宪问第十四》第四十五章。[9]集义：参看第四十条，注一。[10]穷理、尽性：《易经·说卦传》第一章云："穷理尽性以至于命。"[11]真：南本、宋本作"直"。[12]至：张本作"而"。[13]胜用：《孟子·尽心第七下》第三十章云："人能充无欲害人之心，而仁不可胜用也。"[14]草木皆有理：程颐云："然一草一木皆有理。须是察。"（《二程遗书》卷十八，页九上。）[15]不暇：《论语·宪问第十四》第三十一章，孔子曰："赐也贤乎哉？夫我则不暇。"[16]尽物之性：《中庸》第二十章云："能尽人之性，则能尽物之性。"

118 惟乾[1]问："知如何是心之本体？"先生曰："知是理之灵处，就其主宰处说便谓之心，就其禀赋处说便谓之性。孩提之童，无不知爱其亲，无不知敬其兄。[2]只是这个灵能不为私欲遮隔，充拓得尽，便完全是他本体，便与天地合德[3]。自圣人以下不能无蔽，故须格物以致其知。"[4]

[1]惟乾：冀元亨，字惟乾，号暗斋。武陵（今湖南常德）人。阳明谪龙场（一五〇八）途中，惟乾师焉。随事阳明于庐陵（一五一〇），逾年而归。宸濠致书问学阳明。阳明使惟乾往答之。宸濠反。朝廷疑惟乾助宸作反，逮之入狱。正德十六年（一五二一）出狱后五日卒。参看《明儒学案》卷二十八，页六下至七上，与《明史》卷一九五。[2]敬其兄：《孟子·尽心第七上》第十五章云："孩提之童，无不知爱其亲者；及其长也，无不知敬其兄也。"[3]合德：《易经·乾卦·文言》曰："圣人与天地合其德。"[4]孙锵案：此条首五十五字，《集要》本（施本）误脱，并误字连上文。

119 守衡[1]问："《大学》工夫只是诚意，诚意工夫只是格物、修、齐、治、平[2]，只诚意尽矣。又有正心之功，有所忿懥好乐，则不得其正[3]，何也？”先生曰：“此要自思得之，知此则知未发[4]之中矣。”守衡再三请。曰：“为学工夫有浅深。初时若不着实用意去好善、恶恶，如何能为善去恶？这着实用意，便是诚意。然不知心之本体原无一物，一向着意去好善、恶恶，便又多了这分意思，便不是廓然大公[5]。《书》所谓无有作好作恶[6]，方是本体。所以说有所忿懥好乐，则不得其正。正心只是诚意工夫里面体当[7]自家心体[8]，常要鉴空衡平[9]，这便是未发之中。”

东正纯云：“按《大学》之要，唯是诚意，诚意外无别功。故正心之传，仅举心所以不得正，而不及正之之功。故谓诚意工夫即正心工夫。未有有表而无里，有里而无表者。盖以正心诚意，一浑说来，是王子之本意也。后儒往往以颠倒本末驳之。概坐不善观者。”

①守衡：诸注家均谓守衡未详。《明儒学案》《儒林学派》《阳明弟子传纂》均无守衡。惟查《年谱》有门人朱衡。嘉靖十一年（一五三二），阳明殁后三年，门人四十余人，合同志会于官师，朱衡与焉。守衡恐是朱衡之误。②治、平：参看第八十九条，注一。③其正：语出《大学》第七章。④未发：《中庸》第一章云：“喜怒哀乐之未发，谓之中。”⑤廓然大公：参看第七十二条，注五。⑥作好作恶：参看第一〇一条，注三。⑦体当：体认承当。⑧心体：佐藤一斋谓自“正心只是”至“心体”应为一句。⑨鉴空衡平：语出朱子《大学或问》论第七章（页七六下）曰：“人之一心，湛然虚明。如鉴之空，如衡之平，以为一身之主者，固其真体之本然。”

120 正之[1]问：“戒惧是己所不知时工夫，慎[2]独是己所独知时工夫。此说如何？”先生曰：“只是一个工夫。无事时固是独知，有事时

亦是独知。人若不知于此独知之地用力，只在人所共知处用功，便是作伪，便是'见君子而后厌然'[3]。此独知处便是诚的萌芽。此处不论善念恶念，更无虚假，一是百是，一错百错，正是王霸义利诚伪善恶界头。于此一立立定，便是端本澄源，便是立诚[4]。古人许多诚身的工夫，精神命脉，全体只在此处。真是莫见莫显，无时无处，无终无始，只是此个工夫。今若又分戒惧为己所不知，即工夫便支离，亦有间断。既戒惧，即是知。己若不知，是谁戒惧？如此见解，便要流入断灭禅定。"曰："不论善念恶念，更无虚假，则独知之地，更无无念时邪？"曰："戒惧亦是念。戒惧之念，无时可息。若戒惧之心稍有不存，不是昏瞶，便已流入恶念。自朝至暮，自少至老，若要无念，即是己不知。此除[5]是昏睡，除是槁木死灰[6]。"

刘宗周云："无虚假便是诚，便是善。更何恶念？"又云："戒惧不是念，可言是思。思只是思诚，思是心之本官。思而动于欲为念，故念当除而思不可除。后人专喜言无思，至于念，则以为是心之妙用，不可除，是倒说了。他只要除理障耳。"(《遗编》卷十三《阳明传信录》卷三，页十四下。又黄宗羲引见《明儒学案》卷十，页十七下)

施邦曜云："独知本是合动静而为言。如人日用云为，众所共见。就中一念微隐，惟己独知。即昏夜熟睡，魂交成梦，亦是知之不灭处，是即先生良知之说。故欲慊此独知。不是冥心静坐，便尽独知工夫。必静时体认天理，一念不走错。亦必日用所行，事事尽合天理，方能不愧此独知。故孟子曰：'行有不慊于心，则馁矣。'(《公孙丑篇》第二，第二章)君子之学，所以动静皆有事，究之只成个内省不疚。"

三轮执斋云："正之之问，则朱子章句之意也。而虽朱说，亦非如是断然偏着。《中和集说》所载，可以见之。然到剖判精要之处，则有亦不免支离间断之病者。不可不察。"（朱子《中和新说》，见《朱子文集》卷六十四《与湖南诸公论中和第一书》）

彭定求《密证录》云："刘念台（宗周）既以致良知为宗，而又揭独慎二字为致良知实义。所以救夫袭良知之说者，沦于恍惚茫荡，以禅入儒之弊。卫道之功不浅矣。愚案：文成于慎独，三致意如此。不必待念台也。"[《南畇全集》，光绪七年（一八八一）本，附《密证录》页二上]

但衡今云："本节教言，为阳明学'正法眼藏'。收歛则无余蕴，推致可无穷尽。修、齐、治、平，节目事耳。"

①正之：黄宏纲，字正之，号洛村，一四九二至一五六一，江西雩都（今赣州）人，从阳明于虔州（江西赣州，一五一七）。列于阳明高弟。阳明归越（一五二一），正之不离者四五年。阳明殁后始出仕。官至刑部主事。参看《明儒学案》卷十九，页十一上至十三上。②戒、慎：《中庸》第一章云："是故君子戒慎乎其所不睹，恐惧乎其所不闻。莫见乎隐，莫显乎微，故君子慎其独也。"朱子《中庸章句》注曰："独者，人所不知而己所独知之地也。言幽暗之中，细微之事，迹虽未形而几已动，人虽不知而己独知之，则是天下之事无有著见明显而过于此者。是以君子既常戒惧，而于此尤加谨焉。"③见君子而后厌然：《大学》第六章。④立诚：《易经·乾卦》九三爻辞："君子进德修业。忠信，所以进德也。修辞立其诚，所以居业也。"⑤除：唯也。⑥槁木死灰：参看第三十九条，注二。

121 志道[①]问："荀子云：'养心莫善于诚。'[②]先儒[③]非之，何也？"先生曰："此亦未可便以为非。'诚'字有以工夫说者。诚是心之本

体，求复其本体，便是思诚的工夫。明道[4]说‘以诚敬存之’，亦是此意。《大学》‘欲正其心，先诚其意’[5]。荀子之言固多病，然不可一例吹毛求疵。大凡看人言语，若先有个意见，便有过当处。‘为富不仁’[6]之言，孟子有取于阳虎[7]，此便见圣贤大公之心。”

王应昌云：“究竟寡欲离不了诚。先生为荀子、明道说合，亦是自家要与紫阳（朱子）息争。”

①志道：姓字、乡贯不详。《明儒学案》卷三十二序有管志道，字登之，号东溟，江苏之太仓人。受业于阳明门人耿定向[嘉靖丙辰（一五五六）进士]。东溟著书数十万言，大抵鸠合儒、释。又好谈鬼神，与此志道言诚不类，当另一人。《儒林宗派》、毛奇龄《王文成传本》、余重耀《阳明弟子传纂》均无此志道，不解何故。②养心莫善于诚：《荀子·不苟篇》第三。③先儒：程子《二程遗书》卷二上（页四上）曰：“孟子言‘养心莫善于寡欲’（《孟子·尽心第七下》第三十五章），寡欲则心自诚。荀子言‘养心莫善于诚’，既诚矣，又何养？此已不识诚。又不知所以养。”此语不知是程颐语抑程颢语。④明道：程颢《识仁篇》（《二程遗书》卷二上，页三上下）曰：“学者须先识仁，仁者浑然与物同体。义礼知信，皆仁也。识得此理，以诚敬存之而已。不须防检，不须穷索。”⑤诚其意：《大学》经文。⑥为富不仁：《孟子·滕文公第三上》第三章，阳虎曰：“为富，不仁矣。为仁，不富矣。”⑦阳虎：姓阳，名虎（壮年前五〇五），春秋时鲁人。为季氏家臣，专政。后叛鲁。

122 萧惠[1]问：“己私难克，奈何？”先生曰：“将汝己私来，替汝克[2]。”又[3]曰：“人须有为己之心，方能克己。能克己，方能成己。”萧惠曰：“惠亦颇有为己之心，不知缘何不能克己？”先生曰：“且说汝有为己之心是如何？”惠良久曰：“惠亦一心要做好人，便自谓颇有为己之心。今思之，看来亦只是为得个躯壳的己，不曾为个真己。”先生曰：“真己何曾离着躯壳？恐汝连那躯壳的己也不曾为。且道汝所谓躯壳的己，岂不是耳目口鼻四肢？”惠曰：“正是为此，目便要色，耳便要声，口便要味，四肢便要逸乐，所以不能克。”先生曰：“美色令人目盲，美声令人耳聋，美味令人口爽，驰骋田猎令人发狂，[④]这都是害汝耳目口鼻四肢的。岂得是为汝耳目口鼻四肢？若为着耳目口鼻四肢时，便须思量耳如何听，目如何视，口如何言，四肢如何动。必须非礼[⑤]勿视听言动，方才成得个耳目口鼻四肢。这个才是为着耳目口鼻四肢。汝今终日向外驰求，为名为利，这都是为着躯壳外面的物事。汝若为着耳目口鼻四肢，要非礼勿视听言动时，岂是汝之耳目口鼻四肢自能勿视听言动？须由汝心。这视听言动，皆是汝心。汝心之视发窍于目，汝心之听发窍于耳，汝心之言发窍于口，汝心之动发窍于四肢。若无汝心，便无耳目口鼻。所谓汝心，亦不专是那一团血肉。若是那一团血肉，如今已死的人，那一团血肉还在。缘何不能视听言动？所谓汝心，却是那能视听言动的。这个便是性，便是天理。有这个性，才能生这性之生理，便谓之仁。这性之生理，发在目便会视，发在耳便会听，发在口便会言，发在四肢便会动。都只是那天理发生，以其主宰一身，故谓之心。这心之本体，原只是个天理，原无非礼，这个便是汝之真己。这个真己，是躯壳的主宰。若无真己，便无躯壳。真是有之即生，无之即死。汝若真为那个躯壳的己，必须用着这个真己，便须常常保守着这个真己的本体。戒慎不睹，恐惧[⑥]不闻，惟恐亏损了他一些。才有一毫非礼萌动，便如刀割，如针刺，

忍耐不过。必须去了刀，拔了针。这才是有为己之心，方能克己。汝今正是认贼作子[7]，缘何却说有为己之心，不能克己？”

刘宗周云：“天理二字，是家当。先生又每每说克己二字，正求所以保任此家当耳。”（《遗编》卷十三《阳明传信录》卷三，页十五下。）

[1]萧惠：毛奇龄《王文成传本》卷二（页十七上）作“蕙”。佐藤一斋谓据《王文成传本》，乃雩都人。《新释汉文大系》《传习录》与《传习录诸注集成》沿之。一斋误矣。《传本》云：“曰萧惠，曰何拙先（注：雩都）。”则雩都指何拙先而非指萧惠也。下文“曰欧阳巽之”，亦不提其里贯，不曰里贯不详也。余重耀《阳明弟子传纂》目录（页十七）有萧惠。注云：“《毛传》本作蕙。”而不言其里贯。同页门人诸人，几皆有里籍。《明儒学案》与《阳明弟子传纂》均无传。故字号事迹亦不详。薛侃所录，只此条用名，或以惠年轻也。[2]替汝克：《景德传灯录》（《四部丛刊》本）卷三（页七上）载一僧来参初祖达摩云：“我心未安，请师安心。”师曰：“将心来，与汝安。”阳明每用禅语故事，此其一也。湘本“汝克”下空四字。[3]又：日本诸本无此字。[4]美色句：《老子》第十二章有类似此语。[5]非礼：《论语·颜渊第十二》第一章，子曰：“非礼勿视，非礼勿听，非礼勿言，非礼勿动。”[6]戒慎、恐惧：《中庸》第一章云：“是故君子戒惧乎其所不睹，恐惧乎其所不闻。”[7]认贼作子：此譬出《楞严经》卷一（《大正新修大藏经》第十九册，页一〇八）。意谓以好美色等为真心之好，等于以贼为子。

123 有一学者病目，戚戚甚忧。先生曰：“尔乃贵目贱心。”

于清远云：“阳明贵目贱心之论，与孟子‘指不若人，则知恶之；心不若人，则不知恶’之说相同。”（孟子语见《孟子·告子第六上》第十二章）

124 萧惠好仙、释。先生警之曰："吾亦自幼笃志二氏。自谓既有所得，谓儒者为不足学。其后居夷[①]三载，见得圣人之学若是其简易广大。始自叹悔错用了三十年[②]气力。大抵二氏之学，其妙与圣人只有毫厘之间。汝今所学，乃其土苴，辄自信自好若此，真鸱鸮窃腐鼠[③]耳。"惠请问二氏之妙。先生曰："向汝说圣人之学简易广大，汝却不问我悟的，只问我悔的。"惠惭谢，请问圣人之学。先生曰："汝今只是了人事问。待汝辨个真要求为圣人的心，来与汝说。"惠再三请。先生曰："已与汝一句道尽，汝尚自不会。"[④]

①居夷：事详《年谱》正德三、四、五年（一五〇八至一五一〇）。参看"徐爱序"，注八。②错用了三十年：弘治元年（一四八八）十七岁，始与道士论养生，至弘治十五年（一五〇二）三十一岁，渐悟仙、释二氏之非，前后十五年。及至居夷，则近三十年。《年谱》谓二十年。参看本条，注四。③窃腐鼠：《庄子》卷六《秋水第十七》（页二十八上）曰："夫鹓雏（鸾凤之属）发于南海而飞于北海。非梧桐不止，非练实（竹实）不食，非醴泉不饮。于是鸱（猫头鹰）得腐鼠，鹓雏过之。（鸱）仰而视之，曰：'吓。'"吓，乃忿怒之声。鸱以贱物为宝，恐鹓雏夺之也。④此条略载《年谱》正德八年（一五一三）五月。警王嘉秀（参看第四十九条，注一）与萧惠，并谓悔错用功二十年。

125 刘观时[①]问："未发之中[②]是如何？"先生曰："汝但戒慎不睹，恐惧[③]不闻，养得此心纯是天理，便自然见。"观时请略示气象。先生曰："哑子[④]吃苦瓜，与你说不得。你要知此苦，还须你自吃。"时曰仁[⑤]在傍曰："如此才是真知，即是行矣。"一时在座诸友皆有省。

刘宗周云："又举天理二字。"（《遗编》卷十三《阳明传信录》卷三，页十六下）

①刘观时：武陵（今湖南常德）人。余不详。佐藤一斋谓乡贯未考，叶绍钧以为辰阳人，东敬治以为阳明同乡余姚人，而近藤信康沿之，皆误。孙锵以为武陵人，是也。此见万斯同（一六三八至一七〇二）《儒林宗派》（《四明丛书》第三集本）卷十五（页八下）。②未发之中：《中庸》第一章云："喜怒哀乐之未发，谓之中。"③戒、惧：参看第三十七条，注四。④哑子：此譬喻出自禅宗之《碧岩录》第三则。⑤日仁：徐爱之字。徐爱，详见"徐爱序"，注四。

126 萧惠问死生之道。先生曰："知昼夜，即知死生。"问昼夜之道。曰："知昼则知夜。"曰："昼亦有所不知乎？"先生曰："汝能知昼，懵懵而兴，蠢蠢而食。行不著，习不察[1]。终日昏昏，只是梦昼。惟'息有养，瞬有存[2]'，此心惺惺明明，天理无一息间断，才是能知昼。这便是天德[3]，便是通乎昼夜之道[4]而知。更有什么死生？"

刘宗周云："即夫子答子路意。先生言死生之道，只是如此。何曾及父母未生前及死时带得去的消息来？又曰：'又举天理二字。'"（《遗编》卷十三《阳明传信录》卷三，页十六下）

三轮执斋云："《论语·先进篇》第十一章季路（子路）问死。子曰：'未知生，焉知死？'先生答萧惠亦是此意。而如此，知岂不与行合一乎？与彼穷格事物之理者，其味自别。真是圣门正统学问。"

东正纯云："朱子注《易》云：'昼夜即出明死生鬼神之谓。如此然后可见至神之妙，无有方所。'（《周易本义·系辞上传》第四章注）盖似为以幽死鬼对明生神各尽神妙之理者。王子则一齐说之。所以直透也。”东正纯又引陈几亭(龙正)云:“无生死,与朱子所见颇异。”

捷案:东正纯与陈龙正均误。朱子以幽明、死生、鬼神,均是阴阳之消长。亦一齐说之,与王无异。非以死生相对也。阳明并未谓无生死。只谓未知生,焉知死耳。

于清远云:“程子曰:‘昼夜者,生死之道也。知生之道,则知死之道。’古之圣贤所论,大抵相同。”(程子指伊川。语见《二程遗书》卷二十五,页四下)

①习不察:语出《孟子·尽心第七上》第五章。②有存:张载(称横渠先生,一〇二〇至一〇七七)《正蒙·有德第十二》(《张子全书》卷三,页九上)之语。③天德:参看第十一条,注二十五。④昼夜之道:语见《易经·系辞上传》第四章。

127 马子莘[1]问:“修道[2]之教,旧说谓圣人品节吾性[3]之固有,以为法于天下,若礼乐刑政之属。此意如何?”先生曰:“道即性,即命。本是完完全全,增减不得,不假修饰的。何须要圣人品节?却是不完全的物件。礼乐刑政是治天下之法,固亦可谓之教,但不是子思[4]本旨。若如先儒之说,下面由教入道的,缘何舍了圣人礼乐刑政之教,别说出一段戒慎恐惧工夫?却是圣人之教为虚设矣。”子莘请问。先生曰:“子思性道教,皆从本原上说。天命于人,则命便谓之性。率性而行,则性便谓之道。修道而学,则道便谓之教。率性是诚者事,所谓‘自诚明,谓之性’也;修道是诚之者事,所谓‘自明诚,谓之教’[5]也。圣人率性而行,即是道。圣人以下,未能率性于道,未免有过不及,故须修道。修道则贤知者不得而过,

愚不肖者不得而不及。都要循着这个道，则道便是个教。此‘教’字与‘天道至教，风雨霜露，无非教也[6]’之‘教’同。‘修道’字与‘修道以仁’[7]同。人能修道，然后能不违于道，以复其性之本体，则亦是圣人率性之道矣。下面戒慎恐惧便是修道的工夫，中和便是复其性之本体。如《易》所谓‘穷理尽性，以至于命’[8]，中和位育，便是尽性至命。”

①马子莘：参看第四十条，注二。②修道之教：《中庸》第一章云：“天命之谓性，率性之谓道，修道之谓教。……是故君子戒慎乎其所不睹，恐惧乎其所不闻。……喜怒哀乐之未发，谓之中；发而皆中节，谓之和。……致中和，天地位焉，万物育焉。”③节吾性：朱子《中庸章句》注云：“修，品节之（为之等次，为之限制）也。性道虽同，而气禀或异。故不能无过不及之差。圣人因人物之所当行而品节之，以为法于天下，则谓之教。若礼乐刑政之属是也。”④子思：参看第四十二条，注一。⑤明诚：《中庸》第二十一章。⑥无非教也：《礼记 · 孔子闲居篇》第五节云：“天有四时，春夏秋冬。风雨霜露，无非教也。”⑦修道以仁：语见《中庸》第二十章。⑧至于命句：《易经 · 说卦传》第一章语。

128 黄诚甫[1]问：“先儒以孔子告颜渊[2]为邦[3]之问，是立万世常行之道[4]，如何？”先生曰：“颜子具体[5]圣人。其于为邦的大本大原，都已完备。夫子平日知之已深，到此都不必言，只就制度文为上说。此等处亦不可忽略，须要是如此方尽善。又不可因自己本领是当了，便于防范上疏阔，须是要‘放郑声，远佞人’。盖颜子是个克己向里德上用心的人。孔子恐其外面末节，或有疏略，故就他不足处帮补说。若在他人，须告以为政在人，取人以身，修身以道，修

道以仁，达道九经[⑥]，及诚身许多工夫，方始做得这个，方是万世常行之道。不然，只去行了夏时，乘了殷辂，服了周冕，作了《韶》舞，天下便治得？后人但见颜子是孔门第一人，又问个为邦，便把做天大事看了。"

佐藤一斋云："孔子于颜子，却就制度文为防范上说。与《大学》第十章'平天下絜矩'已下，只说用人理财，都在外面末节上一般。"

东正纯云："孔子于颜渊问仁（《论语·颜渊第十二》第一章），克己复礼，从本源上说之。至其为邦之问，则本源已彻。故举制度防范文为节目之事告之。此是正说。若夫事事物尽其理，则达道九经与仁义道德，初无二致。此是推说。后人往往倒看。恐不免义袭之累也。"

但衡今云："阳明不把此等事物当天大事看。故视宸濠之坚甲利兵为蔽朽，而一战成禽。此其学术精到处。读此可以开拓心胸。汉学宋学，优劣可知矣。但形器之拔，亦未可忽也。"

捷案：宸濠作反，阳明起兵讨之。不旬日而擒濠。事详《年谱》正德十四年（一五一九）。汉学重文字形器，宋儒重心性，各有长短。

①黄诚甫：参看第一一三条，注一。②颜渊：参看第七十七条，注一。③为邦：《论语·卫灵公第十五》第十章云："颜渊问为邦。子曰：'行夏之时，乘殷之辂，服周之冕。乐则《韶》（帝舜之乐）舞。放郑声，远佞人。郑声淫，佞人殆（危险）。'"④常行之道：朱子《论语集注》注《卫灵公》第十五章引程子曰："盖三代之制，皆因时损益。及其久也，不能无弊。周衰，圣人不作。故孔子斟酌先王之礼，立万世常行之道，发此以为之兆尔。"程子当指伊川。其语查不见《二程遗书》《外书》《粹言》。而《伊川经说》说《论

语》至《子罕篇》第九上。然伊川云:“故三代损益文质,随时之宜。若孔子所立之法,乃通万世不易之法。孔子于他处亦不见说。独答颜回云云行夏之时。……此是于四代中举一个法式。其详细虽不可见。而孔子但示其大法,使后人就上修之。”(《二程遗书》卷十七,页一上)又云:“或文或质,因袭损益。其变既极,其法既详。于是孔子参酌其宜,以为为百王法度之中。但颜渊问为邦,圣人对之以行夏之时。……则是大抵圣人以道不得用,故考古验今。参取百王之中,制断之以义也。”(《二程遗书》卷十八,页四十七上下)意皆同。岂朱子述其意耶? ⑤具体:《孟子·公孙丑第二上》第二章云:“颜渊,则具体而微。”言有圣人之全体,但未广大。⑥九经:《中庸》第二十章云:“故为政在人,取人以身,修身以道,修道以仁。……天下之达道五,所以行之者三。曰君臣也、父子也、夫妇也、昆弟也、朋友之交也。五者,天下之达道也。知、仁、勇三者,天下之达德也,所以行之者一也。……凡为天下国家有九经。曰修身也、尊贤也、亲亲也、敬大臣也、体群臣也、子庶民也、来百工也、柔远人也、怀诸侯也。……诚身有道。不明乎善,不诚乎身矣。”

129 蔡希渊[1]问:“文公[2]《大学》新本,先格致而后诚意[3]工夫,似与首章次第相合。若如先生从旧本[4]之说,即诚意反在格致之前。于此尚未释然。”先生曰:“《大学》工夫即是明明德,明明德只是个诚意,诚意的工夫只是格物致知。若以诚意为主,去用格物致知的工夫,即工夫始有下落。即为善去恶,无非是诚意的事。如新本先去穷格事物之理,即茫茫荡荡,都无着落处。须用添个敬字,方才牵扯得向身心上来。然终是没根源。若须用添个敬字,缘何孔门倒将一个最紧要的字落了,直待千余年后要人来补出?正谓以诚意为主,即不须添敬字。所以举出个诚意来说,正是学问的大头脑处。于此不察,真[5]所谓毫厘之差,千里[6]之谬。大抵《中庸》工夫

只是诚身，诚身之极便是至诚；《大学》工夫只是诚意，诚意之极便是至善。工夫总是一般。今说这里补个敬字，那里补个诚字，未免画蛇添足⑦。”

冯柯云：“程、朱所以添个敬字者，非谓孔门落此一字不言而补之也。详味《或问》之旨，亦谓年之已长而未曾从事小学者，则其工夫之次第条目，自当以敬字代小学之工夫尔。阳明不悟格致之前，已有此小学一段工夫，而疑其没根源。不悟程、朱之说为未曾从事小学者而设，而识其牵扯。遂据古本之误，以诚意代敬字。”（《求是编》卷三，页二十五上下）

捷案：《大学或问》明以敬为小学者之涵养本源。冯柯误矣。程、朱诚敬并言。敬为诚之工夫。敬则虚静而无间断。阳明以为添字，固是强说。冯柯以为代小学之工夫，亦强辨耳。

刘宗周云：“先生疏《大学》惟此段最端的无病。明明德只是个诚意。若意字看得分晓，委的不必说正心更有工夫了。”（《遗编》卷十三《阳明传信录》卷三，页十七下。又见《明儒学案》卷十，页十七下。吉村秋阳与中田胜误以为黄宗羲语）

三轮一斋云：“添个‘敬’字，朱子《大学或问》所说是此意。”

捷案：朱子《大学或问》曰：“盖吾闻之。敬之一字，圣学之所以成始成终者也。为小学者，不由乎此，固无以涵养本源，而谨乎洒扫应对进退之节，与夫六艺之教。为《大学》者，不由乎此，亦无以开发聪明，进德修业，而致乎明德新民之功也（页三上）。”又曰：“由是齐家、治国以及平天下，皆是未始一日而离乎敬也。然则敬之一字，岂非圣学始终之要也哉？（页六下）。”

佐藤一斋云："补个敬字，晦庵(朱子)未有此说。今因其论敬字不可补，故设这里、那里，以形言之耳。"

捷案：一斋以狭义言之，是也。朱子《大学章句》注，明明德及诚意，均无敬字。然《大学或问》明以敬为明德新民之功。盖以广义言之也。

但衡今云："《中庸》主脑是诚身，至极便是至诚。《大学》主脑是诚意，至极便是至善。然则至诚至善，诚身诚意，何以别之？阳明一语道破。工夫总是一般，诚而已矣。非实地了了者，安能道出此意？"

①蔡希渊：参看第九十九条，注一。②文公：朱子的谥号。③诚意：朱子之《大学章句》，不特沿伊川改"亲民"为"新民"，并补《知本知至章》之传，而且移《易》原本章句。如《礼记》第四十二篇《大学》之第二、三章（知本，诚意），朱子《大学章句》改为第五、六章是也。④旧本：即"十三经"中《礼记》之《大学》。⑤真：《新释汉文大系》本《传习录》与《传习录诸注集成》均作"直"。⑥毫厘、千里：见第四条，注六。⑦画蛇添足：《史记》卷四十《楚世家》（页二十四下至二十五上）曰："楚有祠者，赐舍人卮酒。相谓曰：'请画地为蛇。先成者饮。'一人蛇先成，引酒，且言吾且为之足。一人蛇成，夺其卮，曰：'蛇固无足。子安能为之足？'遂饮其酒。"故事又见《战国策》（《四部备要》本）卷九《齐》第二篇（页二下至三上）。

卷中

续刻传习录

钱德洪序

德洪[①]曰："昔南元善[②]刻《传习录》[③]于越[④]，凡二册。下册摘录先师手书，凡八篇[⑤]。其《答徐成之》二书[⑥]，吾师自谓天下'是朱非陆[⑦]，论定既久，一旦反之为难'[⑧]，二书姑为调停两可之说，使人自思得之。故元善录为下册之首者，意亦以是欤？今朱、陆之辨明于天下久矣。洪刻先师文录[⑨]，置二书于外集者，示未全也，故今不复录。其余指知行之本体，莫详于《答人论学》[⑩]，与答周道通[⑪]、陆清伯[⑫]、欧阳崇一[⑬]四书[⑭]。而谓格物为学者用力日可见之地，莫详于《答罗整庵》[⑮]一书。平生冒天下之非诋推陷，万死一生，遑遑然不忘讲学。惟恐吾人不闻斯道，流于功利机智，以日堕于夷狄禽兽而不觉。其一体同物之心，譊譊终身，至于毙而后已。此孔孟以来圣贤苦心，虽门人子弟，未足以慰其情也。是情也，莫详于《答聂文蔚》之第一书[⑯]。此皆仍元善所录之旧。而揭必有事焉，即致良知工夫，明白简切，使人言下即得入手，此又莫详于《答聂文蔚》之第二书[⑰]。故增录之。元善当时汹汹，乃能以身明斯道。卒至遭奸被斥[⑱]，油油然惟以此生得闻斯学为庆，而绝无有纤芥愤郁不平之气。斯录之刻，人见其有功于同志甚大，而不知其处时之甚艰也。今所去取，裁之时义[⑲]，则然，非忍有所加损于其间也。"

佐藤一斋云："南本下册，书凡十篇，并上册所载书四篇，共十四篇，又就此文数之为九篇。其曰八篇，误也。绪山去《答徐成之书》，而叙其所以去。又去《答储柴墟书》《答何子元书》，则不叙其所以去，何耶？又谓增录《答聂文蔚第二书》。而南本既收在上册，则不可谓之增录。此序毕竟欠详备。"又云："文成《答徐成之第二书》曰：'早来承教，乃谓仆漫为含胡两解之说，而细绎辞旨，若有以阴助舆庵而为之地者，读之不觉失笑。'(《全书》卷二十一，页十二上)又曰：'安有所谓含胡两解，而阴示舆庵之地哉？'(《全书》卷二十一，页十二上)据此，似非调停两可之说。然南本载有南逢吉小跋曰：'逢吉尝以此书请问。'先生曰：'此书于格致诚正，及尊德性而道问学处，说得尚支离。盖当时亦就二君所见者，将就调停说过。细详文义，盖犹未免分为两项事也。观者宜知之。'绪山谓此书为调停两可之说，岂有取于南逢吉此言欤？"

捷案：舆庵不知为谁。《年谱》正德六年(一五一一)正月作王舆庵。惟遍查《明儒学案》等书皆无王舆庵其人。《全书》卷三十一(页三十六上)有《答王亹庵中丞书》，谢其遣使来问，并对"小书二册"(《续刻传习录》)求正。亹庵并非知交，决非阳明可为阴助之人。予疑《年谱》误以亹庵为舆庵，而断为姓王耳。《明儒学案》卷十(页五上)有王文辕，字司舆，号黄轝子。《学案》云："尝曰'朱子经说多不得经意'，闻者怪之。惟阳明与之友莫逆也。……其后先生殁，阳明方讲良知之学，时多讪之者，叹曰：'安得起王司舆于九泉乎？'"《阳明学大系》卷三《王阳明》下(页二六三)注《答徐成之书》，谓舆庵即王文辕，字子舆，号舆庵。未知何据。《年谱》正德十一年(一五一六)十月记阳明之叹王司舆用"思舆"。《年谱》与阳明均不用"舆庵"。恐日本注家以《年谱》谓舆庵姓王，又见《学案》有王文辕，字司舆，遂以舆庵为王文辕，而误司舆为子舆，误黄轝子为舆庵耳。王司舆常多病。习静隐居，非与徐成之争论朱、陆是非之流也。

东正纯云："此卷（中卷）南元善（大吉）兄弟所增入，即《传习后录》是也。上卷文成初年之见居多，而下卷则殁后钱绪山（德洪）之徒撰（录）之。惟此卷晚年亲笔，纯粹无可疑者。"又云："大吉建首善书院，刻《传习录》，大徇同志。文成之学盛于天下，大吉之功居多矣。"

①德洪：姓钱，本名宽。避先世讳，以字行，改字洪甫，号绪山，一四九六至一五七四。浙江余姚人。初读《传习录》（今之上卷），心颇怀疑。阳明平濠归越（一五二一），德洪与同邑数十人请学焉。四方之士来学于越者甚众。德洪与王畿（见第二五七条，注一）疏通其大旨，然后卒业于阳明。一时称为教授师。阳明征思、田（广西，一五二七至一五二八），德洪与王畿居守越中书院。嘉靖八年（一五二九）与王畿入京殿试。途中闻阳明卒，不试，归而奔丧。三年后（一五三二）乃赴廷试，得进士。累官刑部郎中。坐论宠臣郭勋死罪，因以下狱。勋死，始得出狱。在野三十年，无日不讲学。江浙楚广皆有讲舍。黄宗羲曰："先生与龙溪（王畿）亲炙阳明最久。习闻其过重之言。龙溪谓寂者，心之本体，寂以照为用。守其空知而遣照，是乖其用也。先生谓未发竟从何处觅？离已发而求未发，必不可得。是两先生之良知俱以见在知觉而言，于圣贤凝聚处，尽与扫除。在师门之旨，不能无毫厘之差。龙溪从见在悟其变动不居之体。先生只于事物上实心磨炼，故先生之彻悟不如龙溪，龙溪之修持不如先生。乃龙溪竟入于禅，先生则不失儒者之矩矱。何也？龙溪悬崖撒手，非师门宗旨所可系缚。先生则把缆放船，虽无大得，亦无大失耳。"（《明儒学案》卷十一，页六上）参看《明史》卷二八三。②元善：南大吉，字元善，号瑞泉，一四八七至一五四一。陕西渭南人。正德

辛未（一五一一）进士。嘉靖三年（一五二四）以郡守称门生。官历郎中知府。入觐以考察罢官，盖执政者方恶阳明之学也。家归讲学，重致知慎独。王学之传播于陕，其功为多。参看《明儒学案》卷二十九，页十一上下，与《明史》卷二六四。③《传习录》：薛侃首刻于虔，为三卷，即今之《传习录》卷上。据《年谱》，嘉靖三年（一五二四）十月，南大吉刻《传习录》，又名《续刻传习录》，凡二册。上册即虔刻三卷，下册录阳明八书。然年谱系《答顾东桥书》于嘉靖四年（一五二五），系《答欧阳崇一书》与《答聂文蔚书》于五年（一五二六）。则南大吉之刻，或在嘉靖三年之后。参看第一九四条后，“右南大吉录”注二。④越：今浙江绍兴。⑤八篇：即八书，分别为《答徐成之》二书，《答人论学》一书，《答周道通》一书，《答陆原静书》《答欧阳崇一》一书，《答罗整庵》一书，与《答聂文蔚》之第一书也。日本注家谓应作九书。盖《答陆原静书》实有两书也。⑥《答徐成之》二书：载《全书》外集卷二十一（页九下至十七下）。⑦是朱非陆：淳熙二年（一一七五），朱子与陆象山（名九渊）初会于江西信州之鹅湖寺，话不投机，象山讥朱子为支离。别后朱子以象山为过于自信，且空渺近禅，象山亦以朱子迷情传注。学者以朱子偏于道问学而象山偏于尊德性。此虽言之过甚，然朱子之以性为理与象山之以心为理，相背而驰。所谓朱子理学与象山心学门户之争，历数百年之久。⑧出自《全书》卷二十一（页十上）。⑨文录：即《全书》第四卷至第二十五卷。⑩《答人论学书》：即《答顾东桥书》，第一三〇至一四三条。⑪《答周道通书》：即第一四四至一五〇条。⑫《答陆原静（清伯）》二书：即第一五一至一六七条。⑬《答欧阳崇一书》：即第一六八至一七一条。⑭四书：指答周、陆、欧阳之四书，连《答人论学书》共五书。⑮《答罗整庵书》：即第一七二至一七七条。⑯《答聂文蔚第一书》：即第一七八至一八四条。⑰《答聂文蔚第二书》：即第一八五至一九四条。⑱遭奸被斥：即上注二亦云“入觐以考察罢官”。⑲时义：指《答徐成之书》中朱、陆问题已过，而《答聂文蔚第二书》之“致良知”与“必有事焉”等说，乃王学之新进展，为上卷所未及也。

答顾东桥书[①]

130 来书云：“近时学者，务外遗内，博而寡要。故先生特倡诚意一义，针砭膏肓，诚大惠也。”

吾子洞见时弊如此矣，亦将何以救之乎？然则鄙人之心，吾子固已一句道尽，复何言哉？复何言哉？若诚意[②]之说，自是圣门教人用功第一义，但近世学者，乃作第二义看。故稍与提掇紧要出来，非鄙人所能特倡也。

①《答顾东桥书》：即钱德洪序作《答人论学》。日本版本多从之。《全书》等本则用《答顾东桥书》。佐藤一斋谓“此书拔本塞源，辩论痛快，使人慚伏无辞也。此书传播，恐或辱东桥，故为匿其姓号耳。刻此录时，东桥尚健在”云。顾东桥，名璘，字华玉，号东桥，一四七六至一五四五。上元（今江苏南京）人。弘治九年（一四九六）进士。曾与太监忤，下狱，后累官至南京刑部尚书。少负才名，工诗。时与客豪饮伎乐。或云：“顾为阳明少嗜好词章时之好友。”参看《明史》卷二八六。《年谱》系此书于嘉靖四年（一五二五）九月。是年阳明在越，九月归余姚省墓。《年谱》系南大吉《续刻传习录》于嘉靖三年（一五二四）。尚在此书之前一年，何以能采录此书？故两者必有一误。②诚意：见《大学》经文与《大学章句》第六章。

131 来书云：“但恐立说太高，用功太捷，后生师传，影响谬误。未

免坠于佛氏明心见性、定慧顿悟[①]之机，无怪闻者见疑。”

区区格致诚正[②]之说，是就学者本心日用事为间，体究践履，实地用功，是多少次第、多少积累在？正与空虚顿悟之说相反。闻者本无求为圣人之志，又未尝讲究其详，遂以见疑，亦无足怪。若吾子之高明，自当一语之下便了然矣。乃亦谓立说太高，用功太捷，何邪？

东正纯云：“陈白沙（名献章，一四二八至一五〇〇）曰：‘学有由积累而至者，有不由积累而至者。’[《白沙子全集》，乾隆三十六年（一七七一）本，卷三《复张东白内翰》，页十一上]据此，则空虚顿悟，亦非禅也。今‘体究实践，多少次第，多少积累’云云。盖急释说高功捷之疑，未遑及蕴奥欤？”

① “明心见性、定慧顿悟”：见《六祖坛经》第八、十三、三十、三十五、三十六等节。

②格致诚正：即格物、致知、诚意、正心。见《大学》经文及《大学章句》第五、第六等章。

132 来书云：“所喻知行并进，不宜分别前后。即《中庸》尊德性而道问学[①]之功，交养互发，内外本末，一以贯之之道。然工夫次第，不能无先后之差。如知食乃食，知汤乃饮，知衣乃服，知路乃行。未有不见是物，先有是事，此亦毫厘倏忽之间。非谓[②]有等今日知之，而明日乃行也。”

既云交养互发，内外本末，一以贯之，则知行并进之说，无复可疑矣。又云工夫次第，不能不[③]无先后之差。无乃自相矛盾已乎？知食乃食等说，此尤明白易见。但吾子为近闻[④]障蔽，不自察

耳。夫人必有欲食之心，然后知食。欲食之心即是意，即是行之始矣。食味之美恶，必待入口而后知。岂有不待入口，而已先知食味之美恶者邪？必有欲行之心，然后知路。欲行之心即是意，即是行之始矣。路岐之险夷，必待身亲履历而后知。岂有不待身亲履历而已先知路岐之险夷者邪？知汤乃饮，知衣乃服。以此例之，皆无可疑。若如吾子之喻，是乃所谓不见是物，而先有是事者矣。吾子又谓此亦毫厘倏忽之间，非谓截然有等今日知之，而明日乃行也，是亦察之尚有未精。然就如吾子之说，则知行之为合一并进，亦自断无可疑矣。

施邦曜云："先生知行合一之说，大意只是要人躬行。人若不去躬行，即讲究得道理十分明白，终是馋口空咽，望程遥度（遥望标准）。学者辨之。"

①"尊德性、道问学"：《中庸》第二十七章云："故君子尊德性而道问学，致广大而尽精微。"②谓：下据阳明覆书有"截然"二字。③不：衍字。④近闻：指朱子知先行后之说。

133 来书云："真知即所以为行，不行不足谓之知。此为学者吃紧立教，俾①务躬行则可。若真谓行即是知，恐其专求本心，遂遗物理，必有暗而不达之处。抑岂圣门知行并进之成法哉？"

知之真切笃实处即是行，行之明觉精察处即是知。知行工夫，本不可离。只为后世学者分作两截用功，失却知行本体，故有合一并进之说。真知即所以为行，不行不足谓之知。即如来书所云

“知食乃食”等说可见，前已略言之矣。此虽吃紧救弊而发，然知行之体，本来如是。非以己意抑扬其间，姑为是说，以苟一时之效者也。专求本心，遂遗物理。此盖失其本心者也。夫物理不外于吾心，外吾心而求物理，无物理矣。遗物理而求吾心，吾心又何物邪？心之体，性也，性即理也。故有孝亲之心，即有孝之理；无孝亲之心，即无孝之理矣。有忠君之心，即有忠之理；无忠君之心，即无忠之理矣。理岂外于吾心邪？晦庵[2]谓“人之所以为学者，心与理[3]而已。心虽主乎一身，而实管乎天下之理。理虽散在万事，而实不外乎一人之心”，是其一分一合之间，而未免已启学者心理为二之弊。此后世所以有专求本心，遂遗物理之患，正由不知心即理耳。夫外心以求物理，是以有暗而不达之处。此告子义外[4]之说，孟子所以谓之不知义[5]也。心一而已，以其全体恻怛而言，谓之仁；以其得宜而言，谓之义；以其条理而言，谓之理。不可外心以求仁，不可外心以求义，独可外心以求理乎？外心以求理，此知行之所以二也。求理于吾心，此圣门知行合一之教，吾子又何疑乎？

刘宗周云：“吾心之良知，即所谓天理也。”（《遗编》卷十一《阳明传信录》卷一，页十一下）

施邦曜云：“人若真真了得知行合一之说，即如晦翁（朱子）说亦不妨。先生是合而言之，以证本体。晦翁是分而言之，以晓后学。言殊而理则一，在人善看耳。”

三轮执斋云：“朱子亦言具众理而应万事（《大学章句》注经文“明明德”），本心之外，岂亦有物理乎？”

东正纯云：“‘知之真切笃实处即是行，行之明觉精察处即是知’，此是文成说知行之定本。比之知（是）行之初，行（是）知之成（见第五条）等之言，更亲切透彻。”

但衡今云：“考亭（朱子）于知行重行，阳明于知行重知。重知为偏于行者言，重行为偏于知者言，其所以为教一也。重知不必一，重行未必二。相益则两是，相损则两非。考亭谓‘心虽主于一身，而实发乎天下之理。理虽散在万事，而实不外乎一人之心’，何尝不是一致而百虑，百虑而一致（《易经·系辞下传》，第五章）也？必欲分作两扇门看，则阳明之言行合一，已有二在。特未之深思耳。”

①俾：日本诸本误作“稗”。佐藤一斋、三轮执斋本正之。②晦庵：朱子之号。③心与理：语见朱子《大学或问》（页六十上）第五《知本知至章》。④义外：《孟子·告子第六上》第四章，告子曰：“仁，内也，非外也；义，外也，非内也。”⑤不知义：《孟子·公孙丑第二》第二章云：“告子未尝知义，以其外之也。”

134 来书云：“所释《大学》古本[1]，谓‘致其本体之知’[2]，此固孟子尽心[3]之旨。朱子亦以虚灵知觉[4]为此心之量[5]。然尽心由于知性[6]，致知在于格物[7]。”

“尽心由于知性，致知在于格物。”此语然矣。然而推本吾子之意，则其所以为是语者，尚有未明也。朱子以尽心知性知天为物格知致[8]，以存心养性事天为诚意正心修身[9]，以夭寿[10]不贰修身以俟为知至仁尽。圣人之事[11]，若鄙人之见，则与朱子正相反矣。夫尽心知性知天者，生知安行[12]，圣人之事也。存心养性事天者，学知利行，贤人之事也。夭寿不贰，修身以俟者，困知勉行，学者之事也。岂可专以尽心知性为知，存心养性为行乎？吾子骤

闻此言，必又以为大骇矣。然其间实无可疑者，一为吾子言之。夫心之体，性也；性之原，天也。能尽其心，是能尽其性矣。《中庸》云："惟天下至诚，为能尽其性。"[13]又云："知天地之化育。"[14]"质诸鬼神而无疑，知天也。"[15]旧此惟圣人而后能然。故曰：此生知安行，圣人之事也。存其心者，未能尽其心者也，故须加存之之功。必存之既久，不待于存，而自无不存，然后可以进而言尽。盖知天之知，如知州、知县之知。知州，则一州之事皆己事也；知县，则一县之事皆己事也，是与天为一者也。事天则如子之事父，臣之事君，犹与天为二也。天之所以命于我者，心也，性也。吾但存之而不敢失，养之而不敢害，如"父母全而生之，子全而归之"[16]者也。故曰：此学知利行，贤人之事也。至于夭寿不贰，则与存其心者又有间矣。存其心者，虽未能尽其心，固已一心于为善。时有不存，则存之而已。今使之夭寿不贰，是犹以夭寿贰其心者也。犹以夭寿贰其心，是其为善之心犹未能一也。存之尚有所未可，而何尽之可云乎？今且使之不以夭寿贰其为善之心。若曰死生夭寿，皆有定命，吾但一心于为善，修吾之身，以俟天命而已。是其平日尚未知有天命也。事天虽与天为二，然已真知天命之所在，但惟恭敬奉承之而已耳。若俟之云者，则尚未能真知天命之所在，犹有所俟者也。故曰所以立命。立者，创立之立，如立德、立言、立功[17]、立名之类。凡言立者，皆是昔未尝有，而今始建立之谓。孔子所谓"不知命，无以为君子"[18]者也。故曰此困知勉行，学者之事也。今以尽心知性知天为格物致知，使初学之士，尚未能不贰其心者，而遽责之以圣人生知安行之事，如捕风捉影，茫然莫知所措。其心几何而不至于"率天下而路"[19]也？今世致知格物之弊，亦居然可见矣。

吾子所谓“务外遗内、博而寡要”者，无乃亦是过欤？此学问最紧要处。于此而差，将无往而不差矣。此鄙人之所以冒天下之非笑，忘其身之陷于罪戮，呶呶其言，其不容已者也。

东正纯云：“《语录》别有一条云（见下卷第二七八条），与此亦少不同，正所以横竖无所不可也。”

①《大学》古本：参看上卷“徐爱序”，注二。②致其本体之知：即致知。语见阳明之《大学古本序》(《全书》卷七，页二十五下)。③尽心：《孟子·尽心第七上》第一章云：“尽其心者，知其性也。”④虚灵知觉：朱子《中庸章句序》曰：“心之虚灵知觉，一而已。”(《朱子文集》卷七十六，页二十一下。)⑤心之量：朱子注《孟子·尽心第七上》第一章云：“心者，人之神明。……人有是心，莫非全体。然不穷理，则有所蔽而无以尽乎此心之量。”(《孟子集注》)⑥知性：参看注三。⑦格物：《大学》经文曰：“致知在格物。”⑧致：王本作“至”。⑨修身：王本无此二字。⑩夭寿：王本此下有“末节”二字。⑪圣人之事：《孟子·尽心第七上》第一章云：“尽其心者，知其性也。知其性，则知天矣。存其心，养其性，所以事天也。夭寿不贰，修身以俟之，所以立命也。”朱子《孟子集注》释之曰：“以《大学》之序言之，知性则物格之谓。尽心则知至之谓也。……存，谓操而不舍；养，谓顺而不害；事，则奉承而不违也。……尽心知性而知天，所以造其理也；存心养性以事天，所以履其事也。……知天而不以夭寿贰其心，智之尽也；事天而能修身以俟死，仁之至也。”⑫生知安行：参看第六条，注八。⑬尽其性句：语见《中庸》第二十二章。⑭化育句：见《中庸》第二十二章。⑮知天句：《中庸》第二十九章。⑯全而归之句：《礼记·祭义篇》语。⑰立德、立言、立功：《左传》襄公二十四年云：“太上有立德，其次有立功，其次有立言。”⑱不知命句：《论语·尧曰第二十》第三章语。⑲率天下而路：语见《孟子·滕文公第三上》第四章。

135 来书云："闻语学者，乃谓即物穷理[①]之说，亦是玩物丧志[②]。又取其厌繁就约[③]，涵养本原[④]数说，标示学者，指为晚年定论[⑤]，此亦恐非。"

朱子所谓格物云者，在"即物而穷其理"也。即物穷理，是就事事物物上求其所谓定理者也。是以吾心而求理于事事物物之中，析心与理而为二矣。夫求理于事事物物者，如求孝之理于其亲之谓也。求孝之理于其亲，则孝之理其果在于吾之心邪？抑果在于亲之身邪？假而果在于亲之身，则亲殁之后，吾心遂无孝之理欤？见孺子之入井，必有恻隐[⑥]之理。是恻隐之理，果在于孺子之身欤？抑在于吾心之良知欤？其或不可以从之于井[⑦]欤？其或可以手而援[⑧]之欤？是皆所谓理也。是果在于孺子之身欤？抑果出于吾心之良知欤？以是例之，万事万物之理，莫不皆然。是可以知析心与理为二之非矣。夫析心与理而为二，此告子义外[⑨]之说，孟子之所深辟也。务外遗内，博而寡要[⑩]，吾子既已知之矣。是果何谓而然哉？谓之玩物丧志，尚犹以为不可欤？若鄙人所谓致知格物者，致吾心之良知于事事物物也。吾心之良知，即所谓天理也。致吾心良知之天理于事事物物，则事事物物皆得其理矣。致吾心之良知者，致知也。事事物物皆得其理者，格物也。是合心与理而为一者也。合心与理而为一，则凡区区前之所云，与朱子晚年之论，皆可以不言而喻矣。

孙奇逢云："顾端文公（顾宪成，号泾阳，一五五〇至一六一二）云：'阳明之所谓知，即朱子之所谓物。朱子之所以格物者，即阳明之所以致知者也。'[《顾端文公遗书》，光绪丁丑（一八七七年）本，《小心斋札记》卷七，页十二下至十三上]

可以忘同异之辨。”

①即物穷理：朱子《大学章句》第五章《补传》曰：“即物而穷其理。”②玩物丧志：语出《书经·旅獒篇》第六节。③厌繁就约：《朱子文集》卷三十五（页二十六下），朱子《与刘子澄书》之意。④涵养本源：语见《朱子文集》卷四十七（页三十一上），朱子《答吕子约书》。⑤晚年定论：阳明之《朱子晚年定论》，附于《传习录》卷下。今附于卷下后面《拾遗》之下。⑥恻隐：《孟子·公孙丑第二上》第六章云：“今人乍见孺子将入于井，皆有怵惕恻隐之心。”⑦从之于井：《论语·雍也第六》第二十四章云：“井有仁焉，其从之也。”⑧手而援：《孟子·离娄篇》第四上，第十七章云：“嫂溺不援，是豺狼也。男女授受不亲，礼也。嫂溺援之以手者，权也。”⑨义外：参看第一三三条，注四。⑩寡要：语见第一三〇条。

136 **来书云：“人之心体，本无不明。而气拘物蔽，鲜有不昏。非学问思辨[1]以明天下之理，则善恶之机，真妄之辨，不能自觉，任情恣意，其害有不可胜言者矣。”**

此段大略，似是而非。盖承沿旧说[2]之弊，不可以不辨也。夫学[3]问思辨行，皆所以为学，未有学而不行者也。如言学孝，则必服劳奉养，躬行孝道，然后谓之学。岂徒悬空口耳讲说，而遂可以谓之学孝乎？学射，则必张弓挟矢，引满中的。学书，则必伸纸执笔，操觚[4]染翰[5]。尽天下之学，无有不行而可以言学者。则学之始，固已即是行矣。笃者，敦实笃厚之意，已行矣。而敦笃其行，不息其功之谓尔。盖学之不能以无疑，则有问，问即学也，即行也；又不能无疑，则有思，思即学也，即行也；又不能无疑，则有辨，辨即学也，即行也。辨既明矣，思既慎矣，问既审矣，学既能矣，又从而不息其功焉，斯之谓笃行。非谓学、问、思、辨之后而始措之于行也。是故以求能其事而言，谓之学；以求解其惑而言，谓之问；以求通其说[⑥]而言，谓之思；以求精其察而言，谓之辨；以求履其实而言，谓之行。盖析其功而言，则有五。合其事而言，则一而已。此区区心理合一之体，知行并进之功，所以异于后世之说者，正在于是。今吾子特举学、问、思、辨以穷天下之理，而不及笃行，是专以学、问、思、辨为知，而谓穷理为无行也已。天下岂有不行而学者邪？岂有不行而遂可谓之穷理者邪？明道云："只穷理便尽性至命[⑦]。"故必仁极仁，而后谓之能穷仁之理；义极义，而后谓之能穷义之理。仁极仁，则尽仁之性矣；义极义，则尽义之性矣。学至于穷理至矣，而尚未措之于行，天下宁有是邪？是故知不行之不可以为学，则知不行之不可以为穷理矣。知不行之不可以为穷理，则知知行之合一并进，而不可以分为两节事矣。夫万事万物之理，不外于吾心。而必曰穷天下之理，是殆以吾心之良知为未足，而必外求于天下之广，以裨补增益之。是犹析心与理而为二也。夫学问思辨笃行之功，虽其困勉至于人一己百[⑧]，而扩充之极，至于尽性知天，亦不过致吾心之良知而已。良知之外，岂复有加于毫末乎？今必曰穷天下之理，而不知反求诸其心，则凡所谓善恶之机，真妄之辨者，舍吾心之良知，亦将何所致其体察乎？吾子所谓气拘物蔽者，拘此[⑨]蔽此而已。今欲去此之蔽，不知致力于此，而欲以外求，是犹目之不明者，不务服药调理以治其目，而徒依依然求明于其外。明岂可以自外而得哉？任情恣意之害，亦以不能精察天理于此心之良知而已。此诚毫厘千里[⑩]之谬者，不容于不辨。吾子毋谓其论之太刻也。

施邦曜云："'无有不行而可以言学'，此是先生立教之本。今得此意，先生千言万语，只在此一句中矣。"又曰："朱子曰：'我非知外而不知内，已早言之。'学者唯会二先生立言之意，其道自一。'"

三轮执斋云："'穷理'字本出《易·说卦》(第一章)。明道以'只''便'二字结说之。王先生所说穷理，则以心说之。故知行贯在其中，盖亦明道之意。朱文公所说，特以知识一边，故不贯行。在乎不贯行之知，岂能尽性以至命哉？明道'只''便'二字是妙解而易意。与朱说异，亦可见也。"

东正纯云："穷理字本出《易·说卦》。先以道德，后以性命，而穷理与理义配对。其所主在明人心，非泛然穷至物理之末，亦彰彰矣。然则明道所谓，只穷理便尽性，简易直截，原无可疑。而朱子却议之者，属其创说，始(且)非易旨也。文成据明道之说，更发挥其知行合一之说，可谓后无余蕴矣，谁谓好与先儒牴牾？"

但衡今云："本节言知行合一并进，较言合一者，辞旨畅达，文亦生动可喜。谓'尽天下之学，无有不行而可以言学者'，是直以行为知矣。其说亦极精到。谓'殆以吾心之良知为不足，而必求于天下之广，以裨补增益'，则失于隘矣。甘泉(湛若水，一四六六至一五六〇)谓阳明自小其心以此。物无穷，而人之生也有涯。又安得不求裨益以致其知哉？且所谓致知者，与吾心为终始，亦即与物为终始，与理为终始，而后始得以尽其用。予固不以主一主二而为是非也。"

①学问思辨：参看第四条，注四。②旧说：指朱子学说。③学：南本、施本、俞本、张本均无"学"字。④觚：竹简也。⑤翰：笔也。⑥说：诸本作"理"。⑦只穷理便尽性至

命：程颢语，出自《二程遗书》卷二上（页二下）。⑧人一己百：参看第九十九条，注九。⑨此：此四“此”字指良知。⑩毫厘千里：参看第四条，注六。

137 来书云：“教人以致知、明德，而戒其即物穷理[①]。诚使昏暗之士，深居端坐，不闻教告，遂能至于知致而德明乎？纵令静而有觉，稍悟本性，则亦定慧无用之见，果能知古今，达事变，而致用于天下国家之实否乎？其曰‘知者意之体，物者意之用’[②]，格物如格君心[③]之非之格，语虽超悟独得，不踵陈见，抑恐于道未相吻合。”

区区论致知格物，正所以穷理，未尝戒人穷理使之深居端坐，而一无所事也。若谓即物穷理，如前所云务外而遗内者，则有所不可耳。昏暗之士，果能随事随物精察此心之天理，以致其本然之良知，则“虽愚必明，虽柔必强”[④]，大本立而达道[⑤]行，九经[⑥]之属，可一以贯之而无遗矣，尚何患其无致用之实乎？彼顽空虚静之徒，正惟不能随事随物精察此心之天理，以致其本然之良知，而遗弃伦理，寂灭虚无[⑦]以为常，是以要之不可以治家国天下。孰谓圣人穷理尽性之学而亦有是弊哉？心者，身之主也。而心之虚灵明觉，即所谓本然之良知也。其虚灵明觉之良知应感而动者谓之意，有知而后有意，无知则无意矣。知非意之体乎？意之所用，必有其物。物即事也。如意用于事亲，即事亲为一物；意用于治民，即治民为一物；意用于读书，即读书为一物；意用于听讼，即听讼为一物。凡意之所用，无有无物者。有是意，即有是物。无是意，即无是物矣。物非意之用乎？“格”字之义，有以“至”字训者。如“格于文祖”[⑧]“有苗来格”[⑨]，是以“至”训者也。然格于文祖，必纯孝诚敬，幽明之间，无一不得其理，而后谓之格。有苗之顽，实以文德诞敷而后格。则亦兼有“正”字之义在其间。未可专以“至”字尽之也。如“格其非心”[10]“大臣[11]格君心之非”之类，是则一皆正其不正以归于正之义，而不可以“至”字为训矣。且《大学》格物[12]之训，又安知其不以“正”字为训，而必以“至”字为义乎？如以“至”字为义者，必曰“穷至事物之理”[13]，而后其说始通。是其用功之要，全在一“穷”字。用力之地，全在一“理”字也。若上去一“穷”[14]字，下去一“理”字，而直曰致知在至物，其可通乎？夫穷理尽性，圣人之成训见于《系辞》[15]者也。苟格物之说而果即穷理之义，则圣人何不直曰致知在穷理，而必为此转折不完之语，以启后世之弊邪？盖《大学》格物之说，自与《系辞》穷理大旨虽同而微有分辨。穷理者，兼格致诚正而为功也。故言穷理，则格致诚正之功，皆在其中。言格物，则必兼举致知、诚意、正心[16]而后其功始备而密。今偏举格物，而遂谓之穷理，此所以专以穷理属知，而谓格物未尝有行，非惟不得格物之旨，并穷理之义而失之矣。此后世之学所以析知行为先后两截，日以支离决裂，而圣学益以残晦者，其端实始于此。吾子盖亦未免承沿积习，则见以为于道未相吻合，不为过矣。

冯柯云：“且‘格’之为字，既有‘至’与‘正’二义，则不必各执其是以相非也。为阳明者，乃曰‘安知《大学》之格，不以正字为训，而必以至字为义也’？则为程、朱者，独不可曰：‘安知其不以至字为训，而必以正字为义乎？’以‘至’字为义者，必曰穷至事物之理而后其说始通，则夫以‘正’字为义者，亦必曰格正其意所用之意而后其说始通也。穷至事物之理者，既上去一‘穷’字，下去一‘理’，而直曰致知在至之不可通，则夫格正其意所用之物者，上亦去一‘格’字，下亦去一‘物’字，而直曰致知在正意，其独可通乎？”（《求是编》卷四，页十六上下）

三轮执斋云：“正所以穷理云云，但非朱子所谓穷理耳。”

施邦曜云：“格物者，原合修身正心诚意致知而言者也。究此身心意知所历之物，原非舍天下国家而别自为物者也。是格物也者，诚成己成物，内圣外王之工夫。第其用力，自有头脑，不在耳、目、见、闻上求。是则先生致良知之说也。”

但衡今云：“阳明本节征引章句训诂之学，不足扦报顾某定慧无用之见。至若‘知为意之体’（上条）‘有知而后有意’（本条），则是心意之间，犹有所谓知者在也。以知代心意立言可，别有知之一识则未当。上卷阳明谓应物起念，是谓之意（如第七十八条）。知是知与非，是谓良知（如第八条），分知意为二。本节谓知为意之体，有知而后有意。合知意为一，颇有自语相违之嫌。证以天泉证道（第三一五条），‘有善有恶意之动，知善知恶是良知’。显然知非意之体也。若云有知而后有意，知能识别善恶，而意乃或善或恶也。阳明之意，当不如是。”又云：“度阳明之意，本节云心之虚灵明觉，即所谓本然之良知。是直以知蕴于心，亦即心之虚明之妙用也。非如蕺山（刘宗周）所云知，藏于意之知。蕺山所云知藏于意之知，实即阳明所云知为意之体之知。意即释家所云第六意识之意。学者于此，当作情识之知看，不可作良知之知看。”又云：“考亭（朱子）释格为至，而以格物属知。阳明释格为正，而以格物属行。正可相取，无庸相病。”

吉村秋阳云：“字句间微有未莹者而大意固好。”

①即物穷理：朱子《大学章句》第五章《补传》曰："言欲致吾之知，在即物而穷其理也。"②意之用句：佐藤一斋谓此二语出自阳明之《大学旁释》，近藤康信沿之。然《大学旁释》早佚，《函海》所载《大学旁释》为伪作，《王文成公全书》不载。两语来自《大学旁释》原本，亦属可能。第七十八、一七四与二〇一条有相同思想。③格君心：参看第七条，注一。④必强句：语出《中庸》第二十章。⑤大本立而达道：见《中庸》第一章。⑥九经：参看第一二八条，注六。⑦寂灭虚无：寂灭，指佛家。虚无，指道家。⑧格于文祖：《书经·舜典》第十四节之语。⑨有苗来格：语见《书经·大禹谟》末节。⑩格其非心：《尚书·冏命篇》第三节之语。⑪大臣：《孟子》原文作"大人"。⑫格物：《大学》经文曰："致知在格物。"⑬穷至事物之理：朱子《大学章句》注经文"格物"之语。⑭穷：日本诸本无此字。⑮《系辞》：实出《易经·说卦传》，第一章云："穷理尽性以至于命。"⑯致知、诚意、正心：语出《大学》经文。

138 来书云："谓致知之功，将如何为温清[①]，如何为奉养，即是诚意，非别有所谓格物。此亦恐非。"

此乃吾子自以己意揣度鄙见而为是说，非鄙人之所以告吾子者矣。若果如吾子之言，宁复有可通乎？盖鄙人之见，则谓意欲温清，意欲奉养者，所谓意也，而未可谓之诚意。必实行其[②]温清奉养之意，务求自慊而无自欺，然后谓之诚意。知如何而为温清之节，知如何而为奉养之宜者，所谓知也，而未可谓之致知。必致其知如何为温清之节者之知，而实以之温清。致其知如何为奉养之宜者之知，而实以之奉养，然后谓之致知。温清之事，奉养之事，所谓物也，而未可谓之格物。必其于温清之事也，一如其良知之所知当如何为温清之节者而为之，无一毫之不尽；于奉养之事也，一如其良知之所知当如何为奉养之宜者而为之，无一毫之不尽，然后谓之格物。温凊之物格，然后知温凊之良知始致；奉养之物格，然后知奉养之良知始致。故曰："物格而后知至。"[③]致其知温凊之良知，而后温凊之意始诚；致其知奉养之良知，而后奉养之意始诚。故曰："知至而后意诚。"[④]此区区诚意、致知、格物之说盖如此。吾子更熟思之，将亦无可疑者矣。

①温凊：参看第三条，注一。②其：施本、俞本作"欲"。③物格而后知至：《大学》经文。④知至而后意诚：《大学》经文。

139 来书云："道之大端，易于明白。所谓良知良能，愚夫[①]愚妇可与及者。至于节目时变之详，毫厘千里[②]之谬，必待学而后知。今语孝于温凊定省[③]，孰不知之？至于舜之不告而娶[④]，武之不葬[⑤]而兴师，养志养口[⑥]，小杖大杖[⑦]，割股[⑧]、庐墓[⑨]等事，处常处变，过与不及之间，必须讨论是非，以为制事之本，然后心体无蔽，临事无失。"

"道之大端，易于明白"，此语诚然。顾后之学者，忽其易于明白者而弗由，而求其难于明白者以为学。此其所以"道在迩[⑩]而求诸远，事在易而求诸难"也。孟子云："夫道若大路然，岂难知哉？人病不由[⑪]耳。"良知良能，愚夫愚妇与圣人同。但惟圣人能致其良知，而愚夫愚妇不能致。此圣愚之所由分也。节目时变，圣人夫岂不知？但不专以此为学。而其所谓学者，正惟致其良知，以精察此心之天理，而与后世之学不同耳。吾子未暇良知之致，而汲汲焉顾是之忧，此正求其难于明白者以为学之弊也。夫良知之于节目时变，犹规矩尺度之于方圆长短也。节目时变之不可预定，犹方圆长短之不可胜穷也。故规矩诚立，则不可欺以方圆，而天下之方圆不可胜用矣；尺度诚陈，则不可欺以长短，而天下之长短不可胜用矣；良知诚致，则不可欺以节目时变，而天下之节目时变不可胜应矣。毫厘千里之谬，不于吾心良知一念之微而察之，亦将何所用其学乎？是不以规矩而欲定天下之方圆，不以尺度而欲尽天下之长短。吾见其乖张谬戾，日劳而无成也已。吾子谓："语孝于温凊定省，孰不知之？"然而能致其知者鲜矣。若谓粗知温凊定省之仪节，而遂谓之能致其知，则凡知君之当仁者，皆可谓之能致其仁之知；知臣之当忠者，皆可谓之能致其忠之知。则天下孰非致知者邪？以是而言，可以知致知之必在于行，而不行之不可以为致知也明矣。知行合一之体，不益较然矣乎？夫舜之不告而娶，岂舜之前已有不告而娶者为之准则，故舜得以考之何典，问诸何人，而为此邪？抑亦求诸其心一念之良知，权轻重之宜，不得已而为此邪？武之不葬而兴师，岂武之前已有不葬而兴师者为之准则，故武得以考之何典，问诸何人，而为此邪？抑亦求诸其心一念之良知，权轻重之宜，不得已而为此邪？使舜之心而非诚于为无后[12]，武之心而非诚于为救民，则其不告而娶，与不葬而兴师，乃不孝不忠之大者。而后之人不务致其良知，以精察义理于此心感应酬酢之间，顾欲悬空讨论此等变常之事，执之以为制事之本，以求临事之无失，其亦远矣。其余数端，皆可类推。则古人致知之学，从可知矣。

刘宗周云："良知之说，只说得个即心即理，即知即行，更无别法。"(《遗编》卷十一《阳明传信录》卷一，页十三下)

梁启超云："此与朱子即物穷理之说相较，真令人有絜领振裘之乐。"

①愚夫：《中庸》第十二章云："君子之道，费（用之大）而隐（体之微）。夫妇之愚，可以与知焉。"②毫厘千里：参看第四条，注六。③温凊定省：参看第三条，注一。④舜之不告而娶：《孟子·万章第五上》第二章云："舜之不告而娶，何也？孟子曰：'告则不得娶（因父母顽嚚）。男女居室，人之大伦也。如告，则废人之大伦，以怼（仇怨）父母。是以不告也。'"⑤武之不葬：据《史记》卷六十一（页七下）《伯夷列传》曰："武王伐纣，尚未葬文王，载文王木主以行。"⑥养志养口：《孟子·离娄第四上》第十九章云："曾子养曾皙（曾点，曾子父），必有酒肉。将彻（搬去），必请所与（请问与谁）。问有余，必曰：'有。'（料亲意更欲与人）曾皙死，曾元（曾子之子）养曾子，必有酒肉。将彻，不请所与。问有余，曰：'亡矣。'将以复进（不欲与人）也。此所谓养口体者也。若曾子，则可谓养志（顺其志，以肉与人）也。事亲若曾子者可也。"⑦小杖大杖：《孔子家语·六本》第十五（卷四，页五上至六上）曰："曾子耘瓜，误斩其根。曾皙怒，建大杖以击其背，曾子仆地。久之，退而就房，援琴而歌，欲令曾皙而闻之知其体康也。孔子闻之而怒，曰舜之事瞽叟，小杖则待过（受之以息其怒），大杖则逃走（身体受之父母，不可毁伤）。故瞽叟不犯不父之罪，而舜不失烝烝（兴盛）之孝。今参（曾子）事父委身以待暴怒。殪而不避，既身死而陷父于不义，不孝孰大焉！"⑧割股：李绂（号穆堂，一六七五至一七五〇）之《割股考》[《李穆堂诗文全集·穆堂别稿》，道光辛卯（一八三一）本，卷九，页九下]云："《魏书·孝子传》，称张密至孝。为御史时，母疾。乃斋戒割股肉，和药进之。遂愈……又《王友贞传》曰：母病，医言得人肉啖良已。友贞剔股以进。母病愈，诏旌其门。《韩昌黎集·鄠人对》云：'鄠（陕西）有人剔股肉奉母，疾愈。'《宋史·选举志》引苏轼（一〇三七至一一〇一）之言谓：'上以孝取人，则勇者割股。'盖自周末至唐宋，并称股。而割肱之说，从未之闻。岂古

人所刲皆股肉。今人疑其不敬，始移于肱耶？”捷案：诸注皆引《宋史》苏轼语，然不指明苏语出自苏氏何处。查李氏所引《王友贞传》数语，见《新唐书》卷一九六，《旧唐书》卷一九二，《王友贞传》亦载其事。《鄠人对》载《韩昌黎全集》（《四部备要》本）外集卷四（页三一上）原文云：“彼自刲股以奉母，疾瘳。……上俾聚士以旌其门，使勿输赋，以为后劝。”苏轼语见《宋史》（百衲本）卷一五五（页十五上）。惟张密事必有误印。《魏书》《魏志》均无《孝子传》或《张密传》。而《晋书》卷八十八，列传五十八《孝友 · 李密传》有庐墓事，无割股事。列传五十八《孝友》，无张密之名。《魏书》卷八十六《孝感列传》亦不及张密。《庄子 · 盗跖篇》介子推割股以食文公。此言忠，非言孝。东敬治引《魏书》张密事，一字不改。盖未考也。东敬治又引《纲鉴易知录》云：“青州日照民江伯儿以母病，割股肉食之。不愈，祷于岱岳。相誓云：‘母病愈则杀子以祀。’既而母病愈，竟杀其三岁子祭之。有司以闻，上怒曰：‘父子天伦至重。今贼杀其子，绝灭伦理。丞捕治之，勿使伤坏风化。’遂逮伯儿，杖一百，谪戍南海。”三轮执斋云：“朱子考异之《昌黎外集》《黄氏日抄》《事文类聚外集》‘五月五日’下、《瑯琊代醉》二十卷等论之。李退溪《自省录》亦论之。”捷案：朱子《大学或问》（页二十六下）经文“治国平天下”项下提割股，然未举史实。查《古今图书集成 · 理学篇 · 学行典》卷一七九至一八九，《孝悌部 · 名贤列传》记割股事甚多。最早者为后汉《安吉州志》载许颐刲股为羹，即瘥父恶疾，刺史奏旌其门。晋《岳州府志》载杜世寿母刘氏病笃。刲股煮粥以进，遂愈。诏旌其门曰纯孝。《新唐书》卷一九五载孝友何澄粹刲股肉进，亲疾为瘳。当时号青阳孝子。同卷章，全启母病，全启刲股膳母而愈。《湖州府志》载许颐父患恶疾。颐割股为羹以进。父病果差。刺史奏旌其门。《临颍县志》载朱悖尝割股奉母。母疾遂愈。诏旌其门。《怀庆府志》载刘士约割股事亲，朝廷给帛旌之。《河内县志》载王友贞刲股进母，母疾寻愈。诏旌其门。《陕西通志》载赵言母病，割股肉烹进，遂愈。勅赐物五十段，以旌孝行。《新唐书》卷一九五《孝友传》云：“唐时陈藏器著《本草拾遗》，谓人肉治羸疾，自是民间以父母疾，多刲股肉而进。”此风至宋而益盛。《宋史》

卷四五六《孝义传》所载有刘孝忠（开宝二年太祖召见）、成象（淳化中）、庞天祐（大中祥符诏旌）、周善敏（大中祥符九年诏旌）、常晏（开宝间）、杨庆（绍兴十二年诏表其门）与陈宗。又各府县志所记刲股孝行甚多。有王景（淳化盛平中。《郑县志》）、艾君瑜（宝元间。《永丰县志》）、裘仲容（庆历中。《绍兴府志》）、严常孟（元祐三年。《如皋县志》）、孙逵（崇宁间郡守为请旌表。《武进县志》）、陈克己之女与妇（绍兴中。《休宁县志》）、杨文修（朱子造庐与谈。《绍兴府志》）、吴沆（淳熙县令立纯孝坊以旌之。《仙居县志》）、张道真（淳熙中郡守上其事诏旌之。《广东通志》）、王康臣（庆元二年郡守奉旨立旌孝坊。《广东通志》）、王弟儿、丘念一、王德先、何阳四（皆庆元嘉定之间，县官皆给米绢旌赐四人。《溧阳县志》）、刘兴祖（嘉定间旌表。《溧水县志》）、吴璿与两子安礼安时（嘉定三年建坊旌之。《宁波府志》）、龙海孙（嘉定十年，后县名其里为淳孝里。《资县志》）、陈氏三子（失名。景定中知县立坊表之。《严州府志》）、冯骥（景定间。《富阳县志》）、谢千九（《溧水县志》）、陈某（《溧水县志》）、周伸（咸淳间受旌。《镇江府志》）、朱应孙（咸淳丙寅旌表。《杭州府志》）、张季和（咸淳间郡守作诗美之。《南安府志》）、蒋定德（咸淳六年。《严州府志》）、阮与子（德祐丙子经略使赉以二帛。号所居为孝行坊。《广东通志》）、窦宝（见旌。《丹徒县志》）、陈茂祖（《杭州府志》）、梅来克（《杭州府志》）、龚婆儿（《杭州府志》）、愈大成（子廷用，孙亚佛三世刲股。《杭州府志》）、何氏子（《杭州府志》）、盛定旺次子（县令作诗揭其门。《杭州府志》）、方昌（移后官为之立祠。《宁波府志》）、伊导（《温州府志》）、陈宗（郡守表曰陈孝子墓。《温州府志》）、黄达（崇宁中表旌。《宝庆府志》）、宁从龙（授征仕郎以旌其孝。《饶州府志》）、郑时懋（《饶州府志》）、罗伯寿（表其所居之坊曰旌孝。后赵孟頫赠以诗。《吉安府志》）、赵孟玖（有司表其门曰笃孝。《临江府志》）、江文卿（端平间邑令以闻表其门。《新安县志》）、谢宗信（《永宁县志》）、冯宸郎（《新淦县志》）、黎士云（《新喻县志》）、王相（《夔州府志》）、陈播（《顺庆府志》）、耿联甲（《顺庆府志》）、冯瑛（《顺庆府志》）、冯伯瑜（知县筑台旌之。《潼州府志》）。此外刺血、剜目、剔臂、剖腹、割心、刲肺、探肝、凿胸取髓，亦时有之。⑨庐墓：《孟子·滕文公第三上》第二章载："君薨，世子五月居庐。"又第四章云："孔子后。三年之外，门人治任将归，入揖于子贡。相向而哭，皆失声，然后归。子贡反。筑室于场，独居三年，然后归。"盖以孝事孔子也。⑩道在迩：语见《孟子·离娄第四》第十二章。⑪不由：语见《孟子·告子第六下》第二章。《孟子》原文"由"作"求"。⑫无后：《孟子·离娄第四上》第二十六章云："不孝有三，无后为大。舜不告而娶，为无后也。"

140 来书云："谓《大学》格物[1]之说，专求本心，犹可牵合。至于六经、四书[2]所载多闻多见[3]，前言往行[4]，好古敏求[5]，博学审问[6]，温故知新[7]，博学详说[8]，好问好察[9]，是皆明白求于事为之际，资于论说之间者。用功节目，固不容紊矣。"

格物之义，前已详悉。牵合之疑，想已不俟复解矣。至于多闻多见，乃孔子因子张[10]之务外好高，徒欲以多闻多见为学，而不能求诸其心以阙疑殆，此其言行所以不免于尤悔，而所谓见闻者适以资其务外好高而已。盖所以救子张多闻多见之病，而非以是教之为学也。夫子尝曰："盖有不知而作之者，我无是[11]也。"是犹孟子"是非之心，人皆有[12]之"之义也。此言正所以明德性之良知非由于闻见耳。若曰"多闻择其善者而从之，多见而识之"，则是专求诸见闻之末而已，落在第二义矣，故曰"知之次也"。夫以见闻之知为次，则所谓知之上者果安所指乎？是可以窥圣门致知用力之地矣。夫子谓子贡[13]曰："赐也，汝以予为多学而识之者欤？非也。予一以贯[14]之。"使诚在于多学而识，则夫子胡乃谬为是说以欺子贡者邪？一以贯之，非致其良知而何？《易》曰："君子多识前言往行，以畜其德[15]。"夫以畜其德为心，则凡多识前言往行者，孰非畜德之事？此正知行合一之功矣。好古敏求者，好古人之学而敏求此心之理耳。心即理也。学者，学此心也。求者，求此心也。孟子云："学问之道无他，求其放心[16]而已矣。"非若后世广记博诵古人之言词以为好古，而汲汲然惟以求功名利达之具于其外者也。博学审问，前言已尽。温故知新，朱子亦以温故属之尊德性[17]矣。德性岂可以外求哉？惟夫知新必由于温故，而温故乃所以知新，则亦可以验知行之非两节矣。博学而详说之者，将可以反说约[18]也。若无反约之云，则博学详说者果何事邪？舜之好问好察，惟以用中而致其精一于道心[19]耳。道心者，良知之谓也。君子之学，何尝离去事为而废论说？但其从事于事为论说者要皆知行合一之功，正所以致其本心之良知，而非若世之徒事口耳谈说以为知者，分知行为两事，而果有节目先后之可言也。

施邦曜云："见闻岂可废得？只是不可逐于闻见。先生此言，亦为逐外忘内者发。学者毋以辞害意。"

但衡今云："本节云云，颇有重禅轻教意。治王学者，设无阳明平日之积累，则当从收拾人世渣滓做起。慎勿空言上达。"

①格物：《大学》经文第五章。②六经：《诗》《书》《易》《礼》《春秋》《乐》，其中《乐经》汉前已佚。四书，《大学》《中庸》《论语》《孟子》。③多闻多见：《论语·为政第二》第十八章云："多闻阙疑，多见阙殆（不安）。"④前言往行：《易经·大畜卦》辞云："君子多识前行，以畜其德。"⑤好古敏求：《论语·述而第七》第十九章云："好古，敏以求之者也。"⑥博学审问：参看第四条，注四。⑦温故知新：《论语·为政第二》第十一章云："温故而知新，可以为师矣。"⑧博学详说：《孟子·离娄第四下》第十五章云："博

学而详说之，将以反说约（反而说到至约之地）也。”⑨好问好察：《中庸》第六章云：“舜好问，而好察迩（浅近）言。”⑩子张：姓颛孙，名师，字子张。鲁人，先世从陈奔鲁。孔子弟子，少孔子四十八岁。⑪无是：《论语 · 述而第七》第二十七章云：“盖有不知而作之者，我无是也。多闻，择其善者而从之，多见而识之，知之次也。”⑫皆有：语出《孟子·告子第六上》第六章。⑬子贡：参看第一一三条，注四。⑭一以贯：《论语·卫灵公第十五》第二章。⑮畜其德：见上注四。⑯放心：《孟子 · 告子第六上》第十一章。⑰尊德性：《朱子语类》卷六十四（页二五二〇）曰：“温故只是存得这道理在，便是尊德性。”⑱反说约：见上注八。⑲精一于道心：参看第二条，注四。

141 来书云：“杨、墨[1]之为仁义，乡愿[2]之乱忠信，尧、舜、子之之禅让[3]，汤、武、楚项之放伐[4]，周公[5]、莽、操之摄辅，谩无印正，又焉适从？且于古今事变，礼乐名物，未尝考识。使国家欲兴明堂[6]，建辟雍[7]，制历律[8]，草封禅[9]，又将何所致其用乎？故《论语》曰‘生而知之’者，义理耳。若夫礼乐名物[10]，古今事变，亦必待学，而后有以验其行事之实。此则可谓定论矣。”

所喻杨、墨、乡愿、尧、舜、子之、汤、武、楚项、周公、莽、操之辨，与前舜、武之论，大略可以类推。古今事变之疑，前于良知之说，已有规矩尺度之喻，当亦无俟多赘矣。至于明堂、辟雍诸事，似尚未容于无言者。然其说甚长，姑就吾子之言而取正焉。则吾子之惑，将亦可以少释矣。夫明堂、辟雍之制，始见于《吕氏》之《月令》[11]、汉儒之训疏[12]，六经、四书[13]之中，未尝详及也。岂吕氏、汉儒之知乃贤于三代之贤圣乎？齐宣[14]之时，明堂尚有未毁。则幽厉[15]之世，周之明堂皆无恙也。尧、舜茅茨土阶[16]，明堂之制未必备，而不害其为治。幽、厉之明堂，固犹文、武、成、康[17]之旧，而无救于其乱，何邪？岂非[18]以不忍人之心[19]，而行不忍人之政，则虽茅茨土阶，固亦明堂也；以幽、厉之心，而行幽、厉之政，则虽明堂，亦暴政所自出之地邪？武帝[20]肇讲于汉，而武后[21]盛作于唐，其治乱何如邪？天子之学曰辟雍，诸侯之学曰泮宫[22]，皆象地形而为之名耳。然三代之学[23]，其要皆所以明人伦，非以辟不辟，泮不泮为重轻也。孔子云："人而不仁，如礼何？人而不仁[24]，如乐何？"制礼作乐，必具中和之德，声为律而身为度[25]者，然后可以语此。若夫器数[26]之末，乐工之事，祝史之守。故曾子曰："君子所贵乎道者三。笾豆[27]之事，则有司存也。"[28]尧命羲和，钦若昊天，历象日月星辰[29]，其重在于敬授人时也。舜在璇玑玉衡[30]，其重在于以齐七政[31]也。是皆汲汲然以仁民之心而行其养民之政。治历明时之本，固在于此也。羲和历数之学，皋契[32]未必能之也，禹稷[33]未必能之也；尧、舜之知，而不遍物[34]，虽尧、舜亦未必能之也。然至于今循羲和之法而世修之，虽曲知[35]小慧之人、星术浅陋之士，亦能推步占候，而无所忒。则是后世曲知小慧之人反贤于禹、稷、尧、舜者邪？封禅之说，尤为不经。是乃后世佞人谀士所以求媚于其上，倡为夸侈，以荡君心，而靡国费。盖欺天罔人，无耻之大者，君子之所不道，司马相如[36]之所以见讥于天下后世也。吾子乃以是为儒者所宜学，殆亦未之思邪？夫圣人之所以为圣者，以其生而知之也。而释《论语》者曰："生而知之者，义理耳。若夫礼乐名物，古今事变，亦必待学而后有以验其行事之实。"夫礼乐名物之类，果有关于作圣之功也，而圣人亦必待学而后能知焉，则是圣人亦不可以谓之生知矣。谓圣人为生知者，专指义理而言，而不以礼乐名物之类，则是礼乐名物之类，无关于作圣之功矣。圣人之

所以谓之生知者，专指义理，而不以礼乐名物之类，则是学而知之者，亦惟当学知此义理而已。困而知之者，亦惟当困知此义理而已。今学者之学圣人，于圣人之所能知者，未能学而知之，而顾汲汲焉求知圣人之所不能知者以为学，无乃失其所以希圣之方欤？凡此皆就吾子之所惑者而稍为之分释，未及乎拔本塞源[37]之论也。

①杨、墨：参看第九十三条，注四。《孟子·滕文公第四》第九章云："杨、墨之道不息。孔子之道不著，是邪说诬（欺）民，充塞仁义也。"程明道言二氏之害曰："杨氏为我疑（似）于义，墨氏兼爱疑（似）于仁。"（《二程遗书》卷十三，页一上。原文"仁义"二字互换，于理不通。《近思录》卷十三第一条载之，则改正之。）②乡愿：《论语·阳货第十七》第十三章云："乡原，德之贼也。"《孟子·尽心第七下》第三十七章云："同乎流俗，合乎污世。居之似忠信，行之似廉洁。故曰德之贼也。"③禅让：尧子丹朱不肖，尧让帝位于贤臣舜。舜子商均不肖，舜让位于禹。参看《孟子·万章第五》第四、五、六章。子之乃战国燕王哙之相。哙愚暗，属国于子之。子之南面行王事，哙不听政，反为臣，国事皆决于子之。三年而燕国大乱。（《史记》卷三十四《燕召公世家》，页六上。）④放伐：夏桀无道，汤放之于南巢。商纣无道，武王克之于牧野。（参看《孟子·梁惠王第一下》第八章）楚项羽（前二〇二卒）击杀义帝，自称西楚霸王，居心篡夺，卒至自刎。参看《史记》卷七《项羽本纪》。⑤周公：周成王年幼嗣位，周公摄政，纳贤制礼，而国大治。参看《史记》卷四《周本纪》及卷三十三《鲁周公世家》，页三上。王莽（前四五至公元二三）在西汉平帝朝为大司马，擅权。既而弑平帝，立孺子婴，自摄其政。旋篡位，国号新。参看《汉书》卷九十九下《王莽传》。曹操（一五五至二二〇）起兵讨董卓，击黄巾，迎立汉献帝。任丞相，封魏王。其子丕篡汉，国号魏。参看《三国志·魏志》卷一《武帝纪》。⑥明堂：周天子于各地设明政教之堂，礼上帝，祭祖先，朝诸侯等

大典均于此处行之。参看《礼记·明堂位篇》《大戴礼记·明堂篇》。⑦辟雍：雍，亦作“痈”。像雍水环绕如璧。⑧历律：历法、律吕。⑨封禅：筑土为坛曰封，古者封大山而祭天。除地曰禅，禅小山而祭山川。⑩礼乐名物：朱子《论语集注·述而第七》第十九章，引尹焞（一〇七一至一一四二）之语。尹论出自《论语解》或《论语说》，均已不存。⑪《月令》：吕不韦（前二三五年卒）集诸儒之说著《十二月纪》，名《吕氏春秋》。篇首皆有月令，即是月之政令。如仲夏之月，天子居明堂太庙。此十二月令合为《礼记》之《月令篇》。⑫训疏：指郑玄（一二七至二〇〇）等之训释。⑬六经、四书：见上条，注二。⑭齐宣：《孟子·梁惠王第一下》第五章云：“齐宣王问曰：‘人皆谓我毁明堂，毁诸已乎？’孟子对曰：‘夫明堂者，王者之堂也。王欲行王政，则勿毁之矣。’”⑮幽、厉：幽王（前七八一至前七七一在位）、厉王（前八七八至前八四二在位），皆周之暴君。⑯茅茨土阶：尧、舜之时以茅茨盖屋，筑土为阶。⑰成、康：成王、康王，周之第三、第四王，皆贤君。⑱岂非：全书诸本作“岂能”。今依孙锵，从施本改正。⑲不忍人之心：语见《孟子·公孙丑第二上》第六章。⑳武帝：据朱刊《通鉴纲目》[嘉庆甲子（一八〇四）本]卷四（页四十九上下），汉武帝（前一四〇至前八七在位）建元元年（前一四〇）赵绾请立明堂，荐其师申公。帝使使者迎之，始议（肇讲）改历服色等事。㉑武后：据朱子《通鉴纲目》卷四十一（页九十四上），武则天皇后（六九〇至七〇五在位）垂拱三年（六八七）毁乾元殿作明堂。㉒泮宫：《礼记·王制篇》第二十五节曰：“《大学》在郊。天子曰辟（璧）雍（水），诸侯曰泮宫。”泮宫，亦作“頖”，谓学宫临泮池之旁。“泮”即“半”。泮宫东西门以南通水，北无水也。㉓三代之学：《孟子·滕文公第三上》第三章云：“设为庠、序、学、校以教之。庠者，养也；校者，教也；序者，射也。夏曰校，殷曰序，周曰庠；学则三代共之，皆所以明人伦也。”㉔不仁：《论语·八佾第三》第三章。㉕律度：《史记》卷二《夏本纪》（页二上），称颂大禹之辞。㉖器数：礼乐器物。祝，掌祭祀。史，主文书。㉗笾豆：祭祀之礼器。㉘语出《论语·泰伯第八》第四章。㉙星辰：《书经·尧典》第三节云：“乃命羲（氏）和（氏），钦（敬）若（顺）

昊（广大）天，历象（考察）日月星辰，敬授民时。”㉚玉衡：《书经·舜典》第五节云：“在（考察）璇玑玉衡（玉制，可以旋转窥测日月星辰之机），以齐七政。”㉛七政：日月与金木水火土五星之运行，如国家之行政。㉜皋契：皋陶和契的并称。皋陶，又作咎繇。舜之臣，为士师，即执法之官。契亦舜臣，为司徒，掌教育。㉝禹稷：禹，舜臣，平水土。稷，舜臣，司农业。皆详《书经·舜典》，第十七至二十节。㉞遍物：《孟子·尽心第七上》第四十六章云：“尧、舜之知而不遍物（事事要做），急先务也。”㉟曲知：一隅之知。㊱司马相如：前一七九至前一一八，有文章大才。受知于汉武帝。元鼎六年（前一一一），撰封禅文，迎合武帝好大喜功之意，为后世所不取。参看《通鉴纲目》，嘉庆甲子（一八〇四）本，卷四，页一七三下。㊲拔本塞源：拔去木之本，充塞水之源。语出《左传》昭公九年。

142 夫拔本塞源之论，不明于天下，则天下之学圣人者，将日繁日难。斯人沦于禽兽夷狄，而犹自以为圣人之学。吾之说虽或暂[1]明于一时，终将冻解于西，而冰坚于东；雾释于前，而云滃[2]于后。呶呶焉危困以死，而卒无救于天下之分毫也已。夫圣人之心，以天地万物为一体[3]。其视天下之人，无外内远近，凡有血气，皆其昆弟[4]赤子之亲。莫不欲安全而教养之，以遂其万物一体之念。天下之人心，其始亦非有异于圣人也。特其间于有我之私，隔于物欲之蔽。大者以小，通者以塞。人各有心，至有视其父子兄弟如仇雠者。圣人有忧之，是以推其天地万物一体之仁以教天下。使之皆有以克其私，去其蔽，以复其心体之同然[5]。其教之大端，则尧、舜、禹之相授受。所谓道心惟微，惟精惟一[6]，允执厥中。而其节目，则舜之命契，所谓父子有亲，君臣有义，夫妇有别，长幼有序，朋友有信[7]五者而已。唐、虞、三代之世，教者惟以此为教，而学者惟以此为学。当是之时，人无异见，家无异习。安此者谓之圣，勉此者谓之贤。而背此者，虽其启明如朱，亦谓之不肖[8]。下至闾井田野，农工商贾之贱，莫不皆有是学，而惟以成其德行为务。何者？无有闻见之杂，记诵之烦，辞章之靡滥，功利之驰逐。而但使之孝其亲，悌其长，信其朋友，以复其心体之同然。是盖性分之所固有，而非有假于外者，则人亦孰不能之乎？学校之中，惟以成德为事。而才能之异，或有长于礼乐，长于政教，长于水土播植者，则就其成德，而因使益精其能于学校之中。迨夫举德而任，则使之终身居其职而不易。用之者惟知同心一德，以共安天下之民。视才之称否，而不以崇卑为轻重，劳逸为美恶。效用者，亦惟知同心一德，以共安天下之民。苟当其能，则终身处于烦剧而不以为劳，安于卑琐而不以为贱。当是之时，天下之人，熙熙[9]皞皞，皆相视如一家之亲。其才质之下者，则安其农工商贾之分，各勤其业，以相生相养，而无有乎希高慕外之心。其才能之异，若皋夔稷契[10]者，则出而各效其能。若一家之务，或营其衣食，或通其有无，或备其器用。集谋并力，以求遂其仰事俯育之愿。惟恐当其事者之或怠，而重己之累也。故稷勤其稼，而不耻其不知教，视契之善教，即己之善教也。夔司其乐，而不耻于不明礼，视夷之通礼[11]即己之通礼也。盖其心学纯明，而有以全其万物一体之仁。故其精神流贯，志气通达，而无有乎人己之分、物我之间。譬之一人之身，目视耳听，手持足行，以济一身之用。目不耻其无聪，而耳之所涉，目必营焉；足不耻其无执，而手之所探，足必前焉。盖其元气充周，血脉条畅，是以痒疴[12]呼吸，感触神应，有不言而喻之妙。此圣人之学所以至易至简[13]，易知易从，学易能而才易成者，正以大端惟在复心体之同然，而知识技能，非所与论也。

①蹔：暂也。②滃：云气起也。③一体：程明道云："仁者以天地万物为一体。"（《二程遗书》卷二上，页二上。）④昆弟：张载《西铭》曰："乾称父，坤称母。吾民同胞，物吾与也。"[《张子全书》（《四部备要》本）卷一，页一上至三下。]⑤同然：《孟子·告子第六上》第七章云："心之所同然者，何也？谓理也，义也。圣人先得我心之所同然耳。"⑥精、一：参看第二条，注四。⑦有信：语见《孟子·滕文公第三上》第四章。⑧不肖：《尚书·尧典》第五节云："放齐（帝尧之臣）曰：'胤（嗣）子朱（尧之子丹朱）启明（开通）。'帝曰：'吁（叹辞）！嚚（不忠实）讼（争辩）可乎？'"是以孟子曰："丹朱之不肖。"又曰："若尧崩之后，（天下）不从尧之子而从舜也。"（《万章篇》第五上，第六章。）⑨熙熙皞皞：熙熙，和乐貌。皞皞，广大貌。⑩皋夔稷契：参看上条，注三十三与三十四。夔，参看第六十七条，注四。⑪夷之通礼：《书经·舜典》第二十三节云："帝曰：'咨（呼声）！四岳（问于四方）。有能典（掌）朕三礼（祀天神、享人鬼、祭地祇之礼）。'佥曰伯夷。"⑫痒疴：痒，疮也。疴，病也。⑬易、简：《易经·系辞上传》第一章云："乾以易知。坤以简能。易则易知。简则易从。"

143 三代之衰，王道熄而霸术焻[1]；孔子既殁，圣学晦而邪说横。教者不复以此为教，而学者不复以此为学。霸者之徒，窃取先王之近似者，假之于外，以内济其私己之欲，天下靡然而宗之。圣人之道，遂以芜塞相仿相效，日求所以富强之说，倾诈之谋，攻伐之计，一切欺天罔人，苟一时之得，以猎取声利之术。若管、商、苏、张[2]之属者，至不可名数。既其久也，斗争劫夺，不胜其祸。斯人沦于禽兽夷狄，而霸术亦有所不能行矣。世之儒者，慨然悲伤，搜猎先圣王之典章法制，而掇拾修补于煨烬[3]之余。盖其为心，良亦欲以挽回先王之道。圣学既远，霸术之传，积渍已深。虽在贤知，皆不免于习染，其所以讲明修饰，以求宣畅光复于世者，仅足以增霸者之藩篱。而圣学之门墙，遂不复可睹。于是乎有训诂之学，而传之以为名；有记诵之学，而言之而为博；有词章之学，而侈之以为丽。若是者纷纷籍籍，群起角立于天下，又不知其几家。万径千蹊，莫知所适。世之学者，如入百戏之场，欢谑跳踉、骋奇斗巧、献笑争妍者，四面而竞出，前瞻后盼，应接不遑。而耳目眩瞀，精神恍惑，日夜遨游淹息其间，如病狂丧心之人，莫自知其家业之所归。时君世主，亦皆昏迷颠倒于其说，而终身从事于无用之虚文，莫自知其所谓。间有觉其空疏谬妄，支离牵滞，而卓然自奋，欲以见诸行事之实者，极其所抵，亦不过为富强功利五霸[④]之事业而止。圣人之学日远日晦，而功利之习愈趋愈下。其间虽尝瞽惑于佛、老，而佛、老之说，卒亦未能有以胜其功利之心。虽又尝折衷于群儒，而群儒之论，终亦未能有以破其功利之见。盖至于今，功利之毒，沦浃于人之心髓，而习以成性也，几千年矣。相矜以知，相轧以势，相争以利，相高以技能，相取以声誉。其出而仕也，理钱谷者则欲兼夫兵刑，典礼乐者又欲与于铨轴[⑤]，处郡县则思藩臬[⑥]之高，居台谏[⑦]则望宰执[⑧]之要。故不能其事，则不得以兼其官，不通其说，则不可以要其誉。记诵之广，适以长其傲也；知识之多，适以行其恶也；闻见之博，适以肆其辩也；辞章之富，适以饰其伪也。是以皋夔稷契[⑨]所不能兼之事，而今之初学小生，皆欲通其说，究其术。其称名借号，未尝不曰吾欲以共成天下之务。而其诚心实意之所在，以为不如是，则无以济其私而满其欲也。呜呼！以若是之积染，以若是之心志，而又讲之以若是之学术，宜其闻吾圣人之

教，而视之以为赘疣枘凿。则其以良知为未足，而谓圣人之学为无所用，亦其势有所必至矣。呜呼！士生斯世，而尚何以求圣人之学乎？尚何以论圣人之学乎？士生斯世，而欲以为学者，不亦劳苦而繁难乎？不亦拘滞而险艰乎？呜呼！可悲也已！所幸天理之在人心，终有所不可泯；而良知之明，万古一日。则其闻吾拔本塞源之论，必有恻然而悲，戚然而痛，愤然而起，沛然若决江河，而有所不可御者矣。非夫豪杰之士无所待而兴起者，吾谁与望乎？

刘宗周云："快读一过，迫见先生一腔真血脉，洞彻万古。蒙（愚）尝谓孟子好辨而后，仅见此篇。"（《遗编》卷十二《阳明传信录》卷二，页二十四上）

捷案：《孟子·滕文公第三下》第九章，孟子曰："予岂好辩哉？予不得已也。杨朱、墨翟之言盈天下，无父无君，是禽兽也。吾为此惧，距杨、墨，放淫辞。"

施邦曜云："此书前悉知行合一之论，广譬博说，旁引曲喻。不啻开云见日。后拔本塞源之论，阐明古今学术升降之因。真是从五藏八宝，悉倾以示人。读之即昏愚亦恍然有觉。此是先生万物一体之心，不惮详言以启后学也。当详玩毋忽。"

孙奇逢云："拔本塞源之论，以宇宙为一家，天地为一身。真令人恻然悲，戚然痛，愤然起。是集中一篇大文字，亦是世间一篇有数文字。"

王应昌云："先生此篇文字，明白痛快，能入人心髓。至于切中时弊，在贾长沙之上。"

唐九经云："长沙过秦，在秦亡后。先生过明，在明方盛。此所以入神。"［参看贾谊（公元前二〇〇至前一六八）《过秦论》］

三轮执斋云："是至论中之至论，明文中之明文。自秦汉以来数千岁之间，惟有此一文而已。"

佐藤一斋引陈龙正曰："《拔本塞源论》，乃先生直接道统处。智略技能，至先生极矣。然一毫不恃，尽擘破之，而唯求复心体之为贵。解悟灵通，至先生极矣。然一毫不恃，尽擘破之，而唯师行五伦之为贵。其心则唯欲安天下之民，惟共成天下之治。道学一点真血脉，先生得之。恐后世以顿悟而疑其为儒之禅，以事功而疑其为儒之杂，不可不辨也。先生固云：'趋向同而论学或异，不害其为同。'若自道云。"又曰："耿定向（一五二四至一五九六）请从祀疏有曰：'所著《拔本塞源论》，指示人心，最为明切。使中外臣工，实是体究。则所以翼太平之治实多，而守仁之志已得。彼唯欲朝廷协一德之交，而不乐有倡道之名也。'（《耿天台先生全书》，武昌馆印，一九二五年本，卷九，页二十三下）可谓深见先生之志矣。"

①焻：字典无此字。盖"昌"之误。施本作"昌"，是也。②管、商、苏、张：管仲（前六四五卒），名夷吾，春秋时人。相齐桓公成霸业，称仲父。孔子曰："微管仲，吾其披发左衽矣。"（《论语·宪问第十四》第十六章）参看《史记》卷六十二《管晏列传》。商鞅（前三三八卒），战国卫人。相秦孝公，变法令，号商君。参看《史记》卷六十八《商君列传》。苏秦（前二八四卒），战国时之纵横家，合六国拒秦。参看《史记》卷六十九《苏秦列传》。张仪（前三〇九卒），战国时魏人。相秦惠王，以连横之策说六国，使背合纵之约而事秦。惠王卒，六国复合从。仪出相魏。参看《史记》卷七十《张仪列传》。③煨烬：指秦始皇于前二一三年焚书。④五霸：参看第十一条，注二十九。⑤铨轴：选官（铨）之要位（轴）。⑥藩臬：藩司，行政之官。臬司，惩治官吏。⑦台谏：御史台与谏议大夫。⑧宰执：宰相执一国之政柄。⑨皋夔稷契：见上条，注十。

答周道通[1]书[2]

144 吴、曾[3]两生至，备道道通恳切为道之意，殊慰相[4]念。若道通，真可谓笃信好学者矣。忧病[5]中会[6]不能与两生细论，然两生亦自有志向肯用功者，每见辄觉有进，在区区诚不能无负于两生之远来，在两生则亦庶几无负其远来之意矣。临别，以此册致道通意，请书数语。荒愦无可言者，辄以道通来书中所问数节，略下转语。奉酬草草，殊不详细，两生当亦自能口悉也。

来书云："日用功夫只是立志，近来于先生诲言，时时体验，愈益明白。然于朋友不能一时相离。若得朋友讲习，则此志才精健阔大，才有生意。若三五日不得朋友相讲，便觉微弱，遇事便会困，亦时会忘。乃今无朋友相讲之日，还只静坐，或看书，或游衍经行[7]。凡寓目措身，悉取以培养此志，颇觉意思和适。然终不如朋友讲聚，精神流动，生意更多也。离群索居[8]之人，当更有何法以处之？"

此段足验道通日用功夫所得。工夫大略亦只是如此用。只要无间断，到得纯熟后，意思又自不同矣。大抵吾人为学紧要大头脑只是立志。所谓困忘之病，亦只是志欠真切。今好色之人，未尝病于困忘，只是一真切耳。自家痛痒，自家须会知得，自家须会搔摩得。既自知得痛痒，自家须不能不搔摩得，佛家谓之方便法门。非是自家调停斟酌，他人总难与力，亦更无别法可设也。

①周道通：名冲，号静庵，道通乃其字。江苏常州宜兴人。正德庚午（一五一〇）举人。累任知县而卒，年四十七。阳明讲学于越（一五二四正月），道通往受业焉（见《年谱》）继又从于湛甘泉（参看二〇一条）。当时王、湛二家门人互相长短，道通独疏通其旨。事迹见《明儒学案》卷二十五（页四下）。“周”，诸本作“问”，误。②异本《全书》题下有“甲申”二字，即嘉靖三年（一五二四）。是年先生五十三岁，在越。然是年正月，道通方受业。书中有云春间再承教益。可知此书必在甲申以后。③吴、曾：不详。④相：南本、施本、俞本均作“想”。⑤忧病：嘉靖元年二月，阳明之父龙山公卒。故嘉靖三年尚在守三年之丧之中。⑥会：应作“曾”。⑦游衍经行：逍遥散步之意。⑧离群索居：语出《礼记·檀弓》卷上，第三十五节。

145 来书云：“上蔡[1]尝问天下何思何虑[2]。伊川云：‘有此理，只是发得太早。’[3]在学者工夫，固是必有事焉而勿忘[4]。然亦须识得何思何虑底气象，一并看为是。若不识得这气象，便有正与助长[5]之病。若认得何思何虑，而忘必有事焉工夫，恐又堕于无也。须是不滞于有，不堕于无。然乎否也？”

所论亦相去不远矣，只是契悟未尽。上蔡之问，与伊川之答，亦只是上蔡、伊川之意，与孔子《系辞》原旨稍有不同。《系》[6]言何思何虑，是言所思所虑只是一个天理，更无别思别虑耳。非谓无思无虑也。故曰：“同归而殊途，一致而百虑。天下何思何虑[7]。”云殊途，云百虑，则岂谓无思无虑邪？心之本体即是天理，天理只是一个，更有何可思虑得？天理原自寂然不动，原自感而遂通[8]。学者用功，虽千思万虑，只是要复他本来体用而已，不是以私意去

安排思索出来。故明道云："君子之学，莫若廓然而大公，物来而顺应。"[9]若以私意去安排思索，便是用智[10]自私矣。何思何虑，正是工夫在圣人分上，便是自然的；在学者分上，便是勉然的。伊川却是把作效验看了，所以有发得太早之说。既而云"却[11]好用功[12]"，则已自觉其前言之有未尽矣。濂溪[13]主静之论亦是此意。今道通之言，虽已不为无见，然亦未免尚有两事也。

刘宗周云："如此方与不思善恶之说迥异。"(《遗编》卷一《阳明传信录》卷一，页九下。又见《明儒学案》卷十，页八下)

三轮执斋云："无思无为，是说本体。何思何虑，是说工夫。然工夫即本体，本体即工夫，更无二致也。"又云："上卷(第三十九条)虽曰'何思何虑非初学时事，初学必须思省察克治'，说与此少异也。盖前说也。"

佐藤一斋云："何思何虑，与陆澄录(第三十九条)稍异。澄录犹用伊川旧解。"

但衡今云："孔子云何思何虑，不云所思所虑、无思无虑者，正如伊川所云，所思虑则滞于有，无思虑则堕于无，深得孔子立言之旨。亦佛氏所谓立一切法，亦不立一切法。伊川又云：'只是发得太早。'似是接引谢上蔡语。此意亦惟上蔡伊川知之，非为天下后世学者立言也。未可强作解人。"又云："阳明谓'《系》言何思何虑，是言所思所虑'，不免落到有的边。又谓'更无别思别虑'，则又落到无的边。殊嫌沾滞。非孔子意也。不落于有，不堕于无，方足尽诚一之用。"

①上蔡：谢良佐（一〇五〇至约一一〇三），字显道。上蔡（河南）人，世称上蔡先生，程氏兄弟门人。召对忤旨，任监场又坐口语系狱，废为民。参看《宋史》卷四二八，页一下至二上。②何思何虑：见第三十九条，注七。③发得太早：《二程外书》卷十二（页五下）载《上蔡语录》云："二十年往见伊川。伊川曰：'近日事如何？'某对曰：'天下何思何虑？'伊川曰：'是则是有此理，贤（你）却发得太早。'在伊川直是会锻炼得人，说了，又道：'恰好着工夫也。'"④勿忘：见第八十七条，注二。⑤助长：参看第九十七条，注五。⑥《系》：朱本"系"下有"辞"字。⑦何思何虑：见第三十九条，注七。⑧感、通：参看第七十二条，注三。⑨"君子之学……物来而顺应"：语见第七十二条，注五。⑩用智：明道《答横渠先生定性书》曰："大率患在于自私而用智。自私则不能以有为为应迹，用智则不能以明觉为自然。"（《明道文集》卷三，页一上。）⑪却：原文用"恰"。见上注三。⑫用功：同上注。⑬濂溪：参看第一〇一条，注十四。周子著《太极图说》（载于《周子全书》卷一）云："五性感动而善恶分，万事出矣。圣人定之以中正仁义而主静。"

146 来书云："凡学者才晓得做工夫，便要识认得圣人气象[1]。盖认得圣人气象把做准的，乃就实地做工夫去，才不会差，才是作圣工夫。未知是否？"

先认圣人气象[2]，昔人尝有是言矣，然亦欠有头脑。圣人气象自是圣人的，我从何处识认？若不就自己良知上真切体认，如以无星之称而权轻重，未开之镜而照妍媸，真所谓以小人之腹而度君子之心[3]矣。圣人气象，何由认得？自己良知，原与圣人一般。若体认得自己良知明白，即圣人气象不在圣人，而在我矣。程子尝云："觑着尧，学他行事，无他许多聪明睿智[4]，安能如彼之动容周旋中礼[⑤]？”又云：“心通于道[⑥]，然后能辨是非。”今且说通于道在何处？聪明睿智从何处出来？

佐藤一斋云："认得圣人气象，以此为致良知工夫，则或可矣。若徒认以为准的，或不免效颦学步。故曰'欠有头脑'。"

①圣人气象：《二程遗书》卷二十二上（页五下）伊川云："凡看文字，非只是要理会语言，要识圣贤气象。"②认圣人气象：《二程遗书》卷十五（页十二上），伊川又有同样语。③君子之心：《世说新语·雅量》第六篇，庾子嵩语。④聪明睿智：见《中庸》第三十一章。⑤中礼：伊川语。见《二程遗书》卷十八（页五上）。"动容周旋中礼"，语出《孟子·尽心第七下》第三十三章。⑥心通于道：《伊川文集》卷五（页七上）。

147 来书云："事上磨炼[①]，一日之内，不管有事无事，只一意培养本原。若遇事来感，或自己有感，心上既有觉，安可谓无事？但因事凝心一会，大段觉得事理当如此。只如[②]无事处之，尽吾心而已。然乃有处得善与未善，何也？又或事来得多，须要次第与处。每因才力不足，辄为所困。虽极力扶起，而精神已觉衰弱。遇此未免要十分退省。宁不了事，不可不加培养。如何？"

所说工夫，就道通分上也只是如此用。然未免有出入。在凡人为学，终身只为这一事。自少至老，自朝至暮，不论有事无事，只是做得这一件所谓"必有事焉"[③]者也。若说宁不了事，不可不加培养，却是尚为两事也。"必有事焉而勿忘勿助[④]"。事物之来，但尽吾心之良知以应之。所谓"忠恕违道不远"[⑤]矣。凡处得有善有未善，及有困顿失次之患者，皆是牵于毁誉得丧，不能实致其良知

耳。若能实致其良知，然后见得平日所谓善者，未必是善。所谓未善者，却恐正是牵于毁誉得丧，自贼其良知者也。

①事上磨炼：阳明屡屡言之。参看第二十三、四十四、二〇四、二六二条。②如：张本作“以”。③必有事焉：见第八十七条，注二。④勿忘勿助：见第八十七条，注二。⑤忠恕违道不远：语见《中庸》第十三章。

148 来书云：“致知之说，春间再承诲益，已颇知用力，觉得比旧尤为简易。但鄙心则谓与初学言之，还须带格物意思，使之知下手处。本来致知格物一并下，但在初学未知下手用功，还说与格物，方晓得致知云云。”

格物是致知工夫。知得致知，便已知得格物；若是未知格物，则是致知工夫亦未尝知也。近有一书与友人，论此颇悉。今往一通，细观之，当自见矣。

佐藤一斋云：“文成论格致书，检全书不止十数。本文一书。今未审明指何书。俟考。”

东正纯云：“致我心之良知于事事物物，事事物物得我心之良知而得其正。文成一生所说，千语万语，不出此数句，可谓格致之真诠也。与友人一书，世以为不审为何人。而今据此，则为《答罗整庵》（第一七二至一七七条）无疑也。”其子东敬治云：“予无从决定其果答罗，然大旨盖不远矣。”

捷案：阳明言及格致之书，虽有多通，然详尽而堪作替代答道通者，厥为《答顾东桥书》（第一三〇至一四三条）与《答罗整庵书》。尤其是《答顾东桥书》之第一三四条与《答罗整庵书》之第一七三与一七四条。然据《年谱》嘉靖三年(一五二四)正月道通方受业。道通书云“春间再承教益”，则必非指初受业之年而指以后一年或数年也。此书云“近有一书与友人”，《答罗整庵》在正德十五年(一五二〇)，至少在四年以前，似不能言近。异本《全书》题下之甲申(一五二四)，必不可靠。诸本不采，非无故也。《答顾东桥书》收入《续刻传习录》。而《年谱》系此录于嘉靖三年。但《年谱》又系《答顾东桥书》于嘉靖四年(一五二五)，是在《续刻录》之后。《年谱》自相矛盾。三年、四年，二者必有一误。如《答顾东桥书》，果为嘉靖四年之春或夏，则《答周道通书》在是年春夏以后，附《答顾东桥书》，可云近也。道通三年正月受业。若四年春间再承教益，夏间来书，阳明守丧之中草草作复，顺往答顾之书，亦至自然。然《答顾东桥书》不提守丧，或在嘉靖五年阳明守足三年之丧以后耳。

149 来书云：“今之为朱、陆之辨[①]者尚未已。每对朋友言，正学不明已久，且不须枉费心力为朱、陆争是非，只依先生立志二字点化人。若其人果能辨得此志，来决意要知此学，已是大段明白了。朱、陆虽不辨，彼自能觉得。又尝见朋友中见有人议先生之言者，辄为动气。昔在朱、陆二先生所以遗后世纷纷之议者，亦见二先生工夫有未纯熟分明，亦有动气之病。若明道，则无此矣。观其与吴涉礼[②]论介甫[③]之学云：‘为我尽达诸介甫。不有益于他，必有益于我也。’[④]气象何等从容，尝见先生与人书[⑤]中亦引此言，愿[⑥]朋友皆如此，如何？”

此节议论得极是极是。愿道通遍以告于同志。各自且论自己

是非，莫论朱、陆是非也。以言语谤人，其谤浅。若自己不能身体实践，而徒入耳出口，呶呶度日，是以身谤也，其谤深矣。凡今天下之议论我者，苟能取以为善，皆是砥砺切磋我也，则在我无非警惕修省进德之地矣。昔人谓“攻吾之短者是吾师[7]”，师又可恶乎？

①朱、陆之辨：参看本卷卷首“钱德洪序”，注七。②吴涉礼：“涉”为“师”之误。吴师礼，字安仲，杭州人。工翰墨。历官员外郎知州。参看《宋史》卷三四七，页四下至五下。亦可参看《宋元学案》卷六，页七上。③介甫：王安石，字介甫，号半山，一〇二一至一〇八六，临川（江西）人。早有盛名，官至为相。励行农田、水利、青苗、均输、保民、免役、市易、保马、方田等新法。司马光、程颐等反对，均被斥。五年后天下久旱，饥民流离。乃罢为知府。明年复拜相。亦罢，封舒国公。后改荆国公。卒谥文。尝释《诗》《书》《周礼》，称《新义》。参看《宋史》卷三二七、《宋元学案》卷九十八。④益于我也句：语见《二程遗书》卷一（页六下）。⑤与人书：《答汪石潭内翰书》，载《全书》卷四（页六上）。⑥愿：日本诸本作“顾”。⑦吾师：《荀子·修身第二》卷一（页十六上下）。

150 来书云：“有引程子‘人生而静[1]以上不容说，才说性，便已不是性’[2]，何故不容说？何故不是性？晦庵答云：‘不容说者，未有性之可言。不是性者，已不能无气质之杂矣。’[3]二先生之言皆未能晓。每看书至此，辄为一惑。请问。”

“生之谓性。”[4]“生”即是“气”字，犹言气即是性也。气即是性，“人生而静”以上不容说。才说气即是性，即已落在一边，不是性之本原矣。孟子性善，是从本原上说，然性善之端，须在气上始见得。若无气，亦无可见矣。恻隐、羞恶、辞让、是非，即是气。程

子谓"论性[5]不论气不备，论气不论性不明"，亦是为学者各认一边，只得如此说。若见得自性明白时，气即是性，性即是气，原无性气之可分也。

冯柯云："阳明之学，本甚疏漏。至于此条所谓'气即是性'，……若为有见之言。然又谓'才说气即是性，即已落在一边，不是性之本原'。则所谓性之本原者，果何物乎？……又谓：'性善之端，须在气上始见得。若无气亦无可见。'是以性为不可见，气为可见，而性与气为二也。何以谓'原无性气之分'乎？"（《求是编》卷四，页三十三上下）

刘宗周云："先生之见，已到八九分。但云性即是气，气即是性，则合更有商量在。"（《遗编》卷十一《阳明传信录》卷一，页十上。又见《明儒学案》卷十，页九上。东正纯误以为黄宗羲语）

东正纯云："黄氏（实是刘宗周）似颇未满于文成之言。盖察其意，以气之静为性，以性之动为气。虽未初不一，而又不可辄下'即'字，商量恐不出于此。然文成之学，以觉悟为则，此等亦只会得活泼泼，不会得弄精魂。工夫切要，一在'见自性'三字。语势所趁，非'即'字殆失倒断直截之机。黄氏虽无所见，亦未免滞在于言辞上也。"

但衡今云："二先生之言，皆未能晓。三先生之言，又何尝能晓？此事诚不易分晓。故见性者不言性，但须求得个近似。"又云：

“程子云：‘人生而静以上不容说。’与佛家所云‘妙高顶上，不许商量’，同一见解。才说性便已不是性，此其所以不可说故。此公似已见到分晓。晦庵谓‘未有性之可言’，与‘不能无气质之杂’，则是未得近似，而强为之词。至所云‘不是性者’，是直以气为性矣，与阳明之说同。阳明谓‘生之为性，生字即气字，犹言气即是性也’。生即是气，是矣；气即是性，阳明此意，失之于泥矣。”

①人生而静：《礼记·乐记》第十一节之语。②不是性句：程子语见《二程遗书》卷一（页七下）。又载《近思录》卷一《道体篇》第二十一条。《遗书》不指明为明道语抑为伊川语，《近思录》则以为明道语。③气质之杂矣句：见《朱子文集》卷六十一《答严时亨》（页二十二下）。此处述朱子之意。④生之谓性：《孟子·告子第六上》第三章，告子语。⑤论性：见《二程遗书》卷六（页二下）。又见《近思录》卷二《为学篇》第三十条。卷二为二先生语。朱子于第二十八条下注云：“以上并明道语。”而于第四十三条乃云：“明道先生曰。”则由第二十九条至第四十二条应为伊川语。故决可谓朱子以此条（第三十条）为伊川语。《朱子语类》卷四（页一〇八）与卷五十九（页二一九五）均以为伊川语。又《孟子集注》注《告子篇》第六上，第六章两引此条与《二程遗书》卷十八一条同为程子语。卷十八皆伊川之语。则此条亦必为伊川语。然《朱子语类》卷四（页一一三）与卷六十二（页二三七〇），则引为明道语。其于《朱子语类》卷四（页一二五）、卷五十九（页二二〇二与二二〇五）与《朱子文集》卷三十九（页二十四下），则只云程子，未明言为谁。《明儒学案》卷十五（页十五上）引之以为伊川语。兄弟二人此点意见相同，吾人固不必执泥也。

答陆原静书[1]

151 来书云："下手工夫，觉此心无时宁静。妄心固动也，照心亦动也。心既恒动，则无刻暂停也。"

是有意于求宁静，是以愈不宁静耳。夫妄心则动也，照心非动也。恒照则恒动恒静，天地之所以恒久而不已也。照心固照也，妄心亦照也。"其为物不贰，则其生物不息"[2]，有刻暂停，则息矣，非"至诚无息"[3]之学矣。

冯柯云："'妄心则动也，照心非动也'，是也。'照心固照也，妄心亦照也'，则非也。盖照心者，谓心之虚明，自然照物。如鉴之空，而物之妍媸不能遁也。若是妄心，犹反鉴而索照矣，有是理乎？是故，照心固照者，诚精而明也。妄心亦照者，以逆亿为明也。且以照心妄心为为物不贰，以固照亦照为生物不息。不贰者，至诚也。至诚者，无妄也。以妄心为不贰，然则至诚亦有妄乎？妄亦可以言诚乎？而天地圣人之心，皆可以言妄矣。盖阳明醉心佛氏，而佛氏以天地为幻妄。则其以妄心为不贰，亦何怪哉？"（《求是编》卷四，页三十四上下）

刘宗周评语见第一六〇条。

施邦曜云："心原无妄，有妄便觉，觉则非妄矣。"

佐藤一斋云："妄是妄动，照是明觉。心一也，照心一昏，即便妄心。然其本体之明未尝息，故曰'妄心亦照'也。《中庸》'生物不测'。此改为'不息'，取大意，不泥成语。"

三轮执斋云："原静尝淫仙、释，又好宁静。故所问多其病。上卷原静所录(第十五至第九十四条)，可以见之。"

东正纯引李穆堂(李绂)曰："照心妄心，本陆原静问语，阳明先生如其辞以答之耳，照心二字未必有所出。想原静因程子《答横渠(定性)书》有'非明睿所照'之语(《明道文集》卷三，页一下。原文云：'今以恶外物之心而求照无物之地。')而遂以照为心之用，若曰能照之心云尔。朱子释'闻一知十'，亦曰'明睿所照'。[《论语集注》注《公冶长篇》第五篇，第八章)横渠(张载)又有照纳之说，'照'字亦无碍。"(《李穆堂诗文全集》之《穆堂初稿》，道光十一年(一八三一)本，《答雷庶常阅传习录问目》卷四十三，页十七下。]

捷案：伊川云："只是心静，静而后能照。"(《二程遗书》卷十八，页十上)是程子以照为心之用也。东正纯本人云："妄心则动，照心则不动。照心理之静，妄心气之动。然照心之不动，非不动，恒动恒静，其体恒定耳。以本体之明言，则照心固无所不照，虽妄心亦未尝不照也。知照外非别有妄，则无照无妄，不贰不见之体。至此殆无余蕴，大都与程子《定性书》之旨相发焉。"

但衡今云："读此，则阳明门下亦以禅定为下手工夫。乃不欲落人窠臼，遂使儒家操存之说陷于支离，而两无是处。"又曰："不二不息，为至诚言，非为妄心照心言。妄心固二，照心亦二，安得谓为不二不见？此意未可为训。当为记录所误。"又云："本节谓生物不息。照心固照，妄心亦照，是矣。(本注：予固谓照亦二，二则动矣)谓妄心动，照心非动，则有语病。何以故？以妄心对照心言，则照心为真心矣。真心不可以动静言，何以故？妄灭真亦不生。动静亦然。儒家不言动而言不息，不言真而言无妄（本注：《周易》），辞旨微妙，匪夷所思。孰谓儒家尚隔顶上一层耶？”

捷案：元道士李道纯《中和集》有《照妄图》。参看大西晴隆著（页七三〇）。详第十六条，注一。

①陆原静：详见第十五条，注一。此书在嘉靖三年（一五二四），阳明五十三岁，在越。②不息句：见《中庸》第二十六章。③至诚无息：见《中庸》第二十六章。

152 来书云："良知亦有起处云云[①]。"

此或听之未审。良知者心之本体，即前所谓恒照者也。心之本体无起无不起，虽妄念之发，而良知未尝不在。但人不知存，则有时而或放耳。虽昏塞之极，而良知未尝不明。但人不知察，则有时而或蔽耳。虽有时而或放，其体实未尝不在也，存之而已耳；虽有时而或蔽，其体实未尝不明也，察之而已耳。若谓良知亦有起处，则是有时而不在也，非其本体之谓耳。

①云云：王本作"否"。捷案："云云"二字，即来书原文尚有多字，阳明复书省之而已。此为用"云云"之通习。王贻乐固不必替以"否"字也。

153 来书问："前日'精一'之论，即作圣之功否？[①]精一[②]之精以理言，精神之精以气言。理者气之条理，气者理之运用。无条理，则不能运用；无运用，则亦无以见其所谓条理者矣。精则精，精则明，精则一[③]，精则神，精则诚；一则精，一则明，一则神，一则诚，

原非有二事也。但后世儒者之说，与养生之说，各滞于一偏，是以不相为用。前日精一之论④，虽为原静爱养精神而发，然而作圣之功，实亦不外是矣。”

东正纯云："精则精，上'精'指儒家精一之精，下'精'指道家精气之精。精则明即良知，是一节也。自精言之，一神明皆精。自一言之，精、神、诚皆一。就'精一'二字，再反复明之。"

捷案：若下"精"指道家之精，则下"诚"亦指道家之诚耶？阳明明谓儒道各偏一边，决不以儒道对举也。

①诸本无此十五字，惟王本有。捷疑此题为王贻乐据复书最后数语而加。原静来书，每条议论颇长，尤以第二书为甚，故第一五二与一五四条阳明复书以"云云"删之。来书每条均有主张，今依贻乐所补，则只一问，恐非来书之旧。至本来面目如何，则已不可考。《全书》与诸本宁缺毋误耳。②精一：参看第二条，注四。③精则一：佐藤一斋谓此三字衍。不然，则"一则明"下应有"一则一"。东正纯谓"一则诚"下加"明则精""明则一""明则神""明则诚"数句，则辞义益备。捷案：一斋所加，则"精"字五句，"一"字亦五句，颇有道理。东正纯"精"之数句与"一"字数句下加"明"之数句。然则又何不增"神"字数句与"诚"字数句耶？可谓画蛇添足。④前日精一之论：三轮执斋以为是指文录第二《答陆原静第一书》，即《全书》卷五（页十二下至十四下）《与陆原静书》。中田胜与柳町达也从之。书有云："闻以多病之故，将从事于养生。大抵养德养身，只是一事。元静所云真我者，果能戒谨不睹，恐惧不闻（《中庸》第一章），而专志于是，则神住气住精住，而仙家所谓长生久视之说（《老子》第五十九章），亦在其中矣。"捷案：《与陆原静书》专论长生，劝其勿信异道，全函不提精一，不如参考第二十七条元静问精一之为愈也。

154 来书云："元神、元气、元精[①]，必各有寄藏发生之处。又有真阴之精，真阳之气云云。"

夫良知一也，以其妙用而言谓之神，以其流行而言谓之气，以其凝聚而言谓之精，安可以形象方所求哉？真阴之精，即真阳之气之母；真阳之气，即真阴之精之父。阴根阳，阳根阴[②]，亦非有二也。苟吾良知之说明，则凡若此类，皆可以不言而喻。不然，则如来书所云三关[③]、七返、九还[④]之属，尚有无穷可疑者也。

①元神、元气、元精：参看第五十七条，注一。②"阴根阳，阳根阴"：周敦颐《太极图说》（《周子全书》卷一）曰："无极而太极。太极动而生阳，动极而静。静而生阴，静极复动。一动一静，互为其根。"③三关：据《黄庭经》，口为天关，手为人关，足为地关。《淮南子》（《四部备要》本）卷九《主术训》（页一下），以耳、目、口为三关。又道家以头为天关，足为地关，手为人关，是谓中三关。此外又有前三关与后三关。④七返、九还：七乃火之成数。心属火，降心火于田下，养得肾中真炁，复返于心田，即为七返之功。九为金之成数。情属金，摄情归性，养得性光圆明，以还先天真性，即为九还之功。九还又称九转还丹，返还精气神于先天之境之义。一转为小还丹，即气液循环以成下丹；二转为阴阳环丹，即以阴丹还阳丹，阳丹还阴丹；三转为三元还丹，即炼精、气、神之三元使往复返还；四转为玉液还丹，即使肾液随元气周而复始；五转为金液还丹，即使肺液周而复始；六转为大还丹，即使生真气于灵根以成中丹；七转为七返还丹；八转为上中下还丹，即以下丹还上丹（集灵为神，合神入道），以上丹还中丹，以中丹还下丹，后还上丹；九转为九返还丹，即以肺之阳，本自心生，转而复还于心。有如七返以心之阳，复还于心也。

又[1]

155 来书云："良知心之本体，即所谓性善也，未发之中[2]也，寂然不动[3]之体也，廓然大公[4]也。何常人皆不能，而不待于学邪？中也、寂也、公也，既以属心之体，则良知是矣。今验之于心，知无不良。而中寂大公，实未有也。岂良知复超然于体用之外乎？"

性无不善，故知无不良。良知即是未发之中，即是廓然大公，寂然不动之本体。人人之所同具者也，但不能不昏蔽于物欲，故须学以去其昏蔽。然于良知之本体，初不能有加损于毫末也。知无不良，而中寂大公未能全者，是昏蔽之未尽去，而存之未纯耳。体即良知之体，用即良知之用，宁复有超然于体用之外者乎？

但衡今云："阳明之学以去其昏蔽，与考亭（朱子）之道学问而尊德性，何尝不是同一路数？予故曰：'程、朱、陆、王，正可相取，不可相病也。'"

[1]又：通常"又"指另一书，故诸本以此为第二书。刘宗周《阳明传信录》摘录，如摘一书，则云"答某某"。今于摘录《陆原静来书》诸条之末则曰"以上皆答陆原静"，显

然不止一书。中卷“钱德洪序”亦计答陆二书（见注五与十三）。第一六〇条原静引第一五一条“照心非动”“妄心亦照”，当是后书引前书。王本并第一五一至一六七为一书盖误。②未发之中：参看第二十八条，注一。③寂然不动：参看第七十二条，注三。④廓然大公：参看第七十二条，注五。

156 来书云：“周子曰：‘主静。’①程子曰：‘动亦定，静亦定。’②先生曰：‘定者心之本体。’③是静，定也。决非不睹不闻，无思无为之谓。必常知、常存，常主于理之谓也。夫常知、常存，常主于理，明是动也，已发也。何以谓之静？何以谓之本体？岂是‘静，定也’，又有以贯乎心之动静者邪？”

理无动者也。常知、常存，常主于理，即不睹不闻，无思无为之谓也。不睹不闻，无思无为，非槁木死灰④之谓也。睹闻思为一于理，而未尝有所睹闻思为。即是动而未尝动也。所谓动亦定，静亦定，体用一源⑤者也。

①主静：参看第一四五条，注十三。②“动亦定，静亦定”：参看第二十三条，注一。③定者心之本体：见第四十一条。④槁木死灰：参看第三十九条，注二。⑤体用一源：“体用一源，显微无间。”此为《伊川易传序》之语。贝原益轩（一六三〇至一七一四）在其《大疑录》下[日本明和四年（一七六七）本，页四下]谓语出清凉大师澄观（约七六〇至八三八）《华严经注》，但未详出处。日本《近思录》注家与《大汉和辞典》均从之。注家谓“体用一源”决为澄观语。然据太田锦城（一七六五至一八二五）《疑问录》上[日本天保二年（一八三一）本，页六]谓澄观《清凉大疏》百卷、《清凉录》五卷、《清凉玄义》二十卷皆无此语。查《华严经注》原有一百二十卷，今卷二十一至七十、卷九十一至一百、卷一一一与一一二均佚。其余载《续藏经》第一辑第八十八套。岂语

本在佚文耶？澄观注言体用显微者多（尤其是卷三，页三十五上下）。且尚直引编《归元直指》引此语为清淳（澄观）语（《续藏经》第一辑，第二编，第十三套）。太田谓“显微无间”为贤首大师法藏（六四三至七一二）之语，然不言出处。十一世纪以后，儒者、佛者均常用之。唐顺之（荆川，一五〇七至一五六〇）《中庸辑略序》云：“儒者曰体用一源，佛者曰体用一源，儒者曰显微无间，佛者曰显微无间，孰从而辨之？”

157 来书云：“此心未发之体，其在已发之前乎？其在已发[①]之中而为之主乎？其无前后内外而浑然一体者乎？今谓心之动静者，其主有事无事而言乎？其主寂然感通[②]而言乎？其主循理从欲而言乎？若以循理为静，从欲为动，则于所谓‘动中有静，静中有动’[③]‘动极而静，静极而动’[④]者不可通矣。若以有事而感通为动，无事而寂然为静，则于所谓‘动而无动，静而无静’[⑤]者，不可通矣。若谓未发在已发之先，静而生动，是至诚有息[⑥]也，圣人有复[⑦]也，又不可矣。若谓未发在已发之中，则不知未发已发，俱当主静乎？抑未发为静，而已发为动乎？抑未发已发俱无动无静乎？俱有动有静乎？幸教。”

未发之中，即良知也。无前后内外，而浑然一体者也。有事无事，可以言动静，而良知无分于有事无事也。寂然感通，可以言动静，而良知无分于寂然感通也。动静者所遇之时，心之本体，固无分于动静也。理无动者也，动即为欲。循理则虽酬酢万变，而未尝动也。从欲则虽槁心一念，而未尝静也。动中有静，静中有动，又何疑乎？有事而感通，固可以言动，然而寂然者未尝有增也。无事而寂然，固可以言静，然而感通者未尝有灭也。动而无动，静而无静，又何疑乎？无前后内外，而浑然一体，则至诚有息之疑，不待解矣。未发在已发之中，而已发之中，未尝别有未发者在。已发在未发之中，而未发之中，未尝别有已发者存。是未尝无动静，而不可以动静分者也。凡观古人言语，在以意逆志而得其大旨。若必拘滞于文义，则“靡有孑遗”[⑧]者，是周果无遗民[⑨]也。周子“静极而动”之说，苟不善观，亦未免有病。盖其意从太极“动而生阳[⑩]，静而生阴”说来。太极生生之理，妙用无息，而常体不易。太极之生生，即阴阳之生生。就其生生之中，指其妙用无息者而谓之动，谓之阳之生，非谓动而后生阳也。就其生生之中，指其常体不易者而谓之静，谓之阴之生，非谓静而后生阴也。若果静而后生阴，动而后生阳，则是阴阳动静，截然各自为一物矣。阴阳一气也，一气屈伸而为阴阳。动静一理也，一理隐显而为动静。春夏可以为阳为动，而未尝无阴与静也。秋冬可以为阴为静，而未尝无阳与动也。春夏此不息，秋冬此不息，皆可谓之阳，谓之动也；春夏此常体，秋冬此常体，皆可谓之阴，谓之静也。自元、会、运、世[⑪]、岁、月、日、时以至刻、杪、忽、微，莫不皆然。所谓“动静无端，阴阳无始”[⑫]，在知道者默而识之，非可以言语穷也。若只牵文泥句，比拟仿像，则所谓心从法华转，非是转法华[⑬]矣。

但衡今云：“阳明本节论心体内外动静，未发已发，实从《般若经》蜕化而生，故其辞意至精。至所谓‘酬酢万变，未尝动也，槁心一念，未尝静也’，未免沾滞，强人以理欲为动静。要知从欲，动也；循理，亦动也。”又云：“‘动中有静，静中有动’，然则理中有欲，欲中有理矣。不抑自语相违者乎？故动静不可并理欲而言。治王学者，不可以不辨。若云理未尝不静，欲未尝不动，犹可，此之谓‘心意逆志’者也。”

冯柯云：“夫欲生于动者也，非动即为欲也。使动即为欲，则太极之动而生阳，亦即为欲乎？故动非欲也，动之流则欲也。”（《求是编》卷四，页三十六下。）

捷案：冯柯此处断章取义，阳明明谓循理则未尝动。其所谓动，非太极动而生阳之动，而乃背理之动也。

①已发：参看第二十八条，注一。②感通：参看第七十二条，注三。③“动中有静，静中有动”：为朱子注《周子通书·动静》第十六章之语。《二程遗书》第七卷（页二下）曰：“静中便有动，动中自有静。”不指明为伊川语抑明道语。④“动极而静，静极而动”：周敦颐《太极图说》（《周子全书》卷一）语。⑤“动而无动，静而无静”：《周子通书》第十六章云：“动而无静，静而无动，物也。动而无动，静而无静，神也。动而无动，静而无静，非不动不静也。”⑥至诚有息：《中庸》第二十六章云：“故至诚无息，不息则久。”⑦有复：《周子通书》第三章云：“性焉安焉之谓圣，复焉执焉之谓贤。”⑧靡有子遗：《诗经·大雅·云汉》第二五八篇云：“周余黎民，靡有孑遗。”⑨遗民：《孟子·万章第五上》第四章云：“故说诗者，不以文害辞，不以辞害志。以意逆（迎）志，是为得之。如以辞而已矣，《云汉》之诗曰：‘周余黎民，靡有孑遗。’信斯言也，是周无遗民也。”⑩动而生阳：参看第一五四条，注二。⑪元、会、运、世：参看第六十九条，注二。⑫“动静无端，阴阳无始”：语出《伊川经说》卷一（页二上）。⑬法华：《六祖法宝坛经·机缘品》第七之偈云：“心迷法华转，心悟转法华（指《法华经》之文句）。”（《大正新修大藏经》第四十六册，页一二五五。）

158 来书云：“尝试于心，喜怒忧惧之感发也，虽动气之极，而吾心良知一觉，即罔然消阻。或遏于初，或制于中，或悔于后。然则

良知常若居优闲无事之地而为之主，于喜怒忧惧若不与焉者，何欤？”

知此则知未发之中①，寂然不动②之体，而有发而中节之和，感而遂通之妙矣。然谓良知常若居于优闲无事之地，语尚有病。盖良知虽不滞于喜怒忧惧，而喜怒忧惧亦不外于良知也。

东正纯云：“程、朱论未发已发，以心言之，文成则直以性视之，其说亦并通。然《中庸》，性书也。文成之说，事得其宗矣乎！”

但衡今云：“陆书此次所问‘主’与‘不与’，辞旨深切，似已透过一层，《传习录》中殊少见也。而阳明所云，不滞于喜怒忧惧，不外于喜怒忧惧，语意含浑。‘不滞’，无异外之也。‘不外’，何异滞之也？将不若‘主’与‘不与’之显明亲切。若谓不与，则发而中节者谁主之？若谓主之，则发而不中节者谁与之？此心学之所以难言也。学者果能遏之于前，制之于中，悔之于后，实较不滞于外，主与不与，为尤踏实。”

①未发之中：参看第二十八条，注一。②寂然不动：参看第七十二条，注三。

159 来书云：“夫子昨以良知为照心①。窃谓良知，心之本体也。照心，人所用②功，乃戒慎恐惧③之心也，犹思也。而遂以戒慎恐惧为良知，何欤？”

能戒慎恐惧者是良知也。

佐藤一斋云：“加一‘能’字，便见工夫本体合一。”

东正纯云："别有一条云：'不睹不闻是工夫，戒慎恐惧是本体。'与此相发。"

捷案：第二六六条阳明谓本体原是不睹不闻，亦是戒慎恐惧。见得真时分说工夫本体亦得。

倪锡恩云："谓我戒慎恐惧之心，起于莫之致而致，不期然而然。是即所谓'不虑而知'之良知也。《孟子·尽心第七上》第十五章云：'人之所不学而能者，其良能也。所不虑而知者，其良知也。'"

但衡今云："'能'字是见道语。"

许舜屏云："注重在一'能'字。"

①照心：指第一五一、一五二两条。②用：此字之下施本、俞本有"之"字。③戒慎恐惧：参看第三十七条，注四。

160 来书云："先生又曰：'照心非动也。'岂以其循理而谓之静欤？'妄心亦照[①]也。'岂以其良知未尝不在于其中，未尝不明于其中，而视听言动之不过则者皆天理欤？且既曰妄心，则在妄心可谓之照，而在照心则谓之妄矣。妄与息何异？今假妄之照以续至诚之无息，窃所未明。幸再启蒙。"

照心非动者，以其发于本体明觉之自然，而未尝有所动也。有所动，即妄矣。妄心亦照者，以其本体明觉之自然者，未尝不在于其中，但有所动耳。无所动，即照矣。无妄无照，非以妄为照，以照为妄也。照心为照，妄心为妄，是犹有妄有照也。有妄有照，则犹贰也，贰则息[②]矣。无妄无照，则不贰，不贰则不息矣。

刘宗周云："'照心固照，妄心亦照'二语，先生自为注疏已明。读者幸无作玄会。未病服药之说，大是可思。"(《遗编》卷十一《阳明传信录》卷一，页八下至九上)

东正纯云："(黄白安)《愧谢轩讲义》云：'阳明先生《答陆原静》无妄无照之论，盖本之佛书。佛书言，'妄心即真心影像。妄本无妄，心有感故。感亦无感，以能照故'。若是则照妄之心，即是无妄之心。云何复得有妄心？心本无妄。以无照故谓之妄。今指为真心之影像，毕竟影是形生，像随镜见，推不得是镜外事。今却妄而完真，安得逃影而灭像乎？'(《明儒学案》卷六十一，页三上下)黄氏又云：'释氏言宗心，言妄心，谓常住不动之真心为宗，像者为妄。其实常住不动者，空而已。缘起而流行者，天地万物皆野马(泽中游气如奔马)尘埃也，但不足以碍空体，截然不相粘合。吾儒则就此野马尘埃之中，流行而不失其则者。乃是常住不动之真心。故名同而所指实异也。'(《明儒学案》卷六十一，页三下至四上)照心者，明觉心也。妄心者，妄想心也。明觉之所照，虽妄想，心亦照。妄想，心所生，虽明觉，心亦妄。无照而不妄，无妄而不照。照亦照，妄亦妄。即照即妄，即妄即照。神会玄同，无复别旨矣。但吾儒与禅家所说，有毫厘之差，不可不知之也。黄尊素(白安)之说，不为无见，犹止七八分耳。"

但衡今云："阳明谓'非以妄为照，以照为妄也'，又谓'照心非动者''有所动，即妄矣'。自语相违，无有是处。故照心之名不可立。姑取以对妄心而言，犹可也。复谓'有妄有照，则犹贰也'，更令人无所从矣。阳明门下，犹不免于文字上求知解，而身心之学，不在是也。故孔氏以诚为绝待，以诚存心则心正，以诚修身则身修。自诚以下，皆相待立言，语有偏全者此也。惟诚则不贰，不贰则不息。妄固贰，照亦贰也。《周易》曰：‘无妄之德，何之矣？天命不佑。’（《易经·无妄卦·彖辞》）无妄犹不可更求无妄。故诚一而已。”又云：“阳明知从欲动也，而不知循理亦动也；知妄心为妄，而不知照心犹妄也；知有妄有照犹二也，而不知无妄无照，则又堕于无矣。”

①亦照：见第一五一条。②贰则息：参看第一五一条，注二，及佐藤一斋评语。

161 来书云：“养生[1]以清心寡欲为要。夫清心寡欲，作圣之功毕矣。然欲寡则心自清，清心非舍弃人事而独居求静之谓也。盖欲使此心纯乎天理，而无一毫人欲之私耳。今欲为此之功，而随人欲生而克之，则病根常在，未免灭于东而生于西。若欲刊剥洗荡于众欲未萌之先，则又无所用其力，徒使此心之不清。且欲未萌而搜剔以求去之，是犹引犬[2]上堂而逐之也，愈不可矣。”

必欲此心纯乎天理，而无一毫人欲之私，此作圣之功也。必欲此心纯乎天理，而无一毫人欲之私，非防于未萌之先，而克于方萌之际不能也。防于未萌之先，而克于方萌之际，此正《中庸》戒慎恐惧[3]，《大学》致知格物[4]之功。舍此之外，无别功矣。夫谓灭于东而生于西，引犬上堂而逐之者，是自私自利将迎[5]意必[6]之为累，而非克治洗荡之为患也。今日养生以清心寡欲为要，只“养生”二字，便是自私自利，将迎意必之根。有此病根潜伏于中，宜其有灭于东而生于西，引犬上堂而逐之之患也。

①养生：通常指道家修养。②引犬：见《二程遗书》卷二下（页六下）。不知是程明道语抑程伊川语。③戒慎恐惧：参看第三十七条，注四。④格物：《大学》经文。⑤将迎：《庄

子》卷七《知北游第二十二》(页五十五下)云:“无有所将(送),无有所迎。”⑥意必:参看第二十九条,注三。

162 来书云:“佛氏于‘不思善不思恶时,认本来面目[1]’,于吾儒随物而格之功不同。吾若于不思善不思恶时用致知之功,则已涉于思善矣。欲善恶不思,而心之良知清静自在,惟有寐而[2]方醒之时耳,斯正孟子夜气[3]之说。但于斯光景不能久,倏忽之际,思虑已生。不知用功久者,其常寐初醒而思未起之时否乎?今澄[4]欲求宁静,愈不宁静,欲念无生,则念愈生。如之何而能使此心前念易灭,后念不生,良知独显,而与造物者游[5]乎?”

不思善不思恶时认本来面目,此佛氏为未识本来面目者设此方便。本来面目,即吾圣门所谓良知。今既认得良知明白,即已不消如此说矣。随物而格,是致知之功,即佛氏之“常惺惺”[6],亦是常存他本来面目耳。体段工夫,大略相似。但佛氏有个自私自利之心,所以便有不同耳。今欲善恶不思,而心之良知清静自在。此便有自私自利,将迎意必[7]之心。所以有不思善不思恶时用致知之功,则已涉于思善之患。孟子说夜气,亦只是为失其良心之人指出个良心萌动处,使他从此培养将去。今已知得良知明白,常用致知之功,即已不消说夜气。却是得兔后不知守兔而仍去守株[8],兔将复失之矣。欲求宁静欲念无生,此正是自私自利,将迎意必之病,是以念愈生而愈不宁静。良知只是一个。良知而善恶自辨,更有何善何恶可思?良知之体,本自宁静,今却又添一个求宁静;本自生生,今却又添一个欲无生。非独圣门致知之功不如此,虽佛氏之学,亦未如此将迎意必也。只是一念良知彻头彻尾,无始无终,

即是前念不灭，后念不生。今却欲前念易灭而后念不生，是佛氏所谓“断灭种性”[9]，入于槁木死灰[10]之谓矣。

但衡今云：“阳明谓：‘认本来面目，此佛氏为未识本来面目者设此方便。’随机指点，何等警策！盖以不思善不思恶时，亦即孔子所谓何思何虑（第三十九条，注七）也。诚能何思何虑，则本心自见。非莹彻儒、释两家之说者，无此妙语。学者不可轻心错过。复以佛氏本来面目释儒家所谓良知，以佛氏常惺惺之意（本注：惺，静中不昧也。惺惺，了慧之义），明其格物致知之功。破陆某（元静）欲速助长，将迎意必之病。辞意明白晓畅，了无余义。不只有益于儒学，实亦有裨于佛学。乃直指佛氏有个自私自利之心，犹存门户之见，以为异同也。”又阳明谓：“今欲善恶不思，而心之良知清静自在。此便是自私自利。”又谓：“‘良知只是一个，良知而善恶自辨，更有何善何恶可思？’前者以清静自在为自私，此释家小乘法。阳明以大乘摄小，用以破陆某务求宁静之非，非了义也？后者只是善恶自辨，心不逾矩。而不是无善无恶可思。归到儒家本分，圆融之极。”又云：“至于彻头彻尾，无始无终前念不灭，后念不在。此神会（六八四至七五八）所谓佛性，惠能（六三八至七一三）所谓把茅盖头，犹是知解宗师门面语。”又云：“姚江（阳明）学术，亦儒（本注：德）亦佛（本注：智），正可依仁立德，转识成智，自立门户。乃用佛辟佛，借与程、朱门下争短长，未免胸中犹有渣滓在。而非儒非佛，与人口实。后世又未能平心论之，遂使其学术不明，甚有谈虎而为之色变者。要知阳明之謦欬，不同凡响。其用佛入儒，用儒入佛处，自是唐宋以来第一人。而虞廷心教（第二条，注四，虞舜授禹之教），亦得赖以不坠也。”

捷案：《六祖法宝坛经·顿渐品》第八篇云："师（六祖慧能）告众曰：'吾有一物，无头无尾，无名无字，无背无面。诸人还识否？'神会出，曰：'是诸佛之本源，神会之佛性。'师曰：'向汝道无名无字，汝便唤作本源佛性。汝回去有把茅盖头，也只成个知解宗德。'"把茅盖头，以蔽风雨，即云犹蔽于知解之下也。此段话又见《景德传灯录》（《四部丛刊》本）卷五（页二十四上），惟"本源佛性"下，无"汝向"以下十六字，而有"师（禅师神会）礼拜而退"。

①本来面目：参看第一〇一条，注二。②而：南本、施本均无此字。③夜气：参看第四十七条，注一。④澄：陆原静之名。⑤与造物者游：《庄子》卷十《天下第三十三》（页三十七下）云："上与造物者游，而下与外死生无始终者为友。"⑥常惺惺：瑞岩禅师（约八五〇至约九一〇）之语，见于《五灯会元》第七章（《续藏经》第一辑，第二编下，第十一函，页一二〇下）。《明觉禅师语录》卷三引之（《大正新修大藏经》第四十七册，页六九〇）。惟不见《景德传灯录》（《四部丛刊》本）卷十七（页十七下至十八上）《瑞岩禅师言行录》。⑦将迎意必：见第二十九条，注三，与第一六一条，注五。⑧守株：《韩非子》（《四部丛刊》本）卷十九《五蠹第四十九》（页一上）曰："宋人有耕田者，田中有株。兔走触株折颈而死。因释其耒而守株，冀复得兔。兔不可复，而身为宋国笑。"⑨断灭种性：语出玄奘（六〇二至六六四）《成唯识论》卷五（《大正新修大藏经》第三十册，页四十八）。⑩槁木死灰：参看第三十九条，注二。

163 来书云："佛氏又有常提念头①之说，其犹孟子所谓'必有事'②，夫子所谓'致良知'之说乎？其即常惺惺③、常记得、常知得、常存得者乎？于此念头提在之时，而事至物来，应之必有其道。但恐此念头提起时少，放下时多，则工夫间断耳。且念头放

失，多因私欲客气之动而始。忽然惊醒而后提。其放而未提之间，心之昏杂，多不自觉。今欲日精日明，常提不放，以何道乎？只此常提不放，即全功乎？抑于常提不放之中，更宜加省克之功乎？虽曰常提不放，而不加戒惧克治之功，恐私欲不去。若加戒惧克治之功焉，又为思善之事，而于本来面目[4]又未达一间也。如之何则可？”

戒惧克治，即是常提不放之功，即是必有事焉，岂有两事邪？此节所问，前一段已自说得分晓，末后却是自生迷惑，说得支离[5]，及有本来面目未达一间之疑。都是自私自利将迎意必[6]之为病，去此病自无此疑矣。

王应昌云："原静以戒惧与本来面目隔一层。曾闻先生戒惧即本体之训否？"

①提念头：禅语，出处未考。②必有事：参看第八十七条，注二。③常惺惺：见上条，注六。④本来面目：见上条，注一。⑤支离：佐藤一斋谓此指来书"抑于常提不放之中"以下。⑥将迎意必：参看第二十九条，注三；与第一六一条，注五。

164 来书云："'质美者明得尽，查滓便浑化。'[1]如何谓[2]明得尽？如何而能便浑化？"

良知本来自明。气质不美者查滓多，障蔽厚，不易开明。质美者查滓原少，无多障蔽，略加致知之功，此良知便自莹彻。些少查滓，如汤中浮雪，如何能作障蔽？此本不甚难晓。原静所以致疑于此，想是因一"明"字不[3]明白。亦是稍有欲速之心。向曾面论明善之义，“明则诚”[④]矣，非若后儒[⑤]所谓明善之浅也。

①浑化句：语见《二程遗书》卷十一（页十一下）明道语。原文“查”作“渣”。《近思录》卷二《为学篇》第四十三条录此语用“查”。而“查滓”“渣滓”通用。②谓：施本、俞本均作“谓之”。③不：施本、俞本作“欠”。④明则诚：《中庸》第二十一章云：“自诚明，谓之性；自明诚，谓之教。诚则明矣，明则诚矣。”⑤后儒：指朱子等。

165 来书云：“聪明睿知[①]，果质[②]乎？仁义礼智[③]，果性乎？喜怒哀乐[④]，果情乎？私欲客气，果一物乎？二物乎？古之英才若子房[⑤]、仲舒[⑥]、叔度[⑦]、孔明[⑧]、文中[⑨]、韩[⑩]、范[⑪]诸公，德业表著，皆良知中所发也。而不得谓之闻道者，果何在乎？苟曰此特生质之美耳，则生知安行[⑫]者不愈于学知困勉者乎？愚意窃云，谓诸公见道偏则可。谓全无闻，则恐后儒崇尚记诵训诂之过也。然乎否乎？”

性一而已。仁义礼智，性之性[⑬]也；聪明睿知，性之质也；喜怒哀乐，性之情也；私欲客气，性之蔽也。质有清浊，故情有过不及，而蔽有浅深也。私欲客气，一病两痛，非二物也。张、黄、诸葛及韩、范诸公，皆天质之美，自多暗合道妙。虽未可尽谓之知学，尽谓之闻道，然亦自有其学违道不远[⑭]者也。使其闻学知道，即伊[⑮]、傅[⑯]、周[⑰]、召[⑱]矣。若文中子则又不可谓之不知学者。其书虽多出于其徒，亦多有未是处，然其大略，则亦居然可见。但今相去辽远，无有的然凭证，不可悬断其所至矣。夫良知即是道，良知之在人心，不但圣贤，虽常人亦无不如此。若无有物欲牵蔽，但循着良知发用流行将去，即无不是道。但在常人多为物欲牵蔽，不能循得良知。如数公者，天质既自清明，自少物欲为之牵蔽，则其良知之发用流行处，自然是多，自然违道不远。学者学循此良知而已。谓之知学，只是知得专在学循良知。数公虽未知专在良知上用功，而或泛滥于多歧，疑迷于影响，是以或离或合而未纯。若知得时，便是圣人矣。后儒尝以数子者尚皆是气质用事，未免于行不著，习不察[19]，此亦未为过论。但后儒之所谓著察者，亦是狃于闻见之狭，蔽于沿习之非，而依拟仿象于影响形迹之间，尚非圣门之所谓著察者也。则亦安得以己之昏昏，而求人之昭昭[20]也乎？所谓生知安行，“知行”二字，亦是就用功上说。若是知行本体，即是良知良能。虽在困勉之人，亦皆可谓之生知安行矣。“知行”二字，更宜精察。

①睿知：《中庸》第三十章云：“惟天下至圣，为能聪明睿知。”②质：朱子《中庸章句》注上章云：“聪明睿知，生知之质。”③仁义礼智：参看第三十八条，注一。④喜怒哀乐：参看第二十八条，注一。⑤子房：张良，字子房，前一八六卒。家五世相韩。秦灭韩，良谋报仇，狙击秦始皇。高祖起兵，良常为画策，佐高祖定天下。封留侯。晚好黄老，以功名终。事迹详见《史记》卷五十五、《汉书》卷四十。⑥仲舒：董仲舒（约前一七九至约前一〇四），少治《春秋》。汉景帝（前一五七至前一四一在位）时为博士。下帷讲授，三年不窥园。武帝时以贤良对策，为江都相。尊孔重经，儒家一尊，大有力焉。著《春秋繁露》，倡天人感应之说。参看《汉书》卷五十六。⑦叔度：黄宪，字叔度，壮年在一二〇。东汉名士。言论无存。荀淑与语，移日不能去。郭林宗谓叔度汪汪，若千顷波。⑧孔明：诸葛亮（一八一至二三四），字孔明。刘备三顾其草庐，乃出佐

之取荆州与益州。备为蜀汉昭烈帝，与魏、吴三国鼎立。备殁，封武乡侯。六次北伐欲复中原，未成而卒。参看《蜀志》卷五。[9]文中：参看第十一条，注一。[10]韩：韩琦，字稚圭（一〇〇八至一〇七五）。宋之名臣，官至司徒兼侍中，封魏国公，卒谥忠献。参看《宋史》卷三一二。[11]范：范仲淹（九八九至一〇五二），字希文。亦宋之名臣。参知政事。与韩琦齐名，出将入相，共致太平，天下称“韩范”。卒后追封楚国公。参看《宋史》卷三一四。[12]生知安行：参看第六条，注八。[13]性：王本作“德”。[14]违道不远：《中庸》第十三章云：“忠恕违道不远，施诸己而不愿，亦勿施于人。”[15]伊：即伊尹。参看第九十九条，注三。[16]傅：传说为商武丁（前一三二四至前一二六六）之贤相。[17]周：即周公。参看第二十一条，注二；第一四一条，注五。[18]召：姓姬名奭，前一〇五六卒，谥曰康，文王之子，武王之弟，与周公相辅成王。详《史记》卷四《周本纪》。[19]行不著、习不察：参看第一〇一条，注八。[20]昭昭：《孟子·尽心第七下》第二十章云：“圣者以其昭昭，使人昭昭。”

166 来书云：“昔周茂叔[1]每令伯淳寻仲尼、颜子乐处[2]。敢问是乐也，与七情[3]之乐，同乎？否乎？若同，则常人之一遂所欲，皆能乐矣，何必圣贤？若别有真乐，则圣贤之遇大忧大怒大惊大惧之事，此乐亦在否乎？且君子之心，常存戒惧，是盖终身之忧[4]也，恶得乐？澄平生多闷，未尝见真乐之趣，今切愿寻之。”

乐是心之本体。虽不同于七情之乐，而亦不外于七情之乐。虽则圣贤别有真乐，而亦常人之所同有。但常人有之而不自知，反自求许多忧苦，自加迷弃。虽在忧苦迷弃之中，而此乐又未尝不存。但一念开明，反身而诚[5]，则即此而在矣。每与原静论，无非此意。而原静尚有何道可得之问，是犹未免于骑驴觅驴[6]之蔽也。

施邦曜云："乐不是快活之谓，是胸中有一段自得处。常人与圣贤不能同乐者，盖圣贤有得，常人无得也。得则事变不能迁，无得则便逐境为忧喜。故有大忧、大怒、大惊、大惧之事。圣贤未尝不加敬惕。然其自得于己者，事变之窾会，无不了当于胸中。只是临事敬慎耳。若常人毫无把柄，便惶惑忧惧。故仁者之不忧，知者之不惑，勇者之不惧（《论语·子罕篇》第九，第二十九章），圣贤之能乐也。常人未免忧惧惑，安得乐？常存戒惧，正是君子求自得处。何道可得？来书全文，意必有此语，节略耳。"

①周茂叔：周敦颐，参看第一〇一条，注十四。②仲尼、颜子乐处：《二程遗书》第二卷上（页二下）曰："昔受学于周茂叔。每令寻颜子、仲尼乐处所乐何事。"此处不指明周子令程伊川抑程明道（伯淳）。《近思录》卷二《为学篇》第二十一条载之，以为明道语。注者皆谓所乐指《论语·雍也第六》第九章，子曰："贤哉回也。一箪食，一瓢饮，在陋巷。人不堪其忧，回也不改其乐。贤哉回也。"又谓指《论语·述而第七》第十五章，子曰："饭疏食饮水，曲肱而枕之，乐亦在其中矣。"然此是臆测，周子、程子均未明言。③七情：参看第四十四条，注五。④终身之忧：《孟子·离娄第四下》第二十八章云："君子有终身之忧，而无一朝之患也。"⑤反身而诚：《孟子·尽心第七上》孟子曰："万物皆备于我矣。反身而诚，乐莫大焉。"⑥骑驴觅驴：《景德传灯录》卷二七九（页二下），志公和尚大乘赞云："不解即心即佛，真似骑驴觅驴。"又卷二十八（页六上）神会大师云："诵经不见有无义，真似骑驴更觅驴。"

167 来书云："《大学》以心有好乐忿懥忧患恐惧为不得其正[①]，而程子亦谓圣人情顺万事而无情[②]。所谓有者，《传习录》[③]中以病

疟[4]譬之，极精切矣。若程子之言，则是圣人之情不生于心，而生于物也。何谓耶？且事感而情应，则是是非非，可以就格。事或未感时，谓之有，则未形也；谓之无，则病根在有无之间。何以致吾知乎？学务无情。累虽轻，而出儒入佛矣。可乎？”

圣人致知之功，至诚无息[5]。其良知之体，皦如明镜，略无纤翳[6]。妍媸之来，随物见形。而明镜曾无留染，所谓情顺万事而无情也。无所住而生其心[7]，佛氏曾有是言，未为非也。明镜之应物，妍者妍，媸者媸，一照而皆真，即是生其心处；妍者妍，媸者媸，一过而不留，即是无所住处。病疟之喻，既已见其精切，则此节所问，可以释然。病疟之人，疟虽未发，而病根自在，则亦安可以其疟之未发，而遂忘其服药调理之功乎？若必待疟发而后服药调理，则既晚矣。致知之功，无间于有事无事，而岂论于病之已发未发邪？大抵原静所疑，前后虽若不一，然皆起于自私自利将迎意必[8]之为祟[9]。此根一去，则前后所疑，自将冰消雾释，有不待于问辨者矣。

①不得其正：见第一〇一条，注十。②圣人情顺万事而无情：《明道文集》卷三《答横渠先生定性书》（页一上）曰：“天地之常，以其心普万物而无心。圣人之常，以其情顺万事而无情。”③《传习录》：指今本《传习录》上卷。中卷乃《续录》也。④病疟：见第七十六条。⑤至诚无息：《中庸》第二十六章云：“故至诚无息。不息则久。”⑥纤翳：细微障蔽。⑦生其心：《金刚经》第十品云：“应无所住而生其心。”⑧将迎意必：参看第二十九条，注三，与第一六一条，注五。⑨祟：三轮执斋本作“累”。

钱德洪跋

《答陆原静书》出，读者皆喜澄善问，师善答，皆得闻所未闻。师曰："原静所问，只是知解上转，不得已与之逐节分疏。若信得良知，只在良知上用功，虽千经万典，无不吻合。异端曲学，一勘尽破矣。何必如此节节分解？佛家有扑人逐块[①]之喻。见块扑人，则得人矣，见块逐块，于块奚得哉？"在坐诸友闻知，惕然皆有惺悟。此学贵反求，非知解可入也。[②]

①逐块：《涅槃经》第二十六品曰："凡一切凡夫，虽观于果，不观因缘。如犬逐块不逐人，亦复如是。"《续藏经》第二辑，第十八函《祖庭事苑》卷八（页一一六下）"狮子咬人"下云："《大般若论》云：'有掷块于犬。犬逐块也，块终不止。有掷于狮子，狮子逐人，其块自止。'"②南本原无此跋，钱德洪编订《传习录》三卷时所增。《全书》卷六（页二三上下）《寄陆原静书》云："南元善曾将原静后来论学数条刊入《后录》中。初心甚不欲渠如此。近日朋辈见之，却因此多有省悟。始知古人相与论辨穷诘，又不独自己明白，直欲共明此学于天下耳。盖此数条，同志中肯用功者亦时有疑及之。然非原静则亦莫肯如此披豁吐露。就欲如此披豁吐露，亦不能如此曲折详尽。故此原静一问，其有益于同志，良不浅浅。"是书之年为嘉靖丙戌（一五二六），阳明在越。

答欧阳崇一[1]

168 崇一[2]来书云:“师云:‘德性之良知,非由于闻见。若曰多闻择其善者而从之,多见而识[3]之’则是专求之见闻之末,而已落在第二义。’[4]窃意良知虽不由见闻而有,然学者之知,未尝不由见闻而发。滞于见闻固非,而见闻亦良知之用也。今日落在第二义,恐为专以见闻为学者而言。若致其良知,而求之见闻,似亦知行合一之功矣。如何?”

良知不由见闻而有,而见闻莫非良知之用。故良知不滞于见闻,而亦不离于见闻。孔子云:“吾有知乎哉?无知也[5]。”良知之外,别无知矣。故致良知是学问大头脑,是圣人[6]教人第一义。今云专求之见闻之末,则是失却头脑,而已落在第二义矣。近时同志中盖已莫不知有致良知之说。然其工夫[7]尚多鹘突者,正是欠此一问。大抵学问工夫,只要主意头脑是当。若主意头脑专以致良知为事,则凡多闻多见,莫非致良知之功。盖日月之间,见闻酬酢,虽千头万绪,莫非良知之发用流行。除却见闻酬酢,亦无良知可致矣,故只是一事。若曰致其良知而求之见闻,则语意之间,未免为二。此与专求之见闻之末者,虽稍不同,其为未得精一[8]之旨,则一而已。“多闻择其善者而从之,多见而识之”。既云择,又云识,其[9]良知亦未尝不行于其间。但其用[10]意乃专在多闻多见上去择识，则已失却头脑矣。崇一于此等处见得当已分晓。今日之问，正为发明此学，于同志中极有益。但语意未莹，则毫厘千里[11]亦不容不精察之也。

①答欧阳崇一:《年谱》系此书于嘉靖五年（一五二六）。是年阳明五十五岁，在越。然南元善刻《传习录》先此一年，为嘉靖四年。二者必有一误。②崇一:欧阳南野，参看第一〇四条，注一。③多见而识:《论语·述而第七》第二十七章，孔子之语。④“师云……第二义”:阳明之语，见第一四〇条。⑤无知也:《论语·子罕第九》第七章。⑥人:施本、俞本作“门”。⑦工夫:南本、施本、俞本下均有“间”字。⑧精一:参看第二条，注四。⑨其:南本作“则”。⑩用:南本、施本、俞本作“立”。⑪毫厘千里:参看第四条，注六。

169 来书[1]云:“师云:‘《系》言[2]‘何思何虑’，是言所思所虑只是天理，更无别思别虑耳，非谓无思无虑也。心之本体即是天理，有何可思虑得？学者用功，虽千思万虑，只是要复他本体，不是以私意去安排思索出来。若安排思索，便是自私用智[3]矣。’[4]学者之蔽，大率非沉空守寂，则安排思索。德[5]辛壬[6]之岁，着前一病，近又着后一病。但思索亦是良知发用，其与私意安排者，何所取别？恐认贼作子[7]，惑而不知也。”

“思曰睿，睿作圣”[8]，“心之官则思，思则得之”[9]，思其可少乎？沉空守寂，与安排思索，正是自私用智，其为丧失良知一也。良知是天理之昭明灵觉处，故良知即是天理，思是良知之发用。若是良知发用之思，则所思莫非天理矣。良知发用之思，自然明白简易，良知亦自能知得。若是私意安排之思，自是纷纭劳扰，良知亦自会分别得。盖思之是非邪正，良知无有不自知者。所以认贼作子，正为致知之学不明，不知在良知上体认之耳。

①书：南本此下有“又”字。②《系》言：参看第三十九条，注七。③用智：参看第一四五条，注十。④“师云……用智矣”：指阳明《答周道通书》之语。见第一四五条。⑤德：欧阳崇一之名。⑥辛壬：正德十六年辛巳至嘉靖元年壬午（一五二一至一五二二）。⑦认贼作子：参看第一二二条，注七。⑧“思曰睿，睿作圣”：语出《书经·洪范篇》第六节。⑨“心之官则思，思则得之”：语见《孟子·告子第六上》第十五章。

170 来书又云：“师云：‘为学终身只是一事。不论有事无事，只是这一件。若说宁不了事，不可不加培养，却是分为两事也。’①窃意觉精力衰弱，不足以终事者，良知也。宁不了事，且加休养，致知也。如何却为两事？若事变之来，有事势不容不了，而精力虽衰，稍鼓舞，亦能支持，则持志②以帅气可矣。然言动终无气力，毕事则困惫已甚，不几于暴其气③已乎？此其轻重缓急，良知固未尝不知。然或迫于事势，安能顾精力？或困于精力，安能顾事势？如之何则可？”

宁不了事，不可不加培养之意，且与初学如此说，亦不为无益。但作两事看了，便有病痛在。孟子言“必有事焉”④，

则君子之学，终身只是集义[5]一事。义者宜也，心得其宜之谓义。能致良知，则心得其宜矣。故集义亦只是致良知。君子之酬酢万变，当行则行，当止则止，当生则生，当死则死，斟酌调停，无非是致其良知，以求自慊而已。故"君子素其位而行"[6]，"思不出其位"[7]。凡谋其力之所不及，而强其知之所不能者[8]，皆不得为致良知，而凡"劳其筋骨，饿其体肤，空乏其身，行拂乱其所为，动心忍性，以增益其所不能"[9]者，皆所以致其良知也。若云宁不了事，不可不加培养者，亦是先有功利之心，较计成败利钝，而爱憎取舍于其间。是以将了事自作一事，而培养又别作一事。此便有是内非外之意，便是"自私用智"[10]，便是"义外"[11]，便有"不得于心，勿求于气"[12]之病，便不是致良知以求自谦[13]之功矣。所云鼓舞支持，毕事则困惫已甚。又云迫于事势，困于精力，皆是把作两事做了，所以有此。凡学问之功，一则诚，二则伪。凡此皆是致良知之意欠诚一真切之故。《大学》言"诚其意者，如恶恶臭，如好好色，此之谓自慊"[14]。曾见有恶恶臭，好好色，而须鼓舞支持者乎？曾有毕事则困惫已甚者乎？曾有迫于事势，困于精力者乎？此可以知其受病之所从来矣。

许舜屏云："既云'不为无益'，又云'便有病痛'，前后语气，似相矛盾。"

①"师云……两事也"：《答周道通书》语，见第一四七条。②持志：《孟

子·公孙丑第二上》第二章云："夫志，气之帅也；气，体之充也。夫志至焉，气次焉。故曰：'持其志，无暴其气。'"③暴其气：同上注。④必有事焉：参看第八十七条，注二。⑤集义：参看第四十条，注一。⑥君子素其位而行：《中庸》第十四章云："君子素其位而行，不愿乎其外。"⑦思不出其位：《论语·宪问第十四》第二十八章，曾子曰："君子思不出其位。"语又见《易经·艮卦·象传》。⑧"凡谋……所不能者"：欧阳修（一〇〇七至一〇七二）《欧阳文忠公文集》(《四部丛刊》本）卷十五《秋声赋》(页四上）曰："而况思其力之所不及，忧其智之所不能。"⑨增益其所不能句：语见《孟子·告子第六下》第十五章。⑩自私用智：参看第一四五条，注十。⑪义外：参看第一三三条，注四。⑫不得于心，勿求于气：参看第八十一条，注二。⑬谦：与本文两"慊"通用。⑭自慊句。语出《大学》第六章。

171 来书又有云："人情机诈百出，御之以不疑，往往为所欺，觉则自入于逆亿[①]。夫逆诈，即诈也。亿不信，即非信也。为人欺，又非觉也。不逆不亿，而常先觉[②]，其惟良知莹彻乎。然而出入毫忽之间，背觉合诈者多矣。"

不逆不亿而先觉，此孔子因当时人专以逆诈亿不信为心，而自陷于诈与不信。又有不逆不亿者，然不知致良知之功，而往往又为人所欺诈，故有是言。非教人以是存心，而专欲先觉人之诈与不信也。以是存心，即是后世猜忌险薄者之事。而只此一念，已不可与入尧、舜之道矣。不逆不亿，而为人所欺者，尚亦不失为善。但不如能致其良知，而自然先觉者之尤为贤耳。崇一谓其惟良知莹彻者，盖已得其旨矣。然亦颖悟所及，恐未实际也。盖良知之在人心，亘万古，塞宇

宙，而无不同。“不虑而知”[③]“恒易以知险”[④]“不学而能”“恒简以知阻”“先天而天不违，天且不违，而况于人乎？况于鬼神乎？”[⑤]夫谓背觉合诈者，是虽不逆人，而或未能无自欺也；虽不亿人，而或未能果自信也。是或常有求先觉之心，而未能常自觉也。常有求先觉之心，即已流于逆亿，而足以自蔽其良知矣。此背觉合诈之所以未免也。君子学以为己[⑥]，未尝虞人之欺己也，恒不自欺其良知而已。未尝虞人之不信己也，恒自信其良知而已。未尝求先觉人之诈与不信也，恒务自觉其良知而已。是故不欺，则良知无所伪而诚，诚则明[⑦]矣。自信，则良知无所惑而明，“明则诚”矣。明诚相生，是故良知常觉常照。常觉常照，则如明镜之悬，而物之来者自不能遁其妍媸矣。何者？不欺而诚，则无所容其欺。苟有欺焉，而觉矣。自信而明[⑧]，则无所容其不信。苟不信焉，而觉矣。是谓“易以知险，简以知阻”。子思[⑨]所谓“至诚如神，可以前知”[⑩]者也。然子思谓“如神”，谓“可以前知”，犹二而言之。是盖推言思诚者之功效，是犹为不能先觉者说也。若就至诚而言，则至诚之妙用即谓之神，不必言如神。至诚则无知而无不知，不必言可以前知矣。

但衡今云：“或谓阳明所云，不逆不亿而为人所欺者，尚亦不失为善。但不如致良知先觉者之尤为贤也。是析诚明良知而为二矣。语意之间，固不免易滋误解。要知本节所云良知，盖取诚明相生之义而言。自诚明，诚之止也。自明诚，明之止也。用以破崇一不逆不亿而为人所欺者，亦由诚之不足，而未能至于止也。看似析为二，实则犹一也。”

施邦曜总评云：“此书说良知不滞见闻，亦不离见闻，所以要博学审问。二段说人心之思有是非邪正，所以要慎思明辨。三段言君子之学，终身只是集义，便是笃行之。四段则明而诚矣，体贴之自得。”

①逆亿：《论语·宪问第十四》第三十三章，子曰：“不逆诈（料度人之欺己），不亿不信（不意想人之疑己），抑亦先觉者，是贤乎。”②先觉：同上注。③不虑而知：参看第八条，注二。④恒易以知险：《易经·系辞下传》第十二章云：“夫乾，天下之至健也，德行恒易以知险；夫坤，天下之至顺也，德行恒简以知阻。”⑤“先天而天不违……况于鬼神乎”：《易经·乾卦·文言》曰：“夫大人者与天地合其德，与日月合其明，与四时合其序，与鬼神合其吉凶。先天而天弗违，后天而奉天时。天且弗违，而况于人乎？况于鬼神乎？”⑥为己：《论语·宪问第十四》第二十五章，子曰：“古之学者为己，今之学者为人。”⑦诚明：参看第一六四条，注四。⑧明：南本、施本、俞本均作“诚”。⑨子思：参看第四十二条，注一。⑩“至诚如神，可以前知”：《中庸》第二十四章云：“至诚之道，可以前知。至善，必先知之。不善，必先知之。故至诚如神。”

答罗整庵[1]少宰书[2]

172 某顿首启。昨承教及《大学》，发舟匆匆，未能奉答。晓来江[3]行稍暇，复取手教而读之。恐至赣[4]后，人事复纷沓，先具其略以请。来教云："见道固难，而体道尤难。道诚未易明，而学诚不可不讲。恐未可安于所见，而遂以为极则也。"[5]幸甚幸甚！何以得闻斯言乎？其敢自以为极则而安之乎？正思就天下之有道以讲明之耳。而数年以来，闻其说而非笑之者有矣，诟訾之者有矣，置之不足较量辨议之者有矣。其肯遂以教我乎？其肯遂以教我，而反复晓谕，恻然惟恐不及救正之乎？然则天下之爱我者，固莫有如执事之心深且至矣。感激当何如哉！夫"德之不修，学之不讲"[6]，孔子以为忧。而世之学者，稍能传习训诂，即皆自以为知学，不复有所谓讲学之求，可悲矣。夫道必体而后见，非已见道而后加体道之功也。道必学而后明，非外讲学而复有所谓明道之事也。然世之讲学者有二：有讲之以身心者，有讲之以口耳者。讲之以口耳，揣摸测度，求之影响者也；讲之以身心，行著习察[7]，实有诸己者也。如此，则知孔门之学矣。

吉村秋阳云："后人议王子者，皆不出此数言，而王子既已言之。"

①罗整庵：罗钦顺（一四六五至一五四七），字允升，号整庵，吉之泰和（江西）人。弘治壬子（一四九二）乡试第一。次年进士及第，授翰林编修，擢南京国子司业。以疏乞归家养亲。忤宦官刘谨，夺职为民。后官至南京礼部尚书。著《困知记》，发扬理气心性之学。虽未与朱子全同，然不失为明代程、朱学派之最杰出者。参看《明儒学案》卷四十七、《明史》卷二八二。②答罗整庵少宰书：正德十五年（一五二〇），阳明四十九岁。已平江西之乱，捉获宸濠。六月经泰和。罗钦顺来书，见《困知记》[天启二年（一六二二）本]卷五附录（页五上至十上），阳明复之。③江：指扬子江。④赣：即赣州，在江西南部。⑤“见道……极则也”：整庵来书。语见《困知记》卷五附录（页六下）。⑥“德之不修，学之不讲”：《论语·述而第七》第三章，子曰：“德之不修，学之不讲，闻义不能徙，不善不能改，是吾忧也。”⑦行著习察：参看第一〇一条，注八。

173 来教谓某《大学》古本[①]之复，以人之为学，但当求之于内，而程、朱格物之说，不免求之于外。遂去朱子之分章[②]，而削其所补之传[③]。非敢然也。学岂有内外乎？《大学》古本，乃孔门相传旧本耳。朱子疑其有所脱误而改正补缉之。在某则谓其本无脱误，悉从其旧而已矣。失在于过信孔子则有之，非故去朱子之分章而削其传也。夫学贵得之心，求之于心而非也，虽其言之出于孔子，不敢以为是也。而况其未及孔子者乎？求之于心而是也，虽其言之出于庸常，不敢以为非也。而况其出于孔子者乎？且旧本之传，数千载矣。今读其文词，既明白而可通。论其工夫，又易简而可入。亦何所按据而断其此段之必在于彼，彼段之必在于此，与此之如何而缺，彼之如何而误[④]，而遂改正补缉之？无乃重于背朱，而轻于叛孔已乎？

冯柯云："致知格物之传，本未尝缺，但简错耳。朱子以己意补之，则因其错而谓其缺，固非也。阳明见其补之非也，遂削之而复古本，则因其不缺而谓其不错，亦非也。……今但据其所改正，而以听讼之释本末者为释格物致知，则节次分明，意义周密。不必补，不必复，不必移，而传自完矣。"（《求是编》卷三，页三十三上下）

捷案：冯说是否有当，今不必论，而其兼评朱、王，则亦非固守门户者也。

①古本：参看上卷"徐爱序"，注二及第一条。②分章：参看第一二九条，注三。③补之传：参看第六条，注一。④误：《全书》及通行本作"补"，今从施本与俞本改作"误"。

174 **来教谓如必以学不资于外求，但当反观内省以为务，则正心诚意四字，亦何不尽之有？何必于入门之际，便困以格物[①]一段工夫也？诚然诚然。若语其要，则修身二字亦足矣，何必又言正心？正心二字亦足矣，何必又言诚意？诚意二字亦足矣，何必又言致知，又言格物？惟其工夫之详密，而要之只是一事。此所以为精一[②]之学，此正不可不思者也。夫理无内外，性无内外，故学无内外。讲习讨论，未尝非内也。反观内省，未尝遗外也。夫谓学必资于外求，是以己性为有外也。是义外[③]也，用智[④]者也。谓反观内省为求之于内，是以己性为有内也。是有我也，自私者也。是皆不知性之无内外也。故曰："精义入神，以致用也。利用安身，以崇德[⑤]也。""性之德也，合内外之道也。"[⑥]此可以知格物之学矣。格物者，《大学》之实下手处。彻头彻尾，自始学至圣人，只此工夫而**

已。非但入门之际有此一段也。夫正心、诚意、致知、格物，皆所以修身而格物者。其所用力，实[⑦]可见之地。故格物者，格其心之物也，格其意之物也，格其知之物也；正心者，正其物之心也；诚意者，诚其物之意也；致知者，致其物之知也。此岂有内外彼此之分哉？理一而已。以其理之凝聚而言则谓之性，以其凝聚之主宰而言则谓之心，以其主宰之发动而言则谓之意，以其发动之明觉而言则谓之知，以其明觉之感应而言则谓之物。故就物而言谓之格，就知而言谓之致，就意而言谓之诚，就心而言谓之正。正者，正此也；诚者，诚此也；致者，致此也；格者，格此也。皆所谓穷理以尽性也。天下无性外之理，无性外之物。学之不明，皆由世之儒者认理为外，认物为外。而不知义外之说，孟子盖尝辟之[⑧]，乃至袭陷其内而不觉。岂非亦有似是而难明者欤？不可以不察也。

刘宗周云："整庵又有答先生书云：'前三物为物三，后三物为物一，为自相矛盾。要之，物一也，而不能不淆而为两，散而为万。先生之言，自是八面玲珑。'"(《遗编》卷十一《阳明传信录》卷一，页五下至页十上。又见《明儒学案》卷十，页七上)

捷案：罗书云："夫谓其格其心之物，格其意之物，格其知之物，其为物也三；谓正其物之心，诚其物之意，致其物之知，其为物也一而已。"(《困知记》卷五附录，页八上)

①格物：《大学》经文曰："物格而后知至，知至而后意诚，意诚而后心正，心正而后身修，身修而后家齐，家齐而后国治，国治而后天下平。"②精一：参看第二条，注四。③义外：参看第一三三条，注四。④用智：参看第一四五条，注十。⑤崇德：语见《易

经·系辞上传》第五章。⑥“性之德也，合内外之道也”：语出《中庸》第二十五章。⑦实：《全书》作“日”。今从施本、俞本改“实”。⑧辟之：孟子辟告子义外之说，见《孟子·告子第六上》第四章。

175 凡执事所以致疑于格物之说者，必谓其是内，而非外也；必谓其专事于反观内省之为，而遗弃其讲习讨论之功也；必谓其一意于纲领本原之约，而脱略于支条节目之详也；必谓其沉溺于枯槁虚寂[1]之偏，而不尽于物理人事之变也。审如是，岂但获罪于圣门，获罪于朱子？是邪说诬民，叛道乱正，人得而诛之也，而况于执事之正直哉？审如是，世之稍明训诂，闻先哲之绪论者，皆知其非也。而况执事之高明哉？凡某之所谓格物，其于朱子九条[2]之说，皆包罗统括于其中。但为之有要，作用不同。正所谓毫厘之差耳。然毫厘之差，而千里之谬[3]，实起于此，不可不辨。

①虚寂：指道家。②九条：(一) 或读书讲明道义，或论古今人物而别其是非，或应接事物而处其当。今日格一物，明日又格一物。(二) 自一身之中，以至万物之理，多多理会。(三) 非穷尽天下之理，亦非止穷得一理。但须多积累。(四) 于一一事上穷尽，可以类推。一事上穷不得，且别穷一事。或先其易，或先其难，各随人深浅。(五) 物必有理，皆所当穷。(六) 如欲为孝，当知所以为孝之道。(七) 物我一理，才明彼，即晓此。一草一木皆有理，不可不察。(八) 知至善之所在。(九) 察之于身。此九条皆言格物致知所当用力之地与其次第工程。详《大学或问》(页四十六上至五十二上)。③千里之谬：参看第四条，注六。

176 孟子辟杨、墨[1]至于无父无君。二子亦当时之贤者，使与孟子并世而生，未必不以之为贤。墨子兼爱，行仁而过耳；杨子为我，行义而过耳。此其为说，亦岂灭理乱常之甚而足以眩天下哉？而其流之弊，孟子至比于禽兽夷狄，所谓以学术杀天下[②]后世也。今世学术之弊，其谓之学仁而过者乎？谓之学义而过者乎？抑谓之学不仁不义而过者乎？吾不知其于洪水猛兽何如也。孟子云："予岂好辩[③]哉？予不得已也。"杨、墨之道塞天下。孟子之时，天下之尊信杨、墨，当不下于今日之崇尚朱说。而孟子独以一人呶呶于其间。噫，可哀矣！韩氏云："佛、老之害，甚于杨、墨。"[④]韩愈之贤，不及孟子。孟子不能救之于未坏之先，而韩愈乃欲全之于已坏之后。其亦不量其力，且见其身之危，莫之救以死也。呜呼！若某者，其尤不量其力。果见其身之危，莫之救以死也矣。夫众方嘻嘻之中，而独出涕嗟若[⑤]；举世恬然以趋，而独疾首蹙额以为忧。此其非病狂丧心，殆必诚有大苦者隐于其中。而非天下之至仁，其孰能察之？其为《朱子晚年定论》[⑥]，盖亦不得已而然。中间年岁早晚，诚有所未考。虽不必尽出于晚年，固多出于晚年者矣。然大意在委曲调停，以明此学为重。平生于朱子之说，如神明蓍龟。一旦与之背驰，心诚有所未忍，故不得已而为此。"知我者谓我心忧，不知我者谓我何求[⑦]。"盖不忍牴牾朱子者，其本心也。不得已而与之牴牾者，道固如是，"不直则道不见"[⑧]也。执事所谓决与朱子异者，仆敢自欺其心哉？夫道，天下之公道也；学，天下之公学也，非朱子可得而私也，非孔子可得而私也。天下之公也，公言之而已矣。故言之而是，虽异于己，乃益于己也。言之而非，虽同于己，适损于己也。益于己者己必喜之，损于己者己必恶之。然则某今日之论，虽或于朱子异，未必非其所喜也。"君子之过[⑨]，如日月之食，

其更也，人皆仰之"，而"小人之过也必文"⑩。某虽不肖，固不敢以小人之心事朱子也。

施邦曜云："此书论朱子而举杨、墨、佛、老以为证，其词未免过激。然朱子自有朱子之得力处，不必强而同也。盖人之资禀不齐，即孔门诸弟子，颜、曾、游、夏、冉、闵，得力人人殊，只是趋向皆正耳。要晓得先生谆谆然不得已于辩者，非是讦朱子之短。只因后之学者，溺于训诂，俱借口朱子为重，故作《晚年定论》，以明朱子之心，以挽末学之病。即朱子亦当欣然于廊庑也，学者不可不知。"

孙锵云："王学本独有千古，可俟百世。何必借朱子为定论？况明言其不必尽出于晚年哉？观'委曲调停'四字，先生盖犹有乡愿之见。而王学所以予人口实者，正在此也。今世学者既鲜专尊朱学以攻王学者。故本书之末，武昌本、江西本均附刻《定论》，今删之。"

①杨、墨：参看第九十三条，注四；第一四一条，注一。②学术杀天下：《象山全集》（《四部备要》本）卷一《与曾宅之书》（页三上）曰："此岂非以学术杀天下哉？"③好辩：《孟子·滕文公第三下》第九章云："予岂好辩哉？予不得已也。"④"佛、老之害，甚于杨、墨"：韩愈语，见《韩昌黎全集》（《四部备要》本）卷十八《与孟简尚书书》（页九上下）。韩愈，见第十一条，注二。⑤涕嗟若：《易经·离卦·爻辞》云："出涕沱若，戚嗟若。"⑥《朱子晚年定论》：附刊于卷下之末。⑦何求：语见《诗经·王风·黍离篇》第六十五篇。⑧不直则道不见：《孟子·滕文公第三上》第五章，孟子语。⑨君子之过：《论语·子张第十九》第二十一章，子贡曰："君子之过也，如日月之食焉。过也，人皆见之；

更也，人皆仰之。”⑩小人之过也必文：见《论语·子张第十九》第八章，子夏之语。

177 执事所以教，反复数百言，皆以未悉鄙人格物之说。若鄙说一明，则此数百言，皆可以不待辩说，而释然无滞。故今不敢缕缕以滋琐屑之渎。然鄙说非面陈口析，断亦未能了了于纸笔间也。嗟乎！执事所以开导启迪于我者，可谓恳到详切矣。人之爱我，宁有如执事者乎？仆虽甚愚下，宁不知所感刻佩服？然而不敢遽舍其中心之诚。然而姑以听受云者，正不敢有负于深爱，亦思有以报之耳。秋尽东还，必求一面，以卒所请，千万终教。

王应昌云："先生开口闭口，只是一个良知，似从朱子晚年悟后语得来。则先生之为学，与朱子本是一个血脉。"

佐藤一斋云："整庵《困知记》载《与阳明书》二首。此书即其前书之答也。整庵既得此答，复作一书论难。而阳明卒，不及览之，整庵以为憾。愚今取读之，大意不出于前书范围，于答是也何有？"

东正纯云："案：文成是书，斥朱子颇过伤，故学朱者不能平焉。汤潜庵（汤斌，一六二七至一六八七）《答陆稼书书》（陆稼书，即陆陇其，一六三〇至一六九二）云：'来谕阳明尝比朱子于洪水猛兽，是诋毁先儒莫如阳明也。今亦黜毁先儒者耳，庸何伤？窃谓阳明之诋朱子也，阳明之大罪过也。于朱子何损？今人功业文章，未能望阳明之万一，而止效法其罪过。如两口角骂，何益之有？恐朱子亦不乐有此报复矣。'[《汤文正公全书》，同治辛未（一八七一）本，卷二，页六十五上下]潜庵之言，真是公明正中，无偏无党，可以为法也。"

答聂文蔚[1]

178 春间[2]远劳迂途枉顾，问证惓惓[3]，此情何可当也？已期二三同志，更处静地，扳留[4]旬日，少效其鄙见，以求切劘[5]之益。而公期俗绊，势有不能，别去极怏怏[6]，如有所失。忽承笺惠，反复千余言。读之无甚[7]浣慰，中间推许太过，盖亦奖掖之盛心。而规砺真切，思欲纳之于贤圣之域。又托诸崇一[8]以致其勤勤恳恳之怀。此非深交笃爱，何以及是？知感知愧，且惧其无以堪之也。虽然，仆亦何敢不自鞭勉，而徒以感愧辞让为乎哉？其谓思、孟、周、程[9]，无意相遭于千载之下。与其尽信于天下，不若真信于一人。道固自在，学亦自在。天下信之不为多，一人信之不为少者，斯固君子"不见是而无闷"[10]之心。岂世之谫谫[11]屑屑者知足以及之乎？乃仆之情，则有大不得已者存乎其间，而非以计人之信与不信也。

[1]聂文蔚：即聂豹（一四八七至一五六三），字文蔚，号双江，江西永丰人。历官至陕西按察司副使，为辅臣所恶而入狱。逾年得出。寻任兵部尚书，以边功加至太子少傅。卒谥贞襄。阳明在越，文蔚以御史按闽过武林，欲渡江见之。人言力阻不听。一见大悦。阳明既殁，文蔚时官苏州，谓昔之未称门生者冀再见耳，今不可得矣。乃设位北面再拜，始称门生，以钱德洪、王畿为证。其学以主归寂以通天下之感，且有疑阳明

之说，同门各致难端。其时阳明已揭致良知之教，然早年亦以收敛为主。故黄宗羲云：“其后学者有喜静厌动之弊，故以致良知救之。而曰良知是未发之中，则犹之乎前说也。先生亦何背乎师门？”参看《明儒学案》卷十七（页八下至十七上）及《明史》卷二〇二。②春间：《年谱》系聂书于嘉靖五年（一五二六）。是年阳明五十五岁，在越。《年谱》谓是年夏先生见阳明。别后致此书，施本、俞本均作“夏间”，未知孰是。又《年谱》谓南元善于嘉靖三年（一五二四）《续刻传习录》，收此书。则《年谱》系聂书之年与系南刻之年，必有一误。③问证惓惓：日本诸本“问”作“间”，误。南本、施本无“证惓惓”三字、“已期”至“静地”十字。及“反复”至“无甚”九字，而“扳留”之上有“甚欲”二字、“浣慰”之下有“可知”二字。④扳留：即挽留。⑤切劘：切磨也。⑥怏怏：《全书》作“快快”，误。⑦甚：三轮执斋疑应作“堪”。⑧崇一：欧阳德。参看第一〇四条，注一。⑨思、孟、周、程：思，子思，参看第四十二条，注一。周，即周敦颐，参看第一〇一条，注十四。⑩不见是而无闷：《易经 · 乾卦 · 文言》曰：“遁世无闷，不见是而无闷。”言隐世而无烦懑。⑪谫：浅薄。

179 夫人者，天地之心。天地万物本吾一体[①]者也。生民之困苦荼毒，孰非疾痛之切于吾身者乎？不知吾身之疾痛，无是非之心者也。是非之心，不虑而知，不学而能[②]，所谓良知也。良知之在人心，无间于圣愚，天下古今之所同也。世之君子，惟务致其良知，则自能公是非，同好恶，视人犹己，视国犹家，而以天地万物为一体。求天下无治，不可得矣。古之人所以能见善不啻若己出，见恶不啻若己入，视民之饥溺，犹己之饥溺[③]，而一夫不获[④]，若己推而纳诸沟中[⑤]者，非故为是而以蕲[⑥]天下之信己也。务致其良知，求自慊而已矣。尧、舜、三王[⑦]之圣，言而民莫不信[⑧]者，致其良知而言之也。行而民莫不说者，致其良知而行之也。是以其民熙熙皞皞[9]，杀之不怨，利之不庸[10]，施及蛮貊，而凡有血气者，莫不尊亲为其良知之同也。呜呼！圣人之治天下，何其简且易哉！

①天地万物本吾一体：参看第八十九条，注二。②“不虑而知，不学而能”：参看第八条，注二。③饥溺：《孟子·离娄第四下》第二十九章云：“禹思天下有溺者，由己溺之也；稷思天下有饥者，由己饥之也。”④一夫不获：《书经·说命》卷下，第十节云：“一夫不获，则曰时予之辜。”⑤若己推而纳诸沟中：《孟子·万章第五上》第七章云：“匹夫匹妇，有不被尧、舜之泽者，若己（汤）推而内（纳）之沟中。”⑥蕲：求也。某本作“靳”，误。⑦三王：汤、文、武。⑧莫不信：《中庸》第三十一章云：“见而民莫不敬，言而民莫不信，行而民莫不说。……施及蛮貊……凡有血气者，莫不尊亲。”⑨熙熙皞皞：熙，和也。皞，广大自得貌。⑩“杀之不怨，利之不庸”：《孟子·尽心第七上》第十三章语。

180 后世良知之学不明，天下之人用其私智以相比轧[1]。是以人各有心，而偏琐僻陋之见，狡伪阴邪之术，至于不可胜说。外假仁义之名，而内以行其自私自利之实，诡辞以阿俗，矫行以干誉。掩人之善，而袭以为己长；讦[2]人之私，而窃以为己直；忿以相胜，而犹谓之徇义；险以相倾，而犹谓之疾恶；妒贤忌能，而犹自以为公是非；恣情纵欲，而犹自以为同好恶。相陵相贼，自其一家骨肉之亲，已不能无尔我胜负之意，彼此藩篱之形，而况于天下之大，民物之众，又何能一体而视之？则无怪于纷纷籍籍，而祸乱相寻[3]于无穷矣。

①轧：倾也。②讦：揭露。③寻：续也。

181 仆诚赖天之灵，偶有见于良知之学，以为必由此而后天下可得而治。是以每念斯民之陷溺，则为之戚然痛心，忘其身之不肖，而思以此救之，亦不自知其量者。天下之人见其若是，遂相与非笑而诋斥之，以为是病狂丧心之人耳。呜呼！是奚足恤哉？吾方疾痛之切体，而暇计人之非笑乎？人固有见其父子兄弟之坠溺于深渊者，呼号匍匐，裸[①]跣颠顿，扳悬崖壁而下拯之。士之见者，方相与揖让谈笑于其傍，以为是弃其礼貌衣冠，而呼号[②]颠顿若此，是病狂丧心者也。故夫揖让谈笑于溺人之傍，而不知救，此惟行路之人，无亲戚骨肉之情者能之，然已谓之无恻隐[③]之心非人矣。若夫在父子兄弟之爱者，则固未有不痛心疾首，狂奔尽气，匍匐而拯之。彼将陷溺之祸有不顾，而况于病狂丧心之讥乎？而又况于蕲人之信与不信乎？呜呼！今之人虽谓仆为病狂丧心之人，亦无不可矣。天下之人心，皆吾之心也。天下之人，犹有病狂者矣，吾安得而非病狂乎？犹有丧心者矣，吾安得而非丧心乎？

①裸：施本、俞本作“踝”。②号：三轮执斋本作“唬”。③恻隐：《孟子·公孙丑第二上》第六章云：“无恻隐之心，非人也。”

182 昔者孔子之在当时，有议其为谄[①]者，有讥其为佞者[②]，有毁其未贤[③]，诋其为不知礼[④]，而侮之以为东家丘[⑤]者，有嫉而沮[⑥]之者，有恶而欲杀[⑦]之者。晨门[⑧]、荷蒉之徒，皆当时之贤士，且曰：“是知其不可而为之者欤？”“鄙哉[⑨]！硁硁乎！莫己知也，斯已而已矣。”虽子路在升堂[⑩]之列，尚不能无疑于其所见[⑪]，不悦于其所欲往[⑫]，而且以之为迂[⑬]。则当时之不信夫子者，岂特十之二三而已乎？然而夫子汲汲遑遑，若求亡子于道路，而不暇于暖席者，宁以蕲人之知我信我而已哉？盖其天地万物一体之仁，疾痛迫切，虽欲已之，而自有所不容已。故其言曰：“吾非斯人之徒与而谁与？”[14]“欲洁其身，而乱大伦。”[15]“果哉末之难矣。”[16]呜呼！此非诚以天地万物为一体者，孰能以知夫子之心乎？若其“遁世无闷”[17]“乐天知命”[18]者，则固“无入而不自得”[19]“道并行而不相悖”[20]也。

①为谄：《论语·八佾第三》第十八章，子曰：“事君尽礼，人以为谄也。”②佞者：《论语·宪问第十四》第三十四章云：“微生亩谓孔子曰：‘丘（叫孔子之名，表示不恭）何为是栖栖（依依）者与？无乃为佞（以言悦人）乎？’孔子曰：‘非敢为佞也，疾固（恶执一不通）也。’”③未贤：《论语·子张第十九》第二十四章云：“叔孙武叔毁仲尼。子贡曰：‘无以为也！仲尼不可毁也。他人之贤者，丘陵也，犹可逾也。仲尼，日月也，无得而逾焉。’”④不知礼：《论语·八佾第三》第十五章云：“子入太庙，每事问。或曰：‘孰谓鄹人之子知礼乎？入太庙，每事问。’子闻之，曰：‘是礼也。’”⑤东家丘：中、日辞典及注家均引《孔子家语》云：“孔子西家有愚夫，不知孔子为圣人，乃曰：‘彼东家丘，我知之矣。’”诸家所引辞句略有出入。陈琳（二一七卒）为曹洪《与魏文帝书》注引此事（《大汉和辞典》第六册，页五八八七）。沈约（四四一至五一三）、隐侯某[光绪十八年（一八九二），《汉魏六朝百三家集》本，卷一，页八十三下]，亦谓时人称孔子为东家丘。则此说流传已久。惟遍查今本《孔子家语》无此事。岂本出古本《家语》耶？古本早已佚亡，无可考矣。三轮执斋门人河田琴卿与小柳司气太谓语亦出《说苑》。然遍查亦不见。⑥嫉而沮：《论语·微子第十八》第四章云：“‘齐人归女乐，季桓子受之，三日不朝。孔子行。’鲁定公十四年乙巳（前四九六），孔子年五十六，摄行相事，鲁国大治。齐人赠女乐以阻之。”⑦欲杀：《论语·述而第七》第二十二章云：“子

曰：'天生德于予。桓魋其如予何？'"孔子适宋，司马桓魋欲杀之。⑧晨门：《论语·宪问第十四》第四十一章云："子路宿于石门。晨门曰：'奚自？'子路曰：'自孔氏。'曰：'是知其不可而为之者与！'"⑨鄙哉：《论语·宪问第十四》第四十二章云："子击磬于卫。有荷蒉而过孔氏之门者，曰：'有心哉！击磬乎！'既而曰：'鄙哉！硁硁（石声）乎！莫己知也（讥孔子不知己），斯己而已矣（可以止矣）。深则厉（以衣涉水），浅则揭（摄衣涉水，言应知深浅）。'子曰：'果哉（其人决意忘世）！末之难矣（出处若只如此，亦无所难）。'"⑩升堂：《论语·先进第十一》第十四章云："由（子路）也，升堂（已造正大）矣，未入于室（未入精微）也。"⑪所见：《论语·雍也第六》第二十六章云："子见南子（卫灵公夫人，有淫行），子路不说。夫子矢之曰：'予所否者，天厌之！天厌之！'"⑫欲往：《论语·阳货篇》第十七，第五章云："公山弗扰（季氏宰）以费（邑）畔。召，子欲往。子路不说，曰：'末之也已（道既不行，无所往矣），何必公山氏之之（往）也？'子曰：'夫召我者，而岂徒（徒然）哉？如有用我者，吾其为东周（兴周道于东方）乎！'"⑬为迂：《论语·子路第十三》第三章云："子路曰：'卫君待子而为政，子将奚先？'子曰：'必也正名乎。'子路曰：'有是哉？子之迂（远于事情）也。奚其正？'子曰：'野（鄙俗）哉，由也。君子于其所不知，盖阙如也。名不正，则言不顺；言不顺，则事不成……'"⑭"吾非斯人之徒与而谁与"：《论语·微子第十八》，第六章云："长沮、桀溺耦而耕，孔子过之，使子路问津焉。……桀溺曰：'……是鲁孔丘之徒与？……滔滔者（流而不反，天下皆乱）天下皆是也，而谁以易之？且而（汝）与其从辟人之士（孔子）也，岂若从避世之士（桀溺）哉？'……夫子怃（怅）然曰：'鸟兽不可与同群。吾非斯人（人类）之徒与而谁与？（如）天下有道，丘不（无须）与易也。'"⑮"欲洁其身，而乱大伦"：《论语·微子第十八》第七章云："子路从（孔子）而后（落后），遇丈人，以杖荷蓧。……止（留）子路宿。……明日，子路行，以告。子曰：'隐者也。'……子路(述孔子之意)曰:'……君臣之义,如之何其废之?欲洁其身,而乱大伦。'"⑯果哉末之难矣:见上注九。⑰遁世无闷:参看第一七八条,注十。⑱乐天知命:《易经·系辞上传》第四章语。⑲无入而不自得:语出《中庸》第十四章。⑳道并行而不相悖:语出《中庸》第三十章。

183 仆之不肖,何敢以夫子之道为己任?顾其心亦已稍知疾痛之在身,是以彷徨四顾,将求其有助于我者相与讲去其病耳。今诚得豪杰同志之士,扶持匡翼,共明良知之学于天下。使天下之人,皆知自致其良知,以相安相养,去其自私自利之蔽,一洗谗妒胜忿之习,以济于大同[①],则仆之狂病,固将脱然以愈,而终免于丧心之患矣。岂不快哉?嗟乎!今诚欲求豪杰同志之士于天下,非如吾文蔚者而谁望之乎?如吾文蔚之才与志,诚足以援天下之溺者。今又既知其具之在我,而无假于外求矣。循是而充[②],若决河注海,孰得而御哉?文蔚所谓一人信之不为少,其又能逊以委之何人乎?

①大同:《礼记·礼运篇》第一节云:"大道之行也,天下为公。选贤与能,讲信修睦。……是谓大同。"②而充:施本、俞本作"以往"。

184 会稽[①]素号山水之区,深林长谷,信步皆是,寒暑晦明,无时不宜。安居饱食,尘嚣无扰。良朋四集,道义日新。优哉游哉!天地之间,宁复有乐于是者?孔子云:"不怨天,不尤人,下学而上

达。”[2]仆与二三同志，方将请事斯语，奚暇外慕？独其切肤之痛，乃有未能恝然者，辄复云云尔。咳疾暑毒，书札绝懒。盛使远来，迟留经月。临歧执笔，又不觉累纸。盖于相知之深，虽已缕缕至此，殊觉有所未能尽也。

施邦曜云："此篇文字，见先生直以斯道自任。"

佐藤一斋云："会稽以下，写出遁世无闷，乐天知命状景。"

东正纯云："文成是书，大意在因文蔚之言，而更洗泼而进之。固非抑文蔚之言而伸其说也。"又云："遁世无闷之情，写出无剩。盖乐天知命之学，必从潜龙不拔入焉。自非聪明之至，不能知其所以然。故为文蔚切言之。"

孙锵云："此篇自述救世苦心。"

①会稽：山名，又县名，即浙江绍兴。山明水秀，为浙东胜地。阳明书院成立于此，故良朋四集。②"不怨天，不尤人，下学而上达"：语见《论语·宪问第十四》第三十七章。

二[1]

185 得书[2]见近来所学之骤进，喜慰不可言。谛[3]视数过，其间虽亦有一二未莹彻处，却是致良知之功尚未纯熟。到纯熟时，自无此矣。譬之驱车，既已由于康庄大道之中。或时横斜迂曲者，乃马性未调，衔勒不齐之故。然已只在康庄大道之中，决不赚入傍蹊曲径矣。近时海内同志到此地位者，曾未多见。喜慰不可言，斯道之幸也。贱躯旧有咳嗽[4]畏热之病，近入炎方辄复大作。主上圣明洞察，责付甚重，不敢遽辞。地方军务冗沓，皆舆疾从事。今却幸已平定，已具本[5]乞回养病，得在林下稍就清凉，或可瘳耳。人还，伏枕草草，不尽倾企。外惟濬[6]一简，幸达致之。

①二：嘉靖七年（一五二八），十月发于广西。为阳明绝笔之书。②得书：聂豹来书，载《双江文集》[嘉靖甲子（一五六四）本，卷八，页一上至六下]。该书题目下云丁亥，即嘉靖六年。大概六年之冬或七年春夏方到，或早已收到。固军事冗沓，迟而未复，亦未可知。③谛：审也。④咳嗽：据七年十月阳明疏请告，六年阳明承乏南赣，为炎毒所中，遂患咳痢之疾。入广西炎热之区，毒益甚。⑤具本：呈文，即十月之疏请告，而十一月卒于江西南安矣。⑥惟濬：陈九川，参看第二〇一条，注二。《致惟濬书》载《全书》卷六（页三一下至三三上）。

186 来书所询，草草奉复一二。近岁来山中讲学者，往往多说勿忘勿助[1]工夫甚难。问之，则云才着意便是助，才不着意便是忘，所以甚难。区区因问之云，忘是忘个什么？助是助个什么？其人默然无对，始请问。区区因与说我此间讲学，却只说个“必有事焉”[2]，不说勿忘勿助。“必有事焉”者，只是时时去集义[3]。若时时去用必有事的工夫，而或有时间断，此便是忘了，即须勿忘。时时去用必有事的工夫，而或有时欲速求效，此便是助了，即须勿助。其工夫全在必有事焉上用。勿忘勿助，只就其间提撕警觉而已。若是工夫原不间断，即不须更说勿忘。原不欲速求效，即不须更说勿助。此其工夫何等明白简易！何等洒脱自在！今却不去“必有事”上用功，而乃悬空守着一个勿忘勿助。此正如烧锅煮[4]饭。锅内不曾渍[5]水下米，而乃专去添柴放火，不知毕竟煮出个什么物来。吾恐火候未及调停，而锅已先破裂矣。近日一种专在勿忘勿助上用功者，其病正是如此。终日悬空去做个勿忘，又悬空去做个勿助，渀渀荡荡[6]，全无实落下手处。究竟工夫只做个沉空守寂[7]，学成一个痴骙汉，才遇些子事来，即便牵滞纷扰，不复能经纶宰制。此皆有志之士，而乃使之劳苦缠缚，担[8]搁一生，皆由学术误人之故，甚可悯矣。

孙奇逢云：“必有事焉，谓有事于集义也。”

东正纯云：“不说勿忘勿助，只时时去集义，此说固善。亦以有转化交发之妙耳。若问集义，亦应不说集义须勿忘勿助之功矣。此处不善看，王、湛之门所以各争意见也。‘近日’云云，暗指甘泉（湛若水，参看二〇一条）。甘泉有与阳明书，极有商量。甘泉岂悬空讲勿忘勿助者乎？”

①勿忘勿助：参看第八十七条，注二。②必有事焉：参看第八十七条，注二。③集义：见第四十条，注一。④煮：三轮执斋本作“鬻”。⑤渍：南本作“注”。⑥渀渀荡荡：渺渺茫茫也。⑦空寂：指释、道。⑧担：三轮执斋本与佐藤一斋本均作“耽”。

187 夫必有事焉，只是集义，集义只是致良知。说集义则一时未见头脑，说致良知即当下[①]便有实地步可用功，故区区专说致良知。随时就事上致其良知，便是格物；着实去致[②]良知，便是诚意；着实致其良知，而无一毫意必[③]固我，便是正心。着实致良知，则自无忘之病；无一毫意必固我，则自无助之病。故说格致诚正[④]，则不必更说个忘助。孟子说忘助，亦就告子得病处立方。告子强制其心，是助的病痛。故孟子专说助长之害。告子助长，亦是他以义为外，不知就自心上集义，在必有事焉上用功，是以如此。若时时刻刻就自心上集义，则良知之体，洞然明白。自然是是非非，纤毫莫遁。又焉有“不得于言，勿求于心；不得于心，勿求于气”[⑤]之弊乎？孟子集义养气之说，固大有功于后学。然亦是因病立方，说得大段。不若《大学》格致诚正之功，尤极精一简易为彻上彻下，万世无弊者也。

刘宗周云：“致良知只是存天理之本然。”（《遗编》卷十一《阳明传信录》卷一，页十六上。又见《明儒学案》卷十，页十一下。东正纯误以为黄宗羲语）

但衡今云："阳明以孟云集义所生，说明致良知之功。以良知之间断与否，说明必有事焉，勿忘勿助之功。推而至于格物、诚意、正心，皆有实地工夫可用，条理分明。用以破当时单提勿忘勿助而煮空锅者之迷，无有不恍然而悟者也。至所云'集义只是致良知'，阳明取以说明必有事焉，与致知之功。不必以其致良知之学，即孟子所谓集义也。不可不辨。"

①当下：当时也，现在也。②致：南本作"致其"。③意必：《论语·子罕第九》第四章云："子绝四：毋意，毋必，毋固，毋我。"④格致诚正：见《大学》经文。⑤"不得于言……勿求于气"：参看第八十一条，注二。

188 **圣贤论学，多是随时就事。虽言若人[①]殊，而要其工夫头脑若合符节。缘天地之间，原只有此性，只有此理，只有此良知，只有此一件事耳。故凡就古人论学处说工夫，更不必搀和兼搭[②]而说，自然无不吻合贯通者。才须搀和兼搭而说，即是自己工夫未明彻也。近时有谓集义[③]之功，必须兼搭个致良知而后备者，则是集义之功尚未了彻也。集义之功尚未了彻，适足以为致良知之累而已矣。谓致良知之功，必须兼搭一个勿忘勿助[④]而后明者，则是致良知之功尚未了彻也。致良知之功尚未了彻，适足以为勿忘勿助之累而已矣。若此者皆是就文义上解释，牵附以求混融凑泊，而不曾就自己实工夫上体验。是以论之愈精，而去之愈远。文蔚之论，其于大本达道[⑤]，既已沛然无疑。至于致知穷理[⑥]及忘助等说，时亦有搀和兼搭处。却是区区所谓康庄大道之中，或时横斜迂曲者。到得工夫熟后，自将释然矣。**

①人：三轮执斋与佐藤一斋本作“是”，南本作“人人”。②搀和兼搭：搭挂附和以牵合。③集义：见第四十条，注一。④勿忘勿助：参看第八十七条，注二。⑤大本达道：见《中庸》第一章。⑥致知穷理：见《大学》第五章，《知本章》朱子《补传》。

189 文蔚谓“致知之说，求之事亲从兄之间，便觉有所持循”者，此段最见近来真切笃实之功。但以此自为不妨，自有得力处，以此遂为定说教人，却未免又有因药发病之患，亦不可不一讲也。盖良知只是一个天理自然明觉发见处，只是一个真诚恻怛，便是他本体。故致此良知之真诚恻怛以事亲便是孝，致此良知之真诚恻怛以从兄便是悌，致此良知之真诚恻怛以事君便是忠。只是一个良知，一个真诚恻怛。若是从兄的良知不能致其真诚恻怛，即是事亲的良知不能致其真诚恻怛矣；事君的良知不能致其真诚恻怛，即是从兄的良知不能致其真诚恻怛矣。故致得事君的良知，便是致却从兄的良知；致得从兄的良知，便是致却事亲的良知。不是事君的良知不能致，却须又从事亲的良知上去扩充将来。如此又是脱却本原，着在支节上求了。良知只是一个，随他发见流行处，当下[①]具足，更无去来，不须假借。然其发见流行处却自有轻重厚薄，毫发不容增减者。所谓天然自有之中[②]也。虽则轻重厚薄，毫发不容增减，而原又只是一个。虽则只是一个，而其间轻重厚薄，又毫发不容增减。若得可增减，若须假借，即已非其真诚恻怛之本体矣。此良知之妙用所以无方体无穷尽，“语大天下莫能载，语小天下莫能破”[③]者也。

三轮执斋云：“（天然之中）程子以事物言之，王子以心理说之也。”

①当下：当时，现在。②自有之中：朱子《大学或问》（页五十六下）曰："程子所谓天然自有之中。"《二程遗书》卷十七（页五下）伊川云："事事物物上皆天然有个中在那上，不待人安排也。"③"语大天下莫能载，语小天下莫能破"：语见《中庸》第十二章。

190 孟氏"尧、舜之道，孝悌[①]而已"者，是就人之良知发见得最真切笃厚，不容蔽昧处提省人。使人于事君、处友、仁民、爱物，与凡动、静、语、默间，皆只是致他那一念事亲从兄真诚恻怛的良知。即自然无不是道。盖天下之事，虽千变万化，至于不可穷诘，而但惟致此事亲从兄一念真诚恻怛之良知以应之，则更无有遗缺渗[②]漏者，正谓其只有此一个良知故也。事亲从兄一念良知之外，更无有良知可致得者，故曰："尧、舜之道，孝悌而已矣。"此所以为惟精惟一[③]之学，放之四海而皆准，施诸后世而无朝夕[④]者也。文蔚云："欲于事亲从兄之间，而求所谓良知之学。"就自己用功得力处如此说，亦无不可。若曰"致其良知之真诚恻怛以求尽夫事亲从兄之道焉"，亦无不可也。明道云："行仁自孝悌始。孝悌是仁之一事，谓之行仁之本则可，谓是仁之本则不可。"[⑤]其说是矣。

①孝悌：语出《孟子·告子第六下》第二章。②渗：水流下也。③惟精惟一：参看第二条，注四。④无朝夕：《礼记·祭义》第三十四节，曾子曰："夫孝，置之而塞乎天地，溥之而横乎四海，施诸后世而无朝夕，推而放诸东海而准……推而放诸北海而准。"⑤"行仁自孝悌始……谓是仁之本则不可"：语见《二程遗书》卷十八（页一下）。实伊川语。

191 亿逆[①]先觉之说，文蔚谓"诚则旁行曲防[②]，皆良知之用"。甚善甚善。间有搀搭处，则前已言之矣。惟濬之言[③]亦未为不是，在文蔚须有取于惟濬之言而后尽，在惟濬又须有取于文蔚之言而后明。不然，则亦未免各有倚着之病也。舜察迩言[④]而询刍荛[⑤]，非是以迩言当察，刍荛当询而后如此。乃良知之发见流行，光明圆莹，更无罣[⑥]碍遮隔处。此所以谓之大知，才有执着意必[⑦]，其知便小矣。讲学中自有去取分辨。然就心地上着实用功夫，却须如此方是。

①亿逆：参看第一七一条，注一。②曲防：委曲防御，施本、俞本作"曲行"。③惟濬之言：惟濬，陈九川，参看第二〇一条，注二。其言已不可考。④舜察迩言：《中庸》第六章云："舜好问，而好察迩言（浅近之言）。"⑤询刍荛：《诗经·大雅·生民之什》之《板章》，第二五四篇云："先民有言，询于刍荛（采薪之人）。"阳明合二事为一事，取其意耳。⑥罣：即碍。⑦意必：参看第二十九条，注三。

192 尽心[①]三节，区区曾有生知[②]、学知、困知之说，颇已明白，无可疑者。盖尽心、知性、知天者，不必说存心、养性、事天，不必说夭寿不贰，修身以俟。而存心养性，与修身以俟之功，已在其中矣。存心养性事天者，虽未到得尽心知天的地位，然已是在那里做个求到尽心知天的工夫，更不必说夭寿不贰，修身以俟，而夭寿不贰，修身以俟之功，已在其中矣。譬之行路，尽心知天者，如年力壮健之人，既能奔走往来于数千百里之间者也；存心事天者，如童穉之年，使之学习步趋于庭除之间者也；夭寿不贰，修身以俟者，如襁褓之孩，方使之扶墙傍壁而渐学起立移步者也。既已能奔走往来于数千里之间者，则不必更使之于庭除之间而学步趋，而步趋于庭除之间自无弗能矣；既已能步趋于庭除之间，则不必更使之扶墙傍壁而学起立移步，而起立移步自无弗能矣。然学起立移步，便是学步趋庭除之始；学步趋庭除，便是学奔走往来于数千里之基固非有二事。但其工夫之难易，则相去悬绝矣。心也，性也，天也，一也。故及其知之成功则一。然而三者人品力量自有阶级，不可躐等而能也。细观文蔚之论，其意以恐尽心知天者废却存心修身之功，而反为尽心知天之病。是盖为圣人忧工夫之或间断，而不知为自己忧工夫之未真切也。吾侪用功，却须专心致志在夭寿不贰，修身以俟上做。只此便是做尽心知天工夫之始。正如学起立移步，便是学奔走千里之始。吾方自虑其不能起立移步，而岂遽虑其不能奔走千里？又况为奔走千里者，而虑其或遗忘于起立移步之习哉？文蔚识见本自超绝迈往。而所论云然者，亦是未能脱去旧时解说文义之习。是[3]为此三段书，分疏比合，以求融会贯通。而自添许多意见缠绕，反使用功不专一也。近时悬空去做勿忘勿助[4]者，其意见正有此病，最能担[5]误人，不可不涤除耳。

①尽心：参看第六条，注四。②生知：参看第六条，注八。③是：王本作“故”。④勿忘

勿助：参看第八十七条，注二。⑤担：三轮执斋本、佐藤一斋本均作"耽"。

193 所谓[1]尊德性[2]而道问学一节，至当归一，更无可疑。此便是文蔚曾着实用功，然后能为此言。此本不是险僻难见的道理，人或意见不同者，还是良知尚有纤翳潜伏。若除去此纤翳，即自无不洞然矣。

①谓：南本、施本、俞本均作"论"。②尊德性：参看第二十五条，注五。

194 已作书后，移卧檐间。偶遇无事，遂复答此。文蔚之学，既已得其大者，此等处久当释然自解，本不必屑屑如此分疏。但承相爱之厚，千里差人远及，谆谆下问。而竟虚来意，又自不能已于言也。然直戆烦缕已甚，恃在信爱，当不为罪。惟濬[1]处及谦之[2]、崇一[3]处各得转录一通寄视之，尤承一体之好也。[4]

①惟濬：陈九川，参看第二〇一条，注二。②谦之：邹守一，参看第三一四条，注二。③崇一：欧阳德，参看一〇四条，注一。④此段南本、施本、俞本语多省。

右南大吉[①]录[②]

①南大吉：字元善，参看中卷“钱德洪序”，注二。②南本无此五字。三轮执斋云：“此卷一（即今《传习录》卷中）本以《答人论学书》（第一三〇至一四三条）为第一，以《答周道通书》（第一四四至一五〇条）为第二，《答欧阳崇一书》（第一六八至一七一条）以下为第三，《答聂文蔚二书》（第一七八至一九四条）为第四，《训蒙》（第一七五条）之前载‘立志说’一条，合为第五。于终书‘右门人南大吉录’七字。据《年谱》曰：‘大吉取先生《论学书》复增五卷’，见嘉靖三年（一五二四）。则是似为得之焉，然卷首德洪小序言摘录先师手书八篇，而历举之而未及《立志》《训蒙》之二条。而所谓五卷者，亦未知其元本否。则是恐后人所增，而非元善之旧矣。”佐藤一斋云：“案：《立志说》《训蒙大意》，并系大吉所录。则此五字当移入于卷末。”捷案：《示弟立志说》日本各本均载于南大吉所录之后，《训蒙》之前。《全书》则不采入《传习录》，而载于卷七（页五十一上至五十四下）。故我国《传习录》除孙锵《传习录集评》外亦无《示弟立志说》。三轮执斋谓南大吉以《答聂文蔚两书》为第四，未知何据。中卷“钱德洪序”明言《答聂文蔚第一书》仍元善所录之旧，而第二书则为彼所增录。今置于《右南大吉录》之前，盖以示敬意耳。

训蒙大意示教读刘伯颂等[1]

195 古之教者，教以人伦。后世记诵词章之习起，而先王之教亡。今教童子，惟当以孝悌忠信[2]礼义廉耻[3]为专务。其栽培涵养之方，则宜诱之歌诗，以发其志意；导之习礼，以肃其威仪；讽[4]之读书，以开其知觉。今人往往以歌诗习礼为不切时务，此皆末俗庸鄙之见，乌足以知古人立教之意哉？大抵童子之情，乐嬉游而惮拘检，如草木之始萌芽，舒畅之则条达，摧挠之则衰痿。今教童子，必使其趋向鼓舞，中心喜悦，则其进自不能已。譬之时雨春风，沾被卉木，莫不萌动发越，自然日长月化。若冰霜剥落，则生意萧索，日就枯槁矣。故凡诱之歌诗者，非但发其志意而已，亦所以泄其跳号呼啸于咏歌，宣其幽抑结滞于音节也；导之习礼者，非但肃其威仪而已，亦所以周旋揖让，而动荡其血脉，拜起屈伸，而固束其筋骸也；讽之读书者，非但开其知觉而已，亦所以沈潜反复而存其心，抑扬讽诵，以宣其志也。凡此皆所以顺导其志意，调理其性情，潜消其鄙吝，默化其粗顽。日使之渐于礼义而不苦其难，入于中和而不知其故。是盖先王立教之微意也。若近世之训蒙穉者，日惟督以句读课仿[5]，责其检束，而不知导之以礼；求其聪明，而不知养之以善。鞭挞绳缚，若待拘囚。彼视学舍如囹狱而不肯入，视师长如寇仇而不欲见。窥避掩覆，以遂其嬉游，设诈饰诡，以肆其顽鄙，偷薄庸劣，日趋下流。是盖驱之于恶而求其为善也，何可得乎？凡吾所以教，其意实在于此。恐时俗不察，视以为迂。且吾亦将去[6]，故特叮咛以告尔诸教读。其务体吾意，永以为训。毋辄因时俗之言，改废其绳墨。庶成“蒙以养正”[7]之功矣。念之念之。[8]

①正德十三年（一五一八），阳明既平南赣（江西）相连四省边境之乱，四月班师。发南赣所属各县父老，兴立社学，颁此文以谕之。刘伯颂未考。②孝悌忠信：见《论语·学而第一》第二章、第四章。③礼义廉耻：出《管子》（《四部丛刊》本）卷一《牧民篇》第一（页二下）曰：“何谓四维？一曰礼，二曰义，三曰廉，四曰耻。”④讽：导也。⑤课仿：考试程式之文。⑥将去：是年三月，已因病上疏乞致仕。后卒不允。⑦蒙以养正：语出《易经·蒙卦·象传》。⑧此文载《年谱》正德十三年（一五一八）四月。

教约

196 每日清晨诸生参揖毕，教读以次遍询诸生，在家所以爱亲敬长之心，得无懈忽，未能真切否？温凊定省[①]之仪，得无亏缺，未能实践否？往来街衢，步趋礼节，得无放荡，未能谨饬否？一应言行心术，得无欺妄非僻，未能忠信笃敬[②]否？诸童子务要各以实对。有则改之，无则加勉。教读复随时就事曲加诲谕开发，然后各退就席肄业。

①定省：参看第三条，注一。②忠信笃敬：见《论语·卫灵公第十五》第五章。子曰："言忠信，行笃敬，虽蛮貊之邦，行矣。"

197 凡歌诗须要整容定气，清朗其声音，均审其节调。毋躁而急，毋荡而嚣[①]，毋馁而慑。久则精神宣畅，心气和平矣。每学量童生多寡，分为四班。每日轮一班歌诗。其余皆就席敛容肃听。每五日则总四班递歌于本学，每朔望[②]集各学会歌于书院。

①嚣：喧哗也。②朔望：农历每月之初一和十五。

198 凡习礼须要澄心肃虑，审其仪节，度其容止。毋忽而惰，毋沮而怍[1]，毋径而野[2]。从容而不失之迂缓，修谨而不失之拘局。久则礼貌习熟，德性坚定矣。童生班次，皆如歌诗。每间一日，则轮一班习礼。其余皆就席敛容肃观，习礼之日免其课仿。每十日则总四班递习于本学，每朔望则集各学会习于书院。

①沮而怍：气阻而色变。②径而野：率直而粗野。

199 凡授书不在徒多，但贵精熟。量其资禀，能二百字者，止可授以一百字，常使精神力量有余。则无厌苦之患，而有自得之美。讽诵之际，务令专心一志，口诵心惟[1]，字字句句，细绎反复，抑扬其音节，宽虚其心意。久则义礼[②]浃洽，聪明日开矣。

[①]惟：通“维”。[②]礼：南本作“理”。

200 每日工夫，先考德，次背书诵书，次习礼，或作课仿，次复诵书讲书，次歌诗。凡习礼歌诗之类[①]，皆所以常存童子之心。使其乐习不倦，而无暇及于邪僻。教者知此，则知所施矣。虽然，此其大略也。“神而明之，则存乎其人。”[②]

[①]类：《新释汉文大系》本作“数”。[②]“神而明之，则存乎其人”：《易经·系辞上传》第十二章之语。

卷下

传习续录

陈九川录

201 正德乙亥[1]，九川[2]初见先生于龙江[3]，先生与甘泉[4]先生论格物之说。甘泉持旧说。先生曰："是求之于外了。"甘泉曰："若以格物理为外，是自小其心也。"九川甚喜旧说之是。先生又论《尽心》一章[5]，九川一闻，却遂无疑。后家居，复以格物遗质先生。答云："但能实地用功，久当《自释》[6]。"山间乃自录《大学》旧本[7]读之，觉朱子格物之说非是。然亦疑先生以意之所在为物[8]，物字未明。己卯[9]，归自京师，再见先生于洪都[10]。先生兵务倥偬，乘隙讲授。首问近年用功何如？九川曰："近年体验得明明德工夫只是诚意[11]。自明明德于天下，步步推入根源到诚意上，再去不得。如何以前又有格致工夫？后又体验，觉得意之诚伪，必先知觉[12]乃可。以颜子'有不善未尝知之，知之未尝复行'[13]为证，豁然若无疑，却又多了格物工夫。又思来吾心之灵，何有不知意之善恶？只是物欲蔽了，须格去物欲，始能如颜子未尝不知耳。又自疑工夫颠倒，与诚意不成片段。"后问希颜[14]，希颜曰："先生谓格物致知是诚意工夫，极好。"九川曰："如何是诚意工夫？"希颜令再思体看。九川终不悟，请问。先生曰："惜哉！此可一言而悟，惟濬[15]所举颜子事便是了。只要知身心意知物是一件。"九川疑曰："物在外，如何与身心意知是一件？"先生曰："耳目口鼻四肢，身也，非心安能

视听言动？心欲视听言动，无耳目口鼻四肢，亦不能。故无心则无身，无身则无心。但指其充塞处言之谓之身，指其主宰处言之谓之心，指心之发动处谓之意，指意之灵明处谓之知，指意之涉着处谓之物，只是一件。意未有悬空的，必着事物。故欲诚意，则随意所在某事而格之。去其人欲，而归于天理，则良知之在此事者无蔽而得致矣，此便是诚意的工夫。”九川乃释然破数年之疑。又问甘泉近亦信用《大学》古本，谓格物犹言造道[16]。又谓穷理如穷其巢穴之穷，以身至之也。故格物亦只是随处体认天理[17]，似与先生之说渐同。先生曰：“甘泉用功，所以转得来。当时与说‘亲民’[18]字不须改，他亦不信。今论格物亦近，但不须换‘物’字作‘理’字。只还他一‘物’字便是。”后有人问九川曰：“今何不疑物字？”曰：“《中庸》曰：‘不诚无物。’[19]程子曰：‘物来顺应。’[20]又如‘物各付物’[21]‘胸中无物’[22]之类，皆古人常用字也”。他日，先生亦云然。

三轮执斋引阳明《与毛古庵宪副书》（《全书》卷六，页二十七上下）云：“凡鄙人所谓致良知之说与今之所谓体认天理之说，本亦无大相远，但微有直截迂曲之差耳。譬之种植，致良知者，是培其根本之生意，而达之枝叶者也；体认天理者，是茂其枝叶之生意，而求以复之根本者也。然培其根本之生意，固自有以达之枝叶矣。欲茂其枝叶之生意，亦安能舍根本而别有生意可以茂之枝叶之间者乎？”又引《寄邹谦之第五书》（《全书》卷六，页九上）云：“随事体认天理，即戒慎恐惧工夫。以为尚隔一尘，为世之所谓事事物物皆有定理而求之于外者言之耳。若致良知之功明，则此语亦自无害。不然，即犹未免于毫厘千里也。”

佐藤一斋云："朱子错训格物，只坐看《尽心》一章。故今但论此章，欲使之自得。甘泉后果信用《大学》古本。其论格物亦渐近。文成尝（第二一四条）曰：'与朋友论学，须委曲谦下，宽以居之。'（《易经·乾卦·文言传》）又曰：'须箴规指摘处少，诱掖奖劝意多。'（见第二一四条）当时不敢论破，意亦在宽假诱掖如此。"

一斋又云："九川之疑，盖曰《大学》至诚意而密极矣。更有致知，则工夫在知意之诚伪，若无疑者。而又尚有格物一段，以扞去外物，亦似有着落者。然擘头工夫，毕竟犹未免注意于外物。则与诚意之自内推外者，工夫倒逆，不成片段也。"

一斋又云："'随处体认天理'，甘泉揭此六字为宗旨。其《答聂双江书》曰：'以随处体认为求之于外者非也。心与事应，然后天理见焉，天理非在外也。特因事之来，随感而应耳。故事物之来，体之者心也。心得中正，则天理矣。与天地万物一体，宇宙内部与人不是二物。故宇宙内无一事一物，合是人少得底。'[《甘泉先生文集》，万历八年（一五八〇）本，卷七，页三十四下至三十五上]观此则与文成致良知之说，不太相背违也。然以物字为理字，则仍是旧说，其所以未达一间也。"

但衡今云："本节谓'意之虚灵处，谓之知'，与蕺山（刘宗周）所云意蕴于心，知藏于意者正同，迹近合意知而为一。按之阳明《答魏师说》（《全书》卷六，上卷，页二十五上）云'应物起念皆谓之意，知是知非谓之良知'，则又扞念意知而为三矣。按之《答陆澄》（中卷）云：'良知者心之本体。'（第一五二条）且假名为'照心'（第一五一条）。又谓'良知即是未发之中，即是廓然大公，寂然不动之本体''但不能不皆蔽于物欲'（第一五五条），是直以知为心矣。按之天泉证道（第三一五条），则心是心（无善无恶），意是意（有善有恶），知是知（知善知恶），不相假借，而先后相左若是，何耶？予意阳明之《答魏师说》着重‘依得良知’，则是非自明，不在知意之分；《答陆澄》着重‘良知未尝不在’，乃借心体无起无不起以明之，不在心知之辨。本节云云，着重心意知物是一件，此阳明学术一手撑天处。谓之身，谓之心，谓之意，谓之知，谓之物，亦只是一件。一扫古今支离分别知见。……”又云：“本节所云无心则无身，无身则无心，用以破九川物外之疑，不是究竟语，且嫌不足。应易为有心则有身，无心则无身，庶几归元则一。”

①乙亥：正德十年（一五一五），阳明四十四岁。②九川：陈九川（一四九四至一五六二），字惟濬，号明水，江西临川人。授太常博士。因谏武宗南巡，廷杖五十。旋起礼部郎中。群小恨之，讼之下狱。已而复官致仕，周流讲学。参看《明儒学案》卷十九，页十五下至十六下，与《明史》卷一八九。③龙江：今南京。④甘泉：湛若水（一四六六至一五六〇），字元明，号甘泉，广东增城人。从学于陈白沙（名献章，一四二八至一五〇〇）。入试，选庶吉士，擢编修。时阳明在吏部讲学，甘泉和之。使安南。后升侍读、南京祭酒、礼部侍郎，历南京礼、吏、兵三部，致仕。卒谥文简。甘泉与阳明分主教事，阳明宗旨致良知，甘泉宗旨随处体认天理。学者以其门户相对，而有为之调停者。参看《明儒学案》卷三十七、《明史》卷二八三。⑤《尽心》一章：即《孟子·尽心第七上》第一章。⑥《自释》：此书已佚。⑦旧本：参看第一二九条，注四。⑧意之所在为物：见第六条。⑨己卯：正德十四年（一五一九），阳明四十八岁。⑩洪都：今江西南昌。阳明六月奉敕勘处福建叛军，半途闻宸濠反，起义兵不旬日而拔南昌。⑪诚意：明明德以至诚意。见《大学》经文。⑫知觉：日本诸本以此为句。⑬“有不善未尝知之，知之未尝复行”：语出《易经·系辞上传》第五章。⑭希颜：《王文成传本》《阳明弟子名录》《阳明弟子传纂》《儒林宗派》均无此名，诸注均云未考。捷疑希颜乃希渊（蔡宗兖）之误。抄录者因上行有“颜子”，故误“渊”为“颜”。第九十九条希渊问

为圣，与此处问诚意，意趣相同。⑮惟濬：陈九川之字。⑯造道：《甘泉先生文录》卷七《答阳明书》（页二十下至二十一上）曰："格者，至也。……格物者，即造道也。"⑰体认天理：《甘泉先生文录》卷七《答陈宗亨》（页二十三下至二十四上）曰："格物者，至其理也。学问思辨行，所以至之也。……格物云者，体认天理而存之也。"⑱亲民：参看第一条，注一。⑲不诚无物：语出《中庸》第二十五章。⑳物来顺应：参看第七十二条，注五。㉑物各付物：程伊川语，见《二程遗书》卷十八（页十五下）。㉒胸中无物：总述伊川之意。《二程外书》卷十一（页三上）云："尧夫（邵雍）胸中无事如此。"

202 九川问："近年因厌泛滥之学，每要静坐，求屏息念虑。非惟不能，愈觉扰扰。如何？"先生曰："念如何可息？只是要正。"曰："当自有无念时否？"先生曰："实无无念时。"曰："如此，却如何言静？"曰："静未尝不动，动未尝不静。戒谨恐惧即是念，何分动静？"曰："周子何以言'定之以中正仁义而主静①'？"曰："'无欲故静'，是'静亦定，动亦定②'的'定'字，主其本体也。戒惧之念是活泼地，此是天机不息处。所谓'维天之命，於穆不已'③，一息便是死。非本体之念即是私念。"

但衡今云："九川误认无静，阳明破以念不可息。九川复疑念有无息时，阳明乃以一息便死破之。九川又以如何言静诘之，犹是执着无念即静之意。阳明知未可以无念晓之，乃破之以静未尝不动。至于九川所引周子之说，实即阳明静未尝不动之意。故告以无欲故静，以显中正仁义之义。自此以下，皆剩语也。本节问答云云，颇类禅师相见机锋语。但禅师语只可解当下人。后世读之，难免不扪盘当日也，阳明则先后深浅咸宜。宜其门下亦是倾倒一时也。"

①主静：参看第一四五条，注十三。②定：参看第二十三条，注一。③"维天之命，於穆不已"：语见《诗经·周颂·维天之命》第二六七篇。《中庸》第二十六章引之。

203 又问："用功收心时有声色在前，如常闻见，恐不是专一。"曰："如何欲不闻见？除是槁木死灰①，耳聋目盲则可。只是虽闻见而不流去便是。"曰："昔有人静坐，其子隔壁读书，不知其勤惰，程子称其甚敬②。何如？"曰："伊川恐亦是讥他。"

但衡今云："阳明指示九川，耳之于声，目之于色，只是虽闻见而不流出。此亦宗门见闻思修，逆流亡所之义。阳明用以接引学人，深得随事勘破之法，亦孟子求其放心（《告子篇》第六上，第十一章）之义。静坐而不知其子读书勤惰，即是不流出。知勤惰，则分别心生；分别心生，则流出矣。程子称敬，取其不触也，非讥之也。阳明之意，逐物固为物转，不触物亦属绝物，谓之为讥，亦是也。但不逐而能了了于胸中者，当自不逐始。否则未可易言也，且未可为初学言也。"

①槁木死灰：参看第三十九条，注二。②甚敬：《二程遗书》卷三（页五上）曰："许渤[字仲容，天禧（一〇一七至一〇二一）进士]与其子隔一窗而寝，乃不闻其子读书与不读书。先生（伊川）谓此人持敬如此。"

204 又问："静坐用功，颇觉此心收敛，遇事又断了。旋起个念头去

事上省察，事过又寻旧功，还觉有内外打不作一片。”先生曰：“此格物之说未透，心何尝有内外？即如惟濬[1]今在此讲论，又岂有一心在内照管？这听讲说时专敬，即是那静坐时心。工夫一贯，何须更起念头？人须在事上磨炼[2]做工夫，乃有益。若只好静，遇事便乱，终无长进。那静时工夫，亦差似收敛，而实放溺也。”后在洪都[3]，复与于中[4]、国裳[5]论内外之说。渠皆云物自有内外，但要内外并着，工夫不可有间耳，以质。先生曰：“工夫不离本体。本体原无内外，只为后来做工夫的分了内外，失其本体了。如今正要讲明工夫不要有内外，乃是本体工夫。”是日俱有省。

刘宗周云：“‘何须更起念头’，是圣学入微真消息。他日却曰：‘实无无念时，只是要正念。’如讨论时便起不得在内照管的念，则讲论时不知又可起得个事亲的意否？”（《遗编》卷十三《阳明传信录》卷三，页十八上。又见《明儒学案》卷十，页十八上。东正纯与吉村秋阳均误以为黄宗羲语，而中田胜未予改正）

施邦曜云：“此是圣贤实体实验工夫，方知先生格致之说，非是抛弃事物。只是要把人驰逐于外者，挽而归之于内耳。合内外之道，方是能诚，方是能穷物之始终。”

孙奇逢云：“心无内外，故须在事上磨炼。”

但衡今云：“静时颇觉收敛，遇事则又断了。此初学必然病痛，不关格物之说。透不透耳，说果透矣，犹是知解工夫。心体固无内外，而内外一片，未可轻易语此。阳明所云工夫一贯，用以教九川也，非为一般学者立言也。”又云：“事上磨炼，迹实外驰。必内外一如，方免此弊，自非初学所能办到。若工夫躐等，尤是遗误初学。静时工夫，差似收敛，而实放溺。是皆阳明用以破九川专内遗外之失，语有偏全者也。须知心体固无内外，工夫仍须从里做起，脚根方有着落。至若不要有内外与内外并着，此百丈竿头，再进一步工夫。治王学者，不可不辨也。”（本注：门下每多聱为高远之记录。下节亦然。）

①惟濬：陈九川之字，参看第二〇一条，注二。②事上磨炼：参看第一四七条，注一。③洪都：今之江西南昌。④于中：佐藤一斋云：“姓王，名未考。”日本注家从之，孙锵亦然。予一九六三年英译《传习录》亦从之。中田胜与柳町达也则谓，‘于中姓王，名良胜’。但不详言。今查《阳明弟子传纂》卷二（页四十五）有《夏良胜传》。良胜，字子中，江西南城人。正德三年（一五〇八）进士。官吏部考功员外郎。正德十四年（一五一九）南巡诏下，良胜与陈九川连署进言，下诏狱。廷杖，除名。予敢谓于中乃子中之误。查《年谱》九川正德十六年（一五二一），侍阳明于南昌，与于中论内外之说。此于中必是与之连署进言之子中。《弟子传纂》同页，《万潮传》谓与舒芬、夏良胜、陈九川称江西四谏。舒芬即国裳，与九川、于中同论内外之说。可知九川与夏良胜往来甚密。故此于中必是子中，可无疑矣。⑤国裳：即舒芬（一四八四至一五二七），字国裳，号梓溪，江西进贤人。正德十二年（一五一七）进士。与夏子中等谏南巡上怒，命跪门五日，杖三十，谪福建市舶副提举。后复官，又议大礼。上怒，杖如前。卒后谥文节。参看第二九七条，注九。以及参看《明儒学案》卷五十三，页十三下至十四上，及《明史》卷一七九。

205 又问：“陆子[1]之学何如？”先生曰：“濂溪[2]、明道[3]之后，还是象山，只是[4]粗些。”九川曰：“看他论学，篇篇说出骨髓，句句似[5]针膏肓，却不见他粗。”先生曰：“然他心上用过工夫，与揣摹依仿求之文义自不同，但细看有粗处，用功久当见之。”

佐藤一斋云："致良知之训精矣。能体验诸己，然后见金溪（象山）犹有粗处。"

但衡今云："'与揣摹依仿求之文义自不同。'此语似有涉及朱子意。"

捷案：东敬治曾指出，陆子有致朱子书云："揣量摸写之工，依仿假借之似。其条画足以自信，其习熟足以自安。"（《象山全集》卷二，页九上，《与朱元晦第二书》）

但氏又云："本节粗细之说，自为记言所误。闻道之士，安有粗犷与人，而微妙以自居者乎？"

捷案：阳明从未说明象山如何是粗，只曾评象山格物之说为沿袭。学者解释粗字不一。或以陆子重明道辨志以发明本心，而次中和戒惧等工夫为粗；或以其未有深切之人生经验为粗；或以其先知后行为粗。均可备一说。窃谓一斋以精对粗是也。阳明谓象山沿袭，尚欠精一。在阳明则良知之致，知行并进，故其学说亦精亦一，其修养方法亦精亦一。陆子尚欠一筹，因粗。参看下面附录拙著，《从〈朱子晚年定论〉看阳明之于朱子》，有颇为详细之讨论。

①陆子：陆象山。②濂溪：周子，参看第一〇一条，注十四。③明道：程颢，世称明道先生。④是：三轮执斋本作"还"。⑤似：俞本作"是"。

206 庚辰①往虔州②再见先生，问："近来工夫虽若稍知头脑，然难寻个稳当快乐处。"先生曰："尔却去心上寻个天理，此正所谓理障③，此间有个诀窍④。"曰："请问如何？"曰："只是致知。"曰："如何致？"曰："尔那一点良知，是尔自家的准则。尔意念着处，

他是便知是，非便知非，更瞒他一些不得。尔只不要欺他，实实落落依着他做去。善便存，恶便去。他这里何等稳当快乐！此便是格物的真诀，致知的实功。若不靠着这些真机，如何去格物？我亦近年体贴出来如此分明。初犹疑只依他恐有不足，精细看[⑤]无些小[⑥]欠阙。”

刘宗周云：“先生每以念字与意字合说，恐念与意终有别。”（《遗编》卷十三《阳明传信录》卷三，页十八上。又见《明儒学案》卷十，页十八上）

佐藤一斋云：“金溪（陆象山）恒言此心此理，正所谓去心上寻天理也，然或叵得着力处。余姚（阳明）始发挥致良知，然后工夫有所凭，寻得稳当快乐处。此条盖亦心学精粗之辨也。”

梁启超云：“不欺良知一语，王学之精蕴尽于是矣。”

但衡今云：“本段‘格物的真诀’之‘格物’二字，当作克己看；‘致良知的实功’之‘致知’二字，当作复礼看。如此会通，方免病痛。阳明以天理无可把握，故将良知以晓之，俾有实落用功处。非谓良知如此粗疏也。”

①庚辰：正德十五年（一五二〇），阳明四十九岁。②虔州：即赣州。今江西赣州市。③理障：以理阻碍正知，语出《圆觉经·弥勒菩萨章》（《大正新修大藏经》第十七册，页十六）。④诀窍：秘诀也。⑤看：三轮执斋本作“看来”。⑥小：施本、俞本，作“少”。

207 在虔与于中[①]、谦之[②]同侍。先生曰：“人胸中各有个圣人，只自信不及，都自埋倒了。”因顾于中曰：“尔胸中原是圣人。”于中起，不敢当。先生曰：“此是尔自家有的，如何要推？”于中又曰：

“不敢。”先生曰：“众人皆有之，况在于中？却何故谦起来？谦亦不得。”于中乃笑受。又论：“良知在人，随你如何，不能泯灭。虽盗贼亦自知不当为盗。唤他做贼，他还忸怩。”于中曰：“只是物欲遮蔽。良心在内，自不会[3]失。如云自蔽日，日何尝失了？”先生曰：“于中如此聪明，他人见不及此。”

[1]于中：参看二〇四条，注四。[2]谦之：即邹守益。参看三一四条，注二。[3]会：俞本、张本作“曾”。

208先生曰：“这些子看得透彻，随他千言万语，是非诚伪，到前便明。合得的便是，合不得的便非，如佛家说心印[1]相似，真是个试金石、指南针。”

[1]心印：印证以心，不待言说也。《续藏经》第二辑，第十八函，《祖庭事苑》卷五（页六十六下）。大意云：“达摩西来，不立文字，单传心印。”

209先生曰：“人若知这良知诀窍[1]，随他多少邪思枉念，这里一觉，都自消融。真个是灵丹一粒，点铁成金。”[2]

[1]诀窍：即秘诀。[2]《景德传灯录》卷十八（页二十二下）问：“还丹一粒，点铁成金。至理一言，点凡成圣，请师一点。”真觉大师灵照（八六〇至九二七）曰：“还知齐云点铁成金？”此条俞本载于卷末补遗。

210崇一[1]曰：“先生致知之旨，发尽精蕴。看来这里再去不得。”

先生曰："何言之易也？再用功半年看如何，又用功一年看如何。工夫愈久，愈觉不同。此难口说。"

梁启超云："可见王学不专有顿教。"

①崇一：即欧阳德。参看一〇四条，注一。

211 先生问："九川于致知之说，体验如何？"九川曰："自觉不同。往时操持，常不得个恰好处。此乃是恰好处。"先生曰："可知是体来与听讲不同。我初与讲时，知尔只是忽易，未有滋味。只这个要妙，再体到深处，日见不同，是无穷尽的。"又曰："此致知二字，真是个千古圣传之秘。见到这里，'百世以俟圣人而不惑'[①]。"

①"百世以俟圣人而不惑"：语出《中庸》第二十九章。

212 九川问曰："伊川说到体用一源[①]，显微无间处，门人已说是泄天机[②]。先生致知之说，莫亦泄天机太甚否？"先生曰："圣人已指以示人，只为后人掩匿，我发明耳。何故说泄？此是人人自有的，觉来甚不打紧一般。然与不用实功人说，亦甚轻忽可惜，彼此无益。与实用功而不得其要者提撕之，甚沛然得力。"

①体用一源：参看第一五六条，注五。②泄天机：《二程外书》卷十二（页八上），和靖（尹焞，一〇七一至一一四二）尝以《易传序》请问，曰："'至微者，理也；至著者，象也。体用一源，显微无间。'莫太泄露天机否？"伊川曰："如此分明说破，犹自人不

解悟。”天机，天之机密，即道之奥妙。

213 **又曰：“知来本无知，觉来本无觉。然不知，则遂沦埋。”**

刘宗周云：“此是独体正当处，被先生一口打并出。到这里，说恁良不良，知不知？”（《遗编》卷十三《阳明传信录》卷三，页十九上。又见《明儒学案》卷十，页十八上。惟黄宗羲删评语“到这里”以下。注家有误以此评语为评第二一〇条。东正纯误以为黄宗羲语，而东敬治从之）

佐藤一斋云：“知来觉来是工夫，无知无觉是本体。”

214 **先生曰：“大凡朋友须箴规指摘处少，诱掖奖劝意多方是。”后又戒九川云：“与朋友论学，须委曲谦下，宽以居之[①]。”**

①宽以居之：《易经·乾卦·文言传》。参看第二四五、二四六关于朋友两条。

215 **九川卧病虔州[①]。先生云：“病物亦难格。觉得如何？”对曰：“工夫甚难。”先生曰：“常快活，便是工夫。”**

佐藤一斋云：“病物，谓疾中意念；常快活，谓心体乐易。又引陈龙正云：‘素有快活处。病中仍旧，即常快活也。总是不为病所苦。’”

陶浔霍云：“病时工夫理当谨疾。其死生则听之命。常快活又作意了，此三字（常快活）非先生言也。”

①虔州：参看第二〇六条，注二。

216 九川问："自省念虑或涉邪妄，或预料理天下事。思到极处，井井有味，便缱绻难屏，觉得早则易，觉迟则难。用力克治，愈觉扞格。惟稍迁念他事，则随两忘。如此廓清，亦似无害。"先生曰："何须如此？只要在良知上着工夫。"九川曰："正谓那一时不知。"先生曰："我这里自有工夫，何缘得他来？只为尔工夫断了，便蔽其知。既断了，则继续旧功便是，何必如此？"九川曰："直是难鏖[①]，虽知丢他不去。"先生曰："须是勇。用功久，自有勇。故曰：'是集义[②]所生者。'胜得容易，便是大贤[③]。"

①鏖：奋力恶战也。②集义：参看第四十条，注一。③大贤：张本作"大勇"。此条俞本载在卷末补遗，施本在第三四〇条后。

217 九川问："此工夫[①]却于心上体验明白，只解书不通。"先生曰："只要解心。心明白，书自然融会。若心上不通，只要书上文义通，却自生意见。"

①此工夫：即上条"只要在良知上着工夫"。

218 有一属官，因久听讲[①]先生之学，曰："此学甚好。只是簿书讼狱繁难，不得为学。"先生闻之，曰："我何尝教尔离了簿书讼狱，悬空去讲学？尔既有官司之事，便从官司的事上为学，才是真格物。如问一词讼，不可因其应对无状，起个怒心；不可因他言语圆转，生个喜心。不可恶其嘱[②]托，加意治之；不可因其请求，屈意从之；不可因自己事务烦冗，随意苟且断之；不可因旁之谮[③]毁罗织，

随人意思处之。这许多意思皆私，只尔自知，须精细省察克治。惟恐此心有一毫偏倚，枉[④]人是非，这便是格物致知。簿书讼狱之间，无非实学。若离了事物为学，却是着空。”

刘宗周云：“因物付物，便是格物。先生却每事用个克己为善去恶之功，更自切实在。”

孙奇逢云：“六个‘不可’，正见格物实学。”

但衡今云：“阳明‘不可’云云，辞旨平实亲切，且无一字及他，诚忠厚之至。正阳明巡抚南赣（江西），提督军务，用兵八寨时[正德十二至十三年（一五一七至一五一八）]也。”

①讲：与阳明门人讲论。②嘱：闽本、朱本、俞本、张本均作“口”。③谮：三轮执斋本作“赞”。④枉：全书作“杜”，误。

219 虔州[①]将归，有诗别先生云：“良知何事系多闻？妙合当时已种根。好恶从之为圣学，将迎[②]无处是乾元[③]。”先生曰：“若未来讲此学，不知说好恶从之从个什么？”敷英[④]在座，曰：“诚然。尝读先生《大学古本序》[⑤]，不知所说何事。及来听讲许时，乃稍知大意。”

①虔州：参看第二〇六条，注二。②将迎：参看第一六一条，注五。③乾元：《易经·乾卦·象传》曰：“大哉乾元，万物资始。”④敷英：《儒林宗派》《王文成传本》《阳明弟子

传纂》均无此名。⑤《大学古本序》：载《全书》卷七（页二十五上至二十六上）。古本，参看上卷“徐爱序”，注二。

220 于中[1]、国裳[2]辈同侍食。先生曰：“凡饮食只是要养我身，食了要消化，若徒蓄积在肚里，便成痞[3]了，如何长得肌肤？后世学者博闻多识，留滞胸中，皆伤食之病也。”

①于中：参看第二〇四条，注四。②国裳：即舒芬。参看第二〇四条，注五。③痞：慢性脾脏肿大。

221 先生曰：“圣人亦是学知，众人亦是生知。”问曰：“何如？”曰：“这良知人人皆有，圣人只是保全无些障蔽。兢兢业业，亹亹翼翼，自然不息，便也是学。只是生的分数多，所以谓之生知安行[1]。众人自孩提之童，莫不完具此知，只是障蔽多。然本体之知，自难泯息，虽问学克治，也只凭他[2]。只是学的分数多，所以谓之学知利行[3]。”

佐藤一斋引陈龙正云：“论品地，论工夫，论心性，总只交互浑融，非谓其差也。但孔孟随时异言，先生一言到底。”

①生知安行：参看第六条，注八。②他：指良知。③学知利行：同注一。

黄直录

222 黄以方[1]问："先生格致之说，随时格物以致其知，则知是一节之知，非全体之知也。何以到得'溥博如天，渊泉如渊[2]'地位？"先生曰："人心是天渊。心之本体，无所不该，原是一个天，只为私欲障碍，则天之本体失了。心之理无穷尽，原是一个渊，只为私欲窒塞，则渊之本体失了。如今念念致良知，将此障碍窒塞，一齐去尽，则本体已复，便是天渊了。"乃指天以示之曰："比如面前见天，是昭昭之天，四外见天，也只是昭昭之天。只为许多房子墙壁遮蔽，便不见天之全体。若撤去房子墙壁，总是一个天矣。不可道眼前天是昭昭之天，外面又[3]不是昭昭之天也。于此便见一节之知，即全体之知；全体之知，即一节之知。总是一个本体。"

[1]黄以方：即黄直，字以方，江西金溪人。嘉靖二年（一五二三）进士。除漳州（今福建龙溪）推官。旋以抗疏论救下狱。赦后贫甚自若。参看《明史》卷二〇七。此条为黄直本人所录，本应用名而此处用字。大概钱德洪编此卷时改称也。[2]"溥博如天，渊泉如渊"：语出《中庸》第三十二章。[3]又：闾本作"天又"。盖"又"字或"天"之误耳。

223 先生曰："圣贤非无功业气节。但其循着这天理，则便是道，不可以事功气节[1]名矣。"

刘宗周云："又指出天理。"(《遗编》卷十三《阳明传信录》卷三，页二十上。《明儒学案》卷十，页十八下，删此评语)

[1]气节：一作"节气"。

224 "发愤忘食"[1]，是圣人之志如此，真无有已时；"乐以忘忧"，是圣人之道如此，真无有戚时。恐不必云得不得也。

孙奇逢云："圣人原无不得之时。"

佐藤一斋云："文成释愤乐，不取旧注(朱注)。然夫子对人每有谦词，无夸词，则竟不如旧注以得不得言者之为愈。但推其语以透看圣人心体，则又见其实有不可掩者。此则文成之见，确不可易。此等处学者宜得意于言外矣。"

[1]发愤忘食：《论语·述而第七》第十八章云："叶公问孔子于子路。子路不对。子曰：'女(汝)奚不曰：其为人也，发愤忘食，乐以忘忧。不知老之将至云尔？'"朱子《论语集注》注此章曰："未得，则发愤以忘食；已得，则乐之而忘忧。"

225 先生曰："我辈致知，只是各随分限所及。今日良知见在如此，只随今日所知，扩充到底；明日良知又有开悟，便从明日所知，扩充到底。如此方是精一[1]工夫。与人论学，亦须随人分限所及。如树有这些萌芽，只把这些水去灌溉。萌芽再长，便又加水。自拱把以至合抱，灌溉之功，皆是随其分限所及。若些小萌芽，有一桶水在，尽要倾上，便浸坏他了。"

刘宗周云："此是先生渐教，顿不废渐。"(《遗编》卷十三《阳明传信录》卷三，页二十一下。又见《明儒学案》卷十，页十八下。吉村秋阳误以为黄宗羲语，而中田胜未改正)

东正纯云："按《续录》(《传习录》卷下)所载，多顿教。而此等仍是渐教。"

梁启超云："此亦渐教。"

①精一：参看第二条，注四。

226问知行合一。先生曰："此须识我立言宗旨。今人学问，只因知行分作两件，故有一念发动，虽是不善，然却未曾行，便不去禁止。我今说个知行合一，正要人晓得一念发动处，便即是行了。发动处有不善，就将这不善的念克倒了。须要彻根彻底，不使那一念不善潜伏在胸中。此是我立言宗旨。"

刘宗周云："如此说知行合一，真是丝丝见血。先生之学，真切乃尔。后人何曾会得？"(《遗编》卷十三《阳明传信录》卷三，页二十下。又见《明儒学案》卷十，页十八下。吉村秋阳、杉原夷山、东正纯、东敬治误作黄宗羲语，而中田胜未予改正)

梁启超云："蕺山(刘宗周)云：'如此说知行合一，真是丝丝见血。'启超案：《大学》所谓'其严乎'，盖谓此也。"

捷案：《大学》第六章，曾子曰："十目所视，十手所指，其严乎！"富润屋，德润身，心广体胖。故君子必诚其意。

但衡今云："阳明言知行合一，以本节数语为亲切深至，进德修业之基。近人之言即知、即行者，当奉此以为圭臬。至于根绝潜伏不善之念，又当以戒慎恐惧为总持工夫。”

227 圣人无所不知，只是知个天理；无所不能，只是能个天理。圣人本体明白，故事事知个天理所在，便去尽个天理。不是本体明后，却于天下事物，都便知得，便做得来也。天下事物，如名物、度数、草木、鸟兽之类，不胜其烦[1]。圣人须[2]是本体明了，亦何缘能尽知得？但不必知的，圣人自不消[3]求知。其所当知的，圣人自能问人。如“子入太庙，每事问”[4]之类。先儒[5]谓虽知亦问，敬谨之至。此说不可通。圣人于礼乐名物不必尽知。然他知得一个天理，便自有许多节文[6]度数出来。不知能问，亦即是天理节文所在。

刘宗周云：“说名物象数，也拈出天理二字。先生之学，自是勺水不漏。”(《遗编》卷十三《阳明传信录》卷三，页二十一上。又见《明儒学案》卷十，页十九上。吉村秋阳与东正纯误作黄宗羲语，而中田胜未予改正)

三轮执斋云：“‘亦即是天理’是解得本文‘是理也’之句。”

捷案：朱子《论语集注》注《学而篇》第一，第十二章云：“礼者，天理之节文，人事之仪则也。”

①烦：三轮执斋本与佐藤一斋本作“繁”。②须：闻本作“虽”。③消：即“须”字解。④“子入太庙，每事问”：《论语·八佾第三》第十五章云：“子入太庙，每事问。或曰：‘孰谓鄹人之子知礼乎？’……子闻之曰：‘是礼也。’”⑤先儒：朱子《论语集注》，注此章，引尹焞云：“礼者，敬而已矣。虽知亦问，谨之至也。”尹语出自其《论语解》或《论语

说》，二书均佚。⑥节文：规则制度。

228问："先生尝谓善恶只是一物①。善恶两端如冰炭相反，如何谓只一物？"先生曰："至善者心之本体。本体上才过当些子，便是恶了。不是有一个善，却又有一个恶来相对也。故善恶只是一物。"直②因闻先生之说，则知程子所谓"善固性也，恶亦不可不谓之性"③。又曰："善恶皆天理④。谓之恶者本非恶，但于本性上过与不及之间耳。"其说皆无可疑。

东正纯云："案：《近思录》注云：'原天命赋予之初，固有善而无恶。及气禀物滞之后，别其恶者谓非性之本然则可，谓之非性则不可。性一也，所指之地不同耳。'朱王之学何曾不归一处？"

捷案：注指叶采（壮年一二四八）《近思录集解》注《道体篇》第一、第二十一条明道之语。

①只是一物：参看第一〇一条。②直：黄以方之名。③"善固性也，恶亦不可不谓之性"：语见《二程遗书》卷一（页七下）。《近思录·道体第一》第二十一条引之，以为程明道语。④善恶皆天理：语见《二程遗书》卷二上（页一下），明道语。

229先生尝谓："人但得好善如好好色①，恶恶如恶恶臭，便是圣人。"直②初时闻之，觉甚易。后体验得来此个工夫着实是难。如一念虽知好善恶恶，然不知不觉又夹杂去了。才有夹杂，便不是好善如好好色，恶恶如恶恶臭的心。③善能实实地好，是无念不善矣；

恶能实实地恶，是无念及恶矣。如何不是圣人？故圣人之学，只是一诚而已。

①如好好色：参看第五条。②直：黄以方之名。③但衡今疑此下脱“先生曰”三字。

230 问“修道说”[①]，言“率性之谓道”[②]，属圣人分上事；“修道之谓教”，属贤人分上事。[③]先生曰：“众人亦率性也。但率性在圣人分上较多，故‘率性之谓道’，属圣人事；圣人亦修道也，但修道在贤人分上多，故‘修道之谓教’，属贤人事。”又曰：“《中庸》一书，大抵皆是说修道的事。故后面凡说君子、说颜渊[④]、说子路[⑤]，皆是能修道的。说小人，说贤、知、愚、不肖，说庶民，皆是不能修道的。其他言舜、文、周公、仲尼至诚至圣之类，则又圣人之自能修道者也。”

佐藤一斋云：“‘说庶民’三字疑系黄以方误记。《中庸》中‘庶民’字两见，并皆泛言。非指不能修道者。故知此语误于记者焉。”

①修道说：载《全书》卷七（页六十上下）。②率性之谓道：参看第一二七条，注二。③“修道说”无此语，黄以方述意而已。④颜渊：参看第七十七条，注一。⑤子路：参看第二十七条，注三。

231 问：“儒者到三更[①]时分，扫荡胸中思虑，空空静静，与释氏之

静只一般。两下[②]皆不用，此时何所分别？”先生曰：“动静只是一个。那三更时分空空静静的，只是存天理，即是如今应事接物的心；如今应事接物的心，亦是循此天理，便是那三更时分空空静静的心。故动静只是一个，分别不得。知得动静合一，释氏毫厘差处亦自莫掩矣。”

刘宗周云：“天理二字，是儒门得分家当。释氏空之，虽静时也做不得主了。”(《遗编》卷十三《阳明传信录》卷三，页二十一上下。又见《明儒学案》卷十，页十九下。吉村秋阳、东正纯与东敬治皆误以为黄宗羲之语，而中田胜未改正)

但衡今云：“本节问答皆儱侗。且答非所问。治王学者当能辨之。”

①三更：子时，即夜半十二时。②两下：指儒、释。

232 门人在座，有动止甚矜持者。先生曰：“人若矜持太过，终是有弊。”曰：“矜持太过，如何有弊？”曰：“人只有许多精神，若专在容貌上用功，则于中心照管不及者多矣。”有太直率者。先生曰：“如今讲此学，却外面全不检束，又分心与事为二矣。”

陶浔霍云：“合二事看，乃见不偏。”

233 门人作文送友行，问先生曰：“作文字不免费思。作了后，又一二日常记在怀。”曰：“文字思索亦无害。但作了常记在怀，则为

文所累，心中有一物矣。此则未可也。”又作诗送人。先生看诗毕，谓曰：“凡作文字，要随我分限所及。若说得太过了，亦非修辞立诚[①]矣。”

①修辞立诚：见《易经·乾卦·文言传》。

234 文公[①]格物之说[②]，只是少头脑。如所谓“察之于念虑之微”，此一句不该与“求之文字之中”“验之于事为之著”“索之讲论之际”混作一例看，是无轻重也。

刘宗周云：“文公功臣。”（《遗编》卷十三《阳明传信录》卷三，页二十一下。《明儒学案》卷十，页十九上删此评语）

王应昌云：“文公头脑，已被先生提出了。”

①文公：朱子之谥号。②格物之说：如在下所引，见《大学或问》（页五十八下至五十九上）。

235 问“有所忿懥”[①]一条。先生曰：“忿懥几件[②]，人心怎能无得？只是不可有[③]耳。凡人忿懥，着了一分意思，便怒得过当，非廓然大公[④]之体了。故有所忿懥，便不得其正也。如今于凡忿懥等件，只是个物来顺应。不要着一分意思，便心体廓然大公，得其本体之正了。且如出外见人相斗，其不是的，我心亦怒。然虽怒，却此心廓然不曾动些子气。如今怒人亦得如此，方才是正。”

①有所忿懥：参看第一〇一条，注十。②几件：指忿懥、恐惧、好乐、忧患。③有：俞本、张本作"有所"。④廓然大公：参看第七十二条，注五。

236 先生尝言："佛氏不着相，其实着了相；吾儒着相，其实不着相。"[①]请问。曰："佛怕父子累，却逃了父子；怕君臣累，却逃了君臣；怕夫妇累，却逃了夫妇。都是为个君臣、父子、夫妇着了相，便须逃避。如吾儒有个父子，还他以仁[②]；有个君臣，还他以义；有个夫妇，还他以别。何曾着父子、君臣、夫妇的相？"

刘宗周云："先生于佛氏一言而内外夹攻，更无剩义。"（《遗编》卷十三《阳明传信录》卷三，页二十一下。采入《明儒学案》卷十，页十九上。东正纯误作黄宗羲语，东敬治沿之）

①此语不见《传习录》或阳明书文。想是耳闻。②还他以仁：佐藤一斋云："'仁'疑当作'亲'。"捷案：一斋误矣。仁与义对。墨氏兼爱，有近于仁；杨氏为我，有近于义。均偏。参看《二程遗书》卷十三，页一上。

黄修易录

237 黄勉叔[①]问："心无恶念时，此心空空荡荡的。不知亦须存个善念否？"先生曰："既去恶念，便是善念，便复心之本体矣。譬如日光被云来遮蔽，云去光已复矣。若恶念既去，又要存个善念，即是日光之中添燃一灯。"

①黄勉叔：名修易。其名字不见《儒林宗派》。而《王文成传本》卷二（页十六上）与《阳明弟子传纂》目录（页二十下），均只列黄修易，并无字里。此条为其本人所录而用字。必是本是用名而钱德洪编此卷时改之，以示敬意。

238 问："近来用功，亦颇觉妄念不生，但腔子里黑窣窣[①]的，不知如何打得光明？"先生曰："初下手用功，如何腔子里便得光明？譬如奔流浊水，才贮在缸里，初然虽定，也只是昏浊的。须俟澄定既久，自然渣滓尽去，复得清来。汝只要在良知上用功，良知存久，黑窣窣自能光明矣。今便要责效，却是助长[②]，不成工夫。"

①黑窣窣：真黑之义。越之俗语。"窣"音"突"。②助长：参看第九十七条，注五。

239 先生曰："吾教人致良知在格物上用功，却是有根本的学问。日长进一日，愈久愈觉精明。世儒[①]教人事事物物上去寻讨，却是无根本的学问。方其壮时，虽暂能外面修饰，不见有过。老则精神衰迈，终须放倒。譬如无根之树，移栽水边。虽暂时鲜好，终久要憔悴。"

①世儒：指朱子与其学派。

240 问"志于道"[①]一章。先生曰："只志道一句，便含[②]下面数句工夫，自住不得。譬如做此屋，志于道，是念念要去择地鸠材，经营成个区宅；据德，却是经画已成，有可据矣；依仁，却是常常住在区宅内，更不离去；游艺，却是加些画采，美此区宅。艺者义也，理之所宜者也。如诵诗、读书、弹琴、习射之类，皆所以调习此心，使之熟于道也。苟不志道而游艺，却如无状小子，不先去置造区宅，只管要去买画挂做门面，不知将挂在何处？"

陶浔霍云："如此说道德仁艺，方成一片，方是合为一事。"

①志于道：《论语 · 述而第七》第六章，子曰："志于道，据于德，依于仁，游于艺。"②含：通行本误作"舍"。

241 问："读书所以调摄此心，不可缺的。但读之之时，一种科目[①]意思，牵引而来。不知何以免此？"先生曰："只要良知真切，虽做举业，不为心累。总[②]有累，亦易觉克之而已。且如读书时，良知知得强记之心不是，即克去之；有欲速之心不是，即克去之；有夸多斗靡之心不是，即克去之。如此亦只是终日与圣贤印对，是个纯乎天理之心。任他读书，亦只是调摄此心而已。何累之有？”曰：“虽蒙开示，奈资质庸下，实难免累。窃闻穷通有命。上智之人，恐不屑此。不肖为声利牵缠，甘心为此，徒自苦耳。欲屏弃之，又制于亲，不能舍去。奈何？”先生曰：“此事归辞于亲者多矣，其实只是无志。志立得时，良知③千事万为只是一事。读书作文，安能累人？人自累于得失耳。”因叹曰：“此学不明。不知此处担④搁了几多英雄汉。”⑤

刘宗周云：“又举‘天理’二字。如此方是真读书，亦便是真格物处。朱先生以读书为格物穷理之要，与先生语不无差别。”（《遗编》卷十三《阳明传信录》卷三，页二十二上。又见《明儒学案》卷十，页十九下）

①科目：考试制度之秀才、明经、进士等。②总：张本作“纵”。③良知：施本、湘本无此二字。④担：诸本作“耽”。⑤闾本此后多二条：王本、张本载在卷末。今录于卷末为《拾遗》第二、三条。

242 问：“‘生之谓性’①，告子亦说得是。孟子如何非之？”先生曰：“固是性。但告子认得一边去了，不晓得头脑。若晓得头脑，如此说亦是。孟子亦曰：‘形色，天性也。’②这也是指气说。”又曰：“凡人信口说，任意行，皆说此是依我心性出来。此是所谓生之谓性，然却要有过差。若晓得头脑，依吾良知上说出来，行将去，便自是停当③。然良知亦只是这口说，这身行，岂能外得气，别有个去行去说？故曰：'论性[4]不论气不备，论气不论性不明。'气亦性也，性亦气也，但须认得头脑是当。"

[1]生之谓性：参看第一五〇条，注四。[2]"形色，天性也"：语见《孟子·尽心第七上》第三十八章。[3]停当：适当也。[4]论性：参看第一五〇条，注五。

243 又曰："诸君工夫，最不可助长[1]。上智绝少，学者无超入圣人之理。一起一伏，一进一退，自是工夫节次。不可以我前日用得工夫了，今却不济，便要矫强做出一个没破绽的模样。这便是助长。连前些子工夫都坏了，此非小过。譬如行路的人，遭一蹶跌，起来便走，不要欺人做那不曾跌倒的样子出来。诸君只要常常怀个'遁世无闷，不见是而无闷'[2]之心。依此良知，忍耐做去。不管人非笑，不管人毁谤，不管人荣辱，任他工夫有进有退，我只是这致良知的主宰不息，久久自然有得力处。一切外事，亦自能不动。"又曰："人若着实用功，随人毁谤，随人欺慢，处处得益，处处是进德之资。若不用功，只是魔也，终被累倒。"

[1]助长：参看第九十七条，注五。[2]"遁世无闷，不见是而无闷"：语出《易经·乾卦·文言传》。

244 先生一日出游禹穴[1]，顾田间禾曰："能几何时，又如此长了。"范兆期[2]在傍曰："此只是有根学问。能自植根，亦不患无长。"先生曰："人孰无根？良知即是天植灵根[3]，自生生不息。但着了私累，把此根戕贼蔽塞，不得发生耳。”

佐藤一斋云："《遗言录》有一条与此章互发，录于下。"（今移载于卷末为《补遗》第二十九条）

①禹穴：俗传此穴在浙江会稽县，为大禹藏书之处，或云大禹葬于此。然据《王文成传本》（页二上），会稽山并无洞壑。凡禹井、禹穴、阳明洞类，只是石罅，并无托足地。王十朋（一一一二至一一七一）《梅溪先生文集》，后集，卷四"禹穴"诗云："如今禹穴无寻处，洞锁阳明石一拳。"②范兆期：名引年，号半野。《年谱》嘉靖九年，记门人薛侃建精舍于天真山，祀阳明，兆期等董其事。参看《阳明弟子传纂》卷一，页三十五。③灵根：《黄庭内景经》有云："植灵根"。参看大西晴隆著（页七三一）。详第十六条，注一。

245 一友常易动气责人。先生警之曰："学须反己。若徒责人，只见得人不是，不见自己非。若能反己，方见自己有许多未尽处，奚暇责人？舜能化得象[①]的傲，其机括只是不见象的不是。若舜只要正他的奸恶，就见得象的不是矣。象是傲人，必不肯相下。如何感化得他？"是友感悔。曰："你今后只不要去论人之是非，凡当责辩人时，就把做一件大己私克去方可。"

①舜能化得象：参看第二九六条。

246 先生曰："凡朋友问难，纵有浅近粗疏，或露才扬己，皆是病发，当因其病而药之可也。不可便怀鄙薄之心，非君子与人为善[①]之心矣。”

①与人为善：《孟子·公孙丑第二上》第八章云：“取诸人以为善，是与人为善者也。故君子莫大乎与人为善。”

247 问：“《易》，朱子主卜筮[①]，程《传》主理[②]。何如？”先生曰：“卜筮是理，理亦是卜筮。天下之理，孰有大于卜筮者乎？只为后世将卜筮专主在占卦上看了，所以看得卜筮似小艺。不知今之师友问答，博学、审问、慎思、明辨、笃行[③]之类，皆是卜筮。卜筮者，不过求决狐疑，神明吾心而已。易是问诸天。人有疑自信不及，故以易问天。谓人心尚有所涉，惟天不容伪耳。”

但衡今云：“阳明于二家之说，或未之深究。至所云师友问答，以至博学明辨等，皆是卜筮，颇见新颖。要亦辅嗣（王弼，二二六至二四九）‘得象忘言’‘得意忘象’之旨。”

①朱子主卜筮：朱子著《周易本义》十二卷、《易学启蒙》三卷，皆主《周易》本为卜筮而作。《朱子语类》卷六十六，讨论甚详。②程《传》主理：程颐著《易传》四卷，目的在说理。《伊川文集》卷五（页十六上），《答张闳中书》云：“有理而后有象，有象而后有数。易因象以明理，由象而知数。得其义，则象数在其中矣。”③博学、审问、慎思、明辨、笃行：参看第四条，注四。

黄省曾录

248 黄勉之[①]问："'无适也，无莫也，义之与比。'[②]事事要如此否？"先生曰："固是事事要如此，须是识得个头脑乃可。义即是良知，晓得良知是个头脑，方无执着。且如受人馈送，也有今日当受的，他日不当受的；也有今日不当受的，他日当受的。你若执著了今日当受的，便一切受去；执着了今日不当受[③]的，便一切不受去。便是适莫，便不是良知的本体，如何唤得做义？"

①黄勉之：名省曾，号五岳山人，苏州人。嘉靖辛卯（一五三一）以春秋魁乡榜。阳明讲学于越（一五二二至一五二七），勉之执贽为弟子。著《会稽问道录》十卷。此处所记六十八条，黄宗羲云："当是采之《问道录》中，往往失阳明之意。"参看《明儒学案》卷二十五，页四上下。此六十八条（第二四八至三一六条）之中，第二六〇、二九七、三一三、三一五、三三七、三三八与三四二条，与勉之无关，而皆用钱德洪之名，显是钱氏所记。德洪之跋谓"合所私录，得若干条"，则由第二六〇条至三一六条为其所录，亦甚可能。因此日本诸本移德洪之跋由卷末至第三一六（即下卷一一六）条之后。②"无适也，无莫也，义之与比"：《论语·里仁第四》第十章云："君子之于天下也，无适（可）也，无莫（不可）也，义之与比（从）。"③今日不当受：参看《孟子·公孙丑第二下》第二章，关于孟子今日之受与前日之不受之讨论。

249问："'思无邪'[①]一言，如何便盖得'三百篇'之义？"先生曰："岂特'三百篇'？六经[②]只此一言，便可该贯，以至穷古今天下圣贤的话。'思无邪'一言，也可该贯。此外更有何说？此是一了百当的工夫。"

①思无邪：《论语 · 为政第二》第二章，子曰："《诗》三百，一言以蔽之，曰：'思无邪。'" ②六经：参看第十三条，注一。

250问道心人心[①]。先生曰："'率性之谓道'[②]，便是道心。但着些人的意思在，便是人心。道心本是无声无臭，故曰微[③]。依着人心行去，便有许多不安稳处，故曰惟危。"

①道心人心：参看第二条，注四。②率性之谓道：参看第一二七条，注二。③微：张本作"惟微"。

251问："中人以下，不可以语上[①]。'愚的人与之语上尚且不进，况不与之语可乎？"先生曰："不是圣人终不与语。圣人的心，忧不得人人都做圣人。只是人的资质不同，施教不可躐等。中人以下的人，便与他说性说命，他也不省得，也须谩谩[②]琢磨他起来。"

①不可以语上：《论语·雍也第六》第十九章，子曰："中人以上，可以语上也；中人以下，不可以语上也。" ②谩谩：俞本作"慢慢"，缓也。

252一友问："读书不记得如何？"先生曰："只要晓得，如何要记得？要晓得，已是落第二义了。只要明得自家本体，若徒要记得，便不晓得；若徒要晓得，便明不得自家的本体。”

孙奇逢云：“明得自家本体，便不只晓得了。”

许舜屏云：“自家本体者，良知之谓也。”

253 问：“‘逝者如斯’[1]，是说自家心性活泼泼地否？”先生曰：“然。须要时时用致良知的工夫，方才活泼泼地，方才与他川水一般。若须臾间断，便与天地不相似。此是学问极至处，圣人也只如此。”

[1]逝者如斯：《论语·子罕第九》第十六章，子在川上曰：“逝者如斯夫！不舍昼夜。”

254 问“志士仁人”[1]章。先生曰：“只为世上人都把生身命子看得来太重，不问当死不当死，定要宛转委曲保全。以此把天理却[2]丢去了，忍心害理，何者不为？若违了天理，便与禽兽无异。便偷生在世上百千年，也不过做了千百年的禽兽。学者要于此等处看得明白。比干[3]、龙逢[4]，只为他看得分明，所以能成就得他的仁[5]”。

[1]志士仁人：《论语·卫灵公第十五》第八章，子曰：“志士仁人，无求生以害仁，有杀身以成仁。”[2]却：陈本、施本、俞本作“都”。[3]比干：殷纣之叔父。谏纣不听，被杀。[4]龙逢：姓关，夏桀贤臣。谏桀不听，被杀。[5]仁：《全书》及通行本作“人”，误。

255 问：“叔孙武叔毁仲尼[1]。大圣人如何犹不免于毁谤？”先生曰:“毁谤自外来的，虽圣人如何免得？人只贵于自修。若自己实实落落是个圣贤，纵然人都毁他，也说他不着。却若浮云掩日，如何损得日的光明？若自己是个象恭色庄，不坚不介的，纵然没一个人说他，他的恶慝，终须一日发露。所以孟子说：‘有求全之毁，有不虞之誉。’[2]毁誉在外的，安能避得？只要自修何如尔。”

①叔孙武叔毁仲尼：参看第一八二条，注三。②毁、誉：语出《孟子·离娄第四上》第二十一章。

256 刘君亮[1]要在山中静坐。先生曰:“汝若以厌外物之心去求之静，是反养成一个骄惰之气了。汝若不厌外物，复于静处涵养，却好。”

①刘君亮：字元道。《全书》卷五（页十九上）有癸未（一五二三）《与刘元道书》。而《明儒学案》卷十九（页五上至七下）有刘邦采（字君亮)。均与此君亮不同。《年谱》嘉靖三年（一五二四)，有刘侯入山养静之问。阳明答语与此条不同。该答语今载卷末补遗为第三十九条。刘侯当另是一人。三轮执斋指出《年谱》刘侯，但不云与刘君亮同是一人。中田胜与柳町达也则疑是一人。《儒林宗派》无刘君亮元道，亦无刘侯。刘侯见《阳明弟子传纂》目录（页十八)，但不见《王文成传本》。此两书并无刘君亮元道。

257 王汝中[1]、省曾[2]侍坐。先生握扇命曰:“你们用扇。”省曾起对曰:“不敢。”先生曰:“圣人之学，不是这等细缚苦楚的，不是装做道学的模样。”汝中曰:“观‘仲尼与曾点言志[3]’一章略见。”先生曰:“然。以此章观之，圣人何等宽洪包含气象？且为师者问志于群弟子，三子皆整顿以对。至于曾点飘飘然不看那三子在眼，自去鼓起瑟来，何等狂态？及至言志，又不对师之问目，都是狂言。设在伊川[④]，或斥骂起来了，圣人乃复称许他，何等气象？圣人教人，不是个束缚他通做一般。只如狂者便从狂处成就他，狷者便从狷处成就他。人之才气如何同得？”

①王汝中：名畿，别号龙溪，一四九八至一五八三，浙江山阴（今浙江绍兴）人。嘉靖癸未（一五二三），第归而受业于阳明，丙戌（一五二六）试期遂不欲往。阳明以其学信疑者半，劝往京师，可以发明。既至，谓钱德洪曰：“此岂吾与子仕之时也？”皆不廷试而归。阳明门人益进，不能遍授。多与之见龙溪与德洪。阳明卒于南安（今江西信丰）。龙溪方赴廷试，闻之奔丧。心丧后，壬辰（一五三二）始廷对。授南京职。复乞休。林下四十余年，无日不讲学。自两都及吴楚闽越江浙，皆有讲舍，莫不以先生为宗盟。参看《明儒学案》卷十二、《明史》卷二八三。②省曾：黄勉之之名。③曾点言志：参看第二十七条，注八。④伊川：《二程外书》卷十二（页十一上）曰：“二先生（伊川与明道）与（韩）持国同游西湖，（持国）命诸子侍行。行次有言貌不庄敬者，伊川回视，厉声叱之曰：‘汝辈从长者行，敢笑语如此，韩氏孝谨之风衰矣。’持国遂皆逐去之。”

258 先生语陆原静[①]曰：“元静少年亦要解五经[②]，志亦好博。但圣人教人，只怕人不简易。他说的皆是简易之规，以今人好博之心观之，却似圣人教人差了。”

①原静：陆澄之字，参看第十五条，注一。②五经：参看第十三条，注一。

259 先生曰：“孔子无不知而作[①]，颜子有不善未尝不知[②]。此是圣学真血脉路。”

①不知而作:《论语 · 述而第七》第二十七章，子曰:“盖有不知而作之者，我无是也。多闻，择其善者而从之。多见而识之，知之次也。”②未尝不知:《易经 · 系辞下传》第五章云:“颜氏之子，其庶几乎！有不善未尝不知，知之未尝复行也。”

260 **何廷仁[1]、黄正之[2]、李侯璧[3]、汝中[4]、德洪侍坐。先生顾而言曰:“汝辈学问不得长进，只是未立志。”侯璧起而对曰:“珙亦愿立志。”先生曰:“难说不立，未是必为圣人之志耳。”对曰:“愿立必为圣人之志。”先生曰:“你真有圣人之志，良知上更无不尽。良知上留得些子别念挂带，便非必为圣人之志矣。”洪[5]初闻时心若未服，听说到，不觉悚汗。[6]**

①何廷仁:字性之，号善山，初名秦，一四八六至一五五一，江西雩都县（今江西于都）人。举嘉靖元年（一五二二）乡试。至二十年始选知县。见阳明于南康（今属于江西赣州），已而从阳明至越。与王畿、钱德洪为阳明高第。参看《明儒学案》卷十九，页十三上至十五下。②黄正之:名宏纲，参看第一二〇条，注一。③李侯璧:名珙，浙江永康人，余不详。《王文成传本》卷二（页十七）有李洪，未审是否李珙之误。④汝中:王畿之字，参看第二五七条，注一。⑤洪:《阳明要书》作“珙”，未知孰是。⑥佐藤一斋云:“此条以下闾本分为《续录》卷下，题曰‘钱德洪、王畿录’。陈本、张本并题目‘钱德洪录’。”

261 **先生曰:“良知是造化的精灵。这些精灵，生天生地，成鬼成帝，皆从此出。真是与物无对[1]。人若复得他，完完全全，无少亏**

欠，自不觉手舞足蹈，不知天地间更有何乐可代？”

佐藤一斋云：“良知，即太极也。文成自得之妙，殆绝于言议思惟。故唯赞以生天生地，成鬼成帝。勿谓主张之言。”

东正纯云：“以良知为造化精灵，是王子最自得处，拨出天机无余蕴。后学纷纷，或主体，或主用，或见在，或未发。要之所谓风斯在下矣。”

①与物无对：《二程遗书》卷二上（页三下），明道《识仁篇》云：“此道与物无对。”

262 一友静坐有见，驰问先生。答曰：“吾昔居滁[①]时，见诸生多务知解口耳异同，无益于得，姑教之静坐。一时窥见光景，颇收近效。久之，渐有喜静厌动，流入枯槁之病。或务为玄解妙觉，动人听闻。故迩来只说致良知。良知明白，随你去静处体悟也好，随你去事上磨炼也好。良知本体，原是无动无静的。此便是学问头脑。我这个话头，自滁州到今，亦较过几番，只是‘致良知’三字无病。医经折肱[②]，方能察人病理。”[③]

①居滁：《年谱》正德八年（一五一三），阳明四十二岁。十月至滁州（今安徽滁州），督马政。②折肱：《左传》定公十三年云：“三折肱（阅历多也），知为良医。”③此条俞本载入卷末《补遗》。大意与《拾遗》第三十八条同，惟较详尽。

263 一友问“工夫”曰：“欲得此知时时接续，一切应感处，反觉照管不及。若去事上周旋，又觉不见了。如何则可？”先生曰：“此只

认良知未真，尚有内外之间。我这里工夫不由人急心。认得良知头脑是当，去朴实用功，自会透彻。到此便是内外两忘[①]，又何心事不合一？”

[①]内外两忘：《明道文集》卷三（页一下），《答横渠先生定性书》曰：“与其非外而是内，不若内外之两忘也。”

264又曰：“工夫不是透得这个真机，如何得他充实光辉[①]？若能透得时，不由你聪明知解接得来。须胸中渣滓浑化，不使有毫发沾带[②]始得。”

[①]充实光辉：参看第十六条，注二。[②]沾带：即沾滞。

265先生曰：“‘天命之谓性’[①]，命即是性；‘率性之谓道’，性即是道；‘修道之谓教’，道即是教。”问：“如何道即是教？”曰：“道即是良知。良知原是完完全全，是的还他是，非的还他非。是非只依着他，更无有不是处。这良知还[②]是你的明师。”

[①]天命之谓性：参看第一二七条，注二。[②]还。闾本作“便”。

266问：“‘不睹不闻’[①]，是说本体；‘戒慎恐惧’，是说工夫否？”先生曰：“此处须信得本体原是不睹不闻的，亦原是戒慎恐惧的。戒慎恐惧，不曾在不睹不闻上加得些子。见得真时，便谓戒慎恐惧是本体，不睹不闻是工夫。”

刘宗周云："此非玄语。《中庸》第十六章曰：'使天下之人，齐明盛服以承祭祀。'又是谁使他？只为今人解《中庸》'鬼神'二字是造化之鬼神，所以信。先生语不及而巧者，又于此播弄神通，入玄妙观去。"（《遗编》卷十三《阳明传信录》卷三，页二十三上）

佐藤一斋引高存之（高攀龙，一五六二至一六二六）曰："耳目有时离形声，人无时可离道。不睹不闻，说时亦可，说体亦可。不睹不闻之时，纯是此体也。玩'乎其所'三字，便是不睹不闻不落空，戒慎恐惧非着相矣。"[《高子遗书》，光绪二年（一八七六）本，《仲尼焉学章》卷四，页三八上。]

①不睹不闻：参看第一二〇条，注二。

267 问"通乎昼夜之道[①]而知"。先生曰："良知原是知昼、知夜的。"又问："人睡熟时，良知亦不知了。"曰："不知？何以一叫便应？"曰："良知常知，如何有睡熟时？"曰："向晦宴息[②]，此亦造化常理。夜来天地混沌，形色俱泯。人亦耳目无所睹闻，众窍俱翕。此即良知收敛凝一时。天地既开，庶物露生，人亦耳目有所睹闻，众窍俱辟。此即良知妙用发生时，可见人心与天地一体。故'上下与天地同流[③]'。今人不会宴息，夜来不是昏睡，即是妄思[④]魇寐。"曰："睡时工夫如何用？"先生曰："知昼即知夜矣。日间良知是顺应无滞的，夜间良知即是收敛凝一的。有梦即先兆。"

①通乎昼夜之道：语出《易经·系辞上传》第一章、第四章。②向晦宴息（向晚均安息）：《易经·随卦·象传》曰："君子以向晦入宴息。"③同流：《孟子·尽心第七上》第十三章云："夫君子所过者化，所存者神，上下与天地同流。"④思：俞本作"想"。

268 又曰："良知在夜气发的方是本体，以其无物欲之杂也。学者要使事物纷扰之时，常如夜气[①]一般。就是通乎昼夜之道[②]而知。"

刘宗周云："此语端的。良知常发而常敛，便是独体真消息。若一向在发用处求良知，便入情识窠臼去。然先生指点人处，却在发用上说。只是人是知是非上转个为善去恶路头。正是良心苦工。"（《遗编》卷十三《阳明传信录》卷三，页二十三下。又见《明儒学案》卷十，页十九下至二十上。佐藤一斋与东正纯误以为黄宗羲语）

王应昌云："昼辟夜翕，良知妙与天地同体。先生与分言之矣，如何又云尝如夜气一般？即使事物纷扰之时，常如夜气时，是化昼为夜耳，恐非通知昼夜之道。"

①夜气：参看第四十七条，注一。②通乎昼夜之道：语见《易经·系辞上传》第一章、第四章。

269 先生曰："仙家说到虚，圣人岂能虚上加得一毫实？佛氏说到无，圣人岂能无上加得一毫有？但仙家说虚从养生上来，佛氏说无从出离生死苦海上来，却于本体上加却这些子意思在，便不是他虚无的本色了，便于本体有障碍。圣人只是还他良知的本色，更不着些子意在。良知之虚，便是天之太虚[①]；良知之无，便是太虚之无形。日月风雷，山川民物，凡有貌象形色，皆在太虚无形中发用流行，未尝作得天的障碍。圣人只是顺其良知之发用。天地万物，俱在我良知的发用流行中，何尝又有一物超于良知之外，能作

得障碍？”

刘宗周云："是辨三教异同大头脑处。可见惟吾儒方担得虚无字起。二氏不与也。"(《遗编》卷十三，页二十四下。又见《明儒学案》卷十，页二十上)

佐藤一斋云："文成说虚无，即濂溪(周敦颐)之意也。《通书》第二十章曰'无欲则静虚动直。静虚则明，明则通；动直则公，公则溥'是也。二氏亦说虚无，然其所谓'长生久视'(《老子》第五十九章)'出离死生'，则竟堕于自私自利。私利即欲也。安能明通公溥？"

①太虚：张载《正蒙·太和篇》第一篇云："太虚无形，气之本体。"[《张子全书》(《四部备要》本)卷二，页二上]

270或问："释氏亦务养心，然要之不可以治天下。何也？"先生曰："吾儒养心①，未尝离却事物。只顺其天则自然，就是工夫。释氏却要尽绝事物，把心看做幻相，渐入虚寂去了。与世间若无些子交涉，所以不可治天下。"

王应昌云："看做幻相，绝不与世干涉，与那夜气时奚别？无事做幻相，有事亦做幻相，与尝如夜气一般又奚辨？"

①养心：《孟子·尽心第七下》第三十五章云："养心莫善于寡欲。"《离娄篇》第四上，第十九章云："若曾子，则可谓养志矣。"

271或问异端。先生曰："与愚夫愚妇①同的，是谓同德；与愚夫愚

妇异的，是谓异端。”

孙奇逢云：“异端不止二氏，二氏其显著者耳。”

①愚夫愚妇：参看第一三九条，注一。

272 先生曰：“孟子不动心[①]，与告子不动心，所异只在毫厘间。告子只在不动心上着功，孟子便直从此心原不动处分晓。心之本体，原是不动的。只为所行有不合义，便动了。孟子不论心之动与不动，只是集义[②]。所行无不是义，此心自然无可动处。若告子只要此心不动，便是把捉此心，将他生生不息之根反阻挠了。此非徒无益，而又害之。孟子集义工夫，自是养得充满，并无馁歉，自是纵横自在活泼泼地，此便是浩然之气[③]。”

①不动心：参看八十一条，注二。②集义：参看第四十条，注一。③浩然之气：参看八十一条，注二。

273 又曰：“告子[①]病源，从性无善无不善上见来。性无善无不善，虽如此说亦无大差，但告子执定看了，便有个无善无不善的性在内。有善有恶，又在物感上看，便有个物在外。却做两边看了，便会差。无善无不善，性原是如此。悟得及时，只此一句便尽了，更无有内外之间。告子见一个性在内，见一个物在外，便见他于性有未透彻处。”

但衡今云："告子主性无善无不善，与阳明之主无善无恶同，而与孟子、朱子之道性善异。朱子之释致知格物，与告子之主性内物外同，而与孟子之言仁义一也异。阳明之心外无物，与孟子同而与告子异。予故以阳明之学术主一，考亭（朱子）之学术主二。然则程、朱、陆、王门户者，固不尽同亦不尽异也。且考亭、阳明之于孟子、告子，亦异亦同也。是岂可为究诘，而或同或异以为门户者哉？故孟荀之学，不害其性善性恶也。"

①告子：参看第七十三条，注三。

274 朱本思①问："人有②虚灵，方有良知。若草木瓦石之类，亦有良知否？"先生曰："人的良知，就是草木瓦石的良知。若草木瓦石无人的良知，不可以为草木瓦石矣。岂惟草木瓦石为然？天地无人的良知，亦不可为天地矣。盖天地万物，与人原是一体③。其发窍之最精处，是人心一点灵明。风雨露雷，日月星辰，禽兽草木，山川土石，与人原只一体。故五谷禽兽之类，皆可以养人；药石之类，皆可以疗疾。只为同此一气，故能相通耳。"

刘宗周云："只是性体原是万物一源，故如人参温能补人，便是遇父子而知亲；大黄苦能泻人，便是遇君臣而知义。如何无良知？又如人参能退邪火，便是遇君臣而知义；大黄能顺阴气，便是遇父子而知亲。如何又说此良知又是人得其全物得其偏者？"（《遗编》卷十三《阳明传信录》卷三，页二十五上下。又见《明儒学案》卷十，页二十上。佐藤一斋与吉村秋阳误

作黄宗羲语，中田胜未改正）

但衡今云："本节议论，阳明自别有会心处。治王学者幸勿以动植有机无机之分别常识非笑之。科学之未能解决者，奚止此也？参阅阳明先生《〈大学〉问》篇（《全书》卷二十六），当可瞭然物我之无间矣。"

唐九经见王应昌云："如何是人的良知？如何是草木瓦石的良知？又如何草木瓦石有人的良知？又如何人晓得草木瓦石的良知？能一一指否？"

①朱本思：名得之，号近斋，江苏靖江人。尝为邑丞。其学颇近老氏。参看《明儒学案》卷二十五，页五下至八下。②有：张本作"心"。③一体：湘本此下有"体必有主"四字。关于"与天地万物为一体"，参看第八十九条，注二。

275 先生游南镇[①]。一友指岩中花树问曰："天下无心外之物[②]，如此花树，在深山中自开自落，于我心亦何相关？"先生曰："你未看此花时，此花与汝心同归于寂；你来看此花时，则此花颜色一时明白起来。便知此花不在你的心外。"

①南镇：浙江绍兴市会稽山。②心外无物：参看第六条，注十。

276 问："大人与物同体[①]，如何《大学》又说个厚薄[②]？"先生曰："惟是道理自有厚薄。比如身是一体，把手足捍头目，岂是偏要薄手足。其道理合如此。禽兽与草木同是爱的，把草木去养禽兽，心又忍得。人与禽兽同是爱的，宰禽兽以养亲，与供祭祀，燕宾客，

心又忍得。至亲与路人同是爱的，如箪食豆羹[③]，得则生，不得则死，不能两全，宁救至亲，不救路人，心又忍得。这是道理合该如此。及至吾身与至亲，更不得分别彼此厚薄。盖以仁民爱物[④]，皆从此出。此处可忍，更无所不忍矣。《大学》所谓厚薄，是良知上自然的条理，不可逾越，此便谓之义；顺这个条理，便谓之礼；知此条理，便谓之智；终始是这个条理，便谓之信。”

①与物同体：参看第八十九条，注二。并参看第三三六条“人心与物同体”。②厚薄：《大学》经文曰：“其所厚者薄，而其所薄者厚，未之有也。”③箪食豆羹：《孟子·告子第六上》第十章云：“一箪食，一豆羹，得之则生，不得则死。呼尔而与之，行道之人弗受。蹴尔而与之，乞人不屑也。”④仁民爱物：《孟子·尽心第七上》第四十五章云：“亲亲而仁民，仁民而爱物。”

277 又曰：“目无体，以万物之色为体；耳无体，以万物之声为体；鼻无体，以万物之臭为体；口无体，以万物之味为体；心无体，以天地万物感应之是非为体。”

东正纯云：“王子常喜主心提醒，而往往又生着心之弊，所以有此说。大抵会得则心即事，事即心。合下无寸土。王塘南（王时槐，一五二二至一六〇五）谓：‘心无体，以人情事物之感应为体。’此语未善。夫事者，心之影也。心固无声臭，而事则心之变化，岂有实体哉？如水与波然。谓‘水以波为体，可乎？’（《明儒学案》卷二十，页十上下）云云，其说非无所见，惜犹滞在言诠上矣。”

但衡今云：“此节所云，与阳明教言相违。色为目之体，声为耳之体，臭为鼻之体，味为口之体，感应为心之体。体在外，然则物犹在外也，且物外无心矣，不啻自毁其学术宗旨。度阳明之意，万物之色，非色也，以目为色；万物之声，非声也，以耳为声；万物之臭，非臭也，以鼻为臭；万物之味，非味也，以口为味。万物何尝有色声香味者哉？造心无心，万物并育。何尝为人心之体？更何尝有是非于其间哉？”

278 问夭寿不贰[①]。先生曰：“学问工夫，于一切声利嗜好，俱能脱落殆尽。尚有一种生死念头，毫发挂带，便于全体有未融释处。人于生死念头，本从生身命根上带来，故不易去。若于此处见得破，透得过，此心全体方是流行无碍，方是尽性知命[②]之学。”

佐藤一斋云：“陈几亭（龙正）疑此条曰：‘向说夭寿不贰，属困知勉行（第一三四条）。此又言尽性至命，仍与朱子符，与己说歧矣。’愚案：陈氏之言似是而非。文成尝言，竖说横说，工夫一般（第一〇二条），则固未必拘拘乎同并，且此说亦未尝与前说相歧。此学，皆尽性至命之学。困知，困知此也；勉行，勉行此也。至其成功，则与圣人无异。但今方着功，故谓之学耳。”

①夭寿不贰：参看第六条，注四。②尽性知命：《易经·说卦传》第一章云：“穷理尽性，以至于命。”

279 一友问：“欲于静坐时，将好名、好色、好货等根，逐一搜寻扫除廓清，恐是剜肉做疮否？”先生正色曰：“这是我医人的方子，

真是去得人病根。更有大本事人，过了十数年亦还用得着。你如不用，且放起，不要作坏我的方子。”是友愧谢。少间曰：“此量非你事。必吾门稍知意思者[①]为此说以误汝。”在坐者皆悚然。

①吾门稍知意思者：佐藤一斋云：“陆原静有引犬上堂而逐之之疑（第一六一条）。吾门稍知意思者，盖指原静辈。”

280 一友问“工夫不切”。先生曰：“学问工夫，我已曾一句道尽。如何今日转远，都不着根？”对曰：“致良知，盖闻教矣，然亦须讲明。”先生曰：“既知致良知，又何可讲明？良知本是明白，实落用功便是。不肯用功，只在语言上转说转糊涂。”曰：“正求讲明致之之功。”先生曰：“此亦须你自家求，我亦无别法可道。昔有禅师，人来问法，只把麈[①]尾提起。一日，其徒将麈尾藏过，试他如何设法。禅师寻麈尾不见，又只空手提起[②]。我这个良知，就是设法的麈尾。舍了这个有何可提得？”少间，又一友请问工夫切要。先生旁顾曰：“我麈尾安在？”一时在坐者皆跃然。

①麈：音“主”。鹿类，比鹿为大。尾毛用作拂尘之具。②提起：麈尾禅宗故事。出处不详。

281 或问“至诚前知[①]”。先生曰：“诚是实理，只是一个良知。实理之妙用流行就是神，其萌动处就是几。诚神几[②]曰圣人。圣人不贵前知。祸福之来，虽圣人有所不免，圣人只是知几遇变而通耳。良知无前后，只知得见在的几，便是一了百了。若有个前知的心，就是私心，就有趋避利害的意。邵子[③]必于前知，终是利害心未尽处。”

①前知：《中庸》第二十四章云：“至诚之道，可以前知。国家将兴，必有祯祥；国家将亡，必有妖孽。……善必先知之，不善必先知之，故至诚如神。”②诚神几：周敦颐《通书》第四章云：“寂然不动者，诚也；感而遂通者，神也；动而未形，有无之间者，几也。诚精故明，神应故妙，几微故幽，诚神几曰圣人。”③邵子：即邵雍。此处泛述邵子前知之说。

282 先生曰：“无知无不知，本体原是如此。譬如日未尝有心照物，而自无物不照。无照无不照，原是日的本体。良知本无知，今却要有知。本无不知，今却疑有不知，只是信不及耳。”

刘宗周云：“独体原是如此。”（《遗编》卷十三《阳明传信录》卷三，页二十七上。又见《明儒学案》卷十，页二十一上。数注家误作黄宗羲语）

283 先生曰：“‘惟天下至圣，为能聪明睿知。’旧看何等玄妙！今看来原是人人自有的。耳原是聪，目原是明，心思原是睿知，圣人只是一能之尔。能处正是良知。众人不能，只是个不致知。何等明白简易！”

但衡今云：“阳明谓良知本无知，今却要有知，此孟子之所谓勿助；本无不知，今却疑有不知，此孟子之所谓勿忘。勿助勿忘，而心之本体究矣。予以其言之隐也，为之引而申之。”

284问："孔子所谓'远虑'[①]，周公'夜以继日'[②]，与将迎[③]不同。何如？"先生曰："远虑，不是茫茫荡荡去思虑，只是要存这天理。天理在人心，亘古亘今，无有终始。天理即是良知。千思万虑，只是要致良知。良知愈思愈精明。若不精思，漫然随事应去，良知便粗了。若只着在事上茫茫荡荡去思，教[④]做远虑，便不免有毁誉、得丧、人欲搀入其中，就是将迎了。周公终夜以思，只是戒慎不睹，恐惧[⑤]不闻的工夫。见得时，其气象与将迎自别。"

刘宗周云："又摄在'天理'二字内。天理即良知，是先生前后打合指诀。"又曰："'良知愈思愈精明。'盖言天理愈精明也。思即是良知之柄，说不得个思良知。凡言思，不必说良知；言良知，不必又言思了。人心中容不得许多名目。"(《遗编》卷十三《阳明传信录》卷三，页二十七上下)

但衡今云："阳明谓远虑，只是存天理。天理所以别善恶是非，是也。又谓不可着在事上去思。然则悬空以存天理乎？且思虑必着事物，而后戒慎恐惧，存其天理，方有着落。否则思而不学，虽非将迎，是谓无托。(本注：释家所谓无记空也)度阳明之意，所以别将迎也。故于随事应去戒漫然，着事而思戒茫然。与上文'良知愈思愈精明'之旨合。而于远虑将迎之问，究欠分晓。予意事至而思而虑，正所以存天理也。事未至而预意预必，斯则将迎之矣。"(本注：《传习录》下卷多有发问之人，未能指实者，亦有无缘而说者。其为门下结集之辞可知矣。)

①远虑：《论语·卫灵公第十五》第十一章，子曰："人无远虑，必有近忧。"②夜以继日：《孟子·离娄第四下》第二十章云："周公思兼三王（禹、汤、文王），以施四事。其有不

合者，仰而思之，夜以继日；幸而得之，坐以待旦。”③将迎：参看第一六一条，注五。④教：陈本作“叫”。⑤戒慎恐惧：参看第三十七条，注四。

285 问：“‘一日克己复礼，天下归仁[①]。’朱子作效验说[②]，如何？”先生曰：“圣贤只是为己之学，重工夫，不重效验。仁者以万物为体[③]，不能一体[④]，只是己私未忘。全得仁体，则天下皆归于吾仁，就是‘八荒皆在我闼’[⑤]意。天下皆与，其仁亦在其中。如‘在邦无怨，在家无怨[⑥]’，亦只是自家不怨，如‘不怨天，不尤人[⑦]’之意。然家邦无怨，于我亦在其中，但所重不在此。”

王应昌云：“效验之不离工夫，犹工夫之不离本体。三者鼎足而立，缺不得一件。又循环无端，住不得一刻。”

①归仁：《论语 · 颜渊第十二》第一章之语。②效验说：朱子《论语集注》注此句云：“极言其效之甚远而至大也。”③体：张本作“一体”。④一体：参看第八十九条，注二。⑤八荒皆在我闼：语出吕大临（一〇四〇至一〇九二）《克己铭》。（见《宋元学案》卷三十一，页八上。）⑥无怨：语出《论语 · 颜渊第十二》第二章。⑦不尤人：《论语 · 宪问第十四》第三十七章，子曰：“不怨天，不尤人，下学而上达。知我者，其天乎！”

286 问：“孟子‘巧力、圣智’[①]之说，朱子云：‘三子[②]力有余而巧不足。’何如？”先生曰：“三子固有力，亦有巧。巧力实非两事，巧亦只在用力处。力而不巧，亦是徒力。三子譬如射：一能步箭，一能马箭，一能远箭。他射得到，俱谓之力；中处，俱可谓之巧。但步不能马，马不能远，各有所长，便是才力分限有不同处。孔子

则三者皆长。然孔子之和只到得柳下惠[3]而极，清只到得伯夷[4]而极，任只到得伊尹[5]而极，何曾加得些子？若谓三子力有余而巧不足，则其力反过孔子了。巧力只是发明圣知之义，若识得圣知本体是何物，便自然了[6]。"

①巧力、圣智：《孟子·万章第五下》第一章，孟子曰："伯夷，圣之清者也；伊尹，圣之任者也；柳下惠，圣之和者也；孔子，圣之时者也。孔子之谓集大成。集大成也者，金声而玉振之也；金声也者，始条理也；玉振之也者，终条理也；始条理者，智之事也；终条理者，圣之事也。智，譬则巧也；圣，譬则力也。"②三子：朱子《孟子集注》注此章云："三子则力有余而巧不足。是以一节虽至于圣，而智不足以及乎时中也。"③柳下惠：姓展，名获。鲁之贤大夫。居柳下，谥曰惠。④伯夷：参看第九十九条，注二。⑤伊尹：参看第九十九条，注三。⑥然了：陈本、施本、俞本均作"了然"，张本则作"瞭然"。

287 先生曰："'先天而天弗违'，天即良知也；'后天[1]而奉天时'，良知即天也。"

刘宗周云："大彻大悟。蒙（愚也）又为先生转一语曰：'先生言致良知以格物，便是先天而天弗违；先生言格物以致其良知，便是后天而奉天时。'"（《遗编》卷十三《阳明传信录》卷三，页二十七下。又见《明儒学案》卷十，页二十一上。佐藤一斋、吉村秋阳、东正纯、东敬治均误作黄宗羲语，中田胜未改正）

王应昌云："先天而天弗违，是我为主而天不与我抗。开天者也，如何倒说天即良知？后天而奉天时，是天为政而我不敢与忤。律天者也，如何倒说良知是天？"

①先天、后天：参看第一七一条，注五。

288 "良知只是个是非之心[①]，是非只是个好恶。只好恶，就尽了是非；只是非，就尽了万事万变。"又曰："'是非'两字是个大规矩。巧处则存乎其人。"

刘宗周云："蒙（愚）尝谓只有个知善知恶之心，更别无个好善恶恶之心。正如此说。"（《遗编》卷十三《阳明传信录》卷三，页二十七下）

但衡今云："阳明学术约理之精，自宋以来，无有出其右者。然大匠能予人以规矩，不能予人巧。学者又当循其规矩，而勿轻事其巧。则巧在其中矣。"

①是非之心：参看第三十八条，注一。

289 圣人之知，如青天之日；贤人，如浮云天日；愚人，如阴霾天日。虽有昏明不同，其能辨黑白则一。虽昏黑夜里，亦影影见得黑白，就是日之余光未尽处。困学工夫，亦只从这点[①]明处精察去耳。[②]

①点：张本作"一点"。②此条俞本载入卷末《补遗》。

290 问："知譬日，欲譬云。云虽能蔽日，亦是天之一气合有的。欲亦莫非人心合有否？"先生曰："喜怒哀惧爱恶欲，谓之七情[①]。七者俱是人心合有的，但要认得良知明白。比如日光，亦不可指着方所。一隙通明，皆是日光所在。虽云雾四塞，太虚中色象可辨，亦

是日光不灭处。不可以云能蔽日，教天不要生云。七情顺其自然之流行，皆是良知之用，不可分别善恶，但不可有所着。七情有着，俱谓之欲，俱为良知之蔽。然才有着时，良知亦自会觉。觉即蔽去，复其体矣。此处能勘得破，方是简易透彻工夫。”

刘宗周云："人生一时离不得七情，七情即良知之魄。若谓良知在七情之外，则七情又从何处来？”（《遗编》卷十三《阳明传信录》卷三，页二十八下。又见《明儒学案》卷十，页二十一下。东正纯误作黄宗羲语，东敬治沿之）

①七情：参看上卷，第四十四条，注五。

291 问："圣人生知安行[1]，是自然的，如何有甚工夫？”先生曰："知行二字，即是工夫，但有浅深难易之殊耳。良知原是精精明明的，如欲孝亲，生知安行的，只是依此良知，实落尽孝而已；学知利行者，只是时时省觉，务要依此良知尽孝而已；至于困知勉行者，蔽锢已深，虽要依此良知去孝，又为私欲所阻，是以不能。必须加人一己百、人十己千[2]之功，方能依此良知，以尽其孝。圣人虽是生知安行，然其心不敢自是，肯做困知勉行的工夫。困知勉行的却要思量做生知安行的事，怎生成得？”

①生知安行：参看第六条，注八。②人一己百、人十己千：参看第九十九条，注九。

292 问："'乐是心之本体'[1]，不知遇大故，于哀哭时，此乐还在否？”先生曰："须是大哭一番了方乐，不哭便不乐矣。虽哭，此心安处即是乐也。本体未尝有动。”

①乐是心之本体：语见第一六六条。

293问："良知一而已。文王作《彖》，周公系《爻》，孔子赞《易》[①]。何以各自看理不同？"先生曰："圣人何能拘得死格？大要出于良知同，便各为说，何害？且如一园竹，只要同此枝节，便是大同。若拘定枝枝节节，都要高下大小一样，便非造化妙手矣。汝辈只要去培养良知，良知同，更不妨有异处。汝辈若不肯用功，连笋也不曾抽得，何处去论枝节？"

①《易》：相传伏羲画八卦，文王作六十四卦之卦辞，以释每卦全体之义。周公作爻辞，以释一卦六爻中每爻之义。孔子作《十翼》，即《上彖传》《下彖传》《上象传》《下象传》《系辞上传》《系辞下传》《文言》《说卦》《序卦》《杂卦》，以赞（明）《易》之本义。然《易》之历史与作者为谁，尚无定论。

294乡人有父子讼狱[①]，请诉于先生，侍者欲阻之，先生听之。言不终辞，其父子相抱恸哭而去。柴鸣治[②]入问曰："先生何言，致伊感悔之速？"先生曰："我言舜是世间大不孝的子，瞽瞍[③]是世间大慈的父。"鸣治愕然，请问。先生曰："舜常自以为大不孝，所以能孝；瞽瞍常自以为大慈，所以不能慈。瞽瞍只记得舜是我提孩长的，今何不曾豫悦我？不知自心已为后妻所移了，尚谓自家能慈，所以愈不能慈。舜只思父提孩我时如何爱我，今日不爱，只是我不能尽孝。日思所以不能尽孝处，所以愈能孝。及至瞽瞍底豫时，又不过复得此心原慈的本体。所以后世称舜是个古今大孝的子，瞽瞍亦做成个慈父。”

①乡人有父子讼狱：《年谱》正德五年（一五一〇），阳明三十九岁，升江西庐陵县知县。“为政不事威刑……慎选里正。……使之委曲劝谕。民胥悔胜气嚣讼，至有涕泣而归者。”即指此事。②柴鸣治：不详。《儒林宗派》《王文成传本》与《阳明弟子传纂》之《阳明弟子名表》，无姓柴者。③瞽瞍：《孟子·万章第五上》第二章云：“父母使舜完（治）廪（仓），捐（去）阶（梯）。瞽瞍焚廪。使浚（穿）井，出，从而掩（盖）之。……舜不知象之将杀己。”《离娄篇》第四上，第二十八章云：“舜尽事亲之道，而瞽瞍厎（至）豫（悦乐）。”参看第二四五条。

295先生曰：“孔子有鄙夫来问，未尝先有知识以应之，其心只空空而已。但叩他自知的是非两端[①]，与之一剖决。鄙夫之心，便已了然。鄙夫自知的是非，便是他本来天则。虽圣人聪明，如何可与增减得一毫？他只不能自信。夫子与之一剖决，便已竭尽无余了。若夫子与鄙夫言时，留得些子知识在，便是不能竭他的良知，道体即有二了。”

①“叩他……两端”：《论语·子罕第九》第七章，子曰：“有鄙夫问于我，空空（虚心）如也。我叩（发动）其两端（始终本末）而竭（无所不尽）焉。”

296先生曰：“‘烝烝[①]乂，不格奸’（本注[②]：说象已进进于乂），不至大为奸恶。舜征庸[③]，后象犹日以杀舜[④]为事。何大奸恶如之！舜只是自进于乂，以乂薰烝[⑤]，不去正他奸恶。凡文过掩慝，此是恶人常态。若要指摘他是非，反去激他恶性。舜初时致得象要杀己，亦是要象好的心太急，此就是舜之过处。经过来，乃知工夫只在自己不去责人，所以致得克谐。此是舜动心忍性[6]，增益不能处。古人言语，俱是自家经历过来，所以说得亲切。遗之后世，曲当人情，若非自家经过，如何得他许多苦心处？”

①烝烝：《尚书·尧典》第十二节云：“瞽子（瞎子之子舜），父顽母嚚（言不忠信），象（舜之兄）傲。克谐（和）以孝。烝烝（渐进）乂（自治），不格（至）奸（恶）。”②本注：蔡沉（一一六七至一二三〇）《书集传》注“烝烝”云：“进进以善。”佐藤一斋云：“此处‘乂’当作‘善’，以符原注。”捷案：乂即善也。③征庸：《尚书·舜典》第二十八节云：“舜生三十征（召）庸（用），三十在位。”④杀舜：《孟子·万章第五上》第三章。⑤薰烝：阳明训“烝烝”为“薰烝”，即感化之意。闾本“以乂薰烝”四字作“以乂去烝烝他”。⑥动心忍性：《孟子·告子第六下》第十五章云：“故天将降大任于是人也，必先苦其心志，劳其筋骨，饿其体肤，空乏其身，行拂乱其所为。所以动心忍性，增益其所不能。”

297 先生曰：“古乐不作久矣，今之戏子尚与古乐意思相近。”未达[1]，请问。先生曰：“《韶》之九成[2]，便是舜的一本戏子；《武》之九变[3]，便是武王的一本戏子。圣人一生实事，俱播在乐中。所以有德者闻之，便知他尽善尽美与尽美未尽善[4]处。若后世作乐，只是做些词调，于民俗风化，绝无关涉，何以化民善俗？今要民俗反朴还淳，取今之戏子，将妖淫词调俱去了，只取忠臣孝子故事，使愚俗百姓人人易晓，无意中感激他良知起来，却于风化有益。然后古乐渐次可复矣。”曰：“洪要求元声[5]不可得，恐于古乐亦难复。”先生曰：“你说元声在何处求？”对曰：“古人制管候气[⑥]，恐是求元声之法。”先生曰：“若要去葭灰黍粒中求元声，却如水底捞月，如何可得？元声只在你心上求。”曰：“心如何求？”先生曰：“古人为治，先养得人心和平，然后作乐。比如在此歌诗，你的心气和平，听者自然悦怿兴起，只此便是元声之始。《书》云：‘诗言志’[⑦]，志便是乐的本；‘歌永言’，歌便是作乐的本；‘声依永，律和声’，律只要和声，和声便是制律的本。何尝求之于外？”曰：“古人制候气法，是意何取？”先生曰：“古人具中和之体以作乐。我的中和，原与天地之气相应。候天地之气，协凤凰之音，不过去验我的气果和否。此是成律已后事，非必待此以成律也。今要候灰管，先须定至日[⑧]，然至日子时，恐又不准，又何处取得准来？”[⑨]

①未达：此条为钱德洪所问。德洪未达。②九成：乐一终为一成。《尚书·益稷》第九节云：“《箫韶》（舜乐总名）九成（从一奏到九奏），凤凰来仪（舞而有仪容）。”③九变：即九成。《武》（武王之乐）凡九变，“则人鬼可得而礼矣”。详《周礼·大司乐》。④尽善：《论语·八佾第三》第二十五章云：“子谓《韶》，尽美矣，又尽善也；谓《武》，尽美矣，未尽善也。”⑤元声：黄钟之管也，为十二律所自出。⑥制管候气：参看第六十一条，注三。⑦诗言志：《尚书·舜典》第二十四节云：“诗言志，歌永言，声依永（长短），律和声。”⑧至日：冬至。⑨此条俞本载在卷末《补遗》。见《年谱》正德（三轮执斋误作嘉靖）十五年九月，阳明还南昌。舒芬（参看二〇四条，注五）以翰林谪官市舶，问《律吕元声》，阳明答语与本条略同。芬遂跃，当拜弟子。

298 先生曰：“学问也要点化[①]，但不如自家解化者自一了百当。不然，亦点化许多不得。”

[1]点化：为师友所解化。

299孔子气魄极大，凡帝王事业，无不一一理会，也只从那心上来。譬如大树，有多少枝叶，也只是根本上用得培养工夫，故自然能如此。非是从枝叶上用功，做得根本也。学者学孔子，不在心上用功，汲汲[1]然去学那气魄，却倒做了。

[1]汲汲：不停止也。

300人有过，多于过上用功，就是补甑[1]，其流必归于文过。[2]

[1]补甑：补已破之甑。[2]施本、湘本，此条与上条合为一条。

301今人于吃饭时，虽无一事在前，其心常役役[1]不宁。只缘此心忙惯了，所以收摄[2]不住。

[1]役役：劳也。[2]收摄：收敛管辖。

302琴瑟简编[1]，学者不可无。盖有业以居之[2]，心就不放。

[1]简编：书籍。[2]业以居之：语见《易经·乾卦·文言传》。

303 先生叹[1]曰："世间知学的人，只有这些病痛打不破，就不是善与人同[2]。"崇一[3]曰："这病痛只是个好高不能忘己尔。"

①先生叹：佐藤一斋谓此叹恐暗指湛甘泉（若水）。不知所据。②善与人同：语出《孟子·公孙丑第二上》第八章。③崇一：欧阳德，参看第一〇四条，注一。

304 问："良知原是中和[1]的，如何却有过、不及？"先生曰："知得过不及处就是中和。"

刘宗周云："良知无过不及。知得过不及的是良知。"（《遗编》卷十三《阳明传信录》卷三，页二十九下。又见《明儒学案》卷十，页二十一下。注家或误以为黄宗羲语）

①中和：参看第二十八条，注一。

305 "所恶于上"是良知，"毋以使下"[1]即是致知。

①所恶于上、毋以使下：《大学》第十章云："所恶于上，毋以使下；所恶于下，毋以事上。"

306 先生曰："苏秦[1]、张仪[2]之智，也是圣人之资。后世事业文章，许多豪杰名家，只是学得仪、秦故智。仪、秦学术，善揣摸人情，无一些不中人肯綮[3]，故其说不能穷。仪、秦亦是窥见得良知妙用处，但用之于不善尔。"

黄宗羲云："《传习后录》(下卷)有先生(黄省曾)所记数十条。当是采之《问道录》中，往往失阳明之意。然无如仪、秦一条云：'苏秦、张仪之智也，是圣人之资。……但用之于不善耳。'夫良知为未发之中，本体澄然，而无人伪之杂。其妙用亦是感应之自然，皆天机也。仪、秦打入情识窠臼，一往不返，纯以人伪为多。无论用之于不善，即用之于善，亦是袭取于外。生机槁灭，非良知也。安得谓其末异而本同哉？以情识为良知，其失阳明之旨甚矣。"(《明儒学案》卷二十五，页四下。黄省曾，参看二四八条，注一)

王应昌云："先生征藩一节，权宜诏旨，风云部洛。间谍之妙，出神入化。苟非良知之用，自信逼真，几何不自疑险谲，坐失事机乎？"

佐藤一斋云："良知，是本然之知；私智，是形气之知。苏、张之智，即是私智，然原亦出于良知。譬诸日光，日光直照，皦然明白，此其本体也。日光先到水，水受之以倒受新窗，摇动原散，幻光不定，此失本体也。故良知本体，如直照之日光；苏、张私智，如倒照之水光，然其为日光则一也。黄宗羲以此条为黄五岳《问道录》中语，辨其失阳明之旨，恐不然。"

东正纯云："黎(梨)洲之言，忽闻如可从者，而毕竟不是发王子密旨也。夫良知，极也，无物不体；良知，中也，无处不在也。喻日虽蔽黯之极，未尝不照焉。……善恶是非，纷纷纭纭，未尝不良知之所为也。……禅者曰：'不离烦恼而证菩提，……黎洲乃谓'知无过不及，知得过不及即是良知'，此言实得之矣。"

捷案：东正纯所谓梨洲良知之语，实刘宗周语也。参看第三、四条。

①苏秦：战国时洛阳人，前二八四卒。初说秦惠王不用，往说赵、燕。合六国之纵，同盟拒秦。后纵约为张仪所破。参看《史记》卷六十九。②张仪：战国时卫人，前三〇九卒。相秦惠王，以连横之策说六国，使背纵约而事秦。惠王卒，六国复合纵，仪出相魏。参看《史记》卷七十。③肯綮。枢要。

307 或问"未发已发"[①]。先生曰："只缘后儒将未发已发分说了，只得劈头说个无未发已发，使人自思得之。若说有个已发未发，听者依旧落在后儒见解。若真见得无未发已发，说个有未发已发，原不妨。原有个未发已发在。"问曰："未发未尝不和，已发未尝不中。譬如钟声，未扣不可谓无，既扣不可谓有，毕竟有个扣与不扣，何如？"先生曰："未扣时原是惊天动地，既扣时也只是寂天寞地。"

佐藤一斋引彭定求[《南畇全集》，光绪七年(一八八一)本]附《释毁录》(页十二上)曰："《通书》第七章曰：'唯中也者，和也，中节也，天下之达道也。'中和一串说，便是合未发已发而一之也。文成之不分未发已发，实以周子(敦颐)为张本。"

①未发已发：参看第二十八条，注一。

308 问："古人论性，各有异同。何者乃为定论？"先生曰："性无定体，论亦无定体。有自本体上说者，有自发用上说者，有自源头上说者，有自流弊处说者。总而言之，只是这个性，但所见有浅深尔。若执定一边，便不是了。性之本体，原是无善无恶的。发用上也原是可以为善，可以为不善的。其流弊也原是一定善，一定恶

的。譬如眼，有喜时的眼，有怒时的眼；直视就是看的眼，微视就是觑[①]的眼。总而言之，只是这个眼。若见得怒时眼，就说未尝有喜的眼；见得看时眼，就说未尝有觑的眼。皆是执定，就知是错。孟子说性[②]，直从源头上说来，亦是说个大概如此。荀子性恶之说[③]，是从流弊上说来，也未可尽说他不是，只是见得未精耳。众人则失了心之本体。”问：“孟子从源头上说性，要人用功在源头上明彻。荀子从流弊说性，工夫只在末流上救正，便费力了。”先生曰：“然。”

佐藤一斋云：“性之本体，无善无恶者，指形而上而言。至于善恶可言，则已落于形而下。故无善无恶者，即所谓至善，而与物无对，是其本体也。与竺氏（佛氏）空寂之说不同。其流弊，也原是一定善，一定恶的。此句义不可解。疑必有误脱，似当作‘其源头，也原是一定善的；其流弊，也原是一定恶的’。”

但衡今云：“本节言性本体、发用、源头、流弊，皆非所以言性也，且益陷支离。若云本体，本体无善恶可言；若论发用，性无发用，心王主之；若论源头，源头无生灭；若论流弊，性不任善，亦不任恶。故流弊非性所任也。予故断其非阳明意也。质之今之治王学者究之。”

①觑：伺视。②孟子说性：见《公孙丑篇》第二上，第六章，与《告子篇》第六上，第一至六章。③荀子性恶之说：见《性恶篇》第十七。

309 先生曰：“用功到精处，愈着不得言语，说理愈难。若着意在

精微上，全体工夫反蔽泥[1]了。”

[1]泥：阻滞也。

310杨慈湖[1]不为无见，又着在无声无臭上见了。

[1]杨慈湖：杨简，字敬仲（一一四一至一二二六），浙江慈溪人。陆象山门人。屡任知县，官至兵部郎官。学重本心，以天地万物为一体，著《己易》，以天地之变化为己之变化。循吾本心，则通于一，万事毕。参看《宋元学案》卷七十四、《宋史》卷四〇七。

311人一日间，古今世界都经过一番，只是人不见耳。夜气清明时，无视无听，无思无作，淡然平怀，就是羲皇世界[1]。平旦时，神清气朗，雍雍穆穆，就是尧、舜世界。日中以前，礼仪交会，气象秩然，就是三代[2]世界。日中以后，神气渐昏，往来杂扰，就是春秋战国世界。渐渐昏夜，万物寝息，景象寂寥，就是人消物尽世界。学者信得良知过，不为气所乱，便常做个羲皇已上人。

[1]羲皇世界：神话伏羲时代，参看第十一条。[2]三代。夏、商、周。

312薛尚谦[1]、邹谦之[2]、马子莘[3]、王汝止[4]侍坐[5]，因叹先生自征宁藩[6]以来，天下谤议益众，请各言其故。有言先生功业势位日隆，天下忌之者日众；有言先生之学日明，故为宋儒争是非者亦日博；有言先生自南都[7]以后，同志信从者日众，而四方排阻者日益力。先生曰：“诸君之言，信皆有之。但吾一段自知处，诸君俱未道及耳。”诸友请问。先生曰：“我在南都以前，尚有些子乡愿[8]的意思在。我今信得这良知真是真非，信手行去，更不着些覆藏。我今才做得个狂者[9]的胸次，使天下之人都说我行不掩言也罢。”尚谦出曰：“信得此过，方是圣人的真血脉。”[10]

刘宗周云：“谈此方知先生晚年真面目。我辈如何容易打过关折子也？然日后正大有事在。”（《遗编》卷十三《阳明传信录》卷三，页三十下。又见《明儒学案》卷十，页二十一下。东正纯误作黄宗羲语，东敬治沿之）

①薛尚谦：名侃。参看第八十一条，注一。②邹谦之：名守益，参看第三一四条，注二。③马子莘：名明衡，参看第四十条，注二。④王汝止：名艮，号心斋，一四八三至一五四，泰州安丰（今江苏东台安丰）人。贫不能竟学，从父商于山东。常携《孝经》《论语》《大学》于袖中，逢人质难。正德六年（一五一一），闲居三月半，自此行住语默，皆在觉中。时阳明巡抚江西，讲良知之学，学者翕然信从。然先生僻处，未之闻也。有谓其谈似王之学者。先生即日启行。正德十五年（一五二〇）九月，以古服进见，与阳明辩，下拜自称弟子。明日复上坐辩难。久之，大服。遂为弟子如初，易其名银为艮，年三十八。先生冠服言动不与人同，阳明移书责之。及门三日不得见。阳明送客出门，先生跪而悔过，阳明不顾。先生随之入，厉声曰：“仲尼不为已甚。”阳明乃揖之起。阳明卒后，返家授徒，远近皆至。于眉睫之间，省觉人最多。与王畿为阳明高第二王见称。参看《明儒学案》卷三十二、《明史》卷一四三。⑤侍坐：据《年谱》，此为嘉靖二年（一五二三）二月。在越（浙江绍兴）。⑥征宁藩：《年谱》正德十四年（一五一九），六月，阳明奉命勘处福建叛军。半途闻宁王宸濠反，十五日返江西起义兵。二十日拔南昌，二十六日擒宸濠。⑦南都：南京。正德九年（一五一四）四月，升南京鸿胪寺卿，掌殿廷礼仪。五月至南京。至十一年（一五一六）九月，升御史巡抚江

西、福建。⑧乡愿：《论语·阳货第十七》第十三章云："乡愿，德之贼也。"《孟子·尽心第七下》第三十七章云："言不顾行，行不顾言。则曰：'古之人，古之人。'行何为踽踽（独行不进）凉凉（薄也）？生斯世也，为斯世也，善斯可矣。'阉然媚于世也者，是乡愿也。……同乎流俗，合乎污世。居之似忠信，行之似廉洁。众皆悦之，自以为是，而不可与入尧、舜之道。"⑨狂者：《论语·阳货第十七》第十三章云："狂者进取（有志），狷者有所不为也（有守）。""何以谓之狂也？"曰："其志嘐嘐然（志大言大），曰：'古之人，古之人。'（好说古之人）夷（平）考其行，而不掩（覆）焉（究竟其行毕露，言行不符）者也。"⑩此条载《年谱》嘉靖二年（一五二三）二月。接下有"请问乡愿狂者之辨"三百余字。佐藤一斋云："此条之后，俞本、王本并有'问乡愿'一条。诸本多阙。《年谱》嘉靖二年（一五二三）二月，则载之。与此条合，为一时事。施本与《年谱》同，但语有详略。俞本尚缺章首十四字。今从王本录如下。"（今改载卷末为《拾遗》第四条）

313 先生锻炼人处，一言之下，感人最深。一日，王汝止[①]出游归。先生问曰："游何见？"对曰："见满街人都是圣人。"先生曰："你看满街人是圣人，满街人到[②]看你是圣人在。"又一日，董萝石[③]出游而归，见先生曰："今日见一异事。"先生曰："何异？"对曰："见满街人都是圣人。"先生曰："此亦常事耳。何足为异？"盖汝止圭角[④]未融，萝石恍见有悟，故问同答异，皆反其言而进之。洪[⑤]与黄正之[⑥]、张叔谦[⑦]、汝中[⑧]丙戌[⑨]会试归，为先生道途中讲学，有信有不信。先生曰："你们拿一个圣人去与人讲学。人见圣人来，都怕走了，如何讲得行？须做得个愚夫愚妇，方可与人讲学。"洪又言今日要见人品高下最易。先生曰："何以见之？"对曰："先生譬如泰山在前，有不知仰者，须是无目人。"先生曰："泰山不如平地

大，平地有何可见？”先生一言翦裁，剖破终年为外好高之病。在座者莫不悚惧。

王应昌云：“与汝止、萝石说是传药，与钱、与黄、张诸子说是传方。传药是先生自为医，传方是先生教他医。然须审证，切勿费人。”

①王汝止：参看上条，注四。②到：陈本、张本作“倒”。③董萝石：名沄，字复宗，号萝石，晚号从吾道人，一四五七至一五三三，浙江海宁人。嘉靖三年（一五二四），先生年六十八，正月游会稽。闻阳明讲学，师事之。能诗，不仕。参看《明儒学案》卷四十四。④圭角：锋芒。⑤洪：即钱德洪。参看中卷序，注一。⑥黄正之：名宏纲，参看第一二〇条，注一。⑦张叔谦：名元冲，字叔谦，号浮峰，越之山阴（浙江绍兴）人。嘉靖十六年（一五三七）进士。官至右副都御史，以敢谏名。年六十二登阳明之门，阳明赞其最为真切纯笃。参看《明儒学案》卷十四，页五下至六上。⑧汝中：王畿之字，参看第二五七条，注一。⑨丙戌：嘉靖五年（一五二六）。

314 癸未[1]春，邹谦之[2]来越[3]问学。居数日，先生送别于浮峰。是夕，与希渊[4]诸友移舟宿延寿寺，秉烛夜坐。先生慨怅不已，曰：“江涛烟柳，故人倏在百里外矣。”一友问曰：“先生何念谦之之深也？”先生曰：“曾子所谓‘以能问于不能，以多问于寡。有若无，实若虚，犯而不较。’[5]若谦之者，良近之矣。”

①癸未：嘉靖二年（一五二三），阳明五十二岁。②邹谦之：名守益，字谦之，号东廓，一四九一至一五六二，江西安福人。正德六年（一五一一）授翰林编修。宸濠反，从阳

明起义。议大礼忤旨下狱，谪判广德州（今安徽广德），建书院讲学。后升南京国子监祭酒。旋落职，闲居四十一年，讲学不休。卒谥文庄。参看《明儒学案》卷十六。③越：浙江绍兴。④希渊：蔡宗兖之字。参看第九十九条，注一。⑤“以能问于不能……犯而不较”：语见《论语·泰伯第八》第五章。

315 丁亥[1]年九月，先生起，复[2]征思、田[3]。将命行时，德洪与汝中[4]论学。汝中举先生教言曰：“无善无恶是心之体，有善有恶是意之动，知善知恶是良知，为善去恶是格物。”德洪曰：“此意如何？”汝中曰：“此恐未是究竟话头。若说心体是无善无恶，意亦是无善无恶的意，知亦是无善无恶的知，物亦[5]是无善无恶的物矣。若说意有善恶，毕竟心体还有善恶在。”德洪曰：“心体是天命之性，原是无善无恶的。但人有习心，意念上见有善恶在。格致诚正修[6]，此正是复那性体工夫。若原[7]无善恶，工夫亦不消说矣。”[8]是夕，侍坐天泉桥，各举请正。先生曰：“我今将行，正要你们来讲破此意。二君之见，正好相资为用，不可各执一边。我这里接人，原有此二种。利根[9]之人，直从本源上悟入人心。本体原是明莹无滞的，原是个未发之中。利根之人，一悟本体，即是工夫，人己内外，一齐俱透了。其次不免有习心在，本体受蔽。故且教在意念上实落为善去恶。工夫熟后，渣滓去得尽时，本体亦明尽了。汝中之见，是我这里接利根人的；德洪之见，是我这里为其次立法的。二君相取为用，则中人上下，皆可引入于道。若各执一边，眼前便有失人，便于道体各有未尽。”既而曰：“以后与朋友讲学，切不可失了我的宗旨。无善无恶是心之体，有善有恶是意之动，知善知恶的[10]是良知，为善去恶是格物。只依我这话头，随人指点，自没病痛。此

原是彻上彻下工夫，利根之人，世亦难遇。本体工夫，一悟尽透。此颜子[11]、明道[12]所不敢承当。岂可轻易望人？人有习心，不教他在良知上实用为善去恶工夫，只去悬空想个本体。一切事为，俱不着实，不过养成一个虚寂。此个病痛，不是小小，不可不早说破。”是日，德洪、汝中俱有省。[13]

王畿《天泉证道记》(《王龙溪全集》卷一)云：“阳明夫子之学，以良知为宗。每与门人论学，提四句为教法：‘无善无恶心之体，有善有恶意之动，知善知恶是良知，为善去恶是格物。’学者循此用功，各有所得，绪山钱子，谓此是师门教人定本，一毫不可更易。先生谓夫子立教随时，谓之权法，未可执定。体用显微，只是一机；心意知物，只是一事。若悟得心是无善无恶之心，意即是无善无恶之意，知即是无善无恶之知，物即是无善无恶之物。盖无心之心则藏密，无意之意则应圆，无知之知则体寂，无物之物则用神。天命之性，粹然至善。神感神应，其机自不容已，无善可名。恶固本无，善亦不可得而有也，是谓无善无恶。若有善有恶，则意动于物，非自然之流行，着于有矣。自性流行者，动而无动；着于有者，动而动也。意是心之所发，若是有善有恶之意，则知与物，一齐皆有，心亦不可谓之无矣。绪山子谓若是，是坏师门教法，非善学也。先生谓学须自证自悟，不从人脚跟转。若执着师门权法，以为定本，未免滞于言诠，亦非善学也。时夫子将有两广之行。钱子谓曰：‘吾二人所见不同。何以同人？盍相与就正夫子？’晚坐天泉桥上，因各以所见请质。夫子曰：‘正要二子有此一问。吾教法原有此两种，四无之说，为上根人立教；四有之说，为中根以下人立教。上根之人，悟得无善无恶心体，便从无处立根基。意与知物，皆从无生。一了百当，即本体便是工夫。易简直截，更无剩欠，顿悟之学也。中根以下之人，未尝悟得本体，未免在有善有恶上立根基，心与知物，皆从有生，须用为善去恶工夫，随处对治，使之渐渐入悟。从有以归于无，复还本体，及其成功一也。世间上根人不易得，只得就中根以下人立教，通此一路。汝中所见，是接上根人教法；德洪所见，是接中根以下人教法。汝中所见，我久欲发，恐人信不及，徒增躐等之病，故含蓄到今。此是传心秘藏，颜子、明道所不敢言者。今既已说破，亦是天机该发泄时，岂容复秘？然此中不可执着。若执四无之见，不通得众人之意，只好接上根人。中根以下人，无从接授。若执四有之见，认定意是有善有恶的，只好接中根以下人，上根人亦无从接授。但吾人凡心未了，虽已得悟，仍当随时用渐修工夫。不如此，不足以超凡入圣。所谓上乘兼修中下也。汝中此意，正好保任，不宜轻以示人。概而言之，反成漏泄。德洪却须进此一格，始为玄通。德洪资性沉毅，汝中资性明朗。故其所得，亦各因其所近。若能互相取益，使吾教法，上下皆通，始为善学耳。’自此海内相传天泉证悟之论，道脉始归于一云。”

刘宗周云：“先生每言‘至善是心之本体’（第二、二二八、三一七条），又曰‘至善只是尽乎天理之极，而无一毫人欲之私’（第三、四条），又曰‘良知即天理’（第一六九条）。录中言‘天理’二字，不一而足。有时说‘无善无恶者理之静’（第一〇一条），亦未曾径说无善无恶是心体。若心体果是无善无恶，则有善有恶之意，又从何处来？知善知恶之知，又从何处来？为善去恶之功，又从何处来？无乃语语绝流断港？快哉四无之论！先生当何处作答？却又有上根下根之说，谓教上根人只在心上用功夫，下根人只在意上用功夫。又岂《大学》八目一贯之旨？又曰：‘其次且教在意念上着实用为善去恶工夫，久之心体自明。’蒙（愚）谓才着念时，便非本体。人若只在念起念灭上用功夫，一世合不上本体了，正所谓南辕而北辙也。先生解《大学》，于意字原看不清楚。所以于四条目处，未免架屋叠床至此。及门之士，一再摹之，益失本色矣。先生他日有言曰：‘心意知事，只是一事。’（第六条）此是定论。既是一事，决不是皆无。蒙因为龙溪（王畿）易一字曰：‘心是有善无恶之心，则意亦是有善无恶之意，知亦是有善无恶之知，物亦是有善无恶之物。’不知先生首肯否？或曰：‘如何定要说个有善无恶？’曰：‘《大学》只说致知，如何先生定要说个致良知，多这‘良’字？’其人默然。学术所关，不敢不辩。”（《遗编》卷十三《阳明传信录》卷三，页三十四上至三十五上。又见《明儒学案》卷十，页二十二下至二十三上。佐藤一斋误作黄宗羲语）

佐藤一斋云：“‘无善无恶是心之体’，谓心之本体灵昭明觉，无善恶可指名，即所谓至善者也。‘有善有恶是意之动’，谓意有以本体而动者，以本体而动者为善，以过不及而动者为恶，即所谓人心惟危者也。‘知善知恶是良知’，谓执为本体之善，孰为过不及之恶，吾心之灵自知之，即所谓灵昭明觉者也。‘去善去恶是格物’，谓即物之善而为之，即物之恶而去之，便亦灵昭明觉者所为也。四者本释《大学》心意知物。其言简切明白，使学者易受用而已。至许龙溪（王畿），则姑诱掖之，取其有悟于本体，而其实不必须过为高妙之论也。”

一斋又引杨东明晋庵（一五四八至一六二四）《论性臆言》曰：“本性之善，乃为至善。如眼之明，鉴之明。明即善也，无一善而万善之所从出也。此外有意之感动而为善者，如发善念、行善事之类。此善有感则生，无感则无，无乃适得至善之本体。文成所云无善无恶者，正指感动之善而言。”（《明儒学案》卷二十九，页十下）

又云：“毛奇龄撰《王文成公传本》，载四句教言，‘良知’作‘致知’。自注云：‘或作良知，误。’（卷二，页八下）愚案：本文‘知善知恶’，不及‘致’字，作‘良知’当矣。致、格非二，‘致’字意，却包在格物内。”

又引彭定求[《南畇全集》，光绪七年（一八八一）本，附《姚江释毁录》，页十一下至十二上]曰：“自文成‘无善无恶者心之体’一语出，而诟之者以其入于佛氏‘不思善、不思恶’之说，显与性善之义有碍。文成之意，谓心之体是理之静，恶固本无，善亦不可得而有也。故曰：‘上天之载，无声无臭。’何善恶之可名乎？《传习录》云：‘至善者，性也。性元无一毫之恶，故曰至善。’（第九十一条）又曰：‘佛氏侪无善恶之见，一切不理，不可以治天下。圣人只是无有作好作恶，循乎理，不动乎气，谓之不作者，不去又着一分意思，即是不曾好恶一般。’（第一〇一条）其于至善宗旨，契尽无余矣。其灼见善恶之几曰：‘有善有恶意之动。’其吃紧为人处曰：‘知善知恶是良知。为善去恶是格物。’其欲使人切实体验宗旨，同无渗漏也。安得以无善无恶一语，汩其所论未发已发之指乎？”

又《释毁录》引简末数语曰：“是文成慎防放言高论之弊，其严如此。为龙溪者，宜如何终身论之也？乃自文成殁后，龙溪罢官，林下游行，四方讲学。津津乎本体自在之说，流而为禅，决破藩篱。当时罗文恭（洪先，一五〇四至一五六四）面叩讥砭，可为龙溪之诤友，为文成之功臣。蕺山（刘宗周）先生曰：‘象山不差，慈湖差。阳明不差，龙溪差。’已为推勘公平之案。”

又云：“后之为王氏学者，间有疑‘四句教言’出于龙溪，非文成之言。愚案：《续录》（中卷）成于绪山（钱德洪），而绪山明曰侍坐天泉桥，各举请正。则其不出于龙溪，无可疑矣。但为此议者，竟在欲辟龙溪以护文成。然文成之无善无恶，即所谓至善，而与禅家之无善无恶不同。学者宜潜心以领会其旨，而不猜于语可也。”

梁启超云：“此是王门一大公案，所谓‘四有句’‘四无句’之教也。后此王学流派纷争，皆导源于此。读龙溪（王畿）、念庵（罗洪先）、泰州（王艮）、蕺山（刘宗周）诸案（《明儒学案》卷十二、十八、三十二、六十二），当知其概。”

①丁亥：嘉靖六年（一五二七），阳明五十六岁。②复：阳明在越。起为兼都察院左都御史，征思、田。先是姚镆行征，弗克。今阳明继之，故曰复。③思、田：思，思恩。田，田州。④汝中：王畿之字，参看第二五七条，注一。⑤亦：《全书》、佐藤一斋本、三轮

执斋本均无此字。⑥格致诚正修：格物、致知、诚意、正心、修身、齐家、治国、平天下，见《大学》经文。⑦原：但衡今谓当作"意"。⑧此条载《年谱》嘉靖六年（一五二七）九月较详。据《年谱》，是月初八日德洪与王畿访张元冲（参看第三一三条，注七）舟中。两人语四句不合。畿曰："明日先生启行，晚可同进请问。"是日夜分，客始散。阳明将入内，德洪与畿候立庭下。阳明复出。使移席天泉桥上。阳明喜曰："朋友中更无有论证及此者。"后又云："我年来立教，又更几番。今始立此四句。"⑨利根：天性伶俐。⑩的：施本、俞本无此字。⑪颜子：参看第七十七条，注一。⑫明道：程颢，字伯淳，世称明道先生（一〇三二至一〇八五）。其弟伊川撰《明道先生行状》（《伊川文集》卷七，页一上至七上）云："出入于老、释者几十年，返求诸六经而后得之。……谓孟子殁而圣学不传，以兴起斯文为己任。……闻风者诚服，觌德者心醉。……未有不以先生为君子也。"尝谓："吾学虽有所受，'天理'二字，却是自家体贴得来。"（《二程外书》卷十二，页四上）朱光庭（一〇三七至一〇九四）见明道归，谓人曰："光庭在春风中坐了一个月。"（《二程外书》卷十二，页八上。）⑬俞本及通行本此条后有"右门人钱德洪录"等字。

钱德洪序

先生初归越时，朋友踪迹尚寥落。既后四方来游者日进。癸未[①]年已后，环先生而居者比屋。如天妃[②]、光相[③]诸刹，每当一室，常合食者数十人。夜无卧处，更相就席，歌声彻昏旦。南镇[④]、禹穴[⑤]、阳明洞[⑥]诸山远近寺刹，徒足所到，无非同志游寓所在。先生每临讲座，前后左右环坐而听者，常不下数百人。送往迎来，月无虚日。至有在侍更岁，不能遍记其姓名者。每临别，先生常叹曰："君等虽别，不出在天地间。苟同此志，吾亦可以忘形似矣。"诸生每听讲出门，未尝不跳跃称快。尝闻之同门先辈曰："南都[⑦]以前，朋友从游者虽众，未有如在越之盛者。此虽讲学日久，孚信渐博。要亦先生之学日进，感召之机，申变无方，亦自有不同也。"

①癸未：嘉靖二年（一五二三），阳明五十二岁。②天妃：佛寺名。三轮执斋作天妣，山名。不知所据。日本注家从之。佐藤一斋谓"妃"当作"姥"，越山名。查天姥山在浙江新昌县四明山之西南，离越甚远。③光相：佛寺名。倪锡恩谓两寺在绍兴府内西南门内。未知是否。《全集》钱德洪《刻文录叙说序》（页十六上）云："癸未已后，环先生之室而居。天妃、光相、能仁，诸僧舍，每一室常合食者数十人。夜无卧所，更番就席。"又云："光相僧房。"（页十三下）则天妃、光相之为寺刹，无可疑矣。④南镇：指会稽山。⑤禹穴：参看第二四四条，注一。⑥阳明洞：参看第二四四条，注一。⑦南都：参看第三一二条，注七。

黄以方录

316 黄以方[①]问："'博学于文'[②]，为随事学存此天理[③]。然则谓'行有余力，则以学文[④]'，其说似不相合。"先生曰："《诗》《书》六艺[⑤]，皆是天理之发见，文字都包在其中。考之《诗》《书》六艺，皆所以学存此天理也，不特发见于事为者，方为文耳。余力学文，亦只博学于文中事。"或问"学而不思"[⑥]一句。曰："此亦有为而言，其实思即学也。学有所疑，便须思之。思而不学者，盖有此等人。只悬空去思，要想出一个道理，却不在身心上实用其力，以学存此天理。思与学作两事做，故有罔与殆之病。其实思只是思其所学，原非两事也。"[⑦]

①黄以方：名直，参看第二二二条，注一。②博学于文：参看第六条，注三。③天理：此为阳明解博文约礼之意，参看第九条。④学文：《论语·学而第一》第六章，子曰："弟子入则孝，出则悌，谨而信，泛爱众，而亲仁。行有余力，则以学文。"⑤六艺：即《诗》《书》《易》《礼》《乐》《春秋》之六经。又可解作礼、乐、射、御、书、数。此处讨论博学于文，则以前说为是。⑥学而不思：《论语·为政第二》第十五章，子曰："学而不思则罔，思而不学则殆。"⑦此条之后闾本尚有一条，佐藤一斋录之以为本条之注，今移至卷末作《拾遗》第五条。

317 先生曰："先儒[①]解格物为格天下之物。天下之物，如何格得？且谓'一草一木亦皆有理'[②]，今如何去格？纵格得草木来，如何反来诚得自家意？我解格作'正'字义，物作'事'字义[③]。《大学》之所谓身，即耳目口鼻四肢是也。欲修身，便是要目非礼勿视，耳非礼勿听，口非礼勿言，四肢非礼勿动[④]。要修这个身，身上如何用得工夫？心者身之主宰。目虽视，而所以视者心也。耳虽听，而所以听者心也。口与四肢虽言动，而所以言动者心也。故欲修身，在于体当[⑤]自家心体。常令廓然大公[⑥]，无有些子不正处。主宰一正，则发窍于目，自无非礼之视；发窍于耳，自无非礼之听；发窍于口与四肢，自无非礼之言动。此便是修身在正其心[⑦]。然至善者心之本体也，心之本体那有不善？如今要正心，本体上何处用得功？必就心之发动处才可着力也。心之发动不能无善，故须就此处着力，便是在诚意。如一念发在好善上，便实实落落去好善；一念发在恶恶上，便实实落落去恶恶。意之所发既无不诚，则其本体如何有不正的？故欲正其心，在诚意。工夫到，诚意始有着落处。然诚意之本又在于致知也。所谓'人虽不知而己所独知[⑧]'者，此正是吾心良知处。然知得善，却不依这个良知便做去；知得不善，却不依这个良知便不去做，则这个良知便遮蔽了，是不能致知也。吾心良知既不能扩充到底，则善虽知好，不能着实好了；恶虽知恶，不能着实恶了。如何得意诚？故致知者意诚[⑨]之本也，然亦不是悬空的致知。致知在实事上格。如意在于为善，便就这件事上去为；意在于去恶，便就这件事上去不为。去恶固是'格不正以归于正'[⑩]，为善则不善正了，亦是格不正以归于正也。如此则吾心良知无私欲蔽了，得以致其极。而意之所发，好善去恶，无有不诚

矣。诚意工夫实下手处在格物也。若如此格物，人人便做得，'人皆可以为尧、舜'[11]，正在此也。"

刘宗周云："良知只是独知时。然余干主谨独，先生言致知，手势大不同。先生是出蓝之见。"(《遗编》卷十三《阳明传信录》卷三，页三十下)

捷案：余干似指胡居仁(字叔心，学者称敬斋先生，一四三四至一四八四)。胡氏江西余干人。其学以静中戒谨恐惧为主。门人娄谅(字克贞，别号一斋。江西广信上饶人，一四二二至一四九一)得其传。弘治二年(一四八九)，阳明迎夫人诸氏归余姚，舟过广信，谒娄谅。谅语宋儒格物之学，谓圣人必不可学而至，遂深契之。

佐藤一斋引彭定求[《南畇全集》，光绪七年(一八八一)本，附《密证录》页一下至二上]云："朱子于《诚意》章注云：'独者，人所不知而己所独知之地。'逗出'知'字。暗与阳明所讲格致工夫吻合。则所谓好恶之自慊，正是物之格处。为《大学》入手第一关也。独中明明有自然之好恶，岂不即是良知？"

①先儒：指程伊川与朱子。②一草一木亦皆有理：《二程遗书》卷十八(页九上)曰："一草一木皆有理，须是察。"伊川语。③"正"字义、"事"字义：此为阳明解《大学》经文"格物"之义。参看第六、七、一七四条。④勿视、勿听、勿言、勿动：《论语·颜渊第十二》第一章，子曰："非礼勿视，非礼勿听，非礼勿言，非礼勿动。"⑤体当：体会承当。⑥廓然大公：参看第七十二条，注五。⑦修身、正心：格物、致知、诚意、正心、修身、齐家、治国、平天下，皆见《大学》经文。⑧独知：朱子《大学章句》释《大学》第六章"慎独"云："独者，人所不知而己所独知之地也。"⑨意诚：闾本作"诚意"。⑩格不正以归于正：参看第八十六条。⑪"人皆可以为尧、舜"：语出《孟子·告子第

六下》第二章。

318 先生曰："众人只说格物要依晦翁[1]，何曾把他的说去用？我着实曾用来。初年[2]与钱友[3]同论做圣贤要格天下之物，如今安得这等大的力量？因指亭前竹子，令去格看。钱子早夜去穷格竹子的道理。竭其心思，至于三日，便致劳神成疾。当初说他这是精力不足，某因自去穷格，早夜不得其理。到七日，亦以劳思致疾。遂相与叹圣贤是做不得的。无他大力量去格物了。及在夷中三年[4]，颇见得此意思。乃知天下之物，本无可格者。其格物之功，只在身心上做。决然以圣人为人人可到，便自有担当了。这里意思，却要说与诸公知道。"

施邦曜云："朱子解格物曰：'在即物而穷其理。'又曰：'欲其极处无不到。'(《大学补传》)其所谓物理者，原是性命身心之理，非泛滥无穷之理也；所谓极处无不到，指理之极至而言，即是至善。是直说，非横说也。后之学者，均失朱子本意，便落支离。"

①晦翁：朱子之号。②初年：《年谱》系为弘治五年（一四九二）。阳明侍其父龙山公于北京。官署中多竹，取竹格其理。③钱友：佐藤一斋谓是钱德洪。然经东敬治指出，此处云在居夷之前，则此钱友必非钱德洪，盖此时德洪尚未来学也。④居夷三年：详上卷，"徐爱序"，注八。

319 门人有言邵端峰[1]论童子不能格物，只教以洒扫应对之说。先生曰："洒扫应对，就是一件物，童子良知只到此。便教去洒扫应对，就是致他这一点良知了。又如童子知畏先生长者，此亦是他良知处。故虽嬉戏中见了先生长者，便去作揖恭敬。是他能格物以致敬师长之良知了。童子自有童子的格物致知。”又曰：“我这里言格物，自童子以至圣人皆是此等工夫。但圣人格物，便更熟得些子，不消费力。如此格物，虽卖柴人亦是做得；虽公卿大夫，以至天子，皆是如此做。”

①邵端峰：不详。《儒林宗派》《王文成传本》《阳明弟子传纂》均无阳明弟子姓邵者。

320 或疑知行不合一，以“知之匪艰”①二句为问。先生曰：“良知自知，原是容易的。只是不能致那良知，便是‘知之匪艰，行之惟艰’。”

①知之匪艰：《尚书·说命中》第十三节云：“非知之艰，行之惟艰。”

321 门人问曰：“知行如何得合一？且如《中庸》言‘博学之’，又说个‘笃行①之’，分明知行是两件。”先生曰：“博学只是事事学存此天理，笃行只是学之不已之意。”又问：“《易》‘学以聚之’，又言‘仁以行之’②，此是如何？”先生曰：“也是如此。事事去学存此天理，则此心更无放失时。故曰：‘学以聚之。’然常常学存此天理，更无私欲间断。此即是此心不息处。故曰：‘仁以行之。’”又问，“孔子言‘知及之③，仁不能守之’，知行却是两个了。”先生曰：“说及之，已是行了。但不能常常行，已为私欲间断，便是仁不能守。”又问心即理之说曰：“程子云：‘在物为理。’④如何谓心即理？”先生曰：“在物为理。‘在’字上当添一‘心’字，此心在物则为理。如此心在事父则为孝，在事君则为忠之类。”先生因谓之曰：“诸君要识得我立言宗旨。我如今说个心即理是如何？只为世人分心与理为二，故便有许多病痛。如五伯[⑤]攘夷狄，尊周室，都是一个私心，便不当理。人却说他做得当理，只心有未纯，往往悦慕其所为，要来外面做得好看，却与心全不相干。分心与理为二，其流至于伯道之伪而不自知。故我说个心即理，要使知心理是一个，便来心上做工夫。不去袭义[⑥]于外，便是王道之真。此我立言宗旨。”又问：“圣贤言语许多，如何却要打做一个？”曰：“我不是要打做一个。如曰‘夫道一[⑦]而已矣’，又曰‘其为物不二，则其生物不测[⑧]’。天地圣人皆是一个，如何二得？”

施邦曜云：“性即心所具之理，晦翁（朱子）亦有是言。知先生与晦翁固同一宗旨也。第先生发得畅快耳。”

①笃行：参看第四条，注四。②仁以行之：《易经·乾卦·文言》曰：“君子学以聚之，问以辨之，宽以居之，仁以行之。”③知及之：《论语·卫灵公第十五》第三十二章，子曰：“知及之，仁不能守之。虽得之，必失之。”④在物为理：《伊川易传》卷四（页二十下）曰：“在物为理，处物为义。”⑤五伯：参看第十一条，注二十九。⑥袭义：参看第八十四条，注二。⑦道一：语出《孟子·滕文公第三上》第一章。⑧生物不测：语出《中庸》第二十六章。

322 心不是一块血肉，凡知觉处便是心。如耳目之知视听，手足之知痛痒[①]。此知觉便是心也。

①痛痒：感觉之意。

323 以方[①]问曰："先生之说格物，凡《中庸》之慎独[②]及集义[③]、博约[④]等说，皆为格物之事。"先生曰："非也。格物即慎独，即戒惧。至于集义、博约，工夫只一般，不是以那数件都做格物底事。"

唐九经见王应昌云："如此则阳明之学又近于晦庵矣。"

①以方：黄直之字。参看第二二二条，注一。②慎独：参看第三十七条，注四。③集义：参看第四十条，注一。④博约：参看第六条，注三。

324 以方问"尊德性"[①]一条。先生曰："道问学，即所以尊德性也。晦翁[②]言：'子静[③]以尊德性诲人，某教人岂不是道问学处多[④]了些子。'是分尊德性、道问学作两件。且如今讲习讨论，下许多工夫，无非只是存此心不失其德性而已。岂有尊德性，只空空去尊，更不去问学？问学只是空空去问学，更与德性无关涉？如此，则不知今之所以讲习讨论者，更学何事？"问《致广大[⑤]》二句。曰："尽精微即所以致广大也，道《中庸》即所以极高明也。尽心之本体，自是广大底。人不能尽精微，则便为私欲所蔽，有不胜其小者矣。故能细微曲折，无所不尽，则私意不足以蔽之，自无许多障碍遮隔处。如何广大不致？"又问："精微还是念虑之精微，是事理之精微？"曰："念虑之精微，即事理之精微也。"

但衡今云："阳明本节旨意，盖欲合德性学问为一体，以矫当时门户之弊。然立论之间，犹不免微有轻重出入之意。结习难除，贤者不免。此门户之见，终明之时而未泯也。'念虑之精微，即事理之精微。'二语精到。亦致知即格物之义也。"

①尊德性：《中庸》第二十七章云："故君子尊德性而道问学，致广大而尽精微，极高明而道中庸。温故而知新，敦厚以崇礼。"②晦翁：朱子之号。③子静：陆象山之字。④道问学处多：语见《朱子文集》卷五十四（页五下）。⑤广大：同注一。

325 先生曰："今之论性者纷纷异同。皆是说性，非见性[1]也。见性者，无异同之可言矣。"

但衡今云："阳明谓说性者，非见性也，其论是矣。亦犹善易者不言易也，又当为先生转一语。于性云异云同者，正所以求见性也。"

①见性：佛语，此词不见经书。

326 问："声色货利，恐良知亦不能无。"先生曰："固然。但初学用功，却须扫除荡涤，勿使留积。则适然[1]来遇，始不为累，自然顺而应之。良知只在声色货利上用功。能致得良知精精明明，毫发无蔽，则声色货利之交，无非天则[2]流行矣。"

①适然：隅然也。②天则：即天理。

327 先生曰："吾与诸公讲致知格物，日日是此。讲一二十年，俱

是如此。诸君听吾言实去用功。见吾讲一番，自觉长进一番，否则只作一场话说[1]，虽听之，亦何用？”

①一场话说：空空说闲话耳。

328 先生曰：“人之本体，常常是寂然不动[1]的，常常是感而遂通的。‘未应不是先，已应不是后。’[2]”

①寂然不动：参看第七十二条，注三。②“未应不是先，已应不是后”：语见《二程遗书》卷十五（页八上），伊川语。

329 一友举佛家[1]以手指显出，问曰：“众曾见否？”众曰：“见之。”复以手指入袖，问曰：“众还见否？”众曰：“不见。”佛说还未见性[2]，此义未明。先生曰：“手指有见有不见。尔之见性，常在人之心神。只在有睹有闻上驰骛，不在不睹不闻上着实用功。盖不睹不闻[3]，是良知本体；戒慎恐惧，是致良知的工夫。学者时时刻刻常睹其所不睹，常闻其所不闻，工夫方有个实落处。久久成熟后，则不须着力，不待防检，而真性自不息矣。岂以在外者之闻见为累哉？”

东正纯云：“僧玉芝尝参王子（阳明）。王子大众中出袖中锁匙问：‘见么？’曰：‘见。’还纳袖中，复问：‘见么？’曰：‘见。’王子曰：‘汝未见。’盖与此条互参，应有发悟处矣。”

捷案：东正纯未举出处，或是日本传说。

①佛家：不知是谁。②见性：《大珠慧海顿悟要门》卷上云："见性常在。"参看大西晴隆著（页七二六）。详第十六条，注一。③不睹不闻：参看第三十七条，注四。

330 问："先儒[①]谓'鸢飞鱼跃'[②]与'必有事焉'[③]，同一活泼泼地[④]。"先生曰："亦是天地间活泼泼地无非此理，便是吾良知的流行不息。致良知，便是必有事的工夫。此理非惟不可离，实亦不得而离也。无往而非道，无往而非工夫。"

①先儒：指程明道。②鸢飞鱼跃：为《诗经·大雅·旱麓篇》（第二三九首）之语。③必有事焉：参看第八十七条，注二。④活泼泼地：《二程遗书》卷三（页一上）曰："鸢飞戾天，鱼跃于渊，言其上下察也。"（《中庸》第十二章）此一段子思吃紧为人处，与"必有事焉，而勿正心"之意同活泼泼地。

331 先生曰："诸公在此，务要立个必为圣人之心[①]。时时刻刻须是一棒一条痕，一掴[②]一掌血[③]，方能听吾说话，句句得力。若茫茫荡荡度日，譬如一块死肉，打也不知得痛痒，恐终不济事。回家只寻得旧时伎俩而已，岂不惜哉？"

①心：佐藤一斋云应作"志"。②掴：打也。③一掌血：切己着力之意。《大慧普说》卷二云："师云一掌血。"参看大西晴隆著（页七二九）。又见《碧岩录》第七十八则。

332 问："近来妄念也觉少，亦觉不曾着想定要如何用功。不知此是工夫否？"先生曰："汝且去着实用功，便多这些着想也不妨，久久自会妥帖。若才下得些功，便说效验，何足为恃[①]？"

①侍：三轮执斋本、佐藤一斋本无此字。

333 一友自叹："私意萌时，分明自心知得，只是不能使他即去。"先生曰："你萌时这一知处便是你的命根，当下[①]即去消磨，便是立命[②]工夫。"

①当下：即时也。②立命：《孟子·尽心第七上》第一章云："存其心，养其性，所以事天也；夭寿不贰，修身以俟之，所以立命也。"

334 夫子说"性相近"[①]，即孟子说"性善"[②]，不可专在气质上说。若说气质，如刚与柔对，如何相近得？惟性善则同耳。人生初时，善原是同的。但刚的习于善，则为刚善；习于恶，则为刚恶。柔的习于善，则为柔善；习于恶，则为柔恶[③]，便日相远了。

刘宗周云："此是先生道性善处。"（《遗编》卷十三《阳明传信录》，页三十二上。又见《明儒学案》卷十，页二十二上。吉村秋阳误作黄宗羲语，中田胜未改正）

①性相近：《论语·阳货第十七》第二章，子曰："性相近也，习相远也。"②孟子说"性善"：参看第三〇八条，注二。③柔善、柔恶：周子《通书》第七章云："刚善为义、为直、为断、为严毅、为干固；恶为猛、为隘、为强梁。柔善为慈、为顺、为巽；恶为懦弱、为无断、为邪佞。"

335 先生尝语学者曰："心体上着不得一念留滞，就如眼着不得些子尘沙。些子能得几多，满眼便昏天黑地了。"又曰："这一念不但是私念，便好的念头亦着不得些子。如眼中放些金玉屑，眼亦开不得了。”[①]

①佐藤一斋云：“此条之后，王本有二条，诸本并佚，独张本载在卷末。二条如下。”（今移至卷末作《拾遗》第六篇，第七条）

336 问：“人心与物同体[①]。如吾身原是血气流通的，所以谓之同体。若于人便异体了。禽兽草木益远矣，而何谓之同体？”先生曰：“你只在感应之几上看。岂但禽兽草木，虽天地也与我同体的，鬼神也与我同体的。”请问。先生曰：“尔看这个天地中间，什么是天地的心？”对曰：“尝闻人是天地的心[②]。”曰：“人又什么教做心？”对曰：“只是一个灵明。”曰[③]：“可知充天塞地中间，只有这个灵明，人只为形体自间隔了。我的灵明，便是天地鬼神的主宰。天没有我的灵明，谁去仰他高？地没有我的灵明，谁去俯他深？鬼神没有我的灵明，谁去辨他吉凶灾祥？天地鬼神万物离却我的灵明，便没有天地鬼神万物了。我的灵明离却天地鬼神万物，亦没有我的灵明。如此便是一气流通的。如何与他间隔得？”又问：“天地鬼神万物，千古见在，何没了我的灵明，便俱无了？”曰：“今看死的人，他这些精灵游散了，他的天地万物尚在何处？”

刘宗周云：“此一则颇近宗门。但死时带不去耳，故佛氏亦不肯收。”（《遗编》卷十三《阳明传信录》卷三，页三十三上）

①与物同体：必是阳明语，第八十九、二六七、二七六条语意相同。②天地的心：《礼

记·礼运》第二十六节云："人者，天地之心也，五行之端也。"③曰：《全书》、三轮执斋本、佐藤一斋本均无此字。然"可知"以下为阳明语，从无疑问。

337 先生起行征思、田[①]，德洪[②]与汝中[③]追送严滩[④]。汝中举佛家实相幻相[⑤]之说。先生曰："有心俱是实，无心俱是幻；无心俱是实，有心俱是幻。"汝中曰："'有心俱是实，无心俱是幻'，是本体上说工夫；'无心俱是实，有心俱是幻'，是工夫上说本体。"先生然其言。洪于是时尚未了达[⑥]，数年用功，始信本体工夫合一。但先生是时因问偶谈，若吾儒指点人处，不必借此立言耳。[⑦]

东正纯引顾端文（顾宪成）言曰："凡说本体，容易落在无边。阳明所云'无心俱是幻'，景逸（高攀龙）所云'不做工夫本体'也。凡说工夫，容易落在有一边。阳明所云'有心俱是幻'，景逸所云'不诚本体工夫'也。"[光绪丁丑(一八七七)本，《顾端文公遗书·东林商语》卷上，页二十三上]盖此说虽似可悦，犹恐不免拘执，喻如梦中看花也。姑存。

①思、田：参看第三一五条，注三。②德洪：钱德洪，参看卷中序，注一。③汝中：王畿之字。参看第二五七条，注一。④严滩：一名七里滩，又名七里濑。在浙江桐庐县西。⑤实相幻相。实相，《法华经》所说；幻相，《涅槃经》所说。⑥达：俞本作"追"，连下读。⑦此条以下皆钱德洪所记，故自称名。

338 尝见先生送二三耆宿出门，退坐于中轩，若有忧色。德洪[①]趋进请问。先生曰："顷与诸老论及此学，真圆凿方枘。此道坦如道[②]路，世儒往往自加荒塞，终身陷荆棘之场而不悔。吾不

知其何说也。”德洪退谓朋友曰：“先生诲人不择衰朽，仁人悯物之心也。”

许舜屏云：“当时盖亦有不信先生之说者。”

①钱德洪：参看卷中序，注一。②道：闾本作“大”。

340 先生曰：“人生大病，只是一傲字。为子而傲必不孝，为臣而傲必不忠，为父而傲必不慈，为友而傲必不信。故象[①]与丹朱[②]俱不肖，亦只一傲字，便结果了此生。诸君常要体此。人心本是天然之理，精精明明，无纤介染着，只是一无我而已。胸中切不可有，有即傲也。克先圣人许多好处，也只是无我而已。无我自能谦。谦者众善之基，傲者众恶之魁。”

①象不肖：参看二九六条，注一。②丹朱不肖：参看一四二条，注八。

340 又曰：“此道至简至易的，亦至精至微的。孔子曰：‘其如示诸掌[①]乎！’且人于掌何日不见？及至问他掌中多少纹理，却便不知。即如我良知二字，一讲便明，谁不知得？若欲得见良知，却谁能见得？”问曰：“此知恐是无方体[②]的，最难捉摸。”先生曰：“良知即是易。‘其为道也屡迁，变动不居，周流六虚[③]，上下无常，刚柔相易。不可为典要，惟变所适[④]。’此知如何捉摸得？见得透时，便是圣人。”[⑤]

①示诸掌:《中庸》第十九章,子曰:"明乎郊社之礼,禘尝之义,治国其示诸掌乎。"②方体:《易经·系辞上传》第四章云:"故神无方(方向)而易无体(体质)。"③六虚:卦之六爻(六位)周流于空虚之间。④惟变所适:语见《易经·系辞下传》第八章。⑤此条一本移至第二五九条之前,《阳明要书》亦然。

341 **问:"孔子曰:'回[①]也,非助我[②]者也。'是圣人果以相助望门弟子否?"先生曰:"亦是实话。此道本无穷尽,问难愈多,则精微愈显。圣人之言本自周遍。但有问难的人,胸中窒碍,圣人被他一难,发挥得愈加精神。若颜子闻一知十[③],胸中了然。如何得问难?故圣人亦寂然不动,无所发挥,故曰非助。"**

许舜屏云:"此与朱子所解亦微有不同。"

①回:颜子之名。参看第七十七条,注一。②非助我:《论语·先进第十一》第三章,子曰:"回也,非助我者也。于吾言无所不说(悦)。"朱子《论语集注》释此章曰:"颜子于圣人之言,默识心通,无所疑问。故夫子云然,其词若有憾焉,其实乃深喜之。"③闻一知十:《论语·公冶长第五》第八章云:"子谓子贡曰:'女与回也孰愈?'对曰:'赐也,何敢望回?回也,闻一以知十;赐也,闻一以知二。'"

342 **邹谦之[①]尝语德洪[②]曰:"舒国裳[③]曾持一张纸,请先生写《拱把之桐梓》一章[④]。先生悬笔为书。到'至于身而不知所以养之者',顾而笑曰:'国裳读书,中过状元来。岂诚不知身之所以当养?还须诵此以求警!'一时在侍诸友皆惕然。"[⑤]**

①邹谦之：参看第三一四条，注二。②德洪：参看中卷序，注一。③舒国裳：参看第二〇四条，注五。④《拱把之桐梓》一章：《孟子·告子第六上》第十三章，孟子曰："拱把之桐梓，人苟欲生之，皆知所以养之者。至于身，而不知所以养之者，岂爱身不若桐梓哉？弗思甚也。"⑤三轮执斋云："篇尾一本有'知者，良知也。天然自有，即至善也。物者，良知所知之事也。格者，格其不正以归于正也。格之，斯实致之矣'，一章四十字。"佐藤一斋云："施本、俞本，此末多六条。王本亦多六条，与施、俞不同。张本则合黄以方前后录为一，而多二十八条（实二十七条。一斋误分第二十七条为两条）。内六条与王同，二条与施、俞同，意当各有传本然也。第谢侍御（廷杰）《全书》本，最为可据，而阙此若干条，则可讶矣。岂绪山补遗止于此，而四明诸公（施、俞等），尚有采于遗言逸藁欤？今摘录如下。"（兹移载于卷末《拾遗》，为第八条至第三十六条。参看《拾遗》第十九条，注二）

钱德洪跋

嘉靖戊子[1]冬，德洪[2]与王汝中[3]奔师丧至广信[4]。讣告同门，约三年收录遗言。继后同门各以所记[5]见遗。洪择其切于问正者，合所私录，得若干条。居吴[6]时，将与《文录》[7]并刻矣。适以忧去未遂。当是时也，四方讲学日众。师门宗旨既明，若无事于赘刻者，故不复萦念。去年，同门曾子才汉[8]得洪手抄，复傍为采辑，名曰《遗言》，以刻行于荆[9]。洪读之，觉当时采录未精，乃为删其重复，削去芜蔓，存其三之一，名曰《传习续录》。复刻于宁国[10]之水西精舍[11]。今年夏，洪来游蕲[12]，沈君思畏[13]曰："师门之教，久行于四方，而独未及于蕲。蕲之士得读遗言，若亲炙夫子之教。指见良知，若重睹日月之光。惟恐传习之不博，而未以重复之为繁也。请裒[14]其所逸者增刻之若何？"洪曰："然。"师门致知格物之旨，开示来学，学者躬修默悟，不敢以知解承，而惟以实体得。故吾师终日言是，而不惮其烦；学者终日听是，而不厌其数。盖指示专一，则体悟日精。几迎于言前，神发于言外，感遇之诚也。今吾师之殁，未及三纪[15]而格言微旨，渐觉沦晦。岂非吾党身践之不力，多言有以病之耶？学者之趋不一，师门之教不宣也。乃复取逸稿，采其语之不背者，得一卷。其余影响不真，与《文录》既载者，皆削之。并《易》中卷为问答话[16]，以付黄梅[17]尹张君[18]增刻之。庶几读

者不以知解承，而惟以实体得，则无疑于是录矣。嘉靖丙辰[19]夏四月，门人钱德洪拜书于蕲之崇正书院。[20] 346

①戊子：嘉靖七年（一五二八），阳明五十七岁。②德洪：参看卷中序，注一。③王汝中：名畿。参看第二五七条，注一。④广信：今江西上饶。《年谱》嘉靖七年十一月二十九日，阳明卒于江西南安。德洪与王畿将入京殿试，闻阳明归，遂迎至严滩（参看第三三七条，注四），闻讣。八年正月三日，成丧于广信，讣告同门。讣告书载《全书》卷三十七（页九十九下至一〇二上）。⑤所记：非指上卷各条，因其时上卷已刊行矣。⑥吴：今江苏苏州。嘉靖十四年（一五三五）德洪官于此。⑦《文录》：参看

卷中序，注八。⑧曾才汉：不详。《儒林宗派》《王文成传本》《阳明弟子传纂》均无此人。⑨荆：今湖北江陵县治。⑩宁国：在安徽。⑪精舍：儒家讲学之地，原为佛法僧居所。⑫蕲：今湖北蕲春。⑬沈思畏：名宠，字思畏，号古林，宣城（安徽）人。尝就学于欧阳德（参看第一〇四条，注一）与王畿。任湖广兵备佥事。与州守同门谷钟秀建崇正书院于蕲州麒麟山。据《年谱》嘉靖三十五年，沈是年建仰止祠于崇正书院祀阳明。⑭裒：聚也。⑮三纪：自嘉靖七年戊子阳明殁，至三十五年丙辰为二十九年。⑯《易》中卷为问答语。指第二六〇条至三一五条。⑰黄梅：湖北黄梅县。⑱张君：不详。⑲丙辰：嘉靖三十五年（一五五六）。⑳此跋日本诸本与《传习录集评》均移至第三一六条之前。盖以此后为黄以方所记而非钱德洪所记也。然跋所指不仅为其本人所记而实指下卷之全部也。

《传习录》拾遗

《传习录》全书，本共录三百四十二条。南本、宋本缺第九十五条。其他诸本则共增三十七条。据佐藤一斋所校，第二十四条后施本、南本、俞本各增一条（均《拾遗》一）。闾本于二四一条后增两条（《拾遗》二与三）。俞本、王本于三一二条后增一条（均《拾遗》四）。闾本于三一六条后增一条（《拾遗》五）。张本于三三五条后增二条（《拾遗》六与七）。三四二条后施本、俞本增六条（均《拾遗》八至十三）。王本增六条（《拾遗》二与十四至十八）。张本增二十七条。除重复与王本所增者六条，施本与俞本所增者二条，与闾本所增第一条外，张本实增十八条（《拾遗》十九至三十六）。此三十六条，均载佐藤一斋之《传习录栏外书》。一斋于九十九条注，又举一条（《拾遗》三十七），共增三十七条。今又从《全书》卷目，钱德洪之《刻文录叙说》抄出四条为第三十八至四十一条（另第十条）。从《年谱》抄出十条为第四十二至五十一条（另第十一条）。总共增《拾遗》五十一条。

1 千古圣人只有这些子。又曰："人生一世，惟有这件事。"①

佐藤一斋云："'只有这些子'，谓全得种性也，即良知也。'惟有这件事'，谓集义也，即致良知也。《答周道通书》曰：'凡人为学，终身只为这一事。自少至老，自朝至暮，不论有事无事，只是做得这一件。所谓必有事焉者也。'此可以为此条疏诠。"

捷案：《答周道通书》语见第一四七条。道通来书谈事上磨炼，故阳明所谓这一件事，指必有事焉。今此条"这些子"与"这件事"皆无上文，不知所指。《传习录》无全得性种之语，亦无此意。恐一斋不免附会耳。

①此条载南本、施本、俞本第二十四条之后。

2 先生曰："良知犹主人翁，私欲犹豪奴悍婢。主人翁沉疴在床，奴婢便敢擅作威福，家不可以言齐矣。若主人翁服药治病，渐渐痊可，略知检束[①]，奴婢亦自渐听指挥。及沉疴脱体，起来摆布，谁敢有不受约束者哉？良知昏迷，众欲乱行。良知精明，众欲消化，亦犹是也。"[②]

①张本无"略知检束"四字。②此条闾本载在第二四一条之后。王本、张本载在卷末。佐藤一斋录以为第二四一条之注。

2 先生曰："合着本体的是工夫，做得工夫的方识本体。"[①]

①同上条，注二。

4 薛尚谦[①]、邹谦之[②]、马子莘[③]、王汝止[④]侍坐。请问乡愿[⑤]、狂者[⑥]之辨。曰："乡愿以忠信廉洁见取于君子，以同流合污无忤于小人。故非之无举，刺之无刺。然究其心，乃知忠信廉洁，所以媚君子也；同流合污，所以媚小人也。其心已破坏矣，故不可与入尧、舜之道。狂者志存古人，一切纷嚣俗染，不足以累其心，真有凤凰翔于千仞之意。一克念，即圣人矣。惟不克念，故洞略事情，而行常不掩。惟行不掩，故心尚未坏而庶可与裁。"曰："乡愿何以断其媚也？"曰："自其讥狂狷知之。曰：'何为踽踽凉凉？生斯世也，为斯世也，善斯可矣。'故其所为，皆色取不疑，所以谓之似。然三代[7]以下，士之取盛名于时者，不过得乡愿之似而已。究其忠信廉洁，或未免致疑于妻子也。虽欲纯乎乡愿，亦未易得，而况圣人之道乎？”曰：“狂狷为孔子所思[8]，然至乎传道，不及琴张辈，而传习曾子[9]。岂曾子乃狂狷乎？”曰：“不然。琴张辈，狂者之禀也。虽有所得，终止于狂。曾子，中行之禀也。故能悟入圣人之道。”[10]

①薛尚谦：名侃。参看第八十一条，注一。②邹谦之：名守益。参看第三一四条，注二。③马子莘：名明衡。参看第四十条，注二。④王汝止：名艮。参看第三一二条，注四。⑤乡愿：参看第三一二条，注八。⑥狂者：参看三一二条，注九。⑦三代：夏、商、周。⑧孔子所思：《孟子·尽心第七下》第三十七章，孟子曰：“孔子不得中道而与之，必也狂狷乎。狂者进取，狷者有所不为也。孔子岂不欲中道哉？不可必得，故思其次也。……如子琴张（名牢，字子张。《庄子》卷三《大宗师第六》（页十九上），记子桑户死，琴张临其丧而歌）、曾皙[曾子之父。《礼记·檀弓》卷下，第四节，记季武子死，曾皙（即曾点）倚其门而歌]、牧皮（不详）者，孔子之所谓狂矣。”⑨曾子：参看第一一一条，注二。⑩此条俞本、王本载第三一二条之后。俞本缺“薛尚谦”等十四字。“狂者志存……千仞”等字亦见《全书》钱德洪之《刻文录叙说》（页十六上）。此条亦载《年谱》嘉靖二年（一五二三）二月，语几全同。

5 南逢吉[1]曰：吉尝以《答徐成之书》[2]请问。先生曰：“此书于格致诚正[3]及尊德性[4]而道问学处说得尚支离。盖当时亦就二君[5]所见者将就调停说过。细详文义，然犹未免分为两事也。”尝见一友问云：“朱子以存心、致知为二事。今以道问学为尊德性之功，作一事如何？”先生曰：“天命于我谓之性[6]，我得此性之谓德。今要尊我之德性，须是道学问。如要尊孝之德性，便须学问个孝；尊悌之德性，便须学问个悌；学问个孝，便是尊孝之德性；学问个悌，便是尊悌之德性。不是尊德性之外，别有道问学之功；道问学之外，别有尊德性之事也。心之明觉处谓之知，知之存主处谓之心，原非有二物。存心便是致知，致知便是存心，亦非有二事。”曰："存心恐是静养意，与道问学不同。”曰："就是静中存养。还谓之学否？若亦谓之学，亦即是道问学矣。观者宜以此意求之。”[7]

①南逢吉：渭南（陕西）人。南大吉（参看中卷序，注二）之弟。②《答徐成之书》：载《全书》卷二十一（页十上至十七下）。③格致诚正：见《大学》经文。④尊德性：参看第二十五条，注五。⑤二君：指朱子与陆象山。⑥天命于我谓之性：语出《中庸》第一章。⑦此条闾本载第三一六条之后。佐藤一斋云："闾本原注‘此本在答徐成之书下。今录于此。’愚案：南本只书此条。前一截为小跋。‘尝见一友’已下不载。不审闾所读何本。”

6 先生曰："舜不遇瞽瞍[1]，则处瞽瞍之物无由格。不遇象[2]，则处象之物无由格。周公[3]不遇流言忧惧，则流言忧惧之物无由格。故凡动心忍性，增益其所不能[4]者，正吾圣门致知格物之学。正[5]不宜轻易放过，失此好光阴也。知此则夷狄患难[6]，将无入不自得矣。”[7]

①瞽瞍：参看第二九四条，注三。②象：参看第二四五条与二九六条。③周公：《史记》卷三十三（页三上）《周公世家》曰："周公恐天下闻武王崩而畔，乃践阼代成王，摄行政。当国管叔及其群弟流言于国曰：‘周公将不利于成王。’”④增益其所不能：参看第二九六条，注六。⑤正：张本无此字。⑥夷狄患难：《中庸》第十四章云："君子素其

位而行，不愿乎其外。……素夷狄，行乎夷狄；素患难，行乎患难，君子无入而不自得焉。”⑦王本载此条与下条于第三三五条之后，张本则载在卷末。

7 问[1]：“据人心所知，多有误欲作理，认贼作子[2]处。何处乃见良知？”先生曰：“尔以为何如？”曰：“心所安处，才是良知。”曰：“固是。但要省察。恐有非所安而安者。”[3]

①问：张本作“直问”。②认贼作子：参看第一二二条，注七。③参看上条，注七。

8 先生自南都[1]以来，凡示学者，皆令存天理、去人欲以为本。有问所谓，则令自求之。未尝指天理为何如也。黄冈[2]郭善甫[3]挈其徒良吉[4]，走越[5]受学。途中相与辨论未合。既至，质之先生。先生方寓楼馆，不答所问。第目摄[6]良吉者再。指所馆盂，语曰：“此盂中下乃能盛此馆，此案下乃能载此盂，此楼下乃能载此案，地又下乃能载此楼。惟下乃大也。”[7]

①南都：即南京。正德九年（一五一四）阳明升南京鸿胪寺卿，门徒益盛。②黄冈：即黄冈县，在湖北。③郭善甫：名庆（据《儒林宗派》卷十五，页六下）。余不详。④良吉：亦不详。⑤越：浙江绍兴。⑥摄：接也。⑦据佐藤一斋、施本、俞本于第三四二条后多六条，即此条与下五条。（《拾遗》第八至十三条）末有“门人黄以方录”。则六条皆其所录也。此条由首至“何如也”又载《年谱》，正德十六年（一五二一）正月。

9 一日，市中哄而诟，甲曰：“尔无天理。”乙曰：“尔无天理。”甲曰：“尔欺心。”乙曰：“尔欺心。”先生闻之，呼弟子，曰：“听之，夫夫啍啍讲学也。”弟子曰：“诟也，焉学？”曰：“汝不闻乎？曰‘天理’，曰‘心’。非讲学而何？”曰：“既学矣，焉诟？”曰：“夫夫也，惟知责诸人，不知及诸己故也。”[①]

①参看上条，注七。

10 先生尝曰：“吾良知二字，自龙场[①]以后，便已不出此意，只是点此二字不出。于[②]学者言，费却多少辞说。今幸见[③]出此意[④]，一语之下，洞见全体，真是痛快，不觉手舞足蹈。学者闻之，亦省却多少寻讨工夫。学问头脑，至此已是说得十分下落。但恐学者不肯直下承当耳。”又曰：“某于良知之说，从百死千难中得来，非是容易见得到此。此本是学者究竟话头。可惜此理沦埋已久，学者苦于闻见障蔽，无入头处。[⑤]不得已与人一口说尽。但恐学者得之容易，只把作[⑥]一种光景玩弄，孤负此知耳。”[⑦]

①龙场：参看上卷“徐爱序”，注八。②于：施本、俞本、张本作“与”。③见：张本作“点”。④意：施本、俞本无此字。⑤“可惜……头处”：施本、俞本无此二十字。张本少“此理”二字，“苦于闻见障蔽”作“蔽于闻见”。⑥作：施本、俞本、张本均作“做”。⑦参看《拾遗》第八条，注七。张本亦录此条。此条原载《全书》卷目钱德洪之《刻文录叙说》（页十四下至十五下），较诸本为优。今故录之。此条“又曰”以下又略载《年谱》正德十六年（一五二一）正月，与《拾遗》第八条上截及《拾遗》第十一条并为一条。

11 语友人曰：“近欲发挥此。只觉有一言发不出，津津然含诸口，莫能相度[①]。”久乃曰:“近觉得此学更无有他,只是这些子。了此更无余矣[②]。”旁有健羡不已者,则又曰:“连这些子亦无放处。今经变后始有良知之说。”[③]

①莫能相度:施本、俞本无此四字。②了此更无余矣:施本、俞本缺此六字。③此条录自《年谱》正德十六年(一五二一)正月,比施本、俞本较详也。参看《拾遗》第八条,注七。

12 一友侍,眉间有忧思。先生顾谓他友曰:“良知固彻天彻地,近彻一身。人一身不爽,不须许大事。第头上一发下垂[①],浑身即是为不快。此中那容得一物耶?”[②]

①一发下垂:张本作“只一根头发钓着”。②张本末又有“是友瞿然省惕”六字。参看《拾遗》第八条,注七。

13 先生初登第时,上边务八事[①],世艳称之。晚年有以为问者。先生曰:“此吾少时事,有许多抗厉气。此气不除,欲以身任天下,其何能济?”或又问平宁藩[②]。先生曰:“当时只合如此做,但觉来尚有挥霍[③]意。使今日处之,更别也。”[④]

施邦曜云:“此条见先生学问。”

①边务八事:《陈言边务疏》,载《全书》卷九(页一上至十上)。②平宁藩:参看第三一二条,注六。③挥霍:猝遽。④参看《拾遗》第八条,注七。此条下有“门人黄以方录”六字。

14 直问："许鲁斋言学者以治生为首务，先生以为误人[①]。何也？岂士之贫，可坐守不经营耶？"先生曰："但言学者治生上尽有工夫，则可；若以治生为首务，使学者汲汲营利，断不可也。且天下首务，孰有急于讲学耶？虽治生亦是讲学中事。但不可以之为首务，徒启营利之心。果能于此处调停得心体无累，虽终日做买卖，不害其为圣为贤。何妨于学？学何贰于治生？"[②]

①误人：见上卷第五十六条。②据佐藤一斋第三四二条后，王本亦多六条。其中一条，《拾遗》第二条，已录于上。今依一斋录五条，即此条至《拾遗》第十八条。

15 先生曰："凡看书，培养自家心体。他说得不好处，我这里用得着，俱是益。只要此志真切。有昔郢人夜写书与燕国，误写举烛[①]二字。燕人误解：烛者明也，是教我举贤明其理也。其国大治。故此志真切，因错致真，无非得益。今学者看书，只要归到自己身心上用。"[②]

①举烛：故事见《韩非子》(《四部丛刊》本）卷十一《外储说左》卷上，第三十二（页七下)。②别本无"有昔郢人"以下六十四字。

16 从目所视，妍丑自别，不作一念，谓之明；从耳所听，清浊自别，不作一念，谓之聪；从心所思，是非自别，不作一念，谓之睿。[①]

①捷案：此条必多遗漏。既不是对话，又乏聪明睿知之知字。知字为阳明旨题，断不可缺也。

17 尝闻先生曰："吾居龙场[①]时，夷人言语不通，所可与言者中土亡命之流。与论知行之说，更无抽挌。久之，并夷人亦欣欣相向。及出与士夫言，反多纷纷同异，拍挌不入。学问最怕有意见的人，只患闻见不多。良知闻见益多，覆蔽益重。反不曾读书的人，更容易与他说得。"[②]

①龙场：参看上卷"徐爱序"，注八。②此条又载《全书》钱德洪之《刻文录叙说》（页十三上下），文词较略。

18 先生用功，到人情事变极难处时，见其愈觉精神。向在洪都[①]处张许之变[②]，尝见一书与邹谦之[③]，云："自别省城，即不得复有相讲如虔中[④]者。虽自己柁柄不敢放手，而滩流悍急，须仗有方如吾谦之者持篙而来，庶能相助，更上一滩耳。"[⑤]

①洪都：今江西南昌。②张许之变：《年谱》正德十四年（一五一九）九月十一日阳明献俘（宁王宸濠）发南昌。太监张忠、安边伯许泰等欲追还之。议将纵之鄱阳湖。俟武宗亲与遇战，而后奏凯论功。阳明信太监张永，以濠付之。称病西湖净慈寺。③一书与邹谦之：即《与邹谦之书》。已佚。《全书》今存与邹谦之共七书（卷五，页一上至二上；卷六，页一上至十下），惟不见此段。但此段载《年谱》正德十五年（一五二〇）九月。④虔中：即江西赣州。正德十三年（一五一六）阳明升都察院右副都御史。行政之余，讲学甚盛。⑤此条又见张本。方作"力"。章首有"直曰"二字。

19 门人有疑知行合一之说者。直[①]曰："知行自是合一。如今人能行孝，方谓之知孝；能行悌，方谓之知悌。不是只晓得个孝字、悌字，遽谓之知。”先生曰：“尔说固是，但要晓得一念动处，便是知，亦便是行。”②

①直：黄以方，参看第二二二条，注一。②佐藤一斋谓张本合黄以方前后录为一，而多二十八条（实二十七条。一斋误分《拾遗》第二十七条为两条）。内六条与王本同。二条与施本、俞本同。一斋去其重复，余十九条（实十八条）。今依一斋录之，即《拾遗》第十九至三十六条。

20 先生曰：“人必要说心有内外，原不曾实见心体。我今说无内外，尚恐学者流在有内外上去。若说有内外，则内外益判矣。况心无内外，亦不自我说。明道①《定性书》②有云：‘且以性为随物于外，则当其在外时，何者为在内！’此一条最痛快。”

①明道：程颢。参看第三一五条，注十二。②《定性书》：载《明道文集》卷三（页一上下）。

21 或问：“孟子‘始条理①者智之事，终条理者圣之事’。知行分明是两事。”直②曰：“要晓得始终条理，只是一个条理而始终之耳。”曰：“既是一个条理，缘何三子③却圣而不智？”直曰：“也是三子所知分限只到此地位。”先生尝以此问诸友。黄正之④曰：“先生以致知各随分限之说，提省诸生。此意最切。”先生曰：“如今说三子，正是此意。”

①条理：参看第二八六条，注一。②直：黄以方，参看第二二二条，注一。③三子：参

看第二八六条，注一至注五。④黄正之。名宏纲：参看第一二〇条，注一。

22 先生曰："'易则易知[①]'。只是此天理之心，则你也是此心。你便知得人人是此心，人人便知得，如何不易知？若是私欲之心，则一个人是一个心，人如何知得？"

①易知：《易经·系辞上传》第一章云："易则易知，简则易从。"

23 先生曰："人但一念善，便实实是好；一念恶，便实实是恶。如此才是学。不然，便是作伪。"尝问门人："圣人说'知之为知之'[①]二句，是何意思？"二友不能答。先生曰："要晓得圣人之学，只是一诚。"直[②]自陈喜在静上用功。先生曰："静上用功固好，但终自有弊。人心自是不息，虽在睡梦，此心亦是流动。如天地之化，本无一息之停，然其化生万物，各得其所，却亦自静也。此心虽是流行不息，然其一循天理，却亦自静也。若专在静上用功，恐有喜静恶动之弊。动静一也。"直曰："直固知静中自有知觉之理。但伊川答吕学士[③]一段可疑。伊川曰：'贤且说静时如何？'吕学士曰：'谓之有物则不可。然自有知觉在。'伊川曰：'既有知觉，却是动也。如何言静？'"[④]先生曰："伊川说还是。"直因思伊川之言，分明以静中无知觉矣。如何谓伊川说还是？考诸晦翁[⑤]亦曰："若云知寒觉暖，便是知觉已动[⑥]。"又思知寒觉暖，则知觉着在寒暖上，便是已发。所谓有知觉者，只是有此理，不曾着在事物，故还是静。然瞌睡也有知觉，故能做梦，故一唤便醒。槁木死灰，无知觉，便不醒矣。则伊川所谓："既有知觉，却是动也，如何言静？"正是说静而无静之意，不是说静中无知觉也。故先生曰：“伊川说还是。”

[①]知之为知之：《论语 · 为政第二》第十七章云：“知之为知之，不知为不知，是知也。”[②]直：黄以方，参看第二二二条，注一。[③]吕学士：名大临，字与叔，一〇四四至一〇九〇。程伊川门人。参看《宋元学案》卷三十一及《宋史》卷三四〇〇，页十上至十一下。[④]伊川答吕学士：实答苏季明。见《二程遗书》卷十八（页十五上）。苏名昞（壮年一〇九三），陕西武功人。学于张载最久，后师二程。参看《宋元学案》卷三十一，页十一下至十二上，及《宋史》卷四二八，页三上。[⑤]晦翁：朱子之号。[⑥]知觉已动：《朱子语类》卷九十六（页三九二三）曰：“如知得寒，觉得暖，便是知觉一个物事。”

24 直问：“戒慎恐惧[①]是致和，还是致中？”先生曰：“是和上用功。”曰：“《中庸》言致中和[②]。如何不致中？却来和上用功？”先生曰：“中和一也，内无所偏倚。少间发出，便自无乖戾。本体上如何用功？必就他发处，才着得力。致和便是致中。万物育，便是天地位。”直未能释然。先生曰：“不消去文义上泥，中和是离不得底。如面前火之本体是中，火之照物处便是和。举着火，其光便自照物。火与照如何离得？故中和一也。近儒[③]亦有以戒惧即是慎独非两事者。然不知此以致和即便以致中也。”他日崇一[④]谓直曰：“未发是本体。本体自是不发底。如人可怒，我虽怒他，然怒不过当，却也是此本体未发。”后以崇一之说问先生。先生曰：“如此却是说成功。子思[⑤]说发与未发[⑥]，正要在发时用功。”

[①]戒慎恐惧：看第三十七条，注四。[②]致中和：参看第三十七条，注三。[③]近儒：指

胡季随等。参看《中庸或问》(页十八下),朱子云:“当分为两事。戒慎不睹,恐惧不闻……是防之于未然。……谨独是察之于将然。”(《朱子语类》卷六十二,页二三八五。)④崇一:欧阳德,参看第一〇四条,注一。⑤子思:参看第四十二条,注一。⑥发与未发:参看第二十八条,注一。

25 艾铎[①]问:“如何为天理?”先生曰:“就尔居丧上体验看。”曰:“人子孝亲,哀号哭泣。此孝心便是天理。”先生曰:“孝亲之心真切处才是天理。如真心去定省问安,虽不到床前,却也是孝。若无真切之心,虽日日定省问安,也只与扮戏相似,却不是孝。此便见心之真切,才为天理。”

①艾铎:《儒林宗派》《王文成传本》《明儒学案》《阳明弟子传纂》均无此人。

26 直[①]问:“颜子[②]择《中庸》[③],是如何择?”先生曰:“亦是戒慎不睹,恐惧不闻[④]。就己心之动处,辨别出天理来。‘得一善’,即是得此天理。”后又与正之[⑤]论颜子“虽欲从之,末由[⑥]也已”。正之曰:“先生尝言:此是见得道理如此。如今日用,凡视、听、言、动,都是此知觉。然知觉却在何处?捉定不得。所以说‘虽欲从之,末由也已。’颜子见得道体后,方才如此说。”

①直:黄以方。参看第二二二条,注一。②颜子:参看第七十七条,注一。③择《中庸》:《中庸》第八章,子曰:“回(颜子)之为人也,择乎《中庸》。得一善,则拳拳服膺,而弗失之矣。”④不睹、不闻:参看第三十七条,注四。⑤正之:黄宏纲之字。参看第一二〇条,注一。⑥末由:《论语·子罕第九》第十一章,颜渊喟然叹曰:“仰之弥高,

钻之弥坚。……夫子循循然善诱人。博我以文，约我以礼，欲罢不能，既竭吾才，如有所立卓尔。虽欲从之，末由也矣。”

27 直[①]问：“‘物有本末[②]’一条，旧说似与先生不合。”先生曰：“譬如二树在此，一树有一树之本末，岂有以一树为本，一树为末之理？明德亲民[③]，总是一物，只是一个工夫。才二之，明德便是空虚，亲民便是袭取矣。‘物有本末’云者，乃指定一物而言。如实有孝亲之心，而后有孝亲之仪文节目。”[④]“事有终始”云者，亦以实心为始，实行为终。故必始焉有孝亲之心，而终焉则有孝亲之仪文节目。事长、事君，无不皆然。自意之所着谓之物，自物之所为谓之事。物者事之物，事者物之事也，一而已矣。[⑤]

①直：参看上条，注一。②本末：《大学》经文曰：“物有本末，事有终始。知所先后，则近道矣。”③明德亲民：《大学》经文曰：“大学之道，在明明德，在亲民，在止于至善。”④张问达曰：“此下疑有阙文。读先生《〈大学〉问》自见。”⑤佐藤一斋计此条为两条，盖以张问达疑上截有缺文，故“事有始终”另行。然其为一条也，实至明显。

28 先生曰：“朋友相处，常见自家不是，方能点化得人之不是。善者固吾师，不善者亦吾师。且如见人多言，吾便自省亦多言否？见人好高，吾自省亦好高否？此便是相观而善，处处得益。”[①]

①关于朋友相处，参看第二一四、二四五、二四六条。

29 先生曰：“至诚能尽其性[①]，亦只在人物之性上尽。离却人物，

便无性可尽得。能尽人物之性，即是至诚致曲[2]处。致曲工夫，亦只在人物之性上致，更无二义。但比至诚有安勉[3]不同耳。”[4]

佐藤一斋云："此条与姚江(阳明)立言不类。疑语出于甘泉(湛若水)。当时王、湛两家门人迭相通。故录亦或有误混欤？"

①尽其性：《中庸》第二十二章云："惟天下至诚，为能尽其性；能尽其性，则能尽人之性；能尽人之性，则能尽物之性；能尽物之性，则可以赞天地之化育；可以赞天地之化育，则可与天地参矣。" ②致曲：《中庸》第二十三章云："其次致曲，曲能有诚。……唯天下至诚，为能化。" ③安勉：参看第六条，注八。④佐藤一斋云："此后（张本）原有'先生曰吾良知'一条（《拾遗》第十条），与施本重复。今删。"

30 先生曰："学者读书，只要归在自己身心上。若泥文着句，拘拘[1]解释，定要求个执定道理，恐多不通。盖古人之言，惟示人以所向往而已。若于所示之向往，尚有未明，只归在良知上体会方得。"

①拘拘：即拘拘，固守不申也。"拘"乃"拘"之俗字。

31 先生曰："气质犹器也，性犹水也。均之水也，有得一缸者，得一桶者，有得一瓮者，局于器也。气质有清浊、厚薄、强弱之不同，然其为性则一也。能扩而充之，器不能拘矣。"

佐藤一斋云："此条亦似增城(湛甘泉)话头。"

捷案：阳明性气不分说，见第一五〇条。第九十九条亦此意。

32 直[①]问："圣人情顺万事而无情[②]。' 夫子哭则不歌[③]，先儒[④]解为余哀未忘[⑤]。其说如何？"先生曰："情顺万事而无情，只谓应物之主宰，无滞发于天理不容已处，如何便休得？是以哭则不歌。终不然，只哭一场后，便都是乐。更乐更无痛悼也。"

①直：黄以方。参看第二二二条，注一。②无情：《明道文集》卷三（页一上）《答横渠先生定性书》曰："夫天地之常，以其心普万物而无心；圣人之常，以其情顺万事而无情。"③哭则不歌：《论语·述而第七》第十章云："子于是日哭，则不歌。"④先儒。指朱子。⑤余哀未忘：朱子《论语集注》注此章云："一日之内，余哀未忘，自不能歌也。"

33 或问："致良知工夫，恐于古今事变有遗？"先生曰："不知古今事变从何处出，若从良知流出，致知焉尽之矣。"[①]

①参看上卷第三十七条，"在人情事变上做工夫"之说。

34 先生曰："颜子[①]'欲罢不能'[②]，是真见得道体不息，无可罢时。若工夫有起有倒，尚有可罢时，只是未曾见得道体。"

①颜子：参看第七十七条，注一。②欲罢不能：参看《拾遗》第二十六条，注六。

35 先生曰："夫妇之与知、与能[①]，亦圣人之所知、所能。圣人之所不知、不能，亦夫妇之所不知、不能。"又曰："夫妇之所与知、与能，虽至圣人之所不知、不能，只是一事。"

①与知、与能:《中庸》第十二章云:“君子之道,费(用之广也)而隐。夫妇之愚,可以与知焉。及其至也,虽圣人亦有所不知焉。夫妇之不肖,可以能行焉。及其至也,虽圣人亦有所不能焉。”

36 先生曰:“虽小道必有可观。如虚无[1]、权谋、术数、技能之学,非不可超脱世情。若能于本体上得所悟入,俱可通入精妙。但其意有所着,欲以之治天下国家,便不能通。故君子不用。”

①虚无:指道家。

37 童克刚[1]问:“《传习录》中以精金喻圣[2],极为明切。惟谓孔子分两不同万镒之疑,虽有躯壳起念之说,终是不能释然。”师不言,克刚请之不已。师曰:“看《易经》便知道了。”克刚必请明言。师乃叹曰:“蚤知如此起辨生疑,当时便多说这一千也得。今不自锻炼金之成色,只是问他人金之轻重。奈何!”克刚曰:“坚若蚤得闻教,必求自见。今老而幸游夫子之门,有疑不决。怀疑而死,终是一憾。”师乃曰:“伏羲[3]作易,神农、黄帝[4]、尧、舜用易。至于文王演卦于羑里,周公又演爻于居东,二圣人比之用易者似有间矣。孔子则又不同。其壮年之志,只是东周。故梦亦周公[5]。尝曰:‘文王既殁,文不在兹[6]乎?’自许其志,亦只二圣人而已。况孔子玩《易》,韦编乃至三绝[7],然后叹易道之精,曰:‘假我数年,五十以学易[8],可以无大过。’比之演卦、演爻者更何如?更欲比之用易如尧、舜,则恐孔子亦不自安也。其曰:‘我非生而知之者。好古,敏以求[9]之者。’又曰:‘若圣与仁[10],则吾岂敢?抑之为不厌。’

乃其所至之位。”[11]

①童克刚：名世坚，福建连城人。阳明弟子（据《儒林宗派》卷十五，页九下）。②以精金喻圣：见第一〇七条。③伏羲：见第六十九条，注四。④神农、黄帝：神话之古帝。⑤梦亦周公：《论语·述而第七》第五章，子曰：“甚矣，吾衰也。久矣，吾不复梦见周公。”⑥文不在兹：《论语 · 子罕第九》第五章。⑦三绝：《史记》卷四十七《孔子世家》（页二十四下）云：“孔子晚而喜《易》。读《易》，韦编（穿竹简之皮条）三绝（断）。”⑧五十学《易》：语见《论语·述而第七》第十六章。⑨“好古，敏以求”：语见《论语 · 述而第七》第十九章。⑩圣与仁：语见《论语 · 述而第七》第三十三章。⑪第九十九条末，佐藤一斋云：“精金分量之喻，卷内德章条（第一〇七条）可参。朱得之《稽山承语》亦有一条，尤为详尽。录于下。”（一斋录于第九十九条之后作注。今移载于此作《拾遗》之一。）

38 先生曰：“吾昔居滁[1]时，见学者徒为口耳同异之辩，无益于得。且教之静坐。一时学者亦若有悟。但久之渐有喜静厌动，流入枯槁之病。故迩来只指破致良知工夫。学者真见得良知本体，昭明洞彻，是是非非，莫非天则。不论有事无事，精察克治，俱归一路，方是格致实功，不落却一边。故较来无出致良知，话头无病。何也？良知原无间动静也。”[2]

①居滁：据《年谱》，阳明正德八年（一五一三），时四十二岁，十月至安徽滁州督马政。日与诸生游遨，夜则环龙潭而坐者数百人，歌声振谷。诸生随地请正。②此条录自《全集》卷目钱德洪之《刻文录叙说》（页十三下至十四上）。或与第二六二条重复。

39 曰："昔孔门求中行之士不可得，苟求其次，其惟狂者乎[①]！狂者志存古人，一切声利纷华之染，无所累其衷。真有凤凰翔于千仞气象。得是人而裁之，使之克念，日就平易切实，则去道不远矣。予自鸿胪以前[②]，学者用功尚多拘局。自吾揭示良知，头脑渐觉见得此意者多，可与裁矣。"[③]

①狂者：参看第三一二条，注九。②鸿胪以前：参看第三一二条，注七。③录自《全书》卷目，钱德洪之《刻文录叙说》（页十五下至十六上）。此条与《拾遗》第四条当是同事异记。"狂者志存古人"约三十字见诸该条。惟其他诸语，只见于此。语有特殊意义，故并录之，宁重毋缺。

40 先生尝语学者曰："作文字亦无妨工夫。如'诗言志'[①]，只看尔意向如何。意得处自不能不发之于言，但不必在词语上驰骋，言不可以伪为。且如不见道之人，一片粗鄙心，安能说出和平话？总然都做得，后一两句，露出病痛，便觉破此文原非充养得来。若养得此心中和，则其言自别。"[②]

①诗言志：语出《书经·舜典》第二十四节。②录自《全书》卷目，钱德洪之《刻文录叙说》（页十七上）。

41 门人有欲汲汲立言者。先生闻之，叹曰："此弊溺人，其来非一日矣。不求自信，而急于人知，正所谓'以己昏昏，使人昭昭[①]'也。耻其名之无闻于世，而不知知道者视之，反自贻笑耳。宋之儒者[②]，其制行磊荦，本足以取信于人，故其言虽未尽，人亦崇信之，非专以空言动人也。但一言之误，至于误人无穷，不可胜救。亦岂非汲汲于立言者之过耶？”[③]

①昏昏、昭昭：语出《孟子 · 尽心第七下》第二十章。②宋之儒者：或指程、朱学派。③录自《全书》卷目，钱德洪之《刻文录叙说》（页十七上下）。

42 先生与黄绾[①]、应良[②]论圣学久不明。学者欲为圣人，必须廓清心体，使纤翳不留，真性始见，方有操持涵养之地。应良疑其难。先生曰：“圣人之心如明镜，纤翳自无所容，自不消磨刮。若常人之心，如斑垢驳蚀之镜，须痛刮磨一番，尽去驳蚀，然后纤尘即见。才拂便去，亦不消费力。到此已是识得仁体矣。若驳蚀未去，其间固自有一点明处。尘埃之落，固亦见得，才拂便去。至于堆积于驳蚀之上，终弗之能见也。此学利困勉[③]之所由异。幸勿以为难而疑之也。凡人情好易而恶难，其间亦自有私意，气习缠蔽。在识破后，自然不见其难矣。古之人至有出万死而乐为之者，亦见得耳。向时未见得里面意思，此工夫自无可讲处。今已见此一层，却恐好易恶难，便流入禅释去也。”[④]

①黄绾：参看上卷第五条，注一。②应良：字元忠，浙江仙居人。阳明在吏部时（一五一一）从学。争大礼，廷杖。终广东右布政事。参看《明史》卷二八三。③学利困勉：参看上卷第六条，注八。④录自《年谱》正德五年（一五一〇）十二月。《年谱》标题云：“论实践之功”。

43 孟源[①]问："静坐中思虑纷杂，不能强禁绝。"先生曰："纷杂思虑，亦强禁绝不得，只就思虑萌动处省察克治。则天理精明后，有个物各付物[②]的意思，自然精专无纷杂之念。《大学》所谓'知止而后有定'[③]也。"[④]

①孟源：参看上卷第十九条，注一。②物各付物：《二程遗书》卷六（页三下）曰："物各付物，不役其知，则意诚不动。"不知为伊川语抑明道语。③知止而后有定：语出《大学》经文。④录自《年谱》正德八年（一五一三）十月。

44 一日，先生喟然发叹，九川[①]问曰："先生何叹也？"曰："此理简易明白若此，乃一经沉埋数百年。"九川曰："亦为宋儒徒知解上入，认识神为性体。故闻见日益，障道日深耳。今先生拈出良知二字，此古今人人真面目，更复奚疑？"先生曰："然。譬之人有冒别姓坟墓为祖墓者，何以为辩？只得开圹，将子孙滴血，真伪无可逃矣。我此良知二字，实千古圣圣相传一点滴骨血也。"[②]

①九川：陈惟濬，参看第二〇一条，注二。②录自《年谱》正德十六年（一五二一）正月。

45 张元冲[①]在舟中问二氏[②]与圣人之学所差毫厘。谓："其皆有得于性命也，但二氏于性命中着些私利，便谬千里矣。今观二氏作用，亦有功于吾身者，不知亦须兼取否？"先生曰："说兼取便不是。圣人尽性至命[③]，何物不具？何待兼取？二氏之用，皆我之用。

即吾尽性至命中完养此身，谓之仙；即吾尽性至命中不染世累，谓之佛。但后世儒者不见圣学之全，故与二氏成二见耳。譬之厅堂，三间共为一厅。儒者不知皆吾所用。见佛氏则割左边一间与之，见老氏则割右边一间与之，而己则自处中间。皆举一而废百也。圣人与天地民物同体，儒、佛、老、庄皆吾之用，是之谓大道。二氏自私其身，是之谓小道。”④

①张元冲：参看第三一三条，注七。②二氏：老、佛。③尽性至命：参看第二七八条，注二。④录自《年谱》嘉靖二年（一五二三）十一月。

46 郡守南大吉①以座主称门生，然性豪旷，不拘小节。先生与论学有悟，乃告先生曰：“大吉临政多过，先生何无一言？”先生曰：“何过？”大吉历数其事。先生曰：“吾言之矣。”大吉曰：“何？”曰：“吾不言，何以知之？”曰：“良知。”先生曰：“良知非我常言而何？”大吉笑谢而去。居数日，复自数过加密，且曰：“与其过后悔改，曷若预言不犯为佳也？”先生曰：“人言不如自悔之真。”大吉笑谢而去。居数日，复自数过益密，且曰：“身过可勉，心过奈何？”先生曰：“昔镜未开，可得藏垢。今镜明矣，一尘之落，自难住脚。此正入圣之机也，勉之。”②

①南大吉：参看中卷序，注二。②录自《年谱》嘉靖三年（一五二四）正月。

47 先生曰：“昔者孔子在陈思鲁之狂士①。世之学者，没溺于富贵声利之场，如拘如囚，而莫之省脱。及闻孔子之教，始知一切俗缘，皆非性体，乃豁然脱落。但见得此意，不加实践，以入于精微，则渐有轻灭世故，阔略伦物之病。虽比世之庸庸琐琐者不同，其为未得于道一也。故孔子在陈思归以裁之，使入于道耳。诸君讲学，但患未得此意。今幸见此，正好精诣力造，以求至于道。无以一见自足，而终止于狂也。”[2]

[1]鲁之狂士：《论语·公冶长第五》第二十一章，子在陈，曰："归与！归与！吾党之小子狂简，斐然成章，不知所以裁之。"[2]录自《年谱》嘉靖三年（一五二四）八月。

48 是月，舒柏[1]有敬畏累洒落之问，刘侯[2]有入山养静之问。先生曰："君子之所谓敬畏者，非恐惧忧患之谓也。戒慎不睹，恐惧不闻[3]之谓耳。君子之所谓洒落者，非旷荡放逸之谓也，乃其心体不累于欲，无入而不自得之谓耳。夫心之本体，即天理也。天理之昭明灵觉，所谓良知也。君子戒惧之功，无时或间，则天理常存，而其昭明灵觉之本体，自无所昏蔽，自无所牵扰，自无所歉馁愧怍。动容周旋而中礼[4]，从心所欲而不逾[5]，斯乃所谓真洒落矣。是洒落生于天理之常存，天理常存生于戒慎恐惧之无间。孰谓敬畏之心，反为洒落累耶？"谓刘侯曰："君子养心之学，如良医治病。随其虚实寒热而斟酌补泄之，要在去病而已。初无一定之方，必使人人服之也。若专欲入坐穷山绝世，故屏思虑，则恐既已养成空寂之性，虽欲勿流于空寂，不可得矣。"[6]

[1]舒柏：字国用。江西靖安人。少事阳明，历主书院，官至知府。参看《阳明弟子传纂》卷二，页四十三。[2]刘侯：《年谱》嘉靖九年（一五三〇）五月，门人薛侃（参看上卷第

八十一条，注一）建精舍于距杭州城南十里之天真山，祀阳明。同门刘侯等十余人前后相役斋庑。余不详。③不睹、不闻：参看第三十七条，注四。④动容周旋而中礼：《孟子·尽心第七下》第三十三章云："动容周旋中礼者，德之盛也。"⑤从心所欲而不逾：《论语·为政第二》第四章，子曰："六十而耳顺，七十而从心所欲，不逾矩。"⑥录自《年谱》嘉靖三年（一五二四）八月。

49 德洪[1]携二弟德周、仲实读书城南[2]。洪父心渔翁往视之。魏良政[3]、魏良器[4]辈与游禹穴[5]诸胜，十日忘返。问曰："承诸君相携日久，得无妨课业乎？"答曰："吾举子业无时不习。"家君曰："固知心学可以触类而通，然朱说亦须理会否？"二子曰："以吾良知求晦翁[6]之说，譬之打蛇得七寸矣，又何忧不得耶？"家君疑未释，进问先生。先生曰："岂特无妨？乃大益耳。学圣贤者，譬之治家，其产业、第宅、服食、器物，皆所自置。欲请客出其所，有以享之。客去其物具在，还以自享。终身用之无穷也。今之为举业者，譬之治家。不务居积，专以假贷为功。欲请客自厅事以至供具百物，莫不遍借。客幸而来，则诸贷之物一时丰裕可观，客去则尽以还人，一物非所有也。若请客不至，则时过气衰，借贷亦不备。终身奔劳，作一窭人而已。是求无益于得，求在外也。"明年乙酉[7]大比[8]，稽山书院钱楩[9]与魏良政并发解江浙。家君闻之笑曰："打蛇得七寸矣。"[10]

①德洪：钱德洪，参看卷中序，注一。②城南：越城之南。③魏良政：字师伊，魏良弼之弟，一四九二至一五七五。兄弟数人同事阳明，不仕。参看《明儒学案》卷十九，页二十上下。④魏良器：字师颜，号药湖。洪都（南昌，一五二一）从学之后，随阳明至越（浙江绍兴）。卒年四十二。参看《明儒学案》卷十九，页二十下。⑤禹穴：参看第

二四四条，注一。⑥晦翁：朱子之号。⑦乙酉：嘉靖四年（一五二五）。⑧大比：乡试。⑨钱楩：不详。⑩录自《年谱》嘉靖三年（一五二四）八月。《年谱》标题曰："论圣学无妨于举业"。

50 樾[①]方自白鹿洞打坐，有禅定意。先生目而得之，令举似。曰："不是。"已而稍变前语。又曰："不是。"已而更端。先生曰："近之矣。此体岂有方所？譬之此烛，光无不在，不可以烛上为光。"因指舟中曰："此亦是光。"直指出舟外水面曰："此亦是光。"樾领谢而别。[②]

①樾：徐樾，字子直，号波石，江西贵溪人。嘉靖十一年（一五三二）进士。事阳明。继而卒业于王艮（参看第三一二条，注四）之门。官至云南左布政使。传详《明儒学案》卷三十二（页十四下至十八上），及《明史》卷二八三。②录自《年谱》嘉靖六年（一五二七）十月。

51 至吉安[①]，诸生偕旧游三百余迎入螺川驿中。先生立谈不倦，曰："尧、舜生知安行[②]的圣人，犹兢兢业业，用困勉的工夫。吾侪以困勉的资质，而悠悠荡荡，坐享生知安行的成功，岂不误己误人？"又曰："良知之妙，真是'周流六虚[③]，变通不居[④]'。若假以文过饰非，为害大矣。"临别嘱曰："工夫只是简易真切。愈真切愈简易，愈简易愈真切。"[⑤]

①吉安：在江西。②生知安行：参看上卷第六条，注八。③周流六虚：参看第三四〇条，注三。④变通不居：语见《易经 · 系辞上传》第八章。⑤录自《年谱》嘉靖六年（一五二七）十月。

朱子晚年定论

《朱子晚年定论》，原附录于《传习录》卷下之末“钱德洪跋”之后。今以《传习录 · 拾遗》各条应与《传习录》三百四十二条连续，故移载于此。只事标点，不加评注。

《定论》首刻于南赣。朱子病目，静久忽悟圣学之渊微。乃大悔中年著述，误己误人，遍告同志。师阅之，喜己学与晦翁同，手录一卷，门人刻行之。自是为朱子论异同者寡矣。所曰：“无意中得此一助。”隆庆壬申（一五七二），虬峰谢君廷杰刻师《全书》，命刻《定论》，附《语录》后。见师之学与朱子无相缪戾。则千古正学，同一源矣。并师首叙，与袁庆麟跋，凡若干条。洪僭引其说。

阳明子序曰：“洙泗之传，至孟氏而息。千五百余年，濂溪、明道始复追寻其绪。自后辨析日详，然亦日就支离决裂，旋复湮晦。吾尝深求其故，大抵皆世儒之多言，有以乱之。守仁早岁业举，溺志词章之习。既乃稍知从事正学，而苦于众学之纷挠疲疢，茫无可入。因求诸老、释，欣然有会于心，以为圣人之学在此矣。然于孔子之教，间相出入，而措之日用，往往缺漏无归。依违往返，且信且疑。其后谪官龙场，居夷处困，动心忍性之余，恍若有悟。体验探求，再更寒暑。证诸五经、四子，沛然若决江河而放诸海也。然后叹圣人之道，坦如大路。而世之儒者，妄开窦径，蹈荆棘，坠坑堑。究其为说，反出二氏之下。宜乎世之高明之士，厌此而趋彼也。此岂二氏之罪哉？闲尝以语同志，而闻者竞相非议，目以为立异好奇。虽每痛反深抑，务自搜剔斑瑕。而愈益精明的确，洞然无复可疑。独于朱子之说，有相牴牾，恒疚于心。窃疑朱子之贤，而岂其于此尚有未察？及官留都，复取朱子之书而检求之。然后知其晚岁固已大悟旧说之非，痛悔极艾。至以为自诳诳人之罪，不可胜赎。世之所传《集注》《或问》之类，乃其中年未定之说。自咎以为旧本之误，思改正而未及。而其诸《语类》之属，又其门人挟胜心以附己见。固于朱子平日之说，犹有大相缪戾者。而世之学者，局于见闻，不过持循讲习于此。其于悟后之论，概乎其未有闻。则亦何怪乎予言之不信，而朱子之心，无以自暴于后世也乎？予既自幸其说之不缪于朱子，又喜朱子之先得我心之同然，且慨夫世之学者，徒守朱子中年未定之说，而不复知求其晚岁既悟之论。竞相呶呶，以乱正学，不自知其已入于异端。辄采录而裒集之，私以示夫同志。庶几无疑于吾说，而圣学之明可冀矣。正德乙亥（一五一五）冬十一月朔，后学余姚王守仁序。”

①答黄直卿书

为学直是先要立本，文义却可。且与说出正意，令其宽心玩味。未可便令考校同异，研究纤密。恐其意思促迫，难得长进。将来见得大意，略举一二节目，渐次理会，盖未晚也。此是向来定本之误。今幸见得，却烦勇革。不可苟避讥笑，却误人也。

②答吕子约

日用工夫，比复何如？文字虽不可废，然涵养本源，而察于天理人欲之判，此是日用动静之间，不可顷刻间断底事。若于此处见得分明，自然不到得流入世俗功利权谋里去矣。熹亦近日方实见得向日支离之病。虽与彼中证候不同，然忘己逐物，贪外虚内之失，则一而已。程子说不得以天下万物挠己，己立后自能了得天下万物。今自家一个身心，不知安顿去处，而谈王说伯，将经世事业，别作一个伎俩，商量讲究，不亦误乎？相去远不得面论，书问终说不尽，临风叹息而已。

③答何叔京

前此僭易拜禀博观之蔽，诚不自揆。乃蒙见是，何幸如此！然观来谕，似有未能遽舍之意。何邪？此理甚明，何疑之有？若使道可以多闻博观而得，则世之知道者为不少矣。熹近日因事方有少省发处。如鸢飞鱼跃，明道以为与“必有事焉勿正”之意同者，今乃晓然无疑。日用之间，观此流行之体，初无间断处，有下工夫处。乃知日前自诳诳人之罪，盖不可胜赎也。此与守书册，泥言语，全无交涉，幸于日用间察之。知此则知仁矣。

④答潘叔昌

示喻天上无不识字底神仙。此论甚中一偏之弊，然亦恐只学得识字，却不曾学得上天，即不如且学上天耳。上得天了，却旋学上天人，亦不妨也。中年以后，气血精神，能有几何？不是记故事时节。熹以目昏，不敢着力读书。闲中静坐，收敛身心，颇觉得力。闲起看书，聊复遮眼。遇有会心处，时一喟然耳。

⑤答潘叔度

熹衰病，今岁幸不至剧，但精力益衰，目力全短，看文字不得。瞑目静坐，却得收拾放心。觉得目前外面走作不少，颇恨盲废之不早也。看书鲜识之喻诚然。然严霜大冻之中，岂无些小风和日暖意思？要是多者胜耳。

⑥与吕子约

孟子言“学问之道，惟在求其放心”，而程子亦言“心要在腔子里”。今一向耽着文字，令此心全体，都奔在册子上，更不知有己，便是个无知觉不识痛痒之人。虽读得书，亦何益于吾事邪？

⑦与周叔谨

应之甚恨未得相见，其为学规模次第如何？近来吕、陆门人，互相排斥。此由各循所见之偏，而不能公天下之心，以观天下之理，甚觉不满人意。应之盖尝学于两家，未知其于此看得果如何？因话扣之，因书谕及为幸也。熹近来亦觉向来说话，有大支离处。反身以求，正坐自己用功亦未切耳。因此减去文字工夫，觉得闲中气象甚适。每劝学者，亦且看孟子道性善、求放心两章，着实体察收拾为要。其余文字，且大概讽诵涵养，未须大段着力考索也。

⑧答陆象山

熹衰病日侵，去年灾患亦不少。比来病躯，方似略可支吾。然精神耗减，日甚一日，恐终非能久于世者。所幸迩来日用工夫，颇觉有力。无复向来支离之病。甚恨未得从容面论，未知异时相见，尚复有异同否耳。

⑨答符复仲

问向道之意甚勤。向所喻义利之间，诚有难择者。但意所疑以为近利者，即便舍去可也。向后见得亲切，却看旧事，又有见未尽舍未尽者，不解有过当也。见陆丈回书，其言明当。且就此持守，自见功效。不须多疑多问，却转迷惑也。

⑩答吕子约

日用工夫，不敢以老病而自懈。觉得此心操存舍亡，只在反掌之间，向来诚是太涉支离。盖无本以自立，则事事皆病耳。又闻讲授亦颇勤劳，此恐或有未便。今日正要清源正本，以察事变之几微。岂可一向汩溺于故纸堆中，使精神昏弊，失后忘前，而可以谓之学乎?

⑪与吴茂实

近来自觉向时工夫，止是讲论文义。以为积集义理，久当自有得力处，却于日用工夫，全少检点。诸朋友往往亦只如此做工夫，所以多不得力。今方深省而痛惩之，亦欲与诸同志勉焉。幸老兄遍以告之也。

⑫答张敬夫

熹穷居如昨，无足言者。自远去师友之益，兀兀度日，读书反己，固不无警省处。终是旁无强辅，因循汩没，寻复失之。近日一种向外走作，心悦之而不能自已者，皆准止酒例。戒而绝之，似觉省事。此前辈所谓“下士晚闻道，聊以拙自修”者。若扩充不已，补复非前，庶其有日。旧读《中庸》慎独、《大学》诚意毋自欺处、常苦求之太过，措词烦猥。近日乃觉其非。此正是最切近处、最分明处。乃舍之而谈空于冥漠之间，其亦误矣。方窃以此意痛自检勒，懔然度日，惟恐有怠而失之也。至于文字之间，亦觉向来病痛不少。盖平日解经，最为守章句者，然亦多是推衍文义，自做一片文字。非惟屋上架屋，说得意味淡薄，且是使人看者，将注与经，作两项工夫做了。下稍看得支离，至于本旨，全不相照。以此方知汉儒可谓善说经者，不过只说训诂。使人以此训诂，玩索经文。训诂经文，不相离异，只做一道看了。直是意味深长也。

⑬答吕伯恭

道间与季通讲论，因悟向来涵养工夫全少，而讲说又多强探，必取寻流逐末之弊。推类以求，众病非一，而其源皆在此。恍然自失，似有顿进之功。若保此不懈，庶有望于将来。然非如近日诸贤，所谓顿悟之机也。向来所闻诲谕，诸说之未契者，今日细思，吻合无疑。大抵前日之病，皆是气质躁妄之偏，不曾涵养克治，任意直前之弊耳。

⑭答周纯仁

闲中无事，固宜谨出，然想亦不能一并读得许多。似此专人来往劳费，亦是未能省事。随寓而安之病，又如多服燥热药，亦使人血气偏胜，不得和平。不但非所以卫生，亦非所以养心。窃恐更须深自思省，收拾身心，渐令向里，令宁静闲退之意胜，而飞扬操扰之气消。则治心养气，处世接物，自然安稳。一时长进，无复前日内外之患也。

⑮答窦文卿

为学之要，只在着实操存，密切体认，自己身心上理会。切忌轻自表襮，引惹外人辨论。枉费酬应，分却向里工夫。

⑯答吕子约

闻欲与二友俱来，而复不果，深以为恨。年来觉得日前为学，不得要领。自做身主不起，反为文字夺却精神，不是小病。每一念之，惕然自惧，且为朋友忧之。而每得子约书，辄复恍然，尤不知所以为贤者谋也。且如临事迟回，瞻前顾后，只此亦可见得心术影子。当时若得相聚一番，彼此极论，庶几或有剖决之助。今又失此机会，极令人怅恨也。训导后生，若说得是，当极有可自警省处，不会减人气力。若只如此支离，漫无统纪，则虽不教后生，亦只见得展转迷惑，无出头处也。

⑰答林择之

熹哀苦之余，无他外诱。日用之间，痛自敛饬。乃知敬字之功，亲切要妙乃如此。而日前不知于此用力，徒以口耳浪费光阴。人欲横流，天理几灭。今而思之，怛然震悚。盖不知所以措其躬也。

⑱又

此中见有朋友数人，讲学其间，亦难得朴实头负荷得者。因思日前讲论，只是口说，不曾实体于身。故在己在人，都不得力。今方欲与朋友说，日用之间，常切检点。气息偏处，意欲萌处，与平日所讲，相似与不相似，就此痛着工夫，庶几有益。陆子寿兄弟近日议论，却肯向讲学上理会。其门人有相访者，气象皆好，但其间亦有旧病。此间学者，却是与渠相反。初谓只如此讲学，渐涵自能入德。不谓末流之弊，只成说话。至于人伦日用最切近处，亦都不得毫毛气力。此不可不深惩而痛警也。

⑲答梁文叔

近看《孟子》，见人即道性善，称尧、舜。此是第一义。若于此看得透，信得及，直下便是圣贤。便无一毫人欲之私，做得病痛。若信不及，《孟子》又说个第二节工夫。又只引成覸、颜渊、公明仪三段说话。教人如此发愤，勇猛向前。日用之间，不得存留一毫人欲之私在这里，此外更无别法。若于此有个奋迅兴起处，方有田地可下工夫。不然，即是画脂镂冰，无真实得力处也。近日见得如此，自觉颇得力，与前日不同。故此奉报。

⑳答潘叔恭

学问根本，在日用间，持敬集义工夫，直是要得念念省察。读书求义，乃其间之一事耳。旧来虽知此意，然于缓急之间，终是不觉有倒置处。误人不少，今方自悔耳。

㉑答林充之

充之近读何书？恐更当于日用之间，为人之本者，深加省察，而去其有害于此者为佳。不然，诵说虽精，而不践其实，君子盖深耻之。此固充之平日所讲闻也。

㉒答何叔京

李先生教人，大抵令于静中体认大本未发时气象分明，即处事应物，自然中节。此乃龟山门下相传指诀。然当时亲炙之时，贪听讲论，又方窃好章句训诂之习，不得尽心于此。至今若存若亡，无一的实见处，辜负教育之意。每一念此，未尝不愧汗沾衣也。

㉓又

熹近来尤觉头昏愦，无进步处。盖缘日前偷堕苟简，无深探力行之志。凡所论说，皆出入耳口之余，以故全不得力。今方觉悟，欲勇革旧习，而血气已衰，心志亦不复强。不知终能有所济否?

㉔又

向来妄论“持敬”之说，亦不自记其云何。但因其良心发见之微，猛省提撕，使心不昧，则是做工夫底本领。本领既立，自然下学而上达矣。若不察良心发见处，即渺渺茫茫，恐无下手处也。中间一书，论“必有事焉”之说，却尽有病。殊不蒙辨诘，何邪？所喻多识前言往行，因君子之所急。熹向来所见，亦是如此。近因反求未得个安稳处，却始知此未免支离。如所谓因诸公以求程氏，因程氏以求圣人，是隔几重公案。曷若默会诸心，以立其本，而其言之得失，自不能逃吾之鉴邪？钦夫之学，所以超脱自在，见得分明，不为言句所桎梏，只为合下入处亲切。今日说话，虽未能绝无渗漏，终是本领，是当非吾辈所及。但详观所论，自可见矣。

㉕答林择之

所论颜、孟不同处，极善极善。正要见此曲折，始无窒碍耳。比来想亦只如此用功。熹近只就此处，见得向来未见底意思。乃知存久自明，何待穷索之语，是真实不诳语。今未能久，已有此验，况真能久邪？但当益加勉励，不敢少弛其劳耳。

㉖答杨子直

学者堕在语言，心实无得，固为大病。然于语言中，罕见有究竟得彻头彻尾者。盖资质已是不及古人，而工夫又草草。所以终身于此，若存若亡，未有卓然可恃之实。近因病后，不敢极力读书，闲中却觉有进步处。大抵孟子所论求其放心，是要诀尔。

㉗与田侍郎子真

吾辈今日，事事做不得，只有向里存心穷理。外人无交涉，然亦不免违条碍贯。看来无着力处，只有更攒近里面，安身立命尔。不审比日何所用心？因书及之，深所欲闻也。

㉘答陈才卿

详来示，知日用功夫，精进如此，尤以为喜。若知此心此理，端的在我，则参前倚衡，自有不容舍者。亦不待求而得，不待操而存矣。格物致知，亦是因其所已知者，推之以及其所未知。只是一本，原无两样工夫也。

㉙与刘子澄

居官无修业之益，若以俗学言之，诚是如此。若论圣门所谓德业者，却初不在日用之外。只押文字，便是进德修业地头。不必编缀异闻，乃为修业也。近觉向来为学，实有向外浮泛之弊。不惟自误，而误人亦不少。方别寻得一头绪，似差简约端的。始知文字言语之外，真别有用心处，恨未得面论也。浙中后来事体，大段支离乖僻。恐不止似正似邪而已，极令人难说。只得惶恐，痛自警省。恐未可专执旧说，以为取舍也。

㉚与林择之

熹近觉向来乖缪处，不可缕数。方惕然思所以自新者，而日用之间，悔吝潜积，又已甚多。朝夕惴惧，不知所以为计。若择之能一来，辅此不逮，幸甚。然讲学之功，比旧却觉

稍有寸进。以此知初学得些静中工夫，亦为助不小。 386

㉛答吕子约

示喻日用工夫，如此甚善。然亦且要见一大头脑分明，便于操舍之间，有用力处。如实有一物，把住放行，在自家手里。不是谩说求其放心，实却茫茫无把捉处也。

子约复书云："某盖尝深体之。此个大头脑，本非外面物事，是我元初本有底。其曰'人生而静'，其曰'喜怒哀乐之未发'，其曰'寂然不动'，人汩汩地过了日月，不曾存息，不曾实见此体段，如何会有用力处？程子谓：'这个义理，仁者又看做仁了，智者又看做智了，百姓日用而不知。此所以君子之道鲜。'此个亦不少，亦不剩，只是人看他不见。大抵信得此话，及其言于勿忘勿助长间认取者，认乎此也。认得此，则一动一静，皆不昧矣。恻隐、羞恶、辞让、是非，四端之著也。操存久则发见多。忿懥、忧患、好乐、恐惧，不得其正也。放舍甚则日滋长。记得南轩先生谓'验厥操舍，乃知出入，乃是见得主脑。于操舍间，有用力处'之实话。盖苟知主脑不放下，虽是未能常常操存，然语默应酬间，历历能自省验，虽其实有一物在我手里，然可欲者，是我底物，不可放失。不可欲者，非是我物，不可留藏。虽谓之实有一物在我手里，亦可也。若是谩说，既无归宿，亦无依据。纵使强把捉得住，亦止是袭取。夫岂是我元有底邪？愚见如此，敢望指教。"

朱子答书云："此段大概甚正当亲切。"

㉜答吴德夫

承喻仁字之说，足见用力之深。熹意不欲如此坐谈，但直以孔子、程子所示求仁之方，择其一二切于吾身者，笃志而力行之。动静语默间，勿令间断。则久久自当知味矣。去人欲，存天理，且据所见去之存之。工夫既深，则所谓似天理而实人欲者，次第可见。今大体未正，而便察及细微。恐有放饭流啜，而问无齿决之讥也。如何如何？

㉝答或人

中和二字，皆道之体用。旧闻李先生论此最详，后来所见不同，遂不复致思。今乃知其为人深切，然恨已不能尽记其曲折矣。如云“人固有无所喜怒哀乐之时，然谓之未发则不可，言无主也”。又如先言慎独，然后及中和，此亦尝言之。但当时既不领略，后来又不深思，遂成蹉过。辜负此翁耳。

㉞答刘子澄

日前为学，缓于反己。追思凡百，多可悔者。所论注文字，亦坐此病，多无着实处。回首茫然，计非岁月工夫所能救治，以此愈不自快。前时犹得敬夫、伯恭，时惠规益，得以自警省。二友云亡，耳中绝不闻此等语。今乃深有望于吾子澄，自此惠书，痛加镌诲，乃君子爱人之意也。

朱子之后。如真西山、许鲁斋、吴草庐，亦皆有见于此。而草庐见之尤真，悔之尤切。今不能备录，取草庐一说附于后。

临川吴氏曰："天之所以生人，人之所以为人，以此德性也。然自圣传不嗣，士学靡宗。汉唐千余年间，董、韩二子，依稀数语近之，而原本竟昧昧也。逮夫周、程、张、邵兴，始能上通孟氏而为一。程氏四传而至朱，文义之精密，又孟氏以来所未有者，其学徒往往滞于此而溺其心。夫既以世儒记诵词章为俗学矣，而其为学，亦未离乎言语文字之末。此则嘉定以后，朱门末学之敝，而未有能救之者也。夫所贵乎圣人之学，以能全天之所以与我者尔。天之与我，德性是也，是为仁义礼智之根株，是为形质血气之主宰。舍此而他求，虽行如司马文正公，才如诸葛武侯，亦不免于习不著，况止于训诂之精，讲说之密，如北溪之陈、双峰之饶，则与彼记诵词章之学，相去何能以寸哉？圣学大明于宋，而踵其后者乃如此，可叹已。澄也钻研于文义，毫分缕析，每以陈为未精，饶为未密也。堕此科臼中，垂四十年，而始觉其非。自今以往，一日之内子而亥，一月之内朔而晦，一岁之内春而冬，常见吾德性之昭昭，如天之运转，如日月之往来，不使有须臾之间断。则于尊之之道，殆庶几乎。"

朱子晚年定论，乃阳明先生在留都时所采集者也。揭阳薛君尚谦旧录一本，同志见之，至有不及抄写，袖之而去者。众皆惮于翻录，乃谋而寿诸梓，谓子以齿当志一言。惟朱子一生，勤苦以惠来学，凡一言一字，皆所当守。而独表章是，尊崇乎此者，盖以为朱子之定见也。今学者不求诸此，而犹踵其所悔，是蹈舛也。岂善学朱子者哉？麟无似，从事于朱子之训余三十年。非不专且笃，而竟亦未有居安资深之地。则犹以为知之未详，而览之未博也。戊寅夏，持所著论若干卷，来见先生。闻其言，如日中天，睹之即见。如五谷之艺地，种之即生。不假外求，而真切简易，恍然有悟。退求其故而不合，则又不免迟疑于其间，及读是编始释然。尽投其所业，假馆而受学。盖三月而若将有闻焉。然后知向之所学，乃朱子中年未定之论，是故三十年而无获。今赖天之灵，始克从事于其所谓定见者，故能三月而若将有闻也。非吾先生，几乎已矣。敢以告夫同志，使无若麟之晚而后悔也。若夫直求本原于言语之外，真有以验其必然而无疑者，则存乎其人之自力。是编特为之指迷耳。

正德戊寅六月望，门人雩都袁庆麟谨识。

附录

从《朱子晚年定论》看阳明之于朱子

明代中叶，朱子（名熹，字元晦，建草堂曰晦庵。一一三〇至一二〇〇）之理学已成正统。元仁宗皇庆三年（一三一四）科举考试明经四书、五经以程（程颐，世称伊川先生。一〇三三至一一〇七）、朱之注为主（注一）。明初巨儒如曹端（一三七六至一四三四）、吴与弼（一三九一至一四六九）、薛瑄（一三八九至一四六四）、胡居仁（一四三四至一四八四），皆恪守程、朱矩矱，特别重敬。其时象山（陆九渊，字子静，世称象山先生。一一三九至一一九三）曾以尊德性对朱子道问学之心学，后继无人，早已不振。其心即理之哲学系统已为朱子性即理之哲学系统所掩蔽。凡趋陆者便指为禅，便指为背朱。阳明即在此风气之中产生。

阳明（王守仁，字伯安，世称阳明先生。一四七二至一五二九）于明宪宗八年生于浙江之余姚。自小豪迈不羁。年十五出游居庸三关，慨然有经略四方之志。年十七亲迎夫人诸氏于洪都（今南昌）。合卺之日，偶闲行入道宫。遇道士，相与对坐谈养生之道，次早始还。次年归途谒娄谅（一四二二至一四九一）。娄语之以宋儒格物之学。年二十一从其父居北京，遍求朱子遗书读之。朱子谓即物而穷其理，乃与钱友向亭前竹树考索。钱三日成疾，阳明亦七日以劳思致病（注二）。二十六岁学兵法。二十七岁谈养生。三十一岁筑室阳明洞行导引术。三十五岁因上疏抗救为宦官刘瑾所逮系之良臣戴铣而入狱。已而廷杖四十，寻谪贵州龙场驿站丞。三十七岁时，正德三年（一五〇八）春抵龙场。居夷处困，忽中夜大悟格物致知之旨。始知圣人之道，吾性自足，向之求理于事物者误也。乃以默记五经之言证之，莫不吻合。因著《五经臆说》。又疑朱子所定《大学章句》，非圣门本旨。《诚意章》应如古本在《知至章》之前，因格致本于诚意也。朱子又于《知本知至章》补传以释格物致知之义，实所不必。明年又倡知行合一之论。然于朱子之说，有所冲突，恒疚于心。

年三十九（一五一〇），升南京刑部四川清吏司主事。以后数年历各部主事郎中，以至正德九年（一五一四，年四十三）为南京鸿胪寺卿。学徒众多，议论甚烈。在此时期，取朱子书细读之，乃知其晚年改变其说。于是从《朱子文集》三十四书中各抄一段，以为《朱子晚年定论》。朱子《答吕子约第五书》（《定论》所采㉛），采之不足，又附子约复书。又以朱子之后，如真德秀（号西山，一一七八至一二三五）、许衡（号鲁斋，一二〇九至一二八一）、吴澄（世称草庐先生，一二四九至一三三三）亦皆有见，而草庐见之尤真，悔之尤切，乃取草庐一说附于后。正德十年（一五一五，四十四岁）冬十一月，为之序。

大意谓："谪官龙场，居夷处困。动心忍性之余，恍若有悟。闲尝以语同志，而闻者竞相非议，目以立异好奇。及官留都，复取朱子之书而检求之，然后知其晚年固已大悟旧说之非，痛悔极艾。世之所传《四书集注》《四书或问》之类，乃其中年未定之说。自咎以为旧本之误，思改正而未及。而其《语类》之属，乃其门人挟胜心以附己见。夫世之学者徒守朱子中年未定之说，而不复知求其晚年既定之论。辄采录（朱子与友人书）而裒集之，私以示夫同志。庶几无疑于吾说，而圣学之明可冀矣。"（注三）

序成后之数年，阳明出入贼垒，未暇宁居。至正德十三年（一五一八，四十七岁）七月，乃刻《朱子晚年定论》（以下简称《晚年定论》或《定论》——编者注）。及隆庆六年（一五七二），谢廷杰（生卒年不详）刻《阳明全书》，以之附于《全书》卷三《传习录》下卷之后。前者有门人钱德洪引言，后有门人袁庆麟跋。

此论出后，即引起强烈反响，弄成一巨大风波，鼓动一百五十年，为我国思想史上一大公案。今先举历代反应，然后讨论此论之各方面。

最先批评《朱子晚年定论》者为与阳明同时之理学巨儒罗钦顺（号整庵，一四六五至一五四七）。彼于一五二〇年致书阳明，指出："何叔京卒于淳熙乙未（一一七五），时朱子方四十有六岁，后二年丁酉而《论孟集注》《或问》始成。今有取于《答何书四通》（《定论》所采③㉒㉓㉔）以为晚年定论。至于《集注》《或问》则以为中年未定之说。窃恐考之欠详，而立论之太果也。"又阳明改朱子《答黄直卿书》（《定论》所采①）。原书只云"向来差误"，王增"定本"二字为"向来定本之误"，而序中又变"定"字为"旧"字，亦所欠当。"凡此三十余条者，不过姑取以证成高论"耳[注四]。数年后顾璘（字华玉，号东桥，一四七六至一五四五）移书阳明，谓"又（只）取厌烦就约、涵养本原数说，标示学者，指定晚年之论，此亦恐非"[注五]。何以为非，则顾氏并未说明。

罗钦顺辞虽严厉，而证据明确，态度公正。数十年后，陈建（字延肇，号清澜，一四九七至一五六七）著《学蔀通辨》（一五四八），专攻击陆象山、王阳明与禅，攻王甚烈。陈以阳明之《朱子晚年定论》乃仿明之赵汸与程敏政。赵汸（号东山，一三一九至一三六九）著《对问江右六君子策》，以朱子《癸卯答项平父书》[注六]有去短集长之言，便以朱、陆虽异，苟陆不早死，则朱子必晚同于陆。陈谓此为朱、陆早异晚同之说所由萌[注七]。程敏政（号篁墩，一四六六年进士）著《道一编》六卷。据《四库全书总目提要》云，程"编朱、陆二家往还之书，而各为之论断，以见其始异而终同"[注八]。陈建云："《道一编》分朱、陆异同为三节。始焉若冰炭之相反，中焉则疑信之相半，终焉若辅车之相倚。朱、陆早异晚同之说于是乎成。王阳明因之，遂有《晚年定论》之录。”(注九)程氏谓:“朱子晚年深悔其支离之失而有味于陆子之言。”于是王阳明论序谓:“朱子晚岁大悟旧说之非,痛悔极艾。”(注一〇)陈指出《答何叔京书》(《定论》所采㉔)有“奉亲遗日”之语,而朱子年四十丁母忧。可知此书在中年以前,非晚年也。答何四书,皆在未会象山(一一七五)之前(注一一)。《答张敬夫书》(《定论》所采⑫)亦在《集注》未成之前,不得为晚(注一二)。此书只采一截,删去以下《大学》《中庸章句》“略修一过”等语。以其与王序所云朱子“思改正而未及”有所冲突也(注一三)。又《与吕子约书》(《定论》所采⑥),阳明仿《道一编》只取一段言求放心,以为晚年之论。不知全书乃为子约耽书成病而言耳(注一四)。陈又指出《答黄直卿书》(《定论》所采①),《文集》正集云:“此是向来差误。”(注一五)此书又见《续集》,改为“此是向来定本之误。”(注一六)阳明“不采正集而采续集,亦乖”(注一七)。陈氏云:“‘定本’与书版无关。”(注一八)朱子云:“圣人教人有定本……教人须先立定本。”(注一九)陈引朱子《答直卿书》云:“为学直是先要立本。”(注二〇)则“定本即确定本旨之意而已。”陈又云:“《道一编》犹取二家语以比较,王则单取朱子语。”“篁墩明以朱、陆为同而阳明则变为阳朱而阴陆耳。”(注二一)

陈氏稍后有冯柯(字贞白,壮年一五六二),著《求是编》六十八章,以专章《晚年定论》驳斥阳明。指出程敏政所取以为中年晚年者,阳明则反以为晚年中年。其早其晚其未定,皆以己之私意臆断之。朱子《集注》《或问》乃终身之事,不得谓为中年未定之说。朱子工夫亦烦亦约,周流不已。不得只取厌烦就约之语,以为晚年定论。其繁简次第,乃工夫之先后而非年岁蚤晚。阳明不解此意,曰:“文皆洗垢索瘢,以阴其私。簸笔舌以玩侮先正,而初无委曲调停之意。”(注二二)

后冯柯数十年之孙承泽（一五九三至一六七六），著《考正晚年定论》二卷。《四库全书总目提要》云："是书以王不言晚年始于何时，特欲借朱子之言以攻朱子，不足为据。乃取朱子《年谱》《行状》《文集》《语类》等书，详为考正。以朱子年四十五后，无一言合于陆氏，亦无一言涉于自悔。"《提要》评之曰："罗钦顺所辨已极为明晰，是书特申而明之，固不出罗书之外。"（注二三）顾炎武（称亭林先生，一六一三至一六八二）在其《日知录》备述罗钦顺、陈建、孙承泽之言，力击阳明之诬朱。引孙语云："《困知》之记、《学蔀》之编，固今日中流之砥柱矣。"又比阳明之良知于王衍（二五六至三一一）之清谈与王安石（一〇二一至一〇八六）之新政，以为三王祸世之罪，甚于桀纣（注二四）。

继而攻击阳明者为陆陇其（字稼书，一六三〇至一六九二）。陆氏云："自阳明王氏倡为良知之说，以禅之实，而托儒之名。且辑《朱子晚年定论》，以明己之学与朱子未尝异。龙溪（王畿，一四九八至一五八三）、心斋（王艮，一四八三至一五四一）、近溪（罗汝芳，一五一五至一五八八）、海门（周汝登，一五四七至一六二九）之徒从而衍之，王氏之学遍天下。"（注二五）陆氏以阳明于"程、朱之言，有可假借者，即曰'程、朱固若是'也，有不可假借者，即曰'此其中年未定之论'也。黑白淆而雅郑混"（注二六）。总言之，王氏假借朱子，阳儒阴禅。攻王之势，于陇其达乎极峰。其后阮元（一七六四至一八四九）著书东莞陈氏《学蔀通辨》后，引朱子《与李季章书》（注二七）、《答应仁仲书》（注二八）、《答叶味道书》（注二九）与易箦前一日《答黄直卿书》（注三〇）以见朱子晚年修礼之益精益勤。阮氏云："若如王阳明诬朱子以《晚年定论》之说，直似朱子晚年厌弃经疏，忘情礼教，但为禅家之简静，不必烦劳，不必悽黯矣。"（注三一）惟阮氏以陈诋陆氏病狂失心，未能平允。删去《通辩》"疾狂失心”等语。仍以陈建为表章正学，无非欲辨朱子之诬云（注三二）。

以上可见此一百五十年间《晚年定论》之巨澜击荡，攻之者众，护之者少。仅王门刘宗周与李绂为争一词。刘宗周（号念台，称蕺山先生，一五七八至一六四五）于其阳明《传信录》卷二所录《朱子晚年定论序》下案语曰：“先生自供供人处，俱确凿无疑。朱子闻道毕竟在晚年。”（注三三）宗周之学沿袭阳明。因阳明良知只是独知时之教而发扬独慎之旨，因是谓“朱子之解《大学》也，先格致而后授之以诚意。先生之解《大学》者，即格致为诚意。其于工夫，似有分合之不一同。然详二先生所最吃紧处，皆不越慎独一关。则所谓因明至诚以进于圣人之道一也。故先生有《朱子晚年定论》之说”（注三四）。依刘氏所说，则朱子不特晚年合于阳明，且合于宗周矣。

李绂（号穆堂，一六七五至一七五〇）继宗周之后，著《朱子晚年全论》八卷。采自《文集》共得三百七十余篇。据《提要》云，李氏“取朱子《文集》正、续、别三集所载，自五十岁至七十一岁。……此书皆以朱子悔悟为言。又举凡朱子所称切实近理用功者，一概归之心学”。（注三五）其所取朱子年岁，盖欲改正阳明抄选朱子中年书札之误。然其目的在为《学蔀通辨》报仇，然方法与主见，与阳明无异也（注三六）。

综上所引，其批评阳明之处，不外四点。一为其误以中年之书为晚年所缮；二为其以《集注》《或问》为中年未定之说；三为其断章取义，只取其厌烦就约之语与已见符合者；四为其误解“定本”，且改为“旧本”。阳明自辨，在其《答罗整庵少宰书》只云：“中间年岁早晚诚有所未考。虽不必尽出于晚年，固多出于晚年者矣。”（注三七）至于断章与定本两点，则置之不论。其维护阳明者如刘宗周，不特无以实其说，且蹈其覆辙。如谓朱子因明至诚，而不提朱子“明诚两进”（注三八）是也。李绂亦然，只取《文集》而不采朱子终生用功之《集注》《或问》，又皆以朱子悔悟为言。可谓阳明一误而李绂再误也。“定本”“旧本”并非阳明故为曲解以惑人，而乃其确信朱子所谓定本实指订定之版本，而《答黄直卿书》“向来定本”乃“旧本”之意。是以《传习录》上卷“答杨士德问”，亦申朱子晚年方悔之意，而士德亦引朱子“向来定本之误”之言（注三九）。若谓故意曲解，希引人信，则师生谈话之间亦如此耶？阳明误会不可掩，但其诚意亦不可掩也。朱子易箦之前改《大学》注与修礼，阳明未尝不知。但从其观点，此乃小事，而朱子之弃繁就简乃其思想全部之展化。此亦阳明所确信，而非立意颠倒是非以遂其私也。其谓《语类》为朱子门人挟胜心以附己见，诚言之过激。然李性传[嘉定（一二〇八至一二二四）进士]《朱子语录后序》即谓“《语录》与《四书集注》异者，当以书为正”（注四〇）。盖《语录》为朱子晚年思想所荟萃，然门人各闻一义，难免参差。《四书集注》《或问》以《大学或问》为最精彩。然阳明既不以朱子《大学章句》与其第五章《补传》为然，则其连他注均不采用，亦属自然。

攻击阳明者几全集中于其以中年书札为晚年定论。罗钦顺指出何叔京《四书》皆在朱子四十六岁以前，陈建又指出《答张敬夫书》（《定论》所采⑫）亦在《集注》未成之前。其谓《与吕子约书》（《定论》所采⑥）（注四一）与《答林择之第二书》（《定论》所采⑱）为早而非晚（注四二），则无实据。然此亦三十四书之极小数耳。无怪阳明云固多出于晚年矣。今考三十四书全部内容，未尝不可稍为阳明辩护。今假定朱子四十八岁以后其全生最后三分之一（一一七八至一二〇〇）为晚年，则所选之书，固多属此。《答吕子约第一书》(《定论》所采②)“谈王说伯”之语，盖指一一八五与陈亮之争辩。《答潘叔昌书》(《定论》所采④)云：“熹以目昏，不敢着力。”《答潘叔度书》(《定论》所采⑤)云：“目力全短。”《与周叔谨书》(《定论》所采⑦)云：“近来吕、陆门人互相排斥。”《答陆象山书》(《定论》所采⑧)，《象山年谱》载在淳熙十三(一一八六)(注四三)。《答符复仲书》(《定论》所采⑨)称“陆丈”，则是陆象山一一九三年死后所书。《答吕子约之第三书》(《定论》所采⑩)谓之“老病”，又谓“诗说久已成书”(注四四)，《诗集传》成于一一七七年。《与吴茂实书》(《定论》所采⑪)云曹立之、万正淳来访。此为一一八〇年事(注四五)。《答潘叔恭书》(《定论》所采⑳)云“诗说已注”(注四六)，可知在一一七七以后。《答刘子澄之第二书》(《定论》所采㉞)云：“二友云亡”，指张钦夫(张栻，即敬夫，号南轩，一一三三生)与吕伯恭(吕祖谦，一一三七生)。张死于一一八〇，吕死于一一八一。以上十书，均可证为晚年。其不能确证而似近晚年者，有《答吕伯恭书》(《定论》所采⑬)言《近思录》补定即印(注四七)，《答周纯仁书》(《定论》所采⑭)云印书(注四八)，《答林择之第一书》(《定论》所采⑰)云“哀苦之余”。《答林择之第二书》(《定论》所采⑱)陈建谓阳明以早为晚。然书中谓陆子寿兄弟门人相访，当是一一七五鹅湖之会以后之事。《答梁文叔书》(《定论》所采⑲)云“几道相叙”(注四九)。几道即赵师渊，乃一一七八进士。《答杨子直书》(《定论》所采㉖)云“近因病后”。《与刘子澄第一书》(《定论》所采㉙)云“得闻到都”(注五〇)。刘生于一一三九，到都当在一一七八年间。《与林择之第四书》(《定论》所采㉚)言忧苦，欲往临川，与南轼踪迹不定(注五一)，均似晚年。凡此八书，均可为晚。此外《答黄直卿书》(《定论》所采①)、《与吕子约书》或《答吕子约》(《定论》所采⑥⑯㉛)、《答窦文卿书》(《定论》所采⑮)、《答林充之书》(《定论》所采㉑)、《答林择之书》(《定论》所采㉕)、《与田子真书》(《定论》所采㉗)、《答陈才卿书》(《定论》所采㉘)与《答吴德夫书》(《定论》所采㉜)共十一书，均无史实可据，不能定为早年晚年。统计决为早年中年者五，决为晚年者十，似为晚年者八，无史实可据者十一。以多数论，仍属阳明。

书札为朱子议论较详，则其专靠《文集》，未可厚非。其最大缺点，在断章取义，独提所好。其摘朱子之语以为定论，亦如早年摘取五经之语以为吻合耳。所采三十四书，实只代表二十三人。朱子与通信者，所知者约四百三十人。今所取几不及二十分之一。即此可见其所谓晚年定论，分毫无代表性。朱子致书所存者约一千六百余通。以朱子思想之渊博，若谓选三数十书便可断其定论，则任何言说，均可谓为定论矣。且朱子《与张钦夫书》四十七通(注五二)，为朱子论学书札之最重要者，南轩又为朱子切磋最深之讲友。阳明只择其第二十七书之一小半(《定论》所采⑫)，以示朱子“常苦求之太过，近日乃觉其非”。此书云欲注《孟子》而日力未及(注五三)，必在淳熙四年(一一七七)《论孟集注》成书之前。朱子《答吕伯恭书》集一百通续集一通(注五四)。今只取第四十八书六行，以示朱子“因悟向来涵养工夫全少”(《定论》所采⑬)，此书虽无年月，然观其“《近思录》尚多脱误已改正”之语(注五五)，则为一一七五年编《近思录》一两年内之事无疑。是则朱子中年，非晚年也。较后淳熙四年《答张敬夫第三十二书》，谓“学者须更令讲读经史，乃有可据之地”(注五六)，反而不取。而于淳熙七年(一一八〇)云陆象山教人读书之第八十一书(注五七)，亦半句不用。致胡广仲、吴晦叔、王子合、程正思与项平父等书(注五八)，其重要性不下于何叔京、林择之等书。今全然弃之。如是去此取彼，无非以意用事而已。

至于阳明《朱子晚年定论》之动机，言者不一。罗钦顺以事论事，只论其“证成高论”，而未尝谓其用意为何也。陈建则不然，一则曰：“皆是借朱子之言以形朱子平日之非，以著象山之是。……一则借朱子以誉象山，一则挟朱子以令后学。”（注五九）再则曰“阳朱而阴陆”（注六〇），曰“援朱入陆”（注六一），三则曰：“阳明见世人所信者朱子也。于是集为朱子之论以诱之，而一语不及于陆。人但知其为朱子之言，何疑而不从也？”（注六二）冯柯谓阳明“自幸己说之不谬于朱子，盖欲援儒以入墨，推墨以附儒耳”。（注六三）亦即陈建援朱入陆之意。孙承泽谓阳明欲借朱子之言以攻朱子。在陆陇其则阳明假借朱子，阳儒阴禅，与陈建阳朱阴陆同一口气，盖拥朱者皆以陆为禅也。总其说，不外谓阳明诬朱誉陆，援朱入陆，全是门户之见。其他意气之语，更不必论。

阳明果倒朱扶陆耶？谈宋明理学者每每陆、王并论，称为心学。二者哲学均基于心即理之说，以与程、朱学派性即理之说相对峙。从哲学思想进展言，固是正确。若谓王之哲学来自象山，或谓王氏全然拥陆，则并不然。盖王赞美象山亦批评象山，而其致良知与知行合一之义，并未为象山所想及也。阳明谪守龙场，年三十八（一五〇九），提学副使席书（字元山，生卒年不详）聘主贵阳书院。元山问朱、陆同异之辨。阳明不语朱、陆之学而告之以其所悟之知行合一。明日元山复来，乃举知行本体，而谓“朱、陆异同，各有得失，无事辩诘。求之吾性，本自明也”。（注六四）可知阳明全部精神注乎自创新见，于朱、陆之辨，未感兴趣。据《年谱》记载，在此以前，未见对陆氏有何特殊关系。虽谓元山首次引其注目，亦无不可。十一年后（一五二〇，年四十九）乃序《象山文集》。其时阳明巡抚江西南赣与福建汀州、漳州等处。古本《大学》《朱子晚年定论》与《传习录》上卷均已刻出。抚守李茂元氏重刻《象山文集》，请阳明为之序。阳明书七百言，谓孟子之后，世儒析心理为二而精一之学亡。至宋周、程二子（周敦颐，字茂叔，世称濂溪先生，一〇一七至一〇七三。程颢，世称明道先生，一〇三二至一〇八五）始复追孔门之宗。“自是而后，有象山陆氏。虽其纯粹和平，若不逮于二子，而简易直截，真有以接孟子之传。”（注六五）又谓世议以其尝与朱子异，诋之为禅。“此不外持胜心理。盖朱、陆是非同异，不待辩说也。”（注六六）观此并非抑朱扬陆。而为析心理为二之言，乃其本人对朱子之批评（注六七），非尊陆也。翌年（一五二一），以象山文庙尚缺配享之典，子孙未沾褒崇之泽，乃牌行象山家乡抚州金溪县官吏，免陆门嫡派子孙差役，并选俊秀子弟送学肄业。是年席书寄《鸣冤录》，为象山被排而伸冤。阳明复书重申言“象山之学，简易直截，孟子之后一人”，但云：“其学、问、思、辨、致知、格物之说，亦未免沿袭之累。”（注六八）亦赞亦评。然席元山为象山鸣冤，决然于阳明发生刺激。于是次年（一五二二）《答徐成之第一书》仍以朱、陆异同，各有其是，不可左此右彼（注六九）。同年第二书仍以朱、陆有异，不失为圣人之徒。但儒者目陆为禅，则诚可冤。故“欲冒天下之讥，以为象山一暴其说”（注七〇）。据钱德洪（号绪山，一四九七至一五七四）序云：“吾师自谓天下是朱非陆，论定既久，一旦反之为难。二书姑为调停两可之说，使人自思得之。”（注七一）又明年，嘉靖二年（一五二三），年五十二，寄席元山书，仍提《鸣冤录》。则其为象山一暴之为元山所影响无疑。《祭元山席尚书文》谓“往年与公论学于贵州，受公之知实深。近年以来，觉稍有进。思得与公一面，少叙其愚”。（注七二）上文谓“世方党同伐异，而公独卓然定见”（注七三)，则元山于阳明所薰染，至少于朱、陆异同方面为然。论者从未归功元山。此又可为彼鸣冤者也。嘉靖三年(一五二四，年五十三)，阳明《答周道通书》劝其且论自己是非，“莫论朱、陆是非”(注七四)，贯彻其公平主张，并未有何特列表彰或袒护象山之处。三年后(一五二六)且批评之。其《答友人问》云：“致知格物，向来儒者皆相沿如此。故象山亦遂相沿。象山见得未精一处，不可掩也。”(注七五)五年前《与席元山书》已谓象山未免沿袭，今则进一步而直谓其未见精一。《传习录》下答陈九川之问，谓“象山只还粗些”(注七六)。阳明未释此“粗”字意义云何，学者释者亦少。唐君毅以阳明“不同于象山之重明道辨志，以发明本心，而次中和戒惧等工夫之教”，故称象山为粗(注七七)。证以上引《与席元山书》谓象山学、问、思、辨为沿袭，而《答友人问》谓相沿未见精一，则唐氏之说可通。陆澄问象山“在人情事变上做工夫”，阳明谓更须致中和(注七八)。亦可谓其评象山欠缺中和之教。杜维明以阳明大概觉得象山未尝有深切之人生经验以扶助其学说，故谓之粗(注七九)。九川再问，谓“看他论学，篇篇说出骨髓，句句似针膏肓，却不见他粗”。阳明曰：“然。他心上用过工夫，与揣摩依仿，求之文义自不同，但细看有粗处，用功久当见之。”(注八〇)此处侧重用功，似可谓象山用功尚未见久。如是则杜氏解释，亦是近理。湛若水(号甘泉，一四六六至一五六〇)曾举象山“四海圣人同此心理”与“宇宙内事皆己分内事”之语(注八一)。阳明以非加切实之功，则所谓大者，亦虚见而已(注八二)。山田准谓象山之格物论，先知后行，乃是旧说，故粗(注八三)。然何以相沿为粗，仍待解释。以上解释分两方面，一重工夫，一重学说。窃谓“粗”字当以“精”字说。阳明谓象山见得未精一处，可以见之。

阳明最重精一。精一之训，来自《尚书 · 大禹谟》曰:“人心惟危，道心惟微。惟精惟一，允执厥中。”此为儒家心传之十六字诀。阳明于此亦去亦取。阳明评朱子“道心常为一身之主，而人心每听命”之语[注八四]云:“心一也，初非有二心也。今日道心为主而人心听命，是二心也。”[注八五]阳明不采人心为私欲，道心为天理之说。此处与象山同。象山云:“谓人心人伪也，道心天理也，非是。”[注八六]阳明谓博文为精，约礼为一[注八七]。又谓博学、审问、慎思、明辨、笃行，皆所以为惟精而求一[注八八]，即执中进一步之解释。然彼谓修身、正心、诚意、格物只是一事。此所以为精一之学[注八九]，乃一时并了。与学、问、思、辨、行之逐步上进，有所先后不同。阳明之学，知行合一，心理不分。精一之学以理言[注九〇]，而理不可分。阳明评朱子“析之有以极其精而不乱，然后合之有以尽其大而无余”[注九一]之语云:“恐亦未尽。此理岂容分析？又何须凑合得？圣人说精一，自是尽。”[注九二]精一之理即天理，精一之学即朱子所谓“尽夫天理之极而无一毫人欲之私”。[注九三]阳明以此语为“得之”[注九四]，即是“此心纯乎天理之极”[注九五]。天理即良知[注九六]，致良知便为精一之学[注九七]。故曰:“所谓博学反约，皆所以用中而致其精一于道心。道心者，良知之谓也。”[注九八]良知之致，不待见闻。苟待见闻，便非精一[注九九]。其本人居夷三载，处困静养，精一之功，超入圣域[注一〇〇]。总言之，精一之说，基乎其知行合一与致良知两说而言。则象山格物知行学说固粗，其修养方法亦粗也。

从上所述，则普通所谓阳明有得于象山者厚，或谓其说为象山心学之开展，均乏根据。在贵阳时席书与之论象山，阳明并无表示特殊兴趣。以后只欲为象山伸不平，并未尝为象山打先锋也。至其称赞象山为真有以接孟子之传，乃赞其简易直截，而非赞其学统之全。即论其全，亦可谓周、程、象山各自直溯孟子，而阳明本人之学，亦重在自得，无须象山为桥梁也。

阳明既非扬陆，是否抑朱？此一问题不易解决。其扬乎？其抑乎？其阳扬而阴抑乎？据阳明《朱子晚年定论序》谓“喜朱子之先得我心之同然”(注一〇一)，《答罗整庵少宰书》谓“大意在委曲调停”(注一〇二)。《与安之书》云：“留都时偶因饶舌，遂致多口。攻之者环四面，取朱子悔悟之说，集为《定论》，聊藉以解纷耳。”(注一〇三)《答陆原静第二书》云：“今日纷纷之议……吾说卒未易解。”(注一〇四)可知其集论实因其说新奇，令人怀疑、讥笑，以至攻击，故欲调停解纷。此是实情，与援朱入陆入禅无关也。

然此外尚有积极方面，即求归一是也。阳明甚重归一，答甘泉云：“自是而吾党之学归一矣。此某之幸，后学之幸也。”(注一〇五)又自云：“予既自幸其说之不谬于朱子，又喜朱子之先得我心之同然。”(注一〇六)施邦曜(一五八五至一六四四)评此语云：“先生与朱子是一是二，两言可见。”(注一〇七)所谓归一者，并非承认朱子之权威地位，此可于其道统观念见之。朱子建立道统，由伏羲、神农、黄帝、尧、舜、禹、汤、文、武、周公、孔子、曾子与子思、孟子、周子而二程(注一〇八)。朱子直以继承道统自任，《大学章句序》云：“亦幸私淑(二程)而与有闻焉。”又《沧州精舍告先圣文》云：“晚逢有道。”(注一〇九)而其弟子黄榦(字直卿，一一五二至一二二一)所作《行状》亦云：“道之正统，待人而得传。……由孟子而后，周、程、张子(张载，一〇二〇至一〇七七)继其绝，至先生而始著。”(注一一〇)又《徽州朱文公堂记》云：“周、程、张子之道，文公朱先生又继之，此道统之正传，历万世而可考也。”(注一一一)又《汉阳军学五先生祠堂记》云:“濂溪周先生实倡其始,新安朱先生实成其终。”(注一一二)如是言之屡屡,在朱门以朱子继承道统,绝无可疑。元代朱子独尊,至明而此系统已坚立不移。阳明于朱子所立道统,大体承受,然始终未尝承认朱子在道统中之地位,且居然以己代之。三十四岁赴龙场时答湛若水赠诗云:“洙泗流浸微,伊洛仅如线。后来三四公,瑕瑜未相掩。嗟予不量力,跛鳖期致远。”(注一一三)意谓朱子等人,已乏继承道统资格,而彼则雄心勃勃,有如青年时有志经略四方。四十一岁为吏部郎中,乃更进一步,以私淑周、程自待,似与朱子争私淑之地位。其《答储柴墟书》云:“仆常以为世有周程诸君子,则吾固得而执弟子之役,则大幸矣。”(注一一四)《同年别湛甘泉序》云:“孟轲绝又二千余年而周程续。自是而后,学益支离。……赖天之灵,固有所觉。始乃沿周程之说求之,而若有得焉。”(注一一五)此云“若有得焉”,尚未敢以道统自居。又云沿周、程,非沿陆也。自四十七岁刻古本《大学》与《朱子晚年定论》,与五十岁揭致良知之教以后,五十四岁则直以道统为己任矣。是年《书魏师孟卷》云:“自孔孟既殁,此学失传几千百年。赖天之灵,偶复有见,诚千古之一快。”(注一一六)几连周、程皆抹杀,而自己直承孟子绝学。然此行文之便耳。次年,弟子聂文蔚谓其“思孟周程无意相遭于千载之下”(注一一七),即谓其师于朱子所定道统取朱子之地位而代之矣。阳明与象山异者,则象山谓孟子不复传(注一一八)。又谓:“伊洛诸公得千载不传之学,但草创未为光明。”(注一一九)又谓:“其本人之学,乃因读《孟子》而自得之。”(注一二〇)又谓:“区区之学,自谓孟子之后至是而始一明也。”(注一二一)阳明则谨守朱子所定周、程承孟之说。

阳明最崇周、程，然此周、程与朱子所尊二程有所不同，理由亦异。朱之周、程，濂溪、伊川也。阳明之周、程，则濂溪、明道也。程氏兄弟意见每多相同。故朱子常只称“程子”。其所引“论性不论气不备，论气不论性不明”(注一二二)，《朱子语类》以为伊川语(注一二三)，又以为明道语(注一二四)。而《语类》他处(注一二五)与《文集》(注一二六)则只云“程子”。可知兄弟议论多同。学者每以明道一元，伊川二元，不免求之太刻。然朱子致知格物与居敬穷理之说，多沿伊川。故在朱子，程子每指伊川，而阳明则指明道。其所谓周、程，非指溪濂、伊川，亦非指濂溪与二程也。《象山文集序》谓“周、程二子”(注一二七)，至为显然。阳明年三十，游九华。闻地藏洞有异人，访之。异人告以周濂溪、程明道是儒家两个秀才(注一二八)。则其崇拜濂溪、明道，由来久矣。故《晚年定论序》谓：“洙泗之传至孟子而息。千五百余年，濂溪、明道始复追寻其绪。”(注一二九)

阳明之推重周子与朱子之推重周子大异其趣。朱子尊周子以其太极之论，阳明尊周子则以其修养之教。朱子若无周子《太极图说》“太极动而生阳，动极而静，静而生阴，静极复动”之说(注一三〇)，则理气关系无从成立，而理一分殊之哲学无以完成。故其哲学以周子太极思想为首，成为新儒学之典型。阳明则绝少言太极。《传习录》只一见(注一三一)。然乃从阴阳动静而言，非讨论太极。阳明谒濂溪祠，谓“千年私淑心丧后”(注一三二)。其钦佩周子，可谓至矣。其所以如是景仰之由，乃在其心性之旨。阳明云：“周茂叔窗前草不除(注一三三)，是什么心？”(注一三四)《象山文集序》云：“至宋周、程二子，始复追寻孔颜之宗，而有‘无极而太极’‘定之以仁义中正而主之静’(注一三五)之说。”(注一三六)此处虽言无极太极，而重点在主静之说。又上文云孔颜之宗，显示颜渊为圣门正宗。彼以见道之全者惟颜子（注一三七）。颜子殁而圣学之正派遂不尽传（注一三八）。故山东乡试特问古人之言曰，志伊尹之所志，学颜子之所学（注一三九），并谓非礼勿视，非礼勿听，非礼勿言，非礼勿动（注一四〇），与箪瓢陋巷而不改其乐（注一四一），惟颜子可以论此（注一四二）。其四勿之训，盖圣贤心学之大纲也（注一四三）。又云颜子在心地上用功（注一四四）。颜子有不善未尝不知，知之未尝复行（注一四五）。王云："此是圣学真血脉路。"（注一四六）由此可见阳明心目中颜子与心学之关系。周子追寻颜子之宗，故《通书》云："志伊尹之所志，学颜子之所学。"（注一四七）

阳明之尊崇明道，亦以其心性之学而非在其性气之论。《年谱》云："阳明年十七，读明道先生书曰：'吾作字甚敬。非是要字好，只此是学。'（注一四八）既非要字好，又何学也？乃知古人随时随事，只在心上学。此心精明，字好亦在其中矣。后与学者论万物，多举此为证。"（注一四九）此事对于阳明心学之发展甚属重要，盖此乃其心学之开始也。盖此尚在其谒娄一斋之前一年。其心醉于养生，今乃转为心学。此一转移，可谓阳明一生之大关键也。故与其谓娄谅为阳明圣学之发动，不如谓明道发之之为愈也。二十年后，三十八岁，已悟致知格物知行合一之旨。由龙场归途，移书与诸生论学曰："明道云：'才学便须知有着力处，既学便须知有得力处。'（注一五〇）诸友宜于此处着力，方有进步。"（注一五一）又十年，四十九岁，以周、程二子为续传孔颜之宗，谓："（周子）定之仁义中正而主静之说，（明道）动亦定，静亦定。无内外，无将迎之论（注一五二），庶几精一之旨矣。"（注一五三）此说明其所以以周、程继承孟子之故，乃在其精一之学也。一五二四年，年五十三，《答周道通书》举明道"君子之学，莫若廓然而大公，物来而顺应”之言(注一五四)，谓“濂溪主静之言，亦是此意”(注一五五)，又可为证。如是三四十年，浸染明道。卒于嘉靖六年(五十六岁)直以明道自家体贴出来之天理(注一五六)为良知(注一五七)。刘宗周云：“此是先生的派明道处。”(注一五八)可谓至言。

明道心学对于阳明心学之影响，更可于其引述明道见之。《传习录》引明道查有十六处，另《全书》所引有七处，共二十三处。除一处论性固善，然善恶皆天理(注一五九)，与两处论性气(注一六〇)外，余皆涉心学，言诚敬、体仁、为学、立志，期为圣人。尤其是《答横渠定性书》中之“动静皆定”“廓然大公”“物来顺应”之语。所引二十余条中，几乎一半引用此语(注一六一)。

阳明所引明道诸语，亦朱子所常用者。朱子性即理之哲学固沿伊川，然朱子亦重心学。理学与心学并非相背而驰。近人谓程(伊川)、朱为理学，明道以至陆、王为心学，实划分过份。诚如上文所云，二程意见每每一致。朱子继承二程，非只一程也。故阳明之依重明道，亦即依重朱子。今考其参究朱子，并指出其何处赞同，何处反对，可见一斑。

考阳明之研读朱子为期颇晚。十一岁对塾师云读书学圣贤，恐只四书，未及朱、陆。年十七仍专意于道家修养之术。十八岁谒娄谅，娄语以宋儒格物之说，亦即朱子格物之说，则始与朱子学说发生直接关系。是年讲析经义，则读朱注无疑。据《年谱》，二十一岁为宋儒格物之学，遍求朱子遗书读之，并与钱友向亭前竹子穷格。则其读朱子实无心得。盖朱子未尝教人如此格物也。即依朱子《大学》第五章《补传》曰：“致吾之知，在即物而穷其理。”而指竹穷格，误以朱子为向外，忽略朱子“因其已知之理而益穷之”之言。而于朱子《大学或问》详论格物诸端与穷理之方，似未读过，或者竟置朱子方法于度外，而另设途径。亦其人格不羁之本色也。据《年谱》，阳明年二十七，读朱子《上宋光宗疏》，有“居敬持志，为读书之本；循序致精，为读书之法”之言（注一六二），心颇诚服，然又感物理、吾心终若判而为二，即其格竹失败之由。沉郁成病，仍思养生，则于朱子已起怀疑（注一六三）。然二十年间，于朱子之学，未尝深究。至年四十三（一五一四）官留都时乃复取朱子书而检求之（注一六四）。此次读朱必勤。虽次年为《晚年定论》只采《朱子文集》，然单以《传习录》观之，查引朱子共二十次，其中十一来自《集注》，六引来自《或问》，两引来自《文集》，一由《语类》，可知阳明读朱甚广，又不限于《定论》之烦约涵养问题。盖《传习录》所引关于天理人欲、心与理、尊德性、良知、性气等问题也。然凡所引，或全与朱子针针相对。朱子云：“事事物物皆有定理。”阳明以为：“都是义外。”（注一六五）朱子谓：“道心为主，人心听命。”阳明云：“天理、人欲不并立，安有天理为主？”（注一六六）朱子云：“恶者可以惩创人之逸志。”阳明谓：“不得其说。”（注一六七）朱子云：“人之所以为学，心与理而已。”阳明以为：“此是二之。”（注一六八）朱子云：“析之有以极其精而不乱，然后合之有以尽其大而无余。”阳明云：“此理岂容分析？又何须凑合得？”（注一六九）朱子云：“学为效先觉之所为。”阳明谓，如此“只说得学中一件事”。（注一七〇）朱子谓曾子三省，“于其用处盖已随事精察而力行之”。阳明则以为未尽（注一七一）。朱子谓：“修道之谓教，乃圣人品节吾性之固有。”阳明则以为：“道即性即命，本是完全。何须品节？”（注一七二）朱子以孔子告颜渊为邦之间是立万世常行之道，阳明以为不然（注一七三）。朱子曰：“心虽主乎一身，而实管乎天下之理。”阳明亦以此分心理为二（注一七四）。朱子以尽心存心等为圣人之事，而阳明则以为贤人之事（注一七五）。朱子《大学补传》云：“即物而穷其理。”阳明谓此析心理为二（注一七六）。朱子云：“才说性便有气质之杂。”阳明云：“性气不可分。”（注一七七）朱子以聪明睿智为质，阳明反对之（注一七八）。阳明以朱子不应将察之、验之、索之为一例，不分轻重（注一七九）。又以朱子误分尊德性、道问学为两事。（注一八〇）

以上专与朱子全面对垒，未见委曲，实无调停之可能。只以朱子“尽夫天理之极而无一毫人欲之私”之语为“得之”（注一八一）。并以朱子引范浚（壮年一一四六）《心箴》“天君泰然，百体从令”为有主宰（注一八二）。又以朱子“人虽不知而己所独知者”为“此正是吾心良知处”（注一八三），又承认朱子亦以温故属之尊德性（注一八四）。

至于支离一节，乃《象山集》中攻击朱子之点。阳明似与象山同调，然又若即若离。《定论序》云：“周、程……自后……日就支离决裂。”（注一八五）《别湛甘泉序》云：“周、程自是而后学益支离。”（注一八六）显指朱子。《紫阳书院集序》则谓朱子《白鹿洞书院学规》各为一事，而世之学者，往往失之支离（注一八七）。以后屡谓世之儒者支离琐屑（注一八八）。然《答徐成之第二书》论朱、陆异同，则又谓朱子平日汲汲于训解，世之学者挂一漏万，议其支离，曰：“不知此乃后世学者之弊，而当时晦庵之自为，则亦岂至是乎？”（注一八九）是则朱子非支离矣。

《传习录》对话年期难定，然上册已于正德十三年（一五一八）刊出，则必比《定论》为早。《定论》与朱子同而《传习录》反先与朱子异。岂非阳明本人晚年痛悔，而同于朱子耶？抑又自相矛盾耶？是皆未必然。盖两人思想，有同有异。对于朱子得于伊川格物之说，不能会同，而于朱子得于明道心性之学，则谓“先得我心之所同然”。阳明单采一边以为《定论》，实则非朱子之定论，而乃阳明之定论也。其必靠朱子以为定论者，盖由其必求与朱子归一之故。

阳明年三十七，不以朱子心理为二为然，沉郁成病，盖因与朱子两不相同，而于朱子涵育熏陶之说，尝以为喜(注一九〇)。自辩与朱子时有不同，则曰：“吾之心与晦庵之心，未尝异也。”(注一九一)遭人议论，则曰：“伊川、晦庵之在当时尚不免于诋毁。”(注一九二)其自辩与朱子格物之训不合处，则曰：“就如朱子亦尊信程子，至其不得于心处，亦何尝苟从？”(注一九三)总之，在在以朱子为模范。于是其思想之大部分，不能越出宋学之范围。在龙场悟格物致知之旨，必求诸五经之言以证之。其格物之教与朱子迥异，然必依归《大学》古本，始终不能走出朱子以《大学》为基之立场。在龙场已录《大学》古本(注一九四)，两年后乃作序(注一九五)。古本之释，其短序凡三易稿(注一九六)。凡此疑虑，可于其《答罗整庵少宰书》见之(注一九七)。此可见阳明对于朱子之敬奉，亦可见阳明之沿袭宋学。彼谓象山为沿袭，为粗，恐亦以五十步笑百步耳。

阳明之依归朱子，刘宗周于其《阳明传信录》言之最切。阳明云：“志道恳切，固是诚意，然急迫求之，则反为私己。”(注一九八)刘氏云：“此语自是印过程、朱。”(注一九九)宗周又云：“先生既言格致即《中庸》明善之功，不离学、问、思、辨、行，则与朱子之说何异？”(注二〇〇)又云：“‘天理人欲’四字，是朱、王印合处。奚必晚年定论？”(注二〇一)又云：“先生语录其言去人欲存天理者，不一而足。又曰：'至善是心之本体，然未尝离事物。'(注二〇二)又曰：'尽夫天理之极处(注二〇三)，则先生心宗教法，居然只是宋儒矩矱，但先生提得头脑清楚耳。'"(注二〇四)阳明论中字无所偏倚。宗周云："此即朱子主静之中，无所偏倚之说。先生则直以良知二字贯之。"(注二〇五)宗周思想，大体因袭阳明，又拥护其《朱子晚年定论》之议，而不知其指出阳明之有得于朱子，不只一端也。钱穆亦谓："守仁之说，始终未能摆脱尽朱熹的牢笼。"(注二〇六)不过未细言耳。

刘氏所举之外，吾人尚可增补三点，而此三点适为阳明学说之骨髓。一为阳明屡言至善是心之本体，乃引"尽夫天理之极而无一毫人欲之私"以释之(注二〇七)。此语出自朱子《大学章句》注"明明德"。二为阳明解独知为良知，谓："人虽不知而己所独知者，此正是吾心良知处。"(注二〇八)首语出自朱子《大学章句》释《诚意章》第六篇。是阳明之释良知，有得于朱子矣。其三为最重要者，阳明云："虚灵不昧，众理具而万事出。心外无理，心外无事。"(注二〇九)又曰："明德者天命之性，灵昭不昧，而万理之所从出也。"(注二一〇)朱子注《大学》"明明德"云："明德者，人之所得于天，而虚灵不昧，以具众理而应万事者也。但为气禀所拘，人欲所蔽，则有时而昏。然其本体之明，则有未尝息者。故学者当因其所发而遂明之，以遂其初也。"阳明亦云："其或蔽焉，物欲也。明之者，去其物欲之蔽，以全其本体之明耳。"(注二一一)直述朱子之言，几一字不改。至善之心、良知与明明德，为阳明心学之三大宗旨，而皆借助于朱子。无怪阳明云："仆于晦庵亦有罔极之恩。"(注二一二)直比朱子于皇天父母。又谓："平生于朱子之说如神明蓍龟。"(注二一三)阳明尝问："仆平日于晦庵何如哉？"(注二一四)答案可不言而喻矣。

附注：

注一： 《元史》。百衲本，卷八一，《选举志》，页二下。

注二： 《传习录》。卷下，第三一九"先生曰众人"条。《王文成公全书》，《四部备要》本，卷三，页五一上。

注三： 《传习录》。卷下。《全书》，卷三，《朱子晚年定论序》，页六三下至六四下。又卷七，页二一上至二二下。

注四： 《困知记》。天启二年壬戌（一六二二）年本，卷五，附录，页四上至六上。

注五： 《传习录》。卷中，第一三五条《答顾东桥书》引。《全书》，卷二，页八下。又《全书》，卷三四，页一八下。《年谱》误作嘉靖四年（一五二五）。《传习录》，中册，嘉靖三年已刻矣。

注六： 《朱子文集》。《四部备要》本，名《朱子大全》，卷五四，页六上。

注七： 《学蔀通辨》。《正谊堂全书》本，提纲，页一上。又卷二，页十下。

注八： 《四库全书总目提要》。纪昀编，商务印书馆一九三三年本，子部，儒家类存目一，《道一编》条。

注九： 《学蔀通辨》。提纲，页一上。又卷一，页三上。又卷二，页三下。

注一〇： 同上。卷一，页七下。

注一一： 同上。卷一，页三上、四上。何叔敬书"奉亲遣日"之语，阳明未采。

注一二： 同上。卷二，页三上。

注一三： 同上。卷二，页三上。

注一四： 同上。卷二，页三下至四上。

注一五：　《朱子文集》。正集，卷四十六，页三十下。

注一六：　《朱子文集》。续集，卷一，页三下。

注一七：　《学蔀通辨》。卷二，页五下。

注一八：　同上。卷二，页五下。

注一九：　《朱子文集》。卷三四，《答吕伯恭第九十三书》，页三四上。

注二〇：　《朱子文集》。正集，卷四十六，页三十下。

注二一：　《学蔀通辨》。卷三，页十五下。

注二二：　《贞白五书》。《四明丛书》本，《求是编》，卷四，页四下。

注二三：　《四库全书总目提要》。页一九九九，子部，儒家类存目三，"考正晚年定论"条。《提要》原文罗钦顺误作罗洪先。

注二四：　《日知录》。《国学基本丛书》本，卷十八，《朱子晚年定论》条，页一一六至一二一。

注二五：　《三鱼堂文集》。武林薇署，同治七年（一八六八）本，卷二，《学术辨》上，页一至二。

注二六：　同上。页一下。

注二七：　《朱子文集》。卷三八，页四十下至四十一下。

注二八：　同上。卷五四，页十二下。

注二九：　同上。卷五八，页二七上。

注三〇：　同上。卷二九，页二三上。

注三一：　《研经室续集》。《四部丛刊》本，卷三，页五下至六上。

注三二：　同上。《学蔀通辨序》，页七下。

注三三：　《刘子全书遗编》。道光庚戌（一八五〇）年本，卷十三，《阳明传信录》，卷三，页十二下。

注三四：　《师说》。刘宗周，"王阳明守仁"条，见黄宗羲编《明儒学案》，《四部备要》本，《师说》，页四下。

注三五：《提要》。页二〇二三，子部，儒家类存目四，《朱子晚年定论》条。

注三六：《朱子新学案》。钱穆，台北三民书局，一九七一年，第一册，页二三一至二三三。查费熙（一七九五至一八五二）有《朱子晚年定论评述》，采入《费道峰遗书》，光绪二十年刊。惜未得见。

注三七：《传习录》。卷中，第一七六条。《王文成公全书》，卷二，页六三下。又卷四七，页三一上。

注三八：《朱子文集》。卷一《白鹿洞赋》，页二下。

注三九：《传习录》。卷上，第一百“士德问”条。《全书》，卷一，页四七下。

注四〇：《朱子语类》。池州刊，后序。台北正中书局，一九七〇年本，序目，页二一。

注四一：《学蔀通辨》。卷二，页三下。

注四二：同上。卷一，页六上。

注四三：《象山全集》。《四部备要》本，卷三六，页一四下。

注四四：《朱子文集》。卷四八，页二上。

注四五：同上。卷四四，页三十下至三一上。钱穆《朱子新学案》，第三册，页三一六。

注四六：《朱子文集》。卷五十，页十五下。

注四七：同上。卷三三，页三三下。

注四八：同上。卷六十，页一下。

注四九：同上。卷四四，页二八上。

注五〇：同上。卷三五，页三六上。

注五一：《朱子文集》。别集，卷六，页二下。

注五二：《朱子文集》。卷三十，页十七上至卷三二，页二六下。

注五三：同上。卷三一，页十五上。

注五四：同上。正集，卷三三，页一下至卷三五，页十一上。续集，卷五，页十下。

注五五：同上。卷三三，页三三下。

注五六：同上。卷三二，页三下。

注五七：同上。卷三四，页二三下。

注五八：同上。《致胡氏书》，卷四二，页一上至十下；《致吴书》，卷四二，页十下至二一上；《致王书》，卷四九，页一上至十五上；《致程书》，卷五十，页二六下至三二上；《致项书》，卷五四，页五上至九下。

注五九：《学蔀通辨》。卷一，页七下至八上。

注六〇：同上。卷三，页十五下。

注六一：同上。卷十一，页二下。

注六二：同上。卷十二，页十下。

注六三：《求是编》。卷四，页五下。

注六四：《王文正公全书》。卷三二。《年谱》，正德四年，页十五上下。

注六五：同上。卷七，页二九上下。

注六六：同上。卷七，页三十上。

注六七：《传习录》。卷上，第三十三“或问晦庵”条。《全书》，卷一，页二五上。

注六八：《全书》。卷五，《与席元山》，页四上下。

注六九：同上。卷二十一，页十上至十一下。

注七〇：同上。卷二一，页十五上。《年谱》系此书正德六年（一五一一），年四十，误。

注七一： 同上。卷二，页一上。

注七二： 同上。卷二五，页五三上。

注七三： 同上。页五二上。

注七四： 同上。卷二，页三五上。《传习录》，卷中，第一四九条。

注七五： 同上。卷六，页十四上下。

注七六： 《全书》。卷三，第二〇五"又问陆子"条，页五上。

注七七： 《阳明与朱陆异同重辨》。《新亚学报》（一九六八），卷八，第二期，页一二六。

注七八： 《象山全集》。卷三四，页五上。《传习录》，卷上，第三七"澄尝问"条，页二五下。

注七九： Tu Wei-ming, *Neo-Confuclan Thought in Action: Wang Yang-ming's Youth*（1472-1509）, Berkeley, California, University of California Press, 1976, p.158.

注八〇： 《传习录》。卷下，第二〇五"又问陆子"条。《全书》，卷三，页五上。

注八一： 《象山全集》。卷二二，《杂说》，页五上。

注八二： 《王文成公全书》。卷四，《答方叔贤》，页四四上。

注八三： 《陆象山与王阳明》。一九四三年，东京，岩波书店，页一百。

注八四： 《中庸章句序》。

注八五： 《传习录》。卷上，第十"爱问道心"条。《全书》，卷一，页十一下。

注八六： 《象山全集》。卷三五，页二三上。

注八七： 《传习录》。卷上，第九"爱问先生"条。《全书》，卷一，页十一下。

注八八：《传习录》。卷中，第二五“问惟精”条。《全书》，卷一，页二二上。

注八九：《传习录》。卷中，第一七四条，《答罗整庵少宰书》。《全书》，卷二，页六十上。

注九〇：《传习录》。卷中，第一五三条，《答陆原静书》。《全书》，卷二，页三七上。

注九一：《大学或问》。页二四下。

注九二：《传习录》。卷上，第三五“问析之条”。《全书》，卷一，页二五上。

注九三：《大学章句》。注“明明德”。

注九四：《传习录》。卷上，第二“爱问知止”条。《全书》，卷一，页三上。

注九五：《传习录》。卷上，第四“郑朝朔”条。《全书》，卷一，页五上。

注九六：《传习录》。卷中，第一八九条，《答聂文蔚书》之二。《全书》，卷二，页七四上。

注九七：《传习录》。卷下，第二二五“先生曰我辈”条。《全书》，卷三，页十一下。

注九八：《传习录》。卷中，第一四〇条，《答顾东桥书》。《全书》，卷二，页二十下。

注九九：《传习录》。卷中，第一六八条，《答欧阳崇一》。《全书》，卷二，页五三下。

注一〇〇：《传习录》。卷上，“徐爱序”语。

注一〇一：《王文成公全书》。《传习录》下，卷三《朱子晚年定论序》，页六四下。又卷七，页二二下。

注一〇二： 同上。卷二，页六三下。

注一〇三： 同上。卷四，页四十下。

注一〇四： 同上。卷五，页十五下。

注一〇五： 同上。卷四，《答甘泉》，页四一上下。

注一〇六： 同上。卷三，页六四下。又卷七，页二二下。

注一〇七： 《阳明先生集要·理学集》。光绪三十二年（一九〇六）本，卷四，页九一上下。

注一〇八： 参看拙著《朱熹集新儒学之大成》。《中华文化复兴月刊》，第七卷，第十二期（一九七四年十二月），页一至十四；转载《华学月刊》第三十七期（一九七五年一月），页二十至四十三。又见拙著《朱学论集》。台北学生书局，一九八二年，页一至三五。

注一〇九： 《朱子文集》。卷八六，页十二上。

注一一〇： 《勉斋集》。《四库全书珍本》，卷三六，页四八上。

注一一一： 同上。卷十九，页十九下。

注一一二： 同上。卷二十，页二上。

注一一三： 《王文成公全书》。卷十九，页二六下。

注一一四： 同上。卷二一，页二十上。

注一一五： 同上。卷七，页七上至八下。

注一一六： 同上。卷八，页一七上。

注一一七： 《传习录》。卷中，第一七八条，《答聂文蔚》。《全书》，卷二，页六五上。

注一一八： 《象山全集》。卷三五，页九下。

注一一九： 同上。卷三六。《年谱》，淳熙十五年，页一八下。

注一二〇： 同上。卷三五，页二九上。

注一二一：　同上。卷三六。《年谱》，绍熙元年，页二一下。

注一二二：　《程氏遗书》。《二程全书》之《四部备要》本，卷六，页二上。

注一二三：　《朱子语类》。卷四，"蜚卿问"条，页一〇八。又卷五九，"孟子说"条，页二一九五。

注一二四：　同上。卷四，"亚夫问"条，页一一三。又卷六二，"问天命"条，页二三七〇。

注一二五：　同上。卷四，"天命"条，页一〇七、一二五。又卷五九，"杨尹叔"条，页二二〇〇；"问程子"条，二二〇二；"横渠曰"条，二二〇五。

注一二六：　《朱子文集》。卷三九，《答徐元聘》，页二四下。

注一二七：　《王文成公全书》。卷七，页二九下。

注一二八：　同上。卷三二。《年谱》，弘治十四年，三十岁，页九上。

注一二九：　同上。卷七，页二上。又《传习录》下，卷三，页六三上。

注一三〇：　《周子全书》。《万有文库》本，卷一，页六。

注一三一：　《传习录》。卷中，第一五七条，《答陆原静书》。《全书》，卷二，页四一上。

注一三二：　《全书》。卷十九，《萍乡道中谒濂溪祠》，页三六上。

注一三三：　《程氏遗书》。卷三，页二上。

注一三四：　《传习录》。卷上，第一〇一"侃去花间草"条。《全书》，卷一，页四九下。

注一三五：　《周子全书》。卷一，《太极图说》，页四、二三。

注一三六：　《王文成公全书》。卷七，页二九下。

注一三七：　《传习录》。卷中，第一四五条，《答周道通书》。《全书》，卷二，页三十二下。

注一三八：　《传习录》。卷上，第七七“问颜子”条。《全书》，卷一，页三九下。

注一三九：　《全书》。卷三一下，《山东乡试录》，页三八上。

注一四〇：　《论语 · 颜渊第十二》第一章。

注一四一：　《论语 · 雍也第六》第十一章。

注一四二：　《王文成公全书》。卷三一下，《山东乡试录》，页三八下。

注一四三：　同上，页四一下。

注一四四：　《传习录》。卷上，第一一三“黄诚甫”条。《全书》，卷一，页五三下。

注一四五：　《易经 · 系辞下》。第五章。

注一四六：　《传习录》。卷下，第二五九“先生曰孔子”条。《全书》，卷三，页二四下。

注一四七：　《周子通书》。第十章，《志学》。

注一四八：　《程氏遗书》。卷三，页二上。

注一四九：　《王文成公全书》。卷三十二。《年谱》，弘治元年（一四八八），页五上。

注一五〇：　《程氏遗书》。卷十二，页二上。

注一五一：　《王文成公全书》。卷四，《与辰中诸生》，页一下。

注一五二：　《明道文集》。《二程全书》本，卷三，《答横渠先生定性书》，页一上。

注一五三：　《王文成公全书》。卷七，《象山文集序》，页二九下。

注一五四：　《明道文集》。《二程全书》本，卷三，《答横渠先生定性书》，页一上。

注一五五：　《传习录》。卷中，第一四五条，《答周道通书》。《全书》，卷二，页三二下。

注一五六：《程氏外书》。《二程全书》本，卷十二，页四下。

注一五七：《王文成公全书》。卷六，《与马子莘》，页二六上。

注一五八：《刘子全书遗编》。卷十二，《阳明传信录》，卷二，页十六上。《明儒学案》，卷十，页十一下。

注一五九：《传习录》。卷下，第二二八"问先生尝谓善恶"条。《全书》，卷三，页十三上。

注一六〇：《传习录》。卷中，第一五〇条，《答周道通书》。《全书》，卷二，页三六上。《传习录》。卷下，第二四二"问生之谓性"条。《全书》，卷三，页十八下。

注一六一：《传习录》。卷上，第二三"问静时"条。《全书》，卷一，页二一上，"动静皆定"。第四八"澄问操守"条，卷一，页三十上，"腔子即天理"。第七二"澄曰好色"条，卷一，页三六上，"大公顺应"。第八九"自格物"条，卷一，页四一下，"一体"。第九三"问程子云仁"条，卷一，页四二上，"一体"。第一二一"志道问"条，卷一，页五八上，"诚敬"。《传习录》，卷中，《答顾东桥书》。《全书》，卷二，十一下，"理性命"。第一四五，《答周道通书》，卷二，页三二上，"大公顺应"。第一四九，《答周道通书》，卷二，页三五上，"气象"。第一五六，《答陆原静书》，卷二，页三九下，"动静皆定"。第一六三，《答陆原静书》，卷二，页四七下，"化泽"。第一六七，《答陆原静书》，卷二，页五十下，"顺万事"。《传习录》，卷下，第二〇一"正德"条。《全书》，卷三，页三下，"顺应"。第二〇二"九川问近"，卷三，页三下，"动静皆定"。第二三五"问有所"，卷三，页十五下，"大公顺应"。第三三一"问先儒"，卷三，页五六上，“活泼地”。《全书》，卷四，《与辰中诸生》，“为学”。卷五，《与刘元道》，“定性”。卷五，页二十下，《与黄勉之》，“玩物”。卷五，页二七上，《答刘内重》，“远大”。卷六，页二六上，《与马子萃》，“体认天理”。卷六，页三三上，《寄同志》，“学圣人”。卷二二，页一四上，《轨范序》，“小学可学至圣人”。阳明误以为伊川语。语见《明道文集》，卷二，《请修学校尊师儒取士札子》，页三上。

注一六二：《朱子文集》。卷十四，《行宫便殿奏札》，卷二，页十一上。

注一六三：《王文成公全书》。卷三二。《年谱》，页七下至八上，弘治十一年（一四九八），二十七岁，页七下至八上。

注一六四：同上。页二八下，正德九年五月；页五七下，正德十三年七月。又《传习录》，卷下，《朱子晚年定论序》。《全书》，卷三，页六四上。

注一六五：《传习录》。卷上，第二“爱问知止”条。《全书》，卷一，页三上。朱语出《大学或问》，页十五下。

注一六六：《传习录》。卷上，第十“爱问道心”条。《全书》，卷一，页十一下。朱语出《中庸章句序》。

注一六七：《传习录》。卷上，第十四“又曰五经”条。《全书》，卷一，页十七上。朱语出《论语集注·为政》第二，第二章。

注一六八：《传习录》。卷上，第三三“或问晦庵”条。《全书》，卷一，页二五上。朱语出《大学或问》，页五九下。

注一六九：《传习录》。卷上，第三五“问析之”条。《全书》，卷一，页二五上。朱语出《大学或问》，页二四上下。

注一七〇：《传习录》。卷上，第一一一“子仁问”条。《全书》，卷一，页五下。朱语出《论语集注·学而》第一，第一章。

注一七一：《传习录》。卷上，第一一二"国英问"条。《全书》，卷一，页五三上。朱语见《论语集注·里仁》第四，第十五章。

注一七二：《传习录》。卷上，第一二七"马子莘问"条。《全书》，卷一，页六二上下。朱语见《中庸章句》，第一章。

注一七三：《传习录》。卷上，第一二八"黄诚甫问"条。《全书》，卷一，页六三下。朱语见《论语集注·卫灵公》第十五，第十章。

注一七四：《传习录》。卷中，第一三三条，《答顾东桥书》。《全书》，卷二，页五下。朱语出《大学或问》，页五九下。

注一七五：《传习录》卷中，第一三四条。评朱子注《论语·述而》，第七，第一章。

注一七六：《传习录》。卷中，第一三五条，《答顾东桥书》。《全书》，卷二，页八下至九上。

注一七七：《传习录》。卷中，第一五〇条，《答周道通书》。《全书》，卷二，页三五下至三六上。《朱子文集》，卷六一，《答严时亨》，页二二下泛引。

注一七八：《传习录》。卷中，第一六五条，《答陆原静书》。《全书》，卷二，页四七下至四八上。朱子文《中庸章句》，注第三一章。

注一七九：《传习录》。卷下，第二三四"文公格物"条。《全书》，卷三，页十五上。评朱子《大学或问》，页五八下。

注一八〇：《传习录》。卷下，第三一八"先生曰先儒"条。《全书》，卷三，页五四上。评《朱子文集》，卷五四，《答项平父》，页五下。

注一八一：《传习录》。卷上，第二"爱问知止"条。《全书》，卷一，页三上。《大学章句》注经。

注一八二：《传习录》。卷上，第一〇四"崇一问"条。《全书》，卷一，页五上。《孟子集注·告子》第六上，第十五章。

注一八三：　《传习录》。卷下，第三一八“先生曰先儒”条。《全书》，卷三，页五十上。朱子语见《大学章句》，第六章。

注一八四：　《传习录》。卷中，第一四〇条，《答顾东桥书》。《全书》，卷二，页二十下。《朱子语类》，卷六十四，“问尊德性”条，页二五二二。

注一八五：　《王文正公全书》。卷七，页二一上。又《全书》，卷三，《传习录》下，页六十三上。

注一八六：　《全书》。卷七，页七上。

注一八七：　同上。卷七，页二十下。《学规》见《朱子文集》，卷七四，页一六下至一七下。

注一八八：　《全书》。卷七，《从吾道人记》，页三四上；《稽山书院尊经阁记》，页四六上。

注一八九：　同上。卷二一，页十三下。

注一九〇：　同上。卷六，《答南元善二》，页十八下。

注一九一：　《传习录》卷上，第九八“朋友观书”条。《全书》，卷一，页四五上。

注一九二：　《全书》。卷五，《答陆原静二》，页十五下。

注一九三：　《传习录》。卷上，第六“爱问昨闻”条。《全书》，卷一，页八上下。

注一九四：　《全书》。卷三二。《年谱》，正德十三年（一五一六）七月，页五七上。

注一九五：　《全书》。卷七，《大学古本序》，页二五上。

注一九六：　同上卷五《与黄勉之》，页二一上。

注一九七：　《传习录》。卷中，第一七三条。《全书》，卷二，页五九上下。

注一九八：《全书》。卷四，《答徐成之》，页二下。

注一九九：《刘子全书遗编》。卷十一，《阳明传信录》，卷一，页二下。《明儒学案》，卷十，页五上。删刘氏此语。

注二〇〇：同上。页四下，《明儒学案》，卷十，页六上。

注二〇一：同上。卷十三，《阳明传信录》，卷三，页一下。《明儒学案》，卷十，页十二下。

注二〇二：《传习录》。卷上，第二“爱问知止”条。《全书》，卷一，页三上。

注二〇三：同上。

注二〇四：《刘子全书遗编》。卷十三，《阳明传信录》卷三，页五下。《明儒学案》，卷十，页十四下。

注二〇五：同上。页八上下，《明儒学案》卷十，页十五下。删刘氏此语。

注二〇六：《朱子新学案》。第一册，提纲，页二一〇至二一一。

注二〇七：《传习录》。卷上，第二“爱问知止”条。《全书》，卷一，页三上。《大学章句》注经。

注二〇八：《传习录》。卷下，第三一八“先生曰先儒”条。《全书》，卷三，页五十上。朱子语见《大学章句》，第六章。

注二〇九：《传习录》。卷上，第三二“虚灵”条。《全书》，卷一，页二四下。

注二一〇：《王文正公全书》。卷七，《亲民堂记》，页三七下。

注二一一：同上。页三八下。

注二一二：同上。卷二一，《答徐成之二》，页十五下。

注二一三：《传习录》。卷中，第一七六条，《答罗整庵少宰书》。《全书》，卷二，页六三下。

注二一四：《王文成公全书》。卷二一，《答徐成之二》，页十七上。

王陽明傳習錄